PERSIAN FIRE

THE FIRST WORLD EMPIRE
AND
THE BATTLEFORTHE WEST

波希戰爭

TOM HOLLAND

湯姆・霍蘭 著
梁永安 譯

499 – 449 BC

第一個世界帝國及其西征

ERSIA

各界推薦

「波斯歷史扣人心弦地栩栩如生起來。」

——麥克拉姆（Robert McCrum），《觀察者報》（*Observer*）年度選書

「對古代世界引人入勝的敘述……霍蘭是極有天分的說故事的人，把波希戰爭的世界活現眼前。」

——《每日電訊報》（*Daily Telegraph*）年度歷史類選書

「所有讓他的第一本書《盧比孔河》如此成功的要素——他的淵博、他的不信任人性，更重要是他的敘述熱情——都呈現在這部作品中。其中一個戲劇性時刻（描述雅典人在馬拉松之戰衝鋒時重裝甲步兵從頭盔內所見到的情景）讓人毛骨悚然。」

——《星期日泰晤士報》（*Sunday Times*）年度歷史類選書

「一本有關波希戰爭的傑作，深具權威性，小說色彩十足。」

——哈特（Christopher Hart），《星期日獨立報》（*Independent on Sunday*）年度選書

「顯著的精美和慧黠……《波斯戰火》讓霍蘭在他的羅馬史詩《盧比孔河》裡醞釀的潛力沒有落空。」

——湯姆金（Boyd Tomkin），《獨立報》（*Independent*）年度選書

「我讀過最刺激的歷史敘事。」

——莫里斯（Jan Morris），《觀察者報》（*Observer*）年度選書

「十足精彩……霍蘭是頭腦冷靜的歷史學者，他對古典希臘的書寫權威而投入，不下於他在上一本書《盧比孔河》裡對古代羅馬的書寫。他持平對待希臘和波斯兩種文化的豐富性，極為難得。」

——瑪麗．比爾德（Mary Beard），《星期日泰晤士報》（*Sunday Times*）

「技藝精湛而扣人心弦……霍蘭在序言中表示，他希望他『企圖溝通學院世界和大眾讀者這一嘗試，不會像薛西斯架設來連接歐洲和亞細亞那條兩英里長的浮橋一樣，只是虛榮心作祟。』事情正好相反，他對這片新領土的征服比萬王之王的厚底鞋更有力和華麗。」

——《星期日獨立報》（*Independent on Sunday*）

「關於波希戰爭精彩的研究，講述小小的希臘如何擊退薛西斯和他的無敵艦隊。本書既不誇勝亦不求政治正確，是一位大風格家為廣大讀者群而寫的作品。」

——韓森（Victor Davis Hanson），《國家評論》（*National Review*）（USA）

「當一個全球性超級強權自信滿滿地朝天涯海角推進時，霍蘭認為我們有各種理由回顧第一個做這種事的超級強權。當我們愉快地為了促進民主開啟戰端時，他讓我們清楚看見戰爭如何讓民主開始。」

——史托瑟德（Peter Stothard），《時代雜誌》（*Times*）

「霍蘭這部全景式和扣人心弦的著作，是古代史在今日仍具重要性的雄辯論證。他為我打開了一個世界，我由衷感激。」

——《觀察者報》（*Observer*）

「具有豐富的反諷意識，節奏掌握得恰到好處，令人無可抗拒……它對溫泉關之戰的敘述是同類文字中最刺激的。」

——桑德布洛克（Dominic Sandbrook），《每日電訊報》（*Daily Telegraph*）

「普通讀者與有學問的讀者都同感樂趣。」

——巴肯（James Buchan），《衛報》（*Guardian*）

「頭腦清醒和平衡得恰到好處的敘事。霍蘭對黃金時刻的意識敏銳，閱讀廣博、機智風趣。他以投入的態度描述這段歷史，值得大眾讀者再次學習。」

——《泰晤士報文學增刊》（*Times Literary Supplement*）

「波希戰爭是歷史上一場盛大的『大衛與巨人歌利亞』的鬥爭，因為它是東西方第一場真正的歷史衝突，對今日來說特別具有相關性。霍蘭的文筆澎湃生動，對其所研究的題目有值得自豪的處理。」

——拉曾比（J. F. Lazenby），《文學評論》（*Literary Review*）

「惹火尤物……洞見四射且文字魅力四射。」

——卡特利奇（Paul Cartledge），《獨立報》（*Independent*）

「霍蘭的成功標誌在於，當我們其他人因為他對古代世界一場重大衝突妙趣橫生的講述而脈搏加速時，一名牛津的教授也可以坐下來和學生一起咀嚼他對事件的絢爛分析，而且同樣獲益。」

——鍾斯（Peter Jones），《星期日電訊報》（*Sunday Telegraph*）

「一趟刺激得讓人透不過氣的歷史說書。」

——《金融時報》（*Financial Times*）

「霍蘭將淵博的學問表現得不著痕跡；《波斯戰火》令人無法釋手。」

——露絲・摩爾（Lucy Moore），《每日郵報》（*Daily Mail*）

「馬拉松、溫泉關、薩拉米斯之戰雖發生於兩千多年前，但毫無疑問地，霍蘭就在現場。他的描述歷歷在目，即使你已知道誰勝誰負，仍然會提心吊膽。」

——阿提米絲・庫帕（Artemis Cooper），《標準晚報》（*Evening Standard*）年度選書

「曉暢和淵博的敘事史，把故事說得很好，並未將傳統的意識形態照單全收。」

——《星期日蘇格蘭報》（*Scotland on Sunday*）

「這本書提供了美妙閱讀經驗，但不應該快讀，應該細細咀嚼。這倒不是說它是用乾巴巴的學院語言寫成的。霍蘭以一種活潑的文體呈現他的議論，說出最有娛樂性的故事……對戰爭的描寫繪聲繪色……讓人過癮的敘述。」

——《愛爾蘭檢查者報》（*Irish Examiner*）

「一部精彩著作。文字清新、華麗，比喻豐富，但總是清晰而精準……《波斯戰火》的敘事令人屏息，材料極為豐富，頗有供現代世界借鏡的教益。」

——福克納（Neil Faulkner），《當前世界考古學》（*Current World Archaeology*）

「第一流可讀性的學術著作……我不知道還有什麼比這本書更能讓這段古代歷史活起來。」

——高登（Mark Golden），《多倫多環球郵報》（*The Toronto Globe and Mail*）

「這是一場古代的世界大戰。對於後世來說，這場遙遠戰爭的意義顯得很學術——希臘的勝利保存了歐洲文明的搖籃。但對於生活在那個時代的人來說，這不是單純的一場征服者與保衛者的衝突，而是一場關乎各方信念的正義之戰。不論是波斯人、斯巴達人、雅典人或巴比倫人，他們在這場戰爭中所扮演的角色絕非偶然，一切都來自他們各自相信又迥然不同的神話、真理和事物。本書講述精彩的波希戰爭前，先描寫波斯和希臘世界的戰前世界觀，讓身為讀者的我投入波希戰爭的史詩發展過程時，腦海不斷出現『噢！難怪會這樣』的恍然大悟。」

——seayu（「即食歷史」部落客）

目次

INDEX

地圖

推薦序

Sade（德國耶拿大學中世紀研究所博士生）

對我們來說，波希戰爭既遠又近。遠是因為時代久遠，許多細節已經佚失，或者因為地理的距離，與東亞文化圈沒有多少關聯。近的是這場戰爭留下許多東西至今廣為人知，馬拉松長跑活動便是為了紀念波希戰爭中的馬拉松戰役，希臘的傳令兵菲迪皮德跑過馬拉松平原的事蹟，而今天馬拉松的標準長度就是菲迪皮德跑回雅典的長度。

然而，其中最著名的或許是溫泉關之戰，也就是被改編成無數作品的斯巴達三百壯士的故事。故事中，希臘（主要是雅典與斯巴達）總是被塑造成民主自由的守護者，對抗欲奴役全世界的波斯帝國。事情真的是如此嗎？當希臘作為自由代表被歌頌時，我們是否會想起其實斯巴達也是有奴隸的國家，而且斯巴達還是第一個奴役其他希臘城邦的希臘城邦。除了自己以外皆為外人，對斯巴達來說是如此，對雅典來說也是如此。真相總是如此弔詭，有時更難讓人接受。在大眾文化的口味之下，這些不愉快的枝微末節總是被刻意排除忽略，若要認識真正的歷史，我們就必須放下這些成見，重新面對歷史。

在《波希戰爭：499-449BC第一個世界帝國及其西征》中，作者湯姆．霍蘭嘗試以中立的角度重新檢視波斯與希臘文化，將焦點放在波希戰爭與其中三個主角：波斯、斯巴達與雅典身上，從它們各自的起源與歷史開始探討。這場戰爭的成敗並不是因為誰比較優秀或是誰是正義與正確的，只是天時地利人和等諸多原因所造成的結果。以中立的角度看待這個主題之所以重要，是因為目前這段歷史大部分的史料都來自希臘，作為多年戰爭的對象，加上希臘的排外優越感，這些史料的公正性常被質疑，即使是希羅多德相對中立的作品都不見得能夠全盤相信。反觀波斯自身的史料卻極度缺乏，波斯歷史就是這樣一處五里霧，歷史學家只能從各個斷片中拼湊出可能的樣貌。

無庸置疑，波斯的確是亞歷山大之前第一個世界帝國，其疆土橫跨亞洲與非洲，繁榮程度連希臘都難以想像。雖然波斯進軍歐洲的計畫因為波希戰爭受挫，但波斯萬王之王的名號依舊實至名歸。兩方紛爭多年，直到西元前四四九年，波斯與雅典才簽署和平協議，過去的宿怨一筆勾銷。再過一百多年，亞歷山大大帝征服了希臘與波斯，將一切納入手中。誰會想到有這麼一天，波斯、希臘都成了一個更大帝國的一部分。不過，我們先別衝這麼快，而是追本溯源地看看一切的開端，以及這場號稱特洛伊戰爭以來東方與西方的第一戰——波希戰爭。

本書從居魯士的崛起開始說起。亞述帝國被原是游牧民族的米底人打敗，而後米底被流有相同血脈的波斯打敗，居魯士可說是波斯帝國開國的帝王，他的身世也充滿神話色彩，就像他如何打敗米底也是一個難解之謎。他的野心不僅止於此，不但東征西討，而且對被征服者採取懷柔政策，波斯很快就成為一個超級大帝國。但他的王朝只傳到第二代就被大流士篡位，大流士繼續征服霸業，開啟了萬王之王的時代，巴比倫、印度、埃及都被納入帝國，距離世界之王似乎只差臨門一腳。

接著焦點轉到斯巴達。這個時代的斯巴達人其實是多利安人的後裔，而非原生的斯巴達人，但追根究柢都是希臘人。他們繼承了斯巴達的歷史，還自稱為希臘神話中最顯赫的英雄——赫丘力士的後代。歷史上對斯巴達的評價非常極端，斯巴達被認為是希臘城邦中最善戰的戰士集團，「斯巴達教育」一詞至今仍被沿用。什麼是斯巴達教育？斯巴達教育是斯巴達城邦運轉的律法，斯巴達人沒有自我，每個人都只是國家機器的一個小齒輪。與其他許多希臘城邦相反，斯巴達不愛藝術哲學文化，一切都是為了生存、為了戰鬥。如前面所述，斯巴達不僅蓄奴，還奴役其他希臘城邦，在大部分的時候，斯巴達是令人畏懼的象徵。斯巴達提倡優生學，崇拜強者，只有最強和最美的值得存在，軟弱的就該被奴役並滅亡。然而，這樣的斯巴達卻因為一個事件而讓評價徹底翻轉，那就是波希戰爭的溫泉關之戰，一場輸了卻留名千古的戰役。

第三個主角是雅典。如果是斯巴達是希臘城邦中的異類，那麼雅典便是希臘城邦中最希臘的城邦，至少他們自己這麼認為。雅典有很長一段時間由大家族與僭主所統治，而民主雅典也因僭主的政治鬥爭而誕生，為了不讓雅典落入干預內政的斯巴達手中，乾脆自立自強還政於民，這就是雅典民主的誕生。然而，無論起頭看起來多麼意氣用事，民主是一條不歸路，以追求自由而自負的雅典一直是對抗波斯的核心力量。但諷刺的是，當雅典民主還未塵埃落定，竟有雅典人向波斯求助並獻上土和水，當然這不足以成為波斯進犯的理由。波斯早已在愛奧尼亞地區的希臘城邦扶持了許多僭主政治，而且早在波斯動身進軍歐洲之前，許多希臘城邦就已經臣服了，不願低頭的只有那些特別有自信或絕對不向人低頭的，如雅典與斯巴達。後來陸續有許多希臘城邦加入，特別是在雅典打贏第一仗馬拉松戰役之後，但雅典與斯巴達依舊是這場戰爭中希臘這方最顯眼的主角。馬拉松戰役便是雅典證明自我的勝利，溫泉關戰役更使得斯巴達評價翻身，雖敗猶榮，最終希臘城邦終於集結起來同心對抗波斯，守衛了自己的家園。

正如同一開始所說，這場戰爭代表的意義只是對抗奴役、守護自由並成功嗎？作者將戰爭過程描寫得繪聲繪影、精彩無比，但他並沒有陷入單方面歌功頌德的觀點，反而致力於中立地描繪出戰爭的實際樣貌。溫泉關之役固然震撼人心，但李奧尼達不只有三百人，或許只有三百名斯巴達戰士留在現場，然而許多故事卻未提到同時有一千多名奴隸做後勤，甚至一同戰鬥。許多時候這些奴隸不被當成人，甚至其存在被忽略。然而他們的確在那裡，他們不是了不起的斯巴達人，但他們依舊是人，也是這個歷史的一部分。

為什麼作者要煞費苦心打破這些讓故事看起來美好、正義戰勝邪惡的假象？話說回來，為什麼我們總是認為世界一定非黑即白？我們可知道，善惡二元論這個看起來天經地義的理論，其實是來自波斯的瑣羅亞斯德教？誰是瑣羅亞斯德？書中多次提到波斯人的信仰瑣羅亞斯德與阿胡拉．馬茲達，我在此稍作補充。

阿胡拉．馬茲達是波斯神話中的光明至高神，與之對應的是惡神阿里曼，又稱安哥拉．曼紐，善與惡永恆的爭端常是波斯神話的主題。瑣羅亞斯德是西元前六百年左右一位傳奇先知，他奉阿胡拉．馬茲達為唯一的真神，並推崇火焰信仰。雖然神祇相同，但瑣羅亞斯德教與原始的波斯神話信仰有些差別。最大的差別在於，瑣羅亞斯德教並非全然的多神教，阿胡拉馬茲達是唯一的創世神，其他神祇只是他的從屬。在瑣羅亞斯德教中，善惡二元論的觀點至為重要，對現今世界上許多宗教都有影響。順帶一提，在印度神話／佛教中的阿修羅是由阿胡拉馬茲達轉變而來，而波斯神話的光明之神到了印度怎麼會成為魔神，就是另一個故事了。值得一提的是，瑣羅亞斯德教在中文文化圈常被稱為祆教或拜火教，但在武俠小說中常出現的祆教或拜火教有時會與摩尼教混淆。說到摩尼教，或許許多人馬上會想到金庸小說《倚天屠龍記》中的明教，由此可知波斯和波希戰爭其實離我們並沒有這麼遙遠。

最後，我想就作者在前言裡開始闡述的概念進一步深入解析，不敢說是貼近作者真正的用心，但這個觀點不該被草草帶過：波希戰爭是東方與西方的第一場戰爭。也許特洛伊戰爭是第一場，但那是就地理而言，因為特洛伊戰爭追根究底是希臘城邦間的戰爭。波希戰爭則是真正意義上的文化衝撞。這裡指的東與西不是當時的東與西，而是今天的東方與西方，歐美與亞洲，全世界對於中東恐怖份子的恐慌，阿拉伯世界對於廣義「西方」的仇恨，都是從這裡開始。

當然，要把一切都歸咎於此，也過於牽強。文化與文化之間的仇恨不會是在一夕之間出現，也不會單單因為一場戰爭而出現。征服之所以發生，絕對不是只為了滿足征服者的虛榮慾望，而是出於更深層次對自我文化的認同，並想將其推行到別的國家。來自希臘的反抗也是基於同樣的原因，後來雅典甚至也有樣學樣，在提洛同盟時將其他希臘城邦視為附庸國。

雅典和斯巴達所保衛的自由，不僅僅是空泛的意識形態。事實上，波斯從不強迫人改變信仰或生活方式，只要獻上一罐土和一罐水，並遵波斯為王，每個附庸國都可以過著和以前一樣的生活。但在這個體系下，自由民主不可能存在。而雅典也證明了，如果他們有機會，也會做同樣的事：「讓全世界變得和自己一樣好。」如果一方文化比較好，一方需要學習另一方，一定是自己才是那個領頭者。

以自己的標準衡量世界，不願多加瞭解與認同與自己不同者，幾乎是所有主戰者共有的特質。希臘覺得波斯的鋪張奢華是娘娘腔的軟弱表現，但仔細思索，萬王之王不論出征到何處，都只吃波斯出產的食物與水，所到之處的營地都有如行動城市一般，不僅有宮殿般奢華的帳篷可住，也有無數隨行的工作人員，每天都可享用新鮮的食物與飲水。要達到這般奢侈，就必須詳細規劃資源的配送物流並準確無誤地執行，才能讓整個軍隊隨時保持在最佳狀態。能夠設計並執行如此精密的計畫，應該是非常令人佩服甚至驚豔的，但在希臘人眼中卻完全是另一回事。

波斯與希臘之間的文化差距，或許就是東方與西方的距離。波希戰爭真的該為東西方的千古仇恨負責嗎？答案或許是，也可能不是；或者應該說，波希戰爭本身也是這種對立的產物。從古到今人們都在對同樣的對象作戰，另一個人、另一個國家、另一個民族，無關乎距離，只在乎他與自己是相像或相異。東西方的距離究竟有多遠？隔閡有多深？追根究柢只有自己與他人的區別。在自己之外的都是他人，光是這點就值得一戰，直到今天都是如此。

前言

二〇〇一年夏天，我的朋友出任某間大學歷史學系主任。九月新學期開始前，許多他所做的決定中，其中一個特別具有爭議性。不記得從什麼時候開始，系上學生都被要求畢業前提交一篇研究希特勒崛起的論文。現在，我的朋友卻要改弦易轍。他建議把希特勒換成為一個很不一樣的題目：十字軍東征（the Crusades）。這個極端的提議招來陣陣撻伐之聲。系上的同事質問，研究一個離開當代關懷那麼遠的題目意義何在？我的朋友回答，讓歷史系學生研究一個不是和二十世紀獨裁者完全有關的課題，也許對他們有所裨益。但是這個回答只引起了更大的憤怒。其他教師認為，極權主義是一個活生生的題目，十字軍東征從來不是。試問，伊斯蘭教和基督教之間的仇恨，還有東方和西方之間的仇恨，與當下的世界有何關係？

當然，這個問題在幾星期後的九月十一日便得到了回答。當時，十九個劫機者心懷某種源自中世紀的怨氣，讓自己和數以千計的無辜者化為灰燼。十字軍東征從來沒有結束——至少賓拉登（Osama bin Laden）這樣認為。早在一九九六年他便提醒過伊斯蘭世界：「你們不應該不知道，伊斯蘭百姓一直受到猶太復國主義——十字軍聯盟（Zionist-Crusaders alliance）加諸他們的侵略和不公不義。」[1]雖然擅長利用現代世界的航空飛行和大眾傳媒進行威脅活動，但長久以來，賓拉登都是從中世紀的視角詮釋當今的世界。在他的宣言裡，過去和現在常常合而為一：撻伐美國或以色列令人生畏之傷害罪行的同時，也要求恢復穆斯林對西班牙的統治或中世紀的哈里發國（Caliphate）。無怪當小布希總統在一個沒有心防的時刻，形容他對恐怖主義的戰爭為「十字軍聖戰」時，他的顧問會要求他永遠別再使用這個要命的字眼。

當然，一位美國總統比一位沙烏地狂熱份子不了解中世紀歷史的種種細微之處，這並不讓人意外。「他們為什麼恨我們？」在九一一事件之後的幾星期，小布希總統不是唯一絞盡腦汁想回答這個問題的人。每份報紙都有學者試圖解釋穆斯林為何憎恨西方。有些人把原因歸咎於美國幾十年來的外交政策，有些人歸咎於歐洲殖民強權對中東的瓜分，還有些人順著賓拉登自己的分析，把原因回溯到十字軍東征。二十一世紀首次重大危機竟然可能來自一種古老的仇恨，這著實是個尖銳的諷刺。在此之前，全球化一直被認為會帶來歷史的終結，但現在，它似乎還將某些令人厭惡的幽靈自其古老的墳墓中喚醒。有整整幾十年，西方都是透過共產主義來界定東、西方的差異；但現在，它回到俄國大革命之前的習慣，改以伊斯蘭教來界定。伊拉克戰爭、反移民情緒（特別是反對穆斯林情緒）瀰漫歐洲，還有是否該讓土耳其加入歐盟的問題，這一切都和九一一攻擊事件加在一起，讓人痛苦地意識到，基督教西方和伊斯蘭教東方之間仍存在著一道鴻溝。

蓋達組織和哈佛學者都各自主張，文明在新世紀注定會發生衝突。情況是否如此仍充滿爭議。但無可爭辯的是，不同的文化（至少是歐洲和伊斯蘭世界的文化）都被迫檢視自己身分認同的基礎。吉朋（Edward Gibbon）曾說：「東西方的差異是武斷的並圍繞著全球變動。」[2]但「東西方互不相容」卻可輕易成為歷史最持久的假設。這個假設比十字軍、伊斯蘭教和基督教都還古老，其血緣可上溯至近兩千五百年前。「他們為什麼恨我們？」——歷史本身就是隨著這個問題而誕生。因為正是東、西方的衝突，讓世界第一位歷史學家在西元前五世紀時發現了他畢生關注的主題。

這位歷史家名叫希羅多德（Herodotus）。他是希臘人，出生於今日土耳其的渡假勝地博德魯姆（Bodrum）——當時稱為哈利卡那索斯（Halicarnassus），因此他是在亞洲的邊陲地帶長大。他對東、西方的人為何那麼難和平共處大惑不解。表面上看來，答案很簡單。希羅多德指出，亞洲人把歐洲人看成為異類，「所以他們相信希臘人將永遠是他們的敵人。」[3]但他也承認，一開始這種裂痕的產生是個謎，也許是因為希臘海盜曾綁架過一、兩名公主嗎？還是因為特洛伊遭縱火焚燬？「這至少是許多亞細亞民族主張的理由，但誰又能確定他們說得沒錯？」[4]就像希羅多德深知的，世界如此之大，以至於什麼都是言人人殊。然而，東、西方衝突的起源雖不可考，但它的後果卻直到最近仍清楚明白，而且讓人悲痛。差異孕育出猜疑，而猜疑孕育出戰爭。

那確實是一場史無前例的戰爭。西元前四八〇年，也就是大約在希羅多德寫作他的《歷史》（編按：又稱《希臘波斯戰爭史》）四十年前，波斯國王薛西斯（Xerxes）率領大軍入侵希臘。這類軍事冒險一直是波斯人的專長。那幾十年間，勝利——快速壯觀的勝利——看來是他們與生俱來的特權。他們戰無不勝的氛圍反映在他們前所未有的征服範圍與速度上。波斯人原本只是沒沒無聞的山地部落，生活範圍侷限於今天伊朗南部的平原和山區。然後，在僅僅一代人的時間裡，他們橫掃中東，粉碎大批古老王國和著名城市，建立起一個從印度延伸至愛琴海海岸的帝國。經過這一系列的征服活動，薛西斯成了世界上最有權勢的統治者。他能動用的資源看似無窮無盡，多到讓人感到麻木。歐洲將要等到一九四四年夏天的諾曼第登陸（D-Day），才會歷經另一次同等規模的入侵。

與波斯這個空前未有的世界主宰相比，希臘人儼然是小國寡民，而且嚴重分裂。希臘只不過是個地理名詞：不是一個國家，而是由一批爭吵不休和經常互相暴力相向的城邦所構成。的確，希臘人自視為一個民族，由相同的語言、宗教和風俗統一起來；然而，耽溺於彼此攻伐看來才是各城邦最大的共通點。波斯人在崛起早期時發現，要征服住在今日土耳其西部的希臘人（包括希羅多德的故鄉）十分輕鬆容易。就算是希臘本土的兩大強權——初生的民主國家雅典和軍事化的國家斯巴達——看來都裝備低劣，難以有效作戰。所以當波斯國王決定征服生活於其龐大帝國西部邊境的分裂民族時，結果看似已然注定。

令人震驚的是，面對這支有史以來最龐大的遠征軍，本土的希臘人成功擋住了進攻。入侵者被趕了回去，希臘捍衛了自己的自由。在希臘人自己看來，他們如何打敗一個超級強權，始終是個最不尋常的故事。他們究竟怎麼做到的？為什麼做得到？起初又是什麼原因，導致波斯人想入侵希臘？這些問題在四十年後依然緊迫，促使希羅多德運用全新的體裁對這段歷史展開研究。歷來首次，有位歷史家不是把一場衝突歸因於傳說中的古代或某些神明的喜怒，而把它解釋為一些他可以親自驗證的原因。他因為只採用尚在人世的報導人或見證人提供的材料，而成為第一個人類學家、調查記者和海外通訊員。[5]他好奇心不知疲倦的成果不只是一部論述，還是對一整個時代氣度恢弘、多樣化且兼容並蓄的分析。希羅多德形容自己從事的工作為「探問」（historia）——這是「歷史」一詞最初的含義。他在人類第一部歷史著作的開篇這樣寫道：「我在這裡寫下它們，是為了讓過去的記憶得以保存下來。我的手段是記述希臘人和異族人的非凡功績，首先是再現他們如何走向戰爭。」[6]

當然，歷史學家總愛主張自己處理的課題意義重大。希羅多德的情況則是，他的主張歷經了兩千五百年的考驗。在這段期間，這些看法依靠的假設——波斯人和希臘人的大戰具有無可比擬的重要意義——得到了確認。例如穆勒（John Stuart Mill）指出，即使被看成為英國史的一部分，馬拉松之戰仍比黑斯廷斯之戰（Battle of Hastings）更重要。出乎人們對一個德國哲學家的預期，[7]黑格爾（Hegel）以一種更雄渾的口吻宣稱：「整部世界史的利益戰慄地懸於一線。」[8]事實的確如此。任何有關不屈反抗的傳奇故事都讓人熱血沸騰，更何況故事中的取勝希望是如此渺茫。當波斯人試圖征服希臘本土時，攸關重大的不只是那個被薛西斯視為恐怖主義的國家——雅典的存亡。若被一個外族的國王征服，雅典人將永遠沒有機會發展出他們獨一無二的民主文化。很多讓希臘文明非常殊異的特徵將消失不見。如此一來，羅馬繼承與再傳遞給現代歐洲的遺產將變得無比貧乏。若希臘人戰敗，西方不僅將輸掉它爭取獨立和生存的第一場鬥爭，甚至也不可能有「西方」這樣的實體出現。

這也難怪，波希戰爭的故事會成為歐洲文明的起源神話，並被視為自由戰勝奴役、公民美德戰勝專制主義的原型。顯然在宗教改革之後，隨著基督教失去號召力，馬拉松和薩拉米斯戰場上的英雄事蹟開始激勵許多理想主義者，並被認為足以完全取代十字軍，成為西方美德有教育性的典範。它們也更符合原則性，因為畢竟是出於防衛而非侵略，是為自由而非宗教狂熱而戰。其中一個插曲——「四千人對抗三百萬人」的溫泉關之戰——特別具有神話力量。[9]出於一時之念發起戰爭的亞細亞大軍；決心不成功便成仁的斯巴達國王李奧尼達（Leonidas）；還有他手下三百名勇士視死如歸的勇氣[10]：在這則故事中一應俱全。早在十六世紀，法國大文章家蒙田（Michel de Montaigne）即主張，雖然希臘人打過的其他勝仗「都是天底下最輝煌的勝利，但加在一起都比不上李奧尼達國王和他的戰士們在溫泉關的光榮犧牲。」[11]兩百五十年後，拜倫勳爵（Lord Byron）驚見，當時希臘淪為土耳其蘇丹（Turkish Sultan）治下的一省，他確切知道從歷史書的哪一部分才能找到最激勵人心的戰爭號召。

大地啊，把斯巴達人的遺骨
從你的懷抱裡送回來一些吧！
只給我們三百勇士中的三個也好，
好讓溫泉關之戰歷史重演！[12]

拜倫勳爵日後將身體力行，模仿李奧尼達的榜樣，為解放希臘的光榮事業而死。拜倫之死（現代第一回真正有意義的名人之死）為李奧尼達增添了光彩，有助於確立溫泉關作為為自由殉道的楷模。小說家威廉·高登（William Golding）在一九六〇年代初期造訪溫泉關時也曾納悶，儘管斯巴達自身是那麼「不美麗且殘忍的城市」，何以溫泉關讓人激動不已？

首先，這不僅是因為人類精神——猶如酒杯會隨著小提琴聲發生共鳴——會直接對一個關於犧牲和勇氣的故事產生反應，而且還因為在非常久遠的歷史長河中，這支隊伍站對了邊。李奧尼達具有意義的一小部分在於，我能前往任何我想去的地方，寫任何想寫的東西。他的貢獻在於讓我們擁有自由。[13]

這番話既感動人心，也是一個事實。但若我們冷靜反省便會知道，高登的讚美之辭也可以為希特勒（Adolf Hitler）所用。對納粹（Nazis）來說，溫泉關之戰也是希臘歷史最輝煌的篇章。三百名守護溫泉關的勇士被希特勒視為真正「主人人種」（master-race）的代表，[14]是專為戰爭而生養，他們是那麼純正的北歐人種，以至於根據「元首」一個異想天開的猜測，他們出了名難喝的肉湯乃源自於石勒蘇益格——荷爾斯泰因（Schleswig-Holstein）。一九四三年一月，史太林格勒血戰方酣之際，希特勒把德國第六軍團比擬為斯巴達三百勇士，後來第六軍團的司令官投降，狂怒的希特勒又說，他的士兵們的英勇行為「被一個沒骨氣的懦夫一筆勾銷。」[15]德國軍隊也因此失去了一個創造自己新溫泉關的大好機會。

從納粹也像蒙田、拜倫和高登那樣熱烈認同三百勇士來看，意味著任何把斯巴達人描述為自由捍衛者的做法，大概都沒道出全部的真相。真相一如往常，比神話更複雜且引人入勝。若薛西斯成功征服希臘並佔領斯巴達，那確實是這個自豪城市自由的末日，因為波斯國王把所有屬民都看成奴隸。然而即使被勞役，依然有程度之分。對他們的鄰居來說，這種被斯巴達人看成比死更悲慘的命運說不定反而是一種祝福。因為正如希特勒充分意識到，斯巴達的偉大建立於對鄰邦的無情剝削上，是對待「劣等民族」（Untermenschen）的最佳榜樣（納粹將在波蘭和被佔領的俄羅斯殘忍地起而效尤）。幾乎肯定的是，善於利用屬民敵對關係的波斯君主將皇恩浩蕩地解放並保護斯巴達的鄰邦。對那些世世代代苦於斯巴達人壓迫的人來說，薛西斯的統治可能會讓他們覺得彷彿獲得了自由。

這確實是一個重大且能塑造歷史的弔詭：在某些情況下，人們可能會歡迎一個外國強權的併吞。薛西斯當然就像希臘人眼中的他那樣，是個專制的暴君，是有千年歷史的伊拉克、阿卡德（Akkad）、亞述和巴比倫傳統的繼承人：這些王國總把強者征服弱者視為理所當然。鐵腕統治是伊拉克帝國風格不變的基調。不過，波斯人的帝國雖建立於「攻破城牆、騎兵衝鋒和剷平城市」當中[16]，但它卻在擴張過程中，發展出一些更細緻的策略去應付統治天下所面臨的挑戰。透過確保和平與秩序，波斯國王為「分而治之」的政策提供最佳的榜樣，也為自己和人民贏得歷來最大的帝國。事實上，他們劃時代的成就在於，證明了多民族、多文化和世界規模的帝國可能存在。也因此，他們在歷史長河中的楷模作用肯定比特殊且轉瞬即逝的雅典民主實驗可大可久得多。波斯諸王建立的政治榜樣將啟發一個又一個帝國，甚至在進入伊斯蘭時代後依然如此：自稱世界主宰的哈里發們（caliphs）正呼應了薛西斯的聲稱。事實上在某個意義下，波斯古代君主建立的政治榜樣將在中東地區持續至一九二二年最後一位哈里發（土耳其蘇丹）失位為止。[17]賓拉登的明確目標當然是中興哈里發國，恢復其對世界的統治。

古代波斯的影響力相較於希臘，總是間接、迂迴和地下化。一八九一年，年輕的英國國會議員寇松（George Nathaniel Curzon）參觀薛西斯宮殿的遺址——這座宮殿在溫泉關之戰的一百五十年後，遭復仇心強烈的亞歷山大大帝付之一炬，自此成為焦土。寇松以雄渾的拜倫風格寫道：「對我們來說，它充滿歷史的嚴肅教訓。矗立於事物停止存在的篇章中。這些沉默的巨石發出聲響，向我們訴說廢墟無法言說的痛苦。」[18]七年後，已升格為凱德爾斯男爵（Baron Curzon of Kedleston）的寇松被任命為印度總督（Viceroy of India）。因此，他以莫臥兒皇帝（Mughals）繼承人的身分展開統治——莫臥兒的統治者樂於自稱波斯國王的總督而非國王。雖然由自覺的斯巴達式寄宿學校的產品[19]所統治，但「英屬印度」（Brisith Raj）同樣徹底浸染於「只有東方能夠提供的光怪陸離的排場和炫耀」[20]之中，而這終究是源自於薛西斯皇宮已然消逝的虛假恭維。大英帝國也許會因為把自己想像為雅典的繼承人而自鳴得意，但它無疑也受惠於雅典的死敵。

波斯是波斯，換言之，雅典是雅典——二者有時會狹路相逢。他們也許是文明初次衝突中的對手，但他們的影響力之漣漪卻漫過千年，直至今日，而且更多是複雜化而非釐清東、西兩方的分野。例如，假設雅典人輸掉了馬拉松之戰，城邦遭到毀滅，那麼將不會有柏拉圖（Plato）的存在；若沒有柏拉圖，也不會有他投射在後來所有神學上的巨大影子，因此，把使命感帶給賓拉登的伊斯蘭教也不太可能出現。反過來說，當小布希總統大談什麼「邪惡軸心」時，他黑白分明的世界觀追根究柢是來自古伊朗先知瑣羅亞斯德（Zoroaster）。雖然薛西斯的戰敗讓希臘人——也因此讓所有歐洲人——意識到自己的獨特性，波斯和希臘對歷史的影響並不能全然為「東方」（East）和「西方」（West）這樣僵硬的觀念框架住。一神教和天下國家（universal state）的觀念，以及民主和極權主義的概念，全都可以溯源至波希戰爭的時期。它允許被稱為世界史的軸心。

然而，今天人們常常忽略這段歷史。格林（Peter Green）在三十多年前出版的精彩作品《薩拉米斯之年》（*The Year of Salamis*）是最後一本為非學院讀者而寫的波希戰爭長篇記述。後來，他曾以一貫的風趣機智指出這方面著作的短缺：

> 有鑑於希臘人在波希斯戰爭中的勝利一貫被形容為歐洲歷史的基本轉捩點——雖然當今這種觀點的鼓吹者沒有明確主張，若不是希臘人得勝，清真寺和宣禮塔就會在歐洲大行其道，但我們仍可在字裡行間感受到這一層意思——這種闕如就更加難以理解了。[21]

格林大概沒去過鹿特丹或馬爾摩（Malmö）。再者，雖然現在就連雅典都看得見清真寺和宣禮塔（minaret）（有很長一段時間，雅典都是歐盟國家首都中，唯一沒有可供穆斯林做禮拜之處的地方），但格林表達的困惑仍然有效。波希戰爭也許是古代史，但它也是——以一種它在二十世紀不曾有過的方式——當代史。

然而，被格林形容為難以理解之事並不全然地難以理解。不論波希戰爭的故事多麼重要、影響深遠且富戲劇性，那並非一個容易拼湊起來的故事。雖然它是我們能夠細部重建的第一個衝突，但這並不意味，希羅多德告訴我們有關的一切。很遺憾地，事情遠非如此。歷史學家固然可以憑藉其他古代作者的作品填補空白，但進行這件修補工作必須極端謹慎。很多資料來源都是在它們講述事件的幾百年後、甚至上千年後寫成，而且很多是作為詩歌或戲劇，而不是為了「探問」（enquiries）而寫。艾瑞絲・梅鐸（Iris Murdoch）在她的小說《美好與善》（*The Nice and the Good*）中注意到，早期希臘史「對於有紀律的心靈構成了一個特殊的挑戰。它是一個只有很少道具的遊戲，而遊戲者的本領在於把遊戲規則弄複雜。」[22]極少成為小說主角的古希臘歷史學家喜愛引用這段文字，因為他們為自己設定的任務——設法從一鱗半爪的證據重構一個消失的世界——在某個層次上確實和遊戲相似。我們永遠不可能確定，薩拉米斯之戰發生了什麼事，因為任何詮釋都必須依賴充滿矛盾和空白的資料來源，相當於拼好一個壞一半的魔術方塊。不論如何研究、轉動和重新安排每件已知的事實，你就是不可能把它們全部兜攏，找到一個根本的解法。但即使薩拉米斯之戰是出了名的難以捉摸，但至少在史實上，又比其他研究題材——比如早期的斯巴達史——豐富許多。一位知名學者坦承，斯巴達早期歷史是「一個挑戰最傑出思想家的謎團。」[23]另一位學者則形容，這方面的研究需要「智力體操」[24]。還有一位，乾脆把他的著作取名為《斯巴達幻影》（*The Spartan Mirage*）。[25]

不論希臘史的史料多麼七零八落，至少它們是希臘人自己所寫。至於波斯人，除了一個重要例外情況之外，卻完全沒寫過任何我們可稱之為對真實事件的記載。當然，有些帝國官僚刻寫的陶板流傳了下來，再來，還有宮殿牆上的皇家公告和東倒西歪的皇宮廢墟本身。但若我們企圖要搞懂波斯人和他們的帝國，在極大程度上，我們必須仰賴他人的作品。這些作品主要是來自希臘人——一個常被波斯人侵略、佔領和劫掠的民族，所以難望對波斯人的個性與成就有所公道描繪。總是富有好奇心且心胸開闊的希羅多德是其中的例外。一個憤怒的愛國者稱他為「蠻族熱愛者」（*Philobarbaros*）[26]，這個詞彙相當於我們今日所說的「自由派老好人」。不過即使是希羅多德，在他談及一些偏遠地區、他不懂他們語言的民族時，有時一樣會失之精確，不是帶有偏見，就是不乏把波斯早期的歷史當成童話來對待的傾向。這一切都沒有讓現代歷史學家的工作變得輕鬆一些。

面對這些挑戰，回應顯然分為三種。第一是直接接受希臘人的偏見，把波斯人描繪為柔弱的懦夫，卻不知怎地征服了世界。第二種反應是把希臘人所寫關於波斯的一切視為種族主義（racism）、歐洲中心主義（Eurocentrism）和其他一堆思想錯誤的表現。第三種也是最有建設性的反應，則是探索他們對大敵的扭曲可在多少程度上，反映出波斯人的真貌。過去三十多年來，一群令人敬佩的學者採取了這種態度，並得出為人矚目的研究成果：整個波斯帝國變得如此具體實在，以至於——借一位歷史學家的話來說：「你可以用腳趾去戳」[27]——這種成就能與給圖坦卡門（Tutankhamen）開棺相提並論。

不過，波斯人仍然被包裹於層層的迷霧之中。這種情形大概不會讓人太驚訝。沒有一副黃金死人面具可以給他們的被再發現（rediscovery）一張臉——有的只是學術大部頭著作和期刊。波斯研究比希臘研究更依賴對可得證據的最嚴格篩選、對史料最仔細的分析，以及對推測和替代方案最精細的掂量。這是一個幾乎每個主張都可能引起爭論的領域，而某些課題——最惡名昭彰的莫過於波斯諸王的宗教信仰——是那麼陰險的泥淖，足以讓最著名的學者臉色發白。

常言道：天使卻步處，愚人搶爭先（Fools rush in where angels fear to tread）。話雖如此，但仍希望我企圖溝通學院世界和大眾讀者的嘗試，不會像是薛西斯架設來連接歐洲和亞細亞那條兩英里長的浮橋一樣，只是虛榮心作祟，而貽笑大方。讀者必須謹記，本書描寫的許多細節都不確定且充滿爭議，而在文中突然出現的數字通常是對陳述所作但書的註腳編號。雖然我們絕不可能決定性地重構一個如此遙遠的時代，但比我們的無知更讓人震驚的是，我們有可能做出那樣的嘗試。我在本書想提供的不只是敘事而已，因為我的野心是沿著希羅多德的腳步繼續走下去，企圖描繪出整個世界走向戰爭的全景圖，遑論東方或西方。讀者在被帶到希臘之前，會先被帶到亞述、波斯和巴比倫，在讀到斯巴達軍國主義或雅典民主制度的興起前，會先讀到第一個全球性君主國的崛起。只有到了全書的中間，才會開始進入波希戰爭本身。如此一來，一個傳統上只有單方說法的故事便可從另一方面來看；而我希望，嘗試湊合許多散落且模糊的證據、對那些戰爭的新記述，都足以對戰爭為何發生以及何人參戰等問題，提供一個新的解釋。畢竟它就像古代文學中能找到的任何史詩一樣雄渾有力，只不過，儘管有許多無法確知之處，它都不是神話，而是歷史的素材。

鹹海
藥殺水
居魯士波利斯
粟特
興都庫什山脈
健馱邏
呼羅珊大道
大夏
波斯
阿拉霍西亞
印度河
帕薩爾加德
波斯波利斯
卡爾馬尼亞
印度
波斯灣
N
1000 metres
0
500km
0
250 miles

波斯帝國

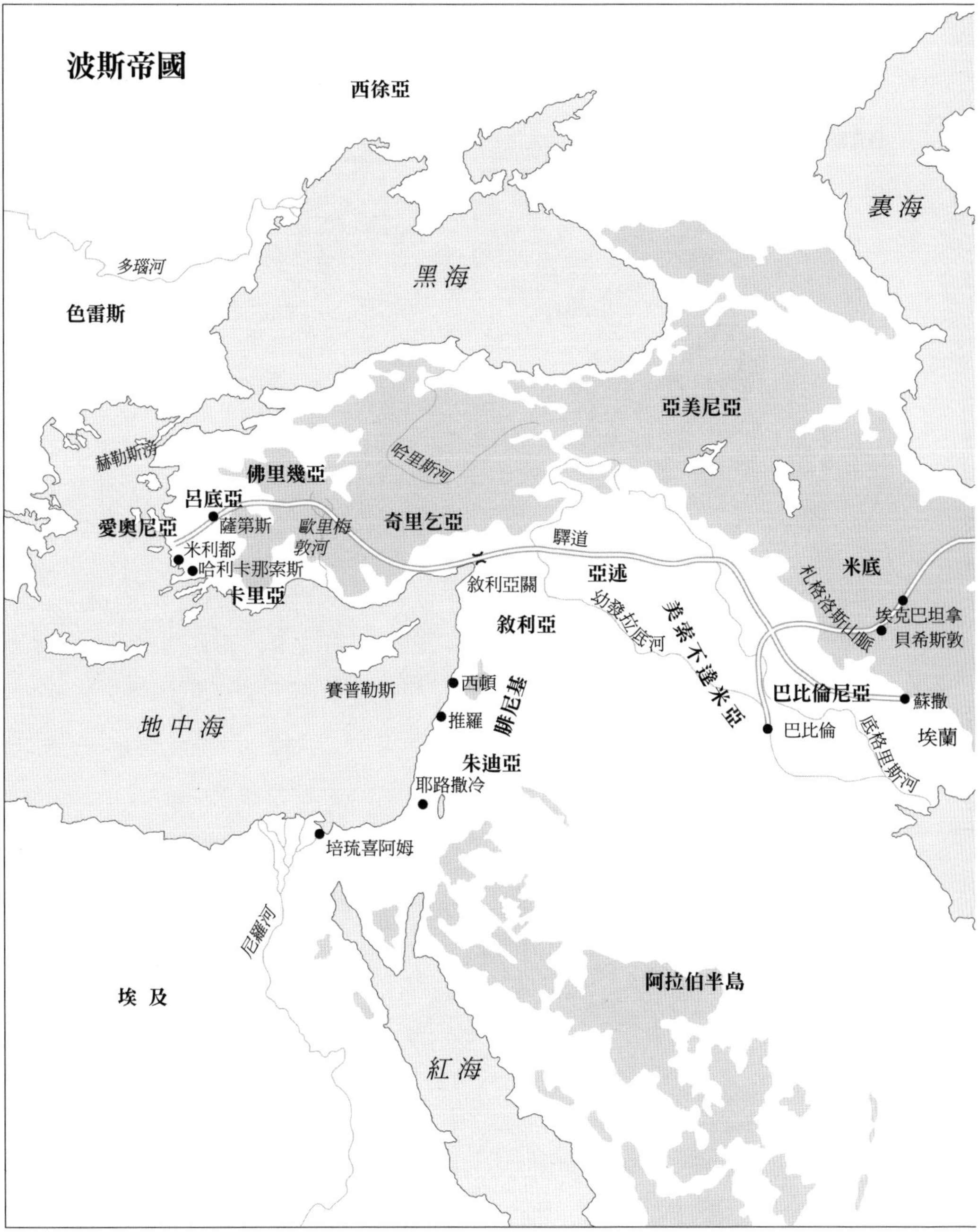
西徐亞
裏海
多瑙河
黑海
色雷斯
亞美尼亞
赫勒斯滂
哈里斯河
佛里幾亞
呂底亞
愛奧尼亞
薩第斯
歐里梅
敦河
奇里乞亞
驛道
米利都
哈利卡那索斯
亞述
米底
敘利亞關
卡里亞
幼發拉底河
美索不達米亞
札格洛斯山脈
埃克巴坦拿
敘利亞
貝希斯敦
賽普勒斯
西頓
腓尼基
巴比倫尼亞
蘇撒
推羅
巴比倫
埃蘭
地中海
朱迪亞
底格里斯河
耶路撒冷
培琉喜阿姆
尼羅河
埃及
阿拉伯半島
紅海

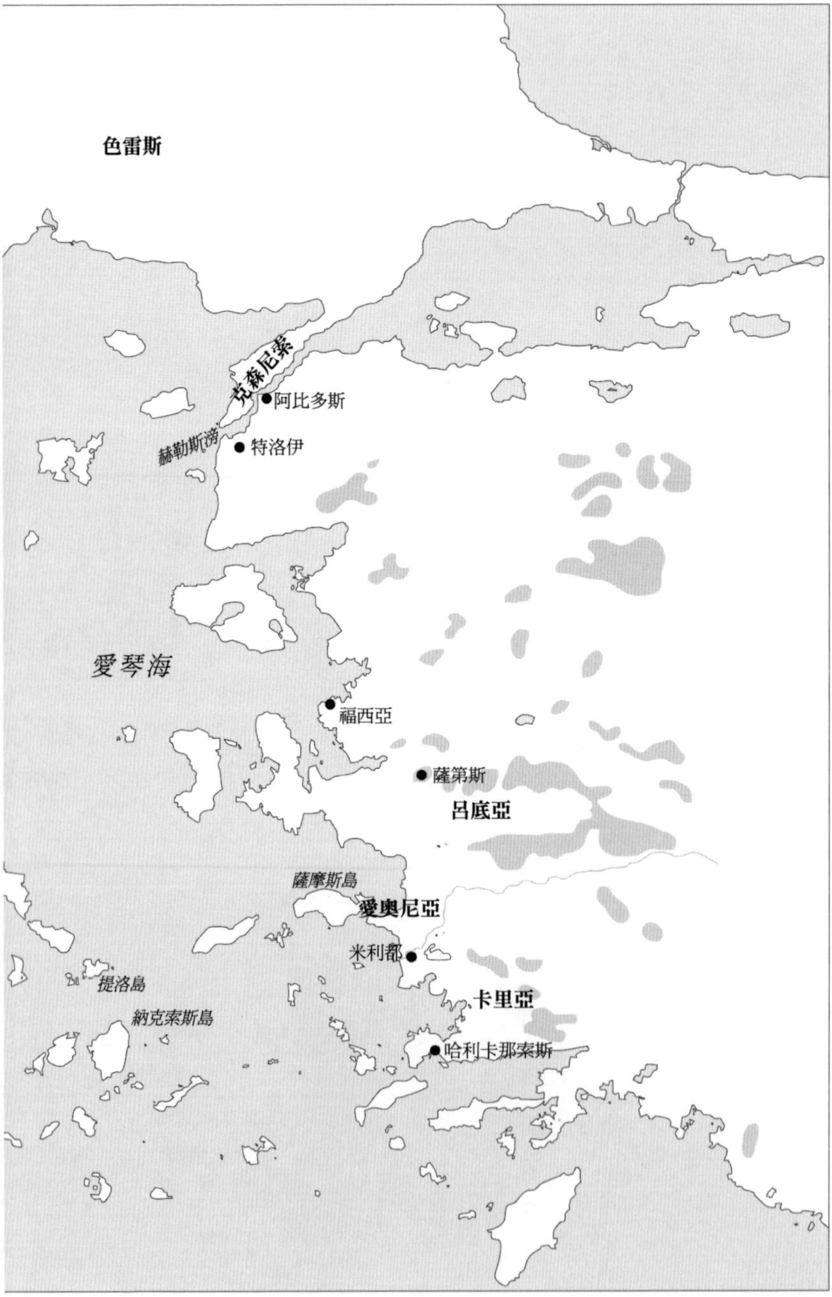
色雷斯
克森尼索
阿比多斯
赫勒斯滂
特洛伊
愛琴海
福西亞
薩第斯
呂底亞
薩摩斯島
愛奧尼亞
米利都
提洛島
納克索斯島
卡里亞
哈利卡那索斯

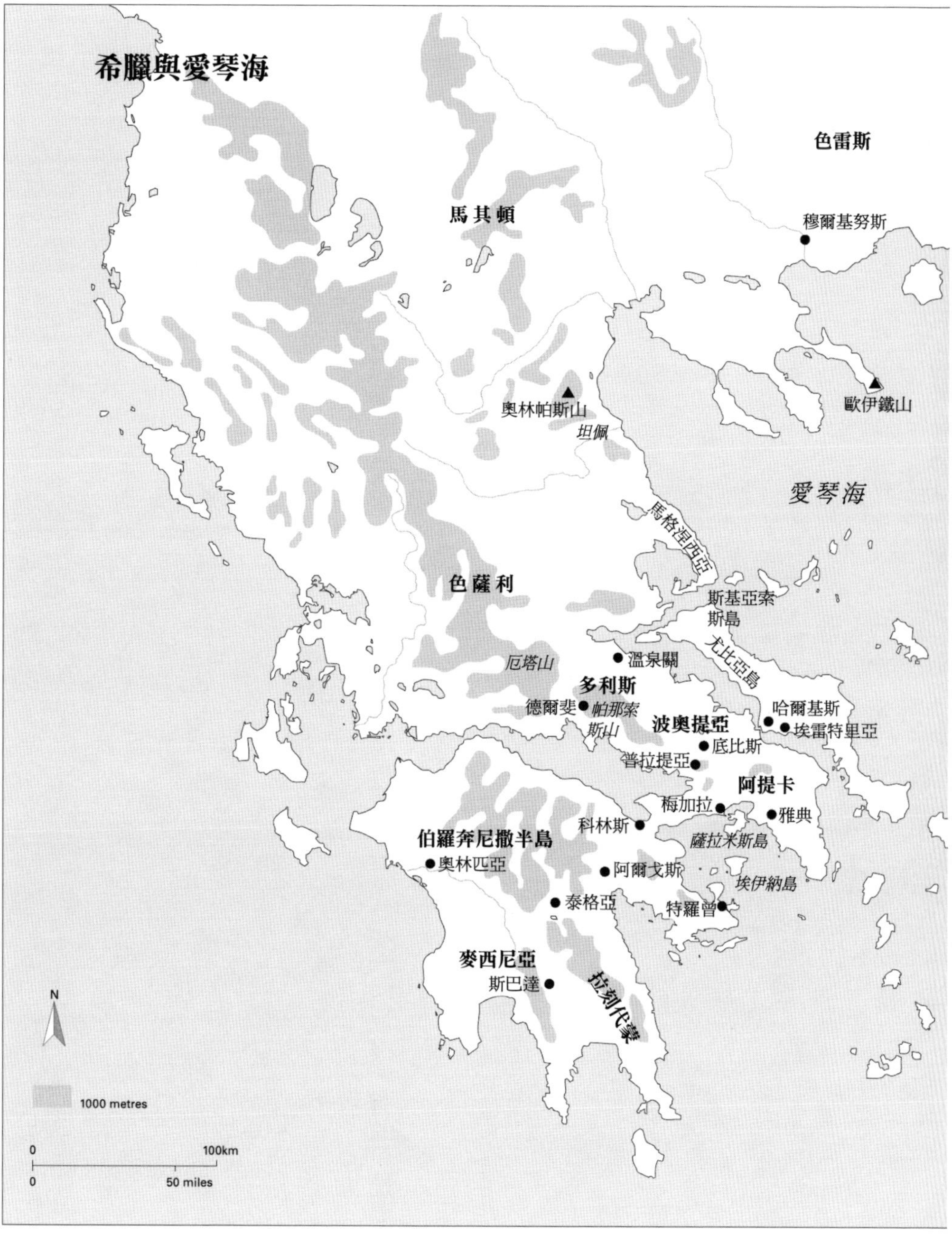

希臘與愛琴海
色雷斯
馬其頓
穆爾基努斯
奧林帕斯山
坦佩
歐伊鐵山
愛琴海
馬格涅西亞
色薩利
斯基亞索斯島
厄塔山
溫泉關
尤比亞島
多利斯
德爾斐
帕那索斯山
哈爾基斯
埃雷特里亞
波奧提亞
底比斯
普拉提亞
阿提卡
梅加拉
雅典
科林斯
伯羅奔尼撒半島
薩拉米斯島
奧林匹亞
阿爾戈斯
埃伊納島
泰格亞
特羅曾
麥西尼亞
斯巴達
拉刻代蒙
N
1000 metres
0
100km
0
50 miles

現在，請聆聽一個進一步的論點：任何有限之物都沒有起點，也不會結束於死亡與泯沒。有的只是混合，然後是混合之物的分開。不過，凡夫卻把這些過程稱為「開始」。

——安培多克勒（Empedocles）

THE KHORASAN HIGHWAY

第一章 呼羅珊大道

CHAPTER 1

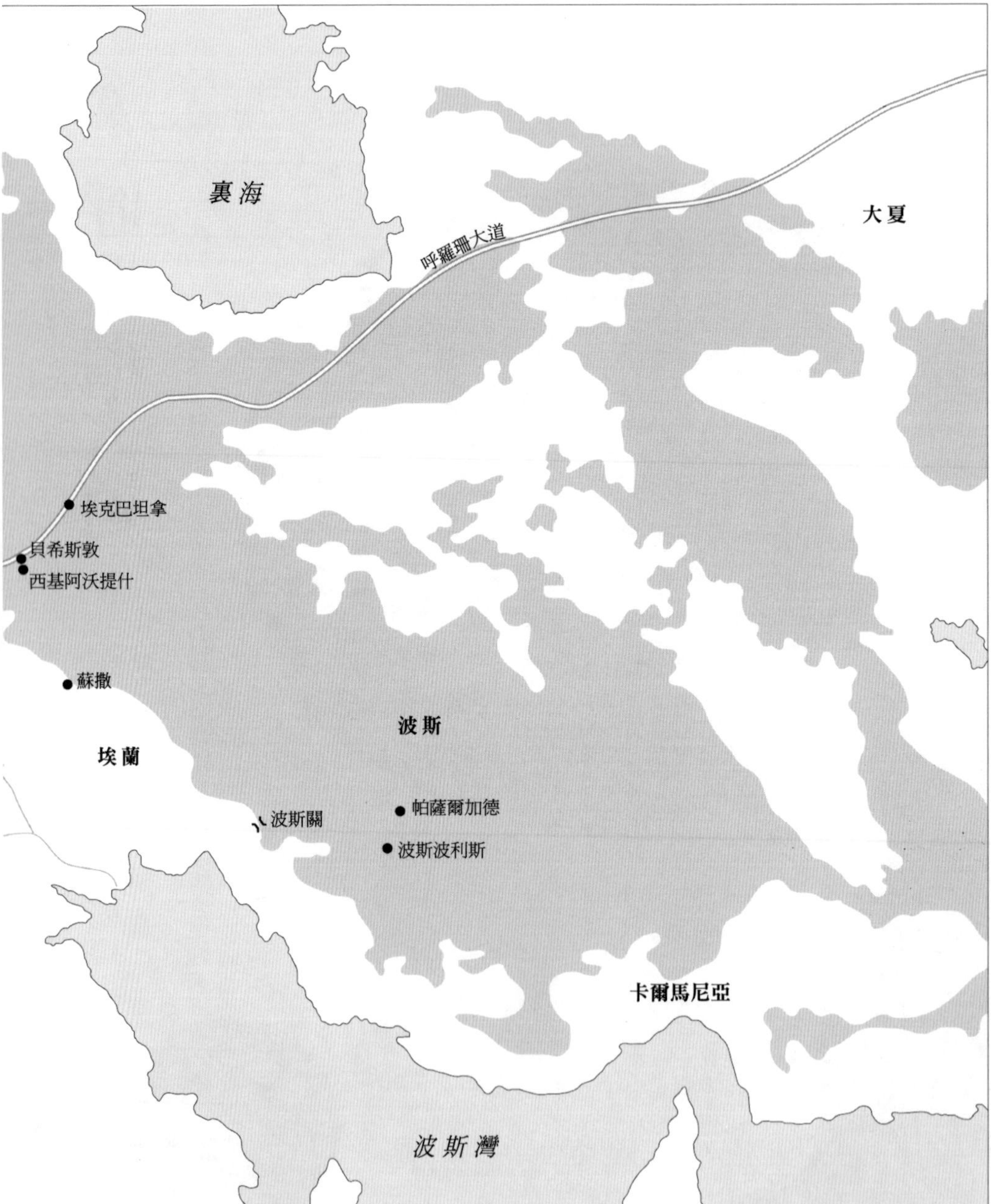
裏海
呼羅珊大道
大夏
埃克巴坦拿
貝希斯敦
西基阿沃提什
蘇撒
波斯
埃蘭
帕薩爾加德
波斯關
波斯波利斯
卡爾馬尼亞
波斯灣

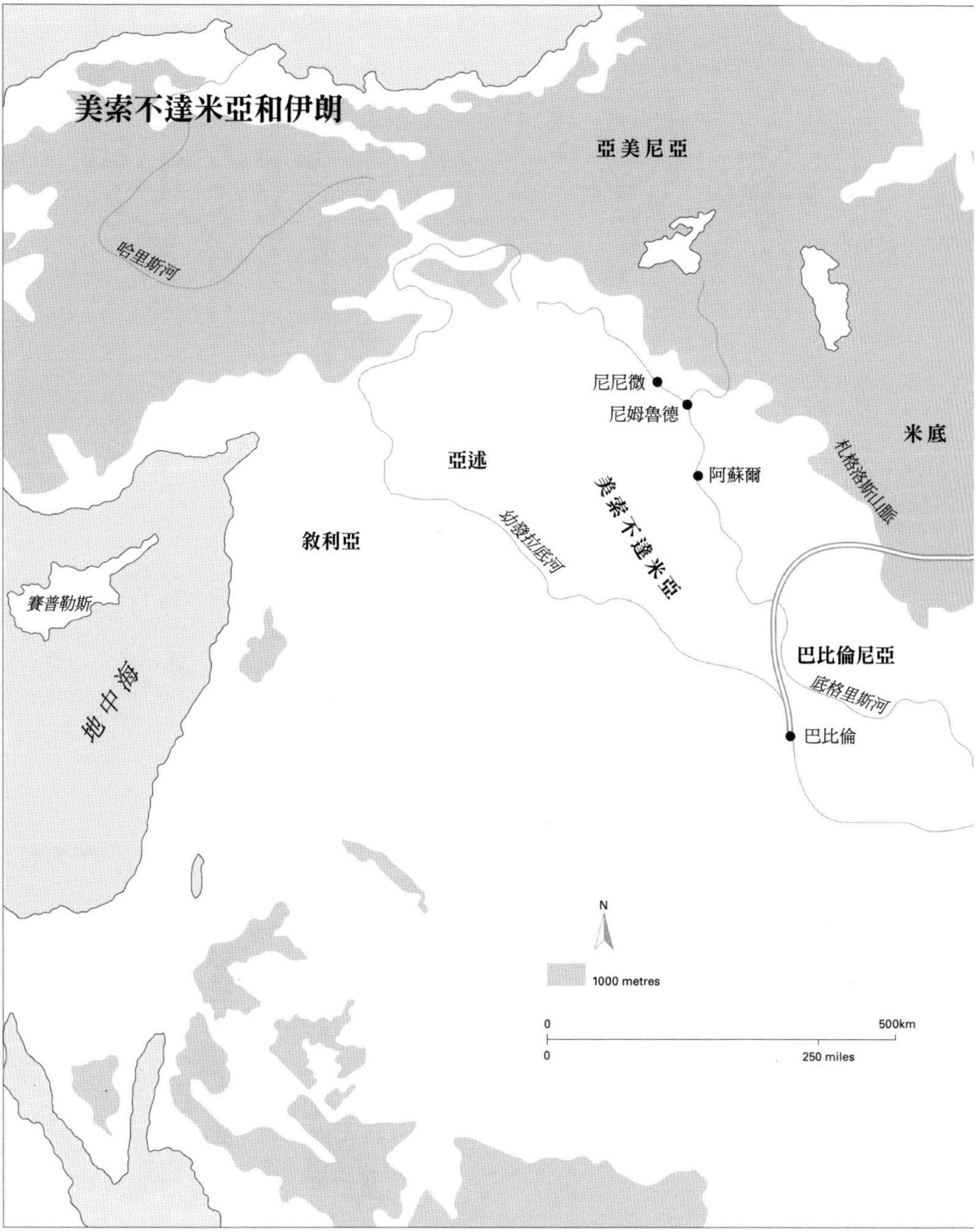
美索不達米亞和伊朗
亞美尼亞
哈里斯河
尼尼微
尼姆魯德
米底
亞述
阿蘇爾
扎格洛斯山脈
美索不達米亞
幼發拉底河
敘利亞
賽普勒斯
巴比倫尼亞
底格里斯河
地中海
巴比倫
N
1000 metres
0
500km
0
250 miles

禍臨血腥之城

諸神不屑將世界打造成一片平坦，於是把它一分為二——至少札格洛斯山脈（Zagros）的居民如此相信。札格洛斯山脈是將「肥沃月彎」[1]和伊朗高原分隔開來的連綿高山。雖然這些高山貧瘠荒蕪，但並非不可跨越。有條道路蜿蜒其中，那是世界上最知名的呼羅珊大道（Khorasan Highway），它從東方的極限通往西方的極限，連接日出和日落。隨著地勢向上爬升，它時而沿著河床綿延，或穿越犬牙交錯的山峰與峽谷之間。在某些地方，寬度狹窄得如同步道。即使如此，這條道路對用路人來說，稱得上是一個奇蹟。一般認定，只有一位慈惠的天神會創造出如此奇蹟。沒有人確知是哪位神明在何時創造的[2]，但它的歷史肯定非常古老——有些人認為就像時間一樣古老。數千年來，呼羅珊大道留下無數旅人的足跡，有遊牧民族、商隊，也有君王出征部隊的足跡。

尤其是曾經有個帝國——幾百年來它是殘酷與戰無不勝的同義詞——反覆派出遠征軍進入這個山區，「以鮮血染紅羊毛」一般染紅它的群峰。[3]亞述人（Assyrians）住在今天伊拉克北部的沖積平原上，屬於城居者，但對他們曾經把恐怖和毀滅遠攜至埃及的國王來說，札格洛斯山脈更是個挑戰而非障礙。身為燦爛文明的保護人，而且坐擁宮殿、園林和運河，亞述諸王總把平定邊界以外的蠻夷之地視為己任。蠻夷之地漫無止境，他們所受到的召喚也永無止境。雖然亞述人擁有無與倫比的戰爭機器，但他們仍無法鎮服所有的山區部落：這些人居住在札格洛斯山脈，有些像小鳥一樣攀附山峰，有些則住在茂密森林的深處，他們的生活如此落後，因此完全可依靠橡果維生，野蠻得不配引起亞述國王的注意。然而，這些人在遭受反覆的征伐後，還是學會了害怕亞述的名字，並提供亞述日益仰賴的俘虜。一次又一次地，遠征軍從山區班師回到亞述的神聖城市阿蘇爾（Ashur）、尼姆魯德（Nimrud）和尼尼微（Nineveh），後頭尾隨一隊隊赤裸並拴上鎖鏈的俘虜。逐漸地，亞述人養成一種習慣：在帝國境內四處遷移人口，把一群被打敗的敵人遷移至另一群被打敗敵人的土地上，讓前者住進後者的房舍，也讓他們清除碎石中的雜草或耕耘荒廢的焦土。

最後這些策略產生了效果。西元前八世紀晚期，呼羅珊大道被正式納入帝國版圖，由一名亞述人總督統治。亞述人最偉大的國王薩爾貢二世（Sargon II）如此誇耀：「他們趴伏在我腳下，求我保護他們的生命。他們知道若不這樣做，我就會摧毀他們的城池，於是他們跪下親吻我的腳。」[4]

俘虜不是札格洛斯山脈所能提供的唯一財富。雖然山區荒涼且森林密布，氣候經常十分惡劣，但它的山谷卻以牧草豐茂聞名。幾百年來，這裡的牧草吸引了越來越大群自稱「雅利安人」（Arya）的部落前來，他們是一些馴養馬匹的遊牧民族，來自東部的高原。[5]這些移民即使定居下來，仍保留了許多祖先的特點，在他們新家園的山谷裡飼養大群長角牛，又盡可能地生活在馬背上。當不養馬的亞述人在談到札格洛斯山脈的種馬場時，總是語帶驚訝地說那裡「有無數的駿馬」[6]。亞述軍隊依自己喜歡挑選這些駿馬為貢品，並非難事，因為公認最優良的馬匹就是米底人（Medes）所飼養的——米底人屬於雅利安人的部落，是沿著呼羅珊大道兩旁聚居的鬆散聯盟。無怪亞述人會重視這個地區。控制了米底[7]，就等於控制了世界最重要的貿易通道，也讓他們的軍隊得以發展出一種致命的新速度。到了西元前八世紀，騎兵對亞述人維持軍事霸權已變得至關重要。來自山區的進貢馬匹成為這個國家持續強大的生命之血。即使是最盛產的銀礦，仍不比札格洛斯山脈的種馬場來得珍貴。

然而，亞述人的霸權埋下了亞述衰敗的種子。札格洛斯山脈是由許多不同民族所構成的大雜燴，其中有雅利安人，也有原住民，而米底人是由許多彼此爭吵的小酋長所統治。不過，亞述人的征服為此地區帶來統一的權威，無形中也鼓勵彼此競爭的部落團結。到了西元前六七〇年，隨著一個米底人正式聯盟的建立，亞述人對札格洛斯山脈的控制開始告急。徵收貢品變得日益困難，公開的反抗如星火燎原般地展開。接下來幾十年，亞述國王僱來記錄自己軍事功績的書吏完全不再提及米底。

這種沉默卻隱藏了一個不祥的發展。西元前六一五年，一位名叫基亞克薩雷斯（Cyaxares）的人統一米底人各個部落，並聯合亞述帝國其他反叛的屬民結為聯盟，然後率領部隊攻擊亞述人的東側。山民這種突然發難的效果摧枯拉朽，經過僅僅三年的戰鬥，不可思議的事發生了：亞述帝國最堅強的要塞尼尼微被攻破並遭夷平。讓帝國所有屬民又驚又喜的是，這個「血腥之城」在米底騎兵的鐵蹄踐踏下淪為廢墟。「騎兵衝鋒，刀光閃閃，長矛霍霍，屍骸枕席，無邊無際。」[8]

四年之後，曾經讓整個近東地區長期籠罩在其陰影下的龐大亞述帝國徹底崩潰了。勝利者自然大肆劫掠一番，一夜之間米底人登上權力高峰，佔據了遭擊潰的亞述帝國北部一大片土地。米底人的國王不再是一名小酋長，現在可以縱情於與他們新贏得地位相稱的追求：四處擴張勢力，與其他大國爭鋒。西元前六一〇年，米底人攻入敘利亞北部，一路燒殺擄掠。西元前五八五年，他們和呂底亞人（Lydians）爆發戰爭（呂底亞人以今天的土耳其西部為根據地），後來因為天上出現日蝕，雙方才罷戰。根據一項匆匆達成的協議，米底和呂底亞這兩個對立的帝國以流經兩地的哈里斯河（Halys）為界。接下來三十年間，近東勢力的均衡局面始終維持著。[9]

但新任的米底國王阿斯提阿格斯（Astyages）卻不打算讓刀槍入庫，因為他們必定再和其他大國作戰，他把注意力轉向遠離「肥沃月彎」的帝國北部和東部蠻荒地帶。他追隨亞述國王過往的足跡，帶領一支遠征軍進入亞美尼亞和今天的亞塞拜然（Azerbaijan），想讓國境之外的蠻夷學會害怕他的威名。[10] 近東大君王的傳統也以別的方式刺激這位偉大國王的野心。畢竟阿斯提阿格斯的權力不比呂底亞國王或埃及法老王小，因此很難期望他會坐在一個帳篷裡統治他的帝國。他自然想擁有更古老土地上的君王視為理所當然之物——一座皇宮、一座寶庫、一座宏偉的首都等，以此證明自己的輝煌偉大。

沿著呼羅珊大道登上山頂的旅人都能看到，在通向前方伊朗高原的道路旁這幅只見於童話故事的景象：一座由七重光潔閃爍城牆環繞的宮殿，每一圈城牆的顏色都不一樣，最裡面的兩圈城牆有包銀、包金的城垛。這就是埃克巴坦拿（Ecbatana）米底國王的要塞，落成後僅百年，便成為世界的十字路口。[11] 由於扼控東、西方的貿易，它也為其主人打開通向整座札格洛斯山脈與更遠地區的大門。但對米底人的部落酋長來說，這是個特別令人擔心的發展。雖然國王保證絕不過問部落內部的事，包括王國內部為時已久的黨派主義，都是王權鞭長莫及的，但他們日益感受到自己正成為阿斯提阿格斯宮廷的下屬。從前，在這座七彩城牆的宮殿落成以前，埃克巴坦拿原是一片開闊的空地，為各部落自由聚會的地方——事實上，埃克巴坦拿就是「聚會點」的意思。但那樣的日子已經遠去，米底人——曾經為擺脫尼尼微的專制君主而血戰良久——也發現，自己已經成為一個離家更近的、專制君主的屬民。

因此，在後來世代的記憶裡，無怪阿斯格阿提斯會成為食人魔，也難怪當他們試圖解釋自己為何失去自由時，會同時把埃克巴坦拿視為他們奴役的象徵與原因。[12]

據說，阿斯提阿格斯雖受到可證明其偉大的重重證據所圍繞，但他仍被一個灰暗的預言困擾著：他老是夢見自己亡國身死，因而飽受折磨。米底人非常重視這類夢境與異象，有一批「法師」（Magi）便負責解釋其可能的意義。這些專家精通阻擋黑暗的藝術，因為虔誠的米底人一向相信，即使是最虔誠與正直的人，在他最明亮的人性光芒下，也潛藏著黑暗的陰影。在「法師」看來，整個世界都見證了這個真理。一團火焰也許會因為受到良好的照顧而永遠燃燒，但沒有任何地方（包括最冷的泉水旁或最高的山峰上）可以讓火焰的純淨不受汙染所威脅。黑暗與光明在創造天地時也一併被創造出來。蠍子、蜘蛛、蜥蜴、蛇、螞蟻和各種蠕蟲都是無處不在的黯影中可見的贅疣。如同「法師」有責任殺死這類生物，他們也有責任在陰影籠罩一個人的夢境時，保護他免於受黑暗的侵擾，當國王被惡夢叨擾時更是如此。「他們說空氣中充滿鬼魅，隨著呼吸飄浮，會鑽入那些高瞻遠矚者的視野裡。」[13]「偉大」就像火焰一樣，必須悉心照料。

像米底這麼強大的王國崛起不到一個世紀，便再次臣服於異族的統治下，這種事一定讓很多人感到不可思議。不過，就像米底人自己有很好的理由相信，地區內的權力遊戲有著陳腐的韻律：帝國總是極盛而衰。包括亞述人在內，沒有任何王國消滅得了所有希望看見它被摧毀的民族。在近東，掠食者四處潛伏，伺機發動攻擊。古代的國家會消失，新的國家取而代之；而編年史家在記錄著名王國的廢墟時可能會發現，自己正在描述一些奇怪且前所未聞的民族。

這些民族中，有許多和米底人一樣，都是雅利安人——一些很少留下歷史記載的遊牧民族。例如，西元前八四三年，亞述人曾經進攻他們王國以北的山區，對付一個他們稱為「帕爾蘇亞」（Parsua）的部落。兩個世紀後，一個名字非常相似的民族在亞述南方遠處崛起，於安息王國（kingdom of Anshan）的廢墟上建國，位置介於札格洛斯山脈和波斯灣的海岸之間。但編年史家都無法確定它們是否為同一個民族。[14]這個新來者只有透過吸收被他們取代民族的文化，最終才能被他們資格更老的鄰居們看重。這些鄰居改不了幾百年來的習慣，繼續以原來的方式稱呼這個地區；但那些入侵者在提到自己的新家園時，自然偏好根據自己的方式來稱呼。所以，那個本來被稱為安息的地方逐漸有了一個相當不同的名字：帕爾薩（Paarsa）或波斯，意指波斯人的土地。[15]

西元前五五九年，當阿斯提阿格斯仍統治米底時，一位年輕人登上新興波斯王國的王位。他名叫居魯士（Cyrus），此人的特點包括鷹鉤鼻、志向宏大且才華眾多。早在他出生以前，便被預言是米底人的剋星。人們認為阿斯提阿格斯曾經有這方面的預兆：他在夢中看見女兒芒達妮（Mandane）不斷小便，最後整個米底王國被她的金色尿液所淹沒。第二天早上，國王把夢境告訴他的「法師」解夢人，「法師」聽到後臉色蒼白地警告國王，芒達妮所生的任何一個兒子都會讓米底大禍臨頭。於是，阿斯提阿格斯匆匆把女兒嫁給一個藩屬（一名統治著無足輕重小邦的波斯人），希望藉此破解不祥的預兆。但芒達妮懷孕後，阿斯提阿格斯做了另一個惡夢，這次夢見女兒兩腿之間長出了葡萄藤。葡萄藤不斷生長，最後把整個亞細亞纏繞起來。阿斯提阿格斯惶恐兮兮地等著外孫出生，待其一出生就下令處死他。就像這種故事慣有的發展，小嬰兒被拋棄在深山裡，被一個牧羊人發現並養大。也有一說是，被一個土匪或一頭剛好有奶的母狼養大。但不論被誰養大，孤兒這種神奇的成長背景都在在預示著，他有一個神祐的未來——事實證明果真如此。

居魯士生還了，並成長茁壯。當他長成魁梧威武的成年男子後，個性中的高貴本質為他贏得了波斯王位。這正是阿斯提阿格斯用盡計謀想避免的，米底帝國的滅亡也因此成了定局。

至少傳說是這樣說的。偉大人物總有離奇的故事相隨，因此居魯士天命的早期證明也許不像後來波斯人聲稱的那麼顯著。[16]即使如此，不論預言是否真的出現過，居魯士表現出來的潛力都足以使阿斯提阿格斯心生警惕。身為札格洛斯山脈大領主的米底國王，對於表現傑出的藩屬一向懷有戒心。而在觀察登基為波斯國王的外孫六年後，他認定若放任不管，居魯士將構成重大的威脅，於是在西元前五五三年，阿斯提阿格斯召集了令人望之生畏的騎兵南下征討。儘管人數上處於極端的劣勢，波斯人仍然頑強抵抗。眼看著投降將無可避免時，連婦女也走上戰場，鼓舞居魯士和他的戰士繼續奮戰。戰爭持續了三年，讓整個札格洛斯山脈陷入翻騰，但戰事卻在西元前五五〇年時嘎然停止。看來，戰爭的結果甚至讓諸神也大吃一驚。他們開始以報夢的方式向四鄰的國王宣布這個震撼的消息：「居魯士以少勝多，粉碎了米底人的大軍。他生擒米底國王阿斯提阿格斯，把他當作俘虜帶回本國。」[17]自亞述覆滅之後，便不曾出現如此轟動的消息了。

這是如何發生的？居魯士曾經證明自己是意志堅定且不屈不撓的對手。他的波斯子民也是如此，他們都被貧窮磨練得堅毅不拔，能忍人所不能忍（包括身穿牛皮褲）。儘管如此，有一整個帝國資源為後盾的阿斯提阿格斯本來能取勝——若非有人在他背後捅刀的話。他遭遇背叛的經過相當離奇，而且隨著時間流逝，關於此事的說法也日益曲折離奇而且詭異。不過事情本身大抵相當清楚：米底最顯赫的酋長和大軍主帥哈爾帕格（Harpagus）在戰爭時中途倒戈，投向居魯士的陣營，並率領叛軍俘虜了阿斯提阿格斯。但他為何叛變呢？傳說是，哈爾帕格雖為阿斯提阿格斯的近親，但同時和波斯國王有著最為嚇人的連結。根據米底人的記載，當年被派去殺害嬰兒居魯士的人正是哈爾帕格，他沒完成任務但卻謊報完成。多年後，阿斯提阿格斯知道真相後陷入狂怒，因而殺死了哈爾帕格的兒子，將其剁為肉醬，然後當成羊肉賜給他不知情的父親品嚐。阿爾伯格斯吃了自己的兒子後忍氣吞聲，繼續當國王的忠臣。即使只是假裝，但他顯然也裝得很像，所以阿斯提阿格斯不疑有他，在征伐波斯時任命他為統帥。這顯然不是明智的用人之道。

如此誇張的故事如何讓人相信？或者說，在這個有如皮影戲般匪夷所思的謠言中，存在著一絲事實？阿斯提阿格斯和居魯士被說成具有家人關係，這反映了波斯人和米底人在文化與血源的緊密關係。這兩個民族都屬於雅利安人，而對一個雅利安人來說，只有非雅利安人才是外族。事實上，任何阿斯提阿格斯患了思鄉病的大臣只要向南望去，就得以一瞥舊日的美好。波斯人就像他們的米底人表親，內心深處仍是一個遊牧民族，而他們的國家（這個國家「富於良馬，富於善人」[18]）與其說這是個國家，倒不如說這是一個由眾多部落構成的聯盟。雖然居魯士是「安息國王」，但他也宣稱，自己是以最大酋長的地位獲得王位——因為他是波斯領導部落帕薩爾加德（Pasargadae）領導氏族阿契美尼德（Achaemenids）的族長。居魯士既精通近東宮廷的繁文縟節，也擅長組織不拘小節的騎士露天集會，無論在古老的城市、山丘或平原上，他是波斯人未來的掌控者，也是他們過去記憶和習俗的保護人。他同時扮演多重角色，也因此讓波斯避開了曾經折磨米底的泰半衝突：國王和貴族之間的衝突（國王對傳統部落的結構感到不耐煩，但貴族卻靠傳統部落結構來自我界定）。備受阿斯提阿格斯中央集權野心折磨的米底部落酋長，想必注意到了居魯士的表現。隨著時間流逝，他們的國王與居魯士的對比，在其眼中想必日益鮮明。幾乎可以肯定，這就是哈爾帕格變節的原因。「從此，身為米底人奴僕的波斯人翻身了，變成主人。」[19]居魯士進入埃克巴坦拿，收割他堅毅、敏銳和魅力應得的果實。

即使經歷這次大勝，居魯士也沒有拋棄他細緻的平衡政策。亞述國王每次打勝仗總要發揮征服者的傳統權力，對被打敗的敵人表現出難以言喻的殘忍，但居魯士卻寧取慈悲的政策——雖經過盤算，但無疑也受到性情之驅使。他把米底貴族階層的一個重要部分吸納入自己的陣營，又拒絕將他們的國人同胞視為奴隸。甚至他對待阿斯提阿格斯也是如此：沒有剝他的皮或將他餵猛獸吃，反而提供他一份優厚的退休金，讓他可以從容地養老。米底人的國庫被搬去安息，但埃克巴坦拿卻未遭受和尼尼微一樣的命運。居魯士完全不想摧毀這座札格洛斯山脈最具戰略重要性的城市。它也是札格洛斯山脈最宜人的城市：雖然它在冬天會被暴風雪封鎖山口，但每到夏天，當波斯的平原地區受到烈日烤炙時，埃克巴坦拿是綠草如茵的天堂，背後的山峰仍覆蓋冰雪，城牆下方的山坡是層層的果園和花園，整個城市的氛圍明亮清新。現在這座城市不僅仍是米底的首府，在炎炎夏日時，還形同居魯士整個帝國的首都。無怪米底人能感覺到，即使他們並非全然地與其征服者平起平坐，但至少也參與了他們新國王的冒險事業。

隨後，一連串振奮人心的事件證明了居魯士的冒險事業才剛開始。在整個近東地帶，像阿斯提阿格斯這樣權力滔天的國王垮台引起了巨大衝擊。不僅米底帝國本身，就連有幾十年歷史的國際現狀也被徹底粉碎。突然間似乎多出了許多可以攫取的領土，四鄰的大國（他們還沒把波斯人放在眼裡）紛紛琢磨自己可以得到多少好處。西元前五四七年，呂底亞國王克羅瑟斯（Croesus）帶領一支龐大的軍隊渡過哈里斯河，想大顯身手。已自札格洛斯山脈下山的居魯士匆匆趕去迎戰，途經一座座荒廢的亞述城市——現在只剩塵土飛揚的凌亂土堆，默默見證著權力的脆弱。不過對一個雄心勃勃的人來說，這片光景是警告也是激勵，讓他更急於前往和克羅瑟斯一較高下。如同當年呂底亞人和米底人打的那場仗，雙方不分勝負；但這次天空沒有出現日蝕，戰爭也沒有中途打住。隨著冬季逼近，克羅瑟斯撤回自己的首都薩第斯（Sardis）。他沒想到居魯士居然敢追擊他，因為這座城市往西距離愛琴海只有三天的路程，而且離米底的邊界非常遙遠。但波斯人沒有退卻。反之，他們冒著嚴寒逼近，但不讓克羅瑟斯發現，他們潛伏在附近，等待克羅瑟斯解散自己的盟友和軍隊。當薩第斯兵力變空虛後，居魯士即發動攻擊。氣急敗壞的克里瑟斯召集僅有的零星部隊殊死抵抗。走投無路的呂底亞人把全部希望押在最後一次騎兵衝鋒上。然後，薩第斯被攻破了，克羅瑟斯遭到俘虜。在遙遠的「肥沃月彎」，此事被記錄了下來，但用詞簡略，完全看不出它的震撼效果：「〔居魯士〕擊敗了〔呂底亞〕國王，佔據了他的財寶，把自己的軍隊駐紮在那裡。」[20]克羅塞斯垮台的消息在呂底亞帝國引起的震動如此巨大，據說一位神廟的女祭司因為過度驚嚇而長出了鬍鬚。她大有理由長出鬍鬚：才短短六年，一度非常落後且默默無聞的波斯人就把自己的王國打造成為世界上最強的強權。

戰爭的勝利不只是他們自己的功勞。米底騎兵——有非常適合冬天作戰的羊皮大衣和山地馬匹為裝備——發揮了極大的作用。米底人的將領也是如此。居魯士在這場戰役中聽到最好的建議來自哈爾帕格：他提議，在呂底亞人發動最後的騎兵衝鋒時，把所馱輜重的駱駝置於波斯部隊的前列。居魯士適時地下達命令後，呂底亞人的馬匹受到駱駝散發的陌生臭味驚嚇，都紛紛掉頭逃竄，波斯人因此贏得了戰爭。也許不令人驚訝的是，居魯士受到這次勝利的激勵，希望以安撫米底人的方法安撫呂底亞人——哪怕他們並非雅利安人。克羅瑟斯就像阿斯提阿格斯一樣被免於一死，被迎為波斯國王的隨員；他出了名豐盈的寶庫被完整地留在薩第斯；甚至當地的稅收也委託給當地的顯貴管理。然而，呂底亞人顯然被寬宏大量沖昏了頭，把它看成軟弱的表現；居魯士才一離開，被他委託看管國庫的貴族就發動叛亂。這是一次致命的失算。居魯士把這種行為視為最卑鄙的背叛與忘恩負義，馬上發動遠征作為回應。新的部隊自埃克巴坦拿被派出來，而且得到了新的命令：不再特別施恩。相反地，波斯人這次要以更傳統的手段證明自己的制霸：城市被蹂躪，叛軍領袖被處決，他們的追隨者被賣為奴隸。這些都按照波斯國王的吩咐執行。

雖然居魯士顯示了他的打壓能力，但沒有放棄他帝國政策的基本原則。米底人持續在其令人炫目的新秩序中被賦予一種夥伴地位。因此，哈爾帕格這位最受居魯士器重的外族臣僕獲派統率波斯部隊西征。若持續忠於阿斯提阿格斯，他不可能得到這種機會。這位札格洛斯山脈的部落酋長頂著「海洋大元帥」[21]的顯赫頭銜去到呂底亞，三兩下功夫就收拾了造反的呂底亞人，緊接著，在亞細亞的邊陲插下軍旗。在這裡，一連串美麗富裕的城市沿著「苦海」（bitter sea）[22]海岸（「苦海」即愛琴海）綿延下去，而波斯人則稱當地居民為「亞烏納人」（Yauna）——即愛奧尼亞人（Ionians）。[23]幾個世紀前，他們從希臘移民來此。這些愛奧尼亞人就像他們在愛琴海另一邊的表兄弟一樣，堅決以希臘人自居。他們彼此爭吵不休，無法形成統一的陣線，這對哈爾帕格來說，簡直就是俎上肉。他以凶殘的手段征服將這些城市一個個征服。事實上，他的名字讓很多愛奧尼亞人膽顫心驚，所以他們不願臣服，而選擇逃到大海的另一頭，移民到西西里島或義大利半島。其中一個城市福西亞（Phocaea）甚至撤走全部的人口，撤走「婦女、小孩和可帶走的一切財產……只給波斯人留下一座空城。」[24]哈爾帕格帶給愛奧尼亞人的驚嚇如此巨大，以致事過許久之後，人們對他的回憶仍會讓最私密的歡樂時刻蒙上陰影：

冬天，當你躺在火爐邊的柔軟躺椅，
四周都是美食，邊咀嚼堅果邊啜飲美酒，
這時你一定會捫心自問：「你來自何方，今年幾歲？
當米底人來到時，你多大了？」[25]

請留意，並非「波斯人來到時，你多大了？」，而是因為哈爾帕格讓愛奧尼亞人受到的衝擊鋪天蓋地，讓他們搞不清楚自己的新主人是誰。甚至此後每當希臘人提到波斯人，一律稱之為「米底人」。我們不該對這樣的混淆感到奇怪。札格洛斯山脈的族群複雜性又豈是住在遠方的人們搞得懂？西部海濱的城市會被一個他們幾乎沒聽過的民族征服，意味著一個嶄新且動盪時代的開端。世界看來突然縮小了。在此之前，從來沒有一個人能把自己的勢力擴張到那麼遠的地方。不過，居魯士並沒有為自己的成就感到自豪，反而持續坐不住，渴盼征服更多地方。在呂底亞取得的勝利雖然可觀，但他卻擔心波斯的另一邊潛伏危險。他從薩第斯班師回朝後，把目光轉向東方的地平線。如果忽略那個方位的事務，即使是最傑出的征服者，也可能會發現自己的功績不過是建立在流沙之上。只要一個王國需要擔心遊牧民族的劫掠與伊朗高原傳來之雷鳴般的馬蹄聲，它就不會完全安穩。沒有人比波斯人更明白這個道理了，因為他們本為遊牧民族的後裔。

所以，居魯士不是從親自鎮壓呂底亞的叛亂，而是從埃克巴坦拿踏上相反的方向，沿著呼羅珊大道向東進發。[26]不論對波斯人或米底人來說，這都是一趟回到過去的征途，朝著他們傳說中的祖居地而去。那裡「水草豐美……牛羊成群」[27]，一切看來都更加宏大：平原更遼闊，群山直插雲霄。居魯士行軍到高原上，最終看到了興都庫什山脈（Hindu Kush），並越過中亞的群峰看見東昇旭日：「永不熄滅且疾如駿馬的太陽，攀上美麗的群峰，以慈眉善目俯覽雅利安人的居所。」[28]波斯人離開這片「雅利安人的居所」已久，後來它成為一些傲慢貴族的采邑。這些貴族也許比他們在札格洛斯山脈的表親還落後，但卻更富有且熱中戰爭。居魯士成功征服他們之後，他們將為他提供龐大的人力資源和財富。這片荒地將永遠不會完全失去它亂糟糟的特徵，因為它的新主人小心翼翼地把自己裝扮成本地傳統的繼承人，任由在地貴族持續喧鬧行事——但當然是以波斯國王的目標為目標。居魯士在這裡建立的秩序雖然鬆散，但卻剛好符合他的需要：除了讓他得到部隊和黃金以外，還讓他得到一個緩衝區。他於興都庫什山脈到鹹海之間的巨大弧形地帶建立了許多省份，為波斯提供一道東北方向的屏障——在此之前，這個方向始終為波斯最脆弱的部分，使其易於受到來自中亞草原的入侵者攻擊。犍陀羅（Gandhara）、大夏（Bactria）和粟特（Sogdiana）這些原本孕育威脅與不穩定的國度，如今已被轉化為波斯力量的碉堡。

它們仍可作為其他某些事情的雕堡。如同所有文明人同意的，蠻族的歸屬之地是蠻荒地帶。若情況並非如此，那將是惡夢一場。例如，米底人就碰過這樣的惡夢。根據他們的民間傳說，他們的帝國在全盛時期曾被斜眼的斯基泰人（Saka）征服——這些人如同他們居住的草原一樣野性不馴且殘暴，控制了米底人二十八年之久。所以當居魯士從粟特去到今日的哈薩克（Kazakhstan），發現自己碰到米底人以前遇過的同一批魔鬼時，不禁大吃一驚。這些人很好認，戴著高高的尖頂帽並運斧如飛。一名斯基泰人的領袖被居魯士俘虜，但受到禮遇，於是心悅誠服地率領他的人民為波斯國王效力，很快成為帝國軍隊中最兇悍的一支。但這只是其中一個部落。在它的家園更過去一點有更多原野，那裡土匪出沒，危險重重，幅員遼闊，像在嘲笑人類的野心——甚至嘲笑已知最偉大征服者的野心一樣。沒有人確知，這些原野延伸到多遠的地方，也沒有人確知，在原野的末端會找到怎樣的生物——有人說會找到獅身鷲首的怪獸（griffins），有人說會找到羊腿人（men with goats' feet）的部落，也有人說那裡是冰封的荒原，居民每年冬眠六個月；再過去是環繞世界的蘭加河（River Rangha），它就如同最大的大海一樣寬闊。[29]居魯士顯然無意推進到那麼遠的地方，而當最終有條寬闊的河流擋住他的去路時，他駐足河岸，在淤泥與蚊蚋的嗡嗡聲中下達了班師令。這條河是藥殺水（Jaxartes River），水淺、島嶼眾多，是條最赤裸的自然邊界。居魯士為彌補自然的不足，在這裡築了七座邊境城鎮，以自己的名字為最大的一座命名：居魯士波利斯（Cyropolis）。[30]自此，這片莽莽蠻荒就像奴隸一樣，烙上了波斯國王的印記。

他將自己的身分烙印於斯基泰人的土地，這具有雙重用意。其一，此後好戰的野蠻民族不再被容許渡藥殺水南侵；其二則表示，這條邊界之內的居民再也不用擔心自己的安危。居魯士的政策總是包含威嚇敵人與安撫奴隸這兩方面。到了西元前五四〇年，東部的邊界穩定後，居魯士感覺準備好將它付諸終極的測試。回到札格洛斯山脈之後，他把掠奪目光轉向每個征服者的最高目標：今日伊拉克南部的肥沃平原地帶。這個地帶自亞述延伸到波斯灣，自古以來就是許多燦爛城市的舞台。除非能征服這片古老腹地，否則沒人能夠名實相符地配稱世界霸主——身為新貴的居魯士瞭解這點。但他也知道，那裡的居民不是落後的邊區居民。事實上，他們反而認為波斯人是野蠻人。擅長推翻先入為主成見的居魯士，決定迎頭面對這個新挑戰。所以，當他入侵敵人的領土時，宣稱自己是要捍衛它；當他率領一支大軍時，他假裝自己是一名和平使者。所以凡他所到之處，要塞都為他打開城門。

事實上，這是其唯一明智的選擇，因為波斯人的武力實在太強大。有一支軍隊曾試圖抵抗侵略，但很快就被消滅了。如同他在呂底亞顯示過的，如果他覺得有助於達成目的，他不反對偶爾使用殘暴手段。不過，他主要還是喜歡行事上符合自我的高調宣傳。一旦建立起統治，就不再有屠殺，而處決被控制在最低的程度上。他的命令都是以溫和寬厚的語氣宣布，在那些擁有眾多古老神廟、香燭繚繞的城市裡，居魯士把自我呈現為「正義和公正」的楷模，把自己「統治普世的權力」說成是諸神的回報。[31]但精確來說，是來自哪些神明？居魯士則擺出自己是所有神明寵兒的姿態。各地祭司爭相招呼，說他屬於他們的教派，各族人民爭相指出，他是他們風俗習慣的繼承人。這是對他世界主宰權的完美鍍金。一名阿契美尼德（Achaemenids）家族的新貴酋長能當上烏珥（Ur）或烏魯克（Uruk）這些古老城市的恩主，是大有面子之事。雖然這些城市的歷史可追溯至創世之初，但它們的歷史中也找不到一個崛起地如此快的人。

無可避免地，許多人會覺得這位奇才有點可怕，甚至駭人。當居魯士最終死在戰場時已年過七旬，但他的征服慾望仍未獲得滿足：他死在藥殺水以北，遠遠超過他曾為自己野心所設定的界限。[32]據說，那位殺死他的部落女首領在將他斬首之後，把首級放入裝滿鮮血的酒囊，好讓這個老人最終不再口渴。就這樣，居魯士成為近東地區人們想像力裡的幽靈，一個不饜吃喝人類血肉的黑夜魔鬼。不過，在那些臣服於他的人之間，流傳著一個相當不同的傳說。這位曾讓世界翻騰的人，受到一種近乎毫無保留的讚美之詞懷念著，被認為具有非凡的高貴品格，是世界和平的締造者。接下來幾個世紀，即使在波斯人最勢不兩立的敵人口中，對居魯士的記憶仍散發著光輝。雅典人色諾芬（Xenophon）在居魯士死去快兩百年後寫道：「這位君王前無古人，後無來者。不論他征服了誰，被征服者都深深渴望取悅他，想沐浴在他明智的意見中。

他們發現自己渴望被他而不是其他人的統治所引導。」[33]這個意見也許令人吃驚，但居魯士除了以武力征服世界外，也以魅惑的手段讓形形色色的民族相信，他理解、尊重他們並渴望得到他們的愛。以前從來沒有一個帝國建立在這樣的基礎上，也未曾有一個征服者表現出如此的仁慈與克制。

這就是居魯士的天才所在，而他獲得的回報是一個規模超乎任何夢想的帝國。

兄弟，你在哪裡？

居魯士死於西元前五二九年夏天，他的屍體從殺死他的部落贖回運回波斯，那裡有個巨大的陵墓等待著他。據說這個陵墓正好位於他所打敗的阿斯提阿格斯，只是居魯士在該地區贊助修建的許多建築之一。這個陵墓與其說這裡是一座城市，不如說是一座宮殿、樓閣與園林的集合體，曾經見證波斯人的強大，但也反映出其崛起之快速與令人目眩。在這些石頭建築過去一點的地方，一群群家畜漫遊於荒涼的丘陵與原野。陣陣強風刮過毫無風景的土地，使鍍金的門框和立柱蒙上灰塵。宮殿建築群本身雖以石頭建造，但格局上仍帶有軍營和帳篷的味道。這裡被稱為「帕薩爾加德」（Pasargadae）不是沒理由的——帕薩爾加德是居魯士所屬的部落，畢竟身為遊牧民卻有根據地，似乎不算是弔詭。

現在，隨著居魯士的死，波斯各個氏族與部落的鬥智鬥力將影響千萬人。將出現一個後繼者繼承居魯士的位置嗎？或者說，波斯帝國會因為頓失充滿魅力的創建者，而注定和崛起一樣快速消失？如同無數消失的帝國，一個國王的死往往足以讓最偉大的君主國崩潰。居魯士有為王朝傳宗接代的天然熱忱，而育有二男三女，但這不能保證任何事。對一個遊牧部落或一個大帝國來說，子嗣過多都和沒有子嗣一樣危險。

向來有遠見的居魯士明白這種危險，努力防範著，謹慎地對兩個兒子的未來預作安排。在他死去之前，他任命長子岡比西斯（Cambyses）為太子，小兒子巴爾迪亞（Bardiya）為大夏總督。大夏是東部省份中最大且最重要的，雖然巴爾迪亞沒有一頂象徵王權的三重冕，卻獲准不用上繳貢賦，此一特權讓他堪稱無冕之王。這種安排可以平息他對哥哥的怨氣嗎？或只會刺激他對王權的垂涎？這個問題有待時間驗證。但無論如何，居魯士對未來的安排都等同於昭告天下：岡比西斯將坐上龍椅，而巴爾迪亞將會是他的副手。沒有其他人能分享權力。為了將此深深烙印在人們的腦海中，居魯士做出一項駭人聽聞的安排：讓岡比西斯與兩名姊姊阿托薩（Atossa）和羅克珊（Rhoxsane）成親。這種亂倫情事在波斯沒有先例，卻有效阻止了其他貴族家庭試圖爭奪王位的野心。[34]誰比居魯士的兒子更有資格娶居魯士的女兒為妻？就像「法師」保護聖火那樣，偉大征服者的血統變得那麼珍貴，必須保護它不受汙染。

居魯士的遺體安放在金棺中，其陵墓方位朝向東昇旭日。在「法師」的哀泣與唸經聲未結束之前，岡比西斯迫不及待地登上王位。如今世界帝國是他的了，在他坐上父親寶座之時，確實有好幾雙眼睛望向他弟弟，但看來巴爾迪亞對能在東方巨大封地統治相當滿足，沒有任何不臣服的跡象。居魯士死前的安排是最精明的安排，兄弟倆都可以從他們的利益環扣中獲得許多好處。也許當初有人認為，岡比西斯會把為父親報仇列為優先事項：如此一來，他就會帶領大軍進入東部諸省，並因此引起弟弟的公開不滿。與此類似地，或許也有人認為，巴爾迪亞因為擁有一個強大的基地，將強迫哥哥賜給他更多特權，從而招致新國王的憤怒。不過不論兩兄弟是否商量過，他們都形成了一個默契。巴爾迪亞將不受干擾地統治他的省份，而且他會為哥哥防守背部。[35]至於征服野心毫不遜於父親的岡比西斯，則不會把矛頭對準殺害父親的貧窮部落，而是朝向一個位於相反方向的王國：這個王國富含黃金與巨大的神廟，是古代世界秩序中唯一留傳至今的強權，聲名赫赫，彷彿自古已然。岡比西斯打算對埃及發動戰爭。

然而，要打這樣一場仗當然急不得。雖然法老王的權勢今非昔比，日益依賴無能的傭兵，而且被權力過大的寺廟祭司吸乾財源，但其仍是一股不可小覷的力量。岡比西斯花了四年為入侵做充分準備。帝國內部的各個屬國都必須分攤軍費和兵員，打造船艦並強行徵募。波斯國王成為一支強大艦隊的統帥，這是波斯歷史上的第一次。波斯人蒐集情報並仔細分析，據說當波斯人終於在戰場上與埃及人交手時，他們在盾牌上綁了貓，讓敵人的弓箭手不敢放箭——因為埃及人把貓視為神聖。[36]交戰結果不言而喻。埃及的門戶培琉喜阿姆（Pelusium）遭到摧毀，守軍屍骸枕籍，有些屍骨在一個世紀後仍留在原地。岡比西斯的陸軍當然不是他唯一的火力。他的艦隊在戰爭全程中都沿著海岸行駛。海軍與陸軍互相支援，合作無間地向首都推進。抵抗力量被兇狠摧毀。埃及投降了。「偉大的外邦酋長」被埃及人民尊為法老。

但岡比西斯的致勝速度卻是假象，如此古老神祕的埃及土地無法輕易被納入任何帝國。當然，有些措施很容易實施，例如有座城鎮就被規定要負責波斯姊姊／王后鞋子的開銷。[37]不過在其他方面，岡比西斯很快就陷入泥淖。要改變埃及從來無法沿直線而行，最艱難的一項任務是馴服祭司階級並對他們徵稅。岡比西斯的蠻勁並非其他本土法老可比，他成功地逼迫祭司階級吐出他們大量聚斂的財富，但這項努力花了四年，也自然讓祭司階級成了他永遠的敵人。他們不遺餘力地抹黑他，以至於岡比西斯在埃及人的記憶裡成了一個瘋子，酷愛殺人與取笑神明。有時甚至被指控他將這兩種嗜好合而為一：例如以鐵簽刺穿一頭被埃及人奉為神明的公牛。

這完全是一派謊言。事實上，岡比西斯不僅沒有像抹黑謠言所說的那樣取笑神聖公牛，反而極得體地下令隆重安葬死去的公牛。他就像居魯士那樣，努力表現自己對外國神明的尊重——不論他們有多古怪。畢竟身為法老王，他已經成為了「拉」神（Ra）的兒子。對這個上一代的祖輩還穿著皮革褲的人來說，埃及的壯觀傳統想必提供了他相當大的反思空間。但大概這個空間還是太大了，因為就在埃及的祭司階層把岡比西斯醜化為一個壓迫狂時，波斯的部落酋長們也抱持一樣的看法，而這就要命多了。雖然居魯士征服了世界，但從不忘本，也因而受到愛戴，並被他的人民稱為「父親」。但在波斯人的印象中，岡比西斯卻「殘忍高傲」，所以給他貼上了「專制君主」（despot）的標籤。[38]許多有關他如何野蠻的故事成為證據被列舉了出來：例如說他把「執杯侍臣」（cupbearer）當成箭靶射死，說他把十二名貴族頭下腳上地活埋。這是抹黑嗎？大概是，但也反映出對一個真正危機的記憶，而岡比西斯的米底人隨員對這個危機則不陌生。那就是，國王不能容忍任何反對意見，而且決心壓制意見及與自己不合的部落酋長。在遠征埃及時，岡比西斯把許多酋長帶在身邊，同時充當人質和副手。但他們不是所有人都到了埃及。儘管朝庭去到遠處，波斯仍是權力最牢靠的泉源，誰能控制帝國的心臟地帶，也許就能同時控制整個帝國。岡比西斯在埃及的長期滯留日益助長這種盤算。叛亂開始在波斯的部落地區醞釀。

三十年前，米底人的酋長們因為急於推翻阿斯提阿格斯，不惜擁護一個外族人當國王，但不滿岡比西斯專橫的波斯貴族卻有另一個更容易接受的國王代替人選。巴爾迪亞不僅是偉大居魯士的兒子，還擁有波斯人最欣賞的一切國王特質。他的強壯體格為他贏得「坦尤克薩爾凱斯」（Tanyoxarces）的外號，他也是一名神箭手（弓箭是波斯人的傳統武器）。[39]他能在麻煩不斷的東部邊鎮坐鎮近十年，足以證明他有軍事長才。

巴爾迪亞在其他方面也顯得肖似父親。看來他就像居魯士一樣，除了作戰還善於調解。他善感地察覺到波斯貴族們的憤怒，也同情在岡比西斯愈增的苛索下受苦的百姓。巴爾迪亞開始向相關人士等提出一個驚人構想：也許可以免除波斯屬民三年的賦稅和徭役？岡比西斯當然永遠不可能同意這種主張，但如果換一個國王呢？一個新國王也許會……

這類煽動叛亂的言論不可能保密太久，到處都是間諜。岡比西斯的非洲征伐現已安全了，但他也猛然警覺到後方存在的威脅。不論他有多大的成就——他將波斯人的統治延伸到利比亞沙漠，甚至傳說中衣索比亞人的地區——衣索比亞人「是世人中，個子最高且相貌最好看的」[40]。他還是離家太久了。西元前五二二年初，當他最後決定踏上返回波斯的漫漫歸途時，岡比西斯發現自己必須和時間賽跑。雖然精銳部隊和很多貴族還在他身邊，局面卻正在脫離他的掌控。三月十一日，在巴爾迪亞公開稱王一個月後，所有東部省份都尊他為國王。[41]居魯士辛辛苦苦建立起來的輝煌帝國就這樣被兩個敵對兒子的野心分裂為兩半，甚至有整個傾覆的可能？在在看來，手足相殘在所難免。

然而，有個事故從中介入——至少看起來像是事故。[42]當岡比西斯途經敘利亞，有一次要翻身上馬時，大腿不小心被自己的佩劍刺傷了。傷口生了壞疽，才幾天就不治身亡。這件匪夷所思的意外——若真是意外的話——也來得正是時候。最明顯的受惠者當然是巴爾迪亞，他現在成為居魯士尚存的唯一繼承人，因此在武力與法理兩方面都夠格當上國王。這一切都是「法師」們所預見：他們曾在異象中看到羅克珊生出一個無頭嬰兒，預示著岡比西斯血脈的斷絕。埃及的祭司則更加惡毒且有創意地補充說，這種惡運是岡比西斯自找的：他一腳踢在姊姊／妻子的肚子上，不只殺死了胎兒還殺死了王后。現在，岡比西斯的無嗣成了和平的契機。巴爾迪亞迅速抓住這個契機。七月，他由「法師」們正式加冕，穿上父親留下的龍袍與三重冕。同時，他娶了岡比西斯另一個姊妹／妻子阿托撒。傳統和血脈兩者看似都得到了保障。畢竟，現在誰還有資格挑戰巴爾迪亞對天下的統治呢？

新國王對於自己的至高地位充滿自信，放心去到清涼的埃克巴坦拿避暑。但這時，陰謀和謠言卻醞釀於炙熱的低地平原區。[43]不論是否死於意外事故，岡比西斯的死都對巴爾迪亞以外的人構成可怕的誘惑。在從敘利亞通往札格洛斯山脈的大道上，行進的皇家軍隊如今群龍無首。但這樣的情形會維持多久呢？軍隊中的最高級軍官都是世家大族的子弟，在非洲經歷過戰爭的磨練，又深諳政治權術，往往比他們的實際年齡成熟許多。例如，在御前充當「執矛侍臣」（lance-bearer）的大流士（Darius）只有二十八歲，他是國王的遠房表親。在波斯宮廷，一個人的地位端看他離國王有多近，所以年輕大流士的官銜絕不意味著他只是個打雜的角色，反而顯示他是一名傑出且聲望極高的重要人物，可以與聞機要。在岡比西斯死前幾星期，他應該是負責分析巴爾迪亞政變情報的最佳人選。

藉由分析情報，有著天生政治家利眼的大流士應該看得出來，巴爾迪亞的地位不像乍看地那樣穩固。各個部落酋長的意向飄忽不定。改革徭役的計畫雖受到帝國屬民的歡迎，卻不大可能得到波斯統治階層的喜愛。巴爾迪亞要說到做到，就必須開闢別的財源彌補稅金的損失。由於他不會想要政治自殺，而且新國王不太可能壓榨自己的支持者。但有些貴族遠在敘利亞、岡比西斯的軍營，所以新的收入來源顯然唾手可得。於是命令照此下達。凡與巴爾迪亞作對之人的一切——包括他們的「牧場和牲口，奴隸和房屋」[44]——一律充公。雖然國王恐需這筆意外之財，但此舉卻讓貴族的分裂成為定局。在許多波斯人眼中，巴爾迪亞成了「自己國家和自身古老王位的恥辱。」[45]一個國王已在夏天逝去，現在人們又匆忙策劃廢黜另一個國王。

同謀者共有七人，全都是最高階的軍官。其中之一是大流士，他是岡比西斯年輕的「執矛侍臣」，也是阿契米尼德氏族的一員。波斯最顯赫氏族的身分不必然讓大流士成為陰謀的主導人，因為另一位名叫歐塔涅斯（Otanes）的同謀者一樣有這種身分。歐塔涅斯是富有的顯貴，看來同樣覬覦王位。另外，根據一個後來的傳說，首先發起陰謀的是歐塔涅斯，他後來再想一想，才邀請大流士加入。但這不太說得通，因為如果大流士稍晚才加入，他爬升為核心人物的速度未免太快。他的地位從一開始看來就鶴立雞群。其中一個同謀者戈布里亞斯（Gobryas），既是他的岳父也是他的姊夫：這雙重的姻親關係讓他們的聯繫無比密切。大流士的弟弟阿爾塔費尼斯（Artaphernes）有著罕見的膽識和智慧，雖然他不是七位主謀者之一，但卻準備好隨時按他們的決定行動。所以無論從哪方面來看，大流士都有可能是陰謀的首領。

那麼，為何他沒有堅稱自己從一開始就參與其事呢？他可以從這種對時間框架的扭曲中得到什麼好處？說得更白一點，他究竟想隱瞞什麼？一個看來顯然易見的答案是，他想隱瞞自己弒君的事實。畢竟誰比國王的「提矛侍臣」有更好的機會謀殺國王？即使在岡比西斯的敵人看來，得到這樣的機會都令人無法想像。雖然大流士很快就會證明，自己無情又大膽，他卻從未誇耀自己犯下的罪行。因此他是否弒君，我們永遠不得而知。[46]即使他和岡比西斯的死沒有瓜葛，他仍毫無疑問地，是對付巴爾迪亞的陰謀主角。當歐塔涅斯要求更加謹慎地行事並主張爭取更多同黨時，大流士堅持立刻行動。他主張，他們不能靠人數，而要靠速度與出奇不意取勝。搖擺不定只會讓他們錯失良機。他們越大膽，成功的機會就越大。

由於得到弟弟阿爾塔費尼斯與密謀小組大多數人的支持，大流士得以按自己的想法去做。他的計算正確無誤。一個罕有的機會正在打開。當密謀者和他們的隨從沿著呼羅珊大道接近札格洛斯山脈的丘陵地帶時，應該會感覺到平原上的炎夏酷熱正在消退。秋天即將到來，而國王很快就會下山。如果行刺小組能在埃克巴坦拿通向波斯王權中心地帶的途中展開伏擊，也許不太費力就能將他解決。七個同謀者與他們的隨從都是熟練的騎手（波斯貴族都在馬背上長大），以風馳電掣的速度趕路，拚命不讓機會丟失。到了九月，他們終於抵達米底人的邊界。他們前面是呼羅珊大道，於山脈上蜿蜒曲折地通向埃克巴坦拿。此時巴爾迪亞正在下山途中，正從某處慢慢接近他們。

要知道國王的行程進展其實很容易。這條道路總是熙熙攘攘，受惠於波斯人一統天下，越來越多商人走在呼羅珊大道上。他們都來自低地的富有城市，操各種外國口音，滿載行囊的駱駝隊啼聲得得。[47]那些自埃克巴坦拿方向而來的人證實，國王確實已經離開他的夏宮，正往這邊走來，而且離此地不遠。隨著巴爾迪亞的車駕日益接近，道上車馬也越來越多，顯然是國王的侍從和先鋒。他們身穿華服，鬍鬚和頭髮捲曲有致，手持孔雀羽毛向路人警示他們的主人——波斯國王和世界之王——即將來到。

然而在這一片喧鬧的聲色中，仍可見一個非常古老秩序的痕跡。到了九月底，當陰謀份子沿著札格洛斯山脈最肥沃的尼賽亞（Nisaea）山谷北緣行進時，他們看到了最戲劇性的一幕。在遠離擠滿朝臣與商隊的大道之處，在覆蓋苜蓿的牧場上，一幅無數世代都感到熟悉的壯觀景象在此展開——那是一幅比米底人本身都還古老的景象。白馬覆蓋整個平原，據說多達十六萬匹。它們與近兩百年前進貢給亞述人的馬匹屬於同一品種，是世界上「最優良和最高大」的駿馬，[48]就連傳奇的印度諸王國——眾所周知，那裡的任何動物都可以長得極為高大——也無法與之比擬。米底人曾是遊牧民族，如今臣服於異族統治，但當他們馳騁於尼賽亞的平原時，仍知道自己是最出色的馴馬人。這讓他們被奴役的人生大大獲得安慰，因為那些白馬強壯、敏捷又漂亮，被札格洛斯山脈的山民視為聖物，與天神及他們的國王有著神祕的聯繫。

就連身為征服者的波斯人也承認，在帕薩爾加德，每個月都有一匹來自尼賽亞的駿馬被獻於居魯士的神聖陵墓前。這大概就是巴爾迪亞離開呼羅珊大道的下山途中於此逗留的原因。無論他想尋求合法化、得到天啟或只是要找人解一些惡夢，都可以在尼賽亞找到現成的專家。因為那些能解釋各種神祕現象的「法師」們也是神聖馬匹的守護者。巴爾迪亞可曾召喚這些宗教專家，打聽自己未來的命運？大概有。但至少有一點是可以肯定的——在西元前五二二年九月二十九日，一名自稱巴爾迪亞的人在尼賽亞的西基阿沃提什要塞（Sikyavautish）最終死於大流士的襲擊。

事情的經過由行刺小組七名領袖的後人透露。多年來，經過不同人的添油加醋，產生了幾種不盡相同的說法，但所有說法都一致的是，事發當時，巴爾迪亞完全大吃一驚。刺客們冷靜地策馬來到要塞的大門前，大膽表示此來是要覲見國王。守衛懾於這些新求見者的地位，連忙讓他們進入要塞。直到他們靠近皇居時才有人起疑，喝問他們的意圖，但為時已晚。刺客制服了沿路碰到的侍從，衝入巴爾迪亞的寢室。據說當時國王和一名姬妾在一起，情急之下，他試圖以一張摔壞凳子的凳腳抵擋攻擊，但無濟於事。據說，大流士的弟弟——「忠誠的阿爾塔費尼斯」（faithful Artaphernes）——最後用匕首刺中了國王的要害。[49]

就這樣，居魯士之子與波斯國王巴爾迪亞頹然地死去了。

他真的死了嗎？行刺者在幹完血腥的勾當後不久，便促銷另一種不同的說法。他們聲稱，他們殺死的根本不是巴爾迪亞。真正的巴爾迪亞已死了很久，早被嫉妒他且生性野蠻的岡比西斯於幾年前下令處決。若不是大流士和他的同伴們偶然發現這個祕密並勇敢地揭發，波斯人將永遠不會知曉這個可怕的祕密。

但這些說法明顯會引起一個疑問。如果那位在西基阿沃提什要塞被刺殺的人不是居魯士的兒子，那麼他又是誰？一個冒牌貨假扮王子已夠怵目驚心，但他能假扮多年，以至於連家人都騙過，就足以證明他使用了最骯髒的巫術。那麼此人最有可能的身分不就是一個受過訓練且善於操控超自然力量的「法師」嗎？然而，冒牌貨會出現在尼賽亞，絕不是偶然，為了保護聖馬，有大批「法師」聚集在那裡。陰謀集團證實了這個猜想：假扮巴爾迪亞的人確實是個「法師」，名字叫高墨達（Gaumata）。[50]此人出身低微卻精通巫術，靠著作假攫取了波斯帝國。

其他人將這種說法傳開時也加油加醋。他們說，那個冒牌貨雖法力高強，但卻忘了隱藏一個重要細節：多年前他因為犯了什麼過錯，兩隻耳朵被居魯士下令割去。巴爾迪亞有個妻子帕伊杜美（Phaidime）是歐塔涅斯之女，從不疑心丈夫已死，而且被一個冒牌貨頂替，但有天晚上，她在丈夫睡覺時無意中撥開他側面的頭髮，發現了這個可怕的真相。她把這個發現告訴父親，由此啟動了一連串戲劇性的事件，最終導致冒牌貨被殺。無論如何，這就是多年後在帝國各地流傳的說法。當時沒有人對此提出質疑。

即使在行刺上演的當晚，若有任何人內心質疑刺客的說詞，或對於他們為何如此迅速地處理掉冒牌貨的屍體有所納悶，他都會知道，不該把想法說出來。西基阿沃提什要塞的血跡還在清洗時，沒有說三道四的餘地。陰謀集團沒有心情容忍異議。大流士發出的警告足以嚇人：「今後為王者，當勇於禁絕謊言。敢於散布謊言者，汝當懲罰之！」[51]這是一個政治權術家使出的戲法，它把指控刺客的人而非刺客指為被告。疑心者會被視為真相的敵人，進而遭到迫害。

對所有波斯人來說，被視為真相的敵人是一種可怕的對待。大流士的國人同胞都深信，自己是世界上最老實的人。他們從小就已經學會三件事：「騎馬、射箭和說實話。」[52]大流士恐嚇那些可能懷疑他那「法師」犯罪故事的人，不僅為了維護一個不牢固的謊言，他的立意其實高遠得多。只有波斯人能夠創造真相，因為只有波斯人了解何謂真相。他知道愚昧的民族不明白的一個道理：沒有真理的宇宙將會解體，並落入永恆的黑暗之中。這不是一種抽象或理想，而是存在的基礎。

這就是為何眾神之主阿胡拉·馬茲達（Ahura Mazda）在創造天地萬物時為了賦予宇宙秩序，先創造出真理之神阿爾塔（Arta）。如果沒有阿爾塔，宇宙將會缺少架構或美感，而馬茲達神也將無法啟動存在的偉大循環，把生命帶到世界上。即使如此，真理的工作永無止境。正如火焰上升時總伴隨黑煙，在波斯人眼中，阿爾塔與謊言之神德魯伽（Drauga）如影隨形。這兩種秩序——完美與謬誤——互為鏡像，自時間起點就開始互相對抗。然而，人類除了站在阿爾塔那一邊對抗德魯伽，以真理對抗謊言，以防宇宙搖晃與傾倒之外，其實別無選擇。[53]古有明訓：「謊話連篇的惡人會把死亡帶給自己的國家。」如果一個「惡人」竊據了王位，他帶來的禍患會有多少啊！當那個「法師」假冒巴爾迪亞時，他已經把世界的權杖交給了德魯伽。大流士與同伴直驅西基阿沃提什，推翻的不僅是冒牌的頂替者，而且是威脅大無限倍的惡魔。他們的所作所為並非犯上作亂，而且是一件無比莊嚴肅穆的工作：拯救宇宙。

現在，隨著高墨達被推翻與處死，他所竊佔的王位因此懸空了。王權的象徵之物——一件龍袍、一把弓與一面盾牌——正在西基阿沃提什要塞等待合法的繼承人。然而行刺發生當晚，憑什麼方法認出並留下這名繼承人則是一個謎，只有最混亂的記載流傳下來。據說，叛亂者在夜色中騎馬去到開闊的平原上。大家在一致同意的地點勒馬等待黎明降臨。當第一道曙光自山巒起伏的東方地平線升起後，是大流士的坐騎首先嘶鳴起來。他的同伴連忙翻下馬背，跪倒在地，向他致敬。希臘人在轉述這個故事時主張叛亂者曾約定：「誰的馬匹在日出後先嘶鳴，誰就得到王位。」[54]又補充說大流士作弊。他們說，大流士的馬伕先前曾把手指插入一匹母馬的陰道，然後在太陽升起時把手指放在大流士坐騎的鼻下。但這只是希臘人典型的胡說八道。他們最喜歡歪曲神聖的事實了。

即使從上述簡陋的說法，也可看出大流士的登基儀式十分隆重。叛亂者在九月的夜晚聚集於寒風中，並非為了找出下一位國王，而是因為他們已經知道答案。大流士唯一的競爭對手歐塔涅斯早已接受不可改變的事實，主動退出對王位的競爭。所以這些貴族策馬穿過尼賽亞平原，是為了慶祝一件既成的事實。既有來自白色聖馬嘶鳴的祝福，又有來自群山晨曦的祝福，大流士知道自己得到了阿爾塔的雙倍支持。隨著第一道曙光照亮平原，德魯伽統治的黑夜開始於太陽的明亮光芒裡消褪。「馬茲達神啊，我能感受爾之強大與神聖。當爾掌管說謊者與正直者的相連命運，當爾之火焰散發真理的溫暖時，力量降臨於我。」[55]現在，九月底的黎明，力量確實降臨到尼賽亞這邊，因為說謊者死了，而正直者成了國王。

至少大流士樂於如此宣稱。不過，充滿他的宣傳意象並非由他本人想出的。若說這個意象讓所有雅利安人對阿爾塔崇敬，那麼它也源自於一種更嚴格的二元論。「說謊者與正直者的相連命運。」這並非出自大流士，而是語出最傳奇的先知瑣羅亞斯德（Zoroaster）。他是雅利安人的先知，第一位揭示世界為善與惡不停爭戰的戰場。然而，在此瑣羅亞斯德卻又認為，這場生死的鬥爭不會如一般人假定的那樣永遠持續下去，而是朝一個雄渾的結局移動：真理最終會消滅所有的虛假，在虛假的廢墟上建立起永遠和平的統治。主導這個最後且決定性勝利的人就是生命、智慧與光之主宰阿胡拉．馬茲達本人：祂不像有些伊朗人相信的那樣，只是眾神之一，而是至高無上、無所不能且唯一非受造之神。如同火焰會從一座烽火台傳遞到另一個烽火台，各種美善之物都會從祂身上產生：包括從其永恆之光產生的六位大天使，名為「阿梅沙．斯彭塔」（Amesha Spentas），意為「不死的聖者」[56]；數目更多的慈惠精靈；世界與它眾多的美好；植物和動物——特別是終日捕食各種來自黑暗勢力昆蟲的刺蝟；忠心且永遠誠實的狗；最後是最高貴的受造物，即人類本身。先知曾經提醒人類，他們有必要直面人生的重大決定：「張開你們的耳朵，聆聽福音，以明見的思想注視光明的火焰。在偉大的生命考驗中，你們每個人都被賜予自由，可以自由選擇想追隨的信念。」[57]選擇錯誤就會走向謊言和混亂，選擇正確就會走向秩序、靜謐和希望。

大流士是第一個看出這種鼓吹和平與誠實的宗教多麼符合其目的之篡位者嗎？我們永遠無法確知。瑣羅亞斯德與其教義的早期歷史，甚至對他自己的追隨者來說都是一個謎團。他是唯一一個出生時不哭反笑的嬰兒；他在三十歲時首次看見阿胡拉．馬茲達向他顯現，他看見祂自河中現身；七十七歲時，死於一名刺客的刀下：這些是我們對他生平所知的僅有片段。對於他生活在何時與何地，流傳下來的僅是相去甚遠的說法。有人認為他生活在天地初開的時代，另一些人則認為他生活在國王阿斯提阿格斯統治的時代；[58]有些人認為他在大夏長大，另一些人則認為他在大草原長大。不過，所有的人都一致同意，他既非米底人也不是波斯人，他的教誨最初是從東方傳到札格洛斯山脈。[59]

然而，這個教誨會產生怎樣的效果呢？居魯士所建立的大帝國絕不是一個神權政體，永遠不可能是任何真正意義下的「瑣羅亞斯德教」（Zoroastrian）國家。波斯人繼續敬拜他們的古代神明，尊崇山脈和河流，在其國王的陵墓前以馬匹獻祭。不過，若阿契美尼德宮廷大部分的宗教儀式仍為異教儀式，那麼它的主導思想感情也不會完全離開瑣羅亞斯德的教誨。就像在伊朗東部各個王國那樣（瑣羅亞斯德的一神教在那裡最為強勢），在西部，阿胡拉．馬茲達也一直被視為最高神明而受到膜拜。在波斯人眼中，異教信仰與瑣羅亞斯德的教誨並非敵對，而是彼此折衷甚至融合。兩者都是同一種宗教衝動的表達，這種衝動經過幾世紀的發展，到了波斯人征服世界時，仍處於流動狀態，特別是「法師」與瑣羅亞斯德的祭司彼此在神聖的知識方面有著許多共通之處。例如，我們並不知道兩者中，誰先對昆蟲與爬蟲類發起永遠的宣戰、誰先穿上白袍顯示自身的地位，或誰先拿同伴的屍體餵鳥與狗——不少人認為這是非常可怕的命運，應該保留給弒君者。敬拜偉大的王者阿胡拉．馬茲達一直是兩者的交集。「馬茲達信仰」並未將米底人和波斯人與他們在東方的表兄弟分隔開來，反而可作為他們統一的泉源。

居魯士當然懂得利用這種紐帶，為突顯自己統治所有伊朗部落這項前所未有的功績，他自覺地採納了某些他們古代腹地的風俗。在遠離大夏或粟特的帕薩爾加德，他下令建造三座驚人的嶄新建築物：以石頭建成的巨大火壇，每個頂部都鑿成大而深的碗形，以盛裝一直燃燒的白熱灰燼。[60]長久以來，火焰被伊朗的所有部落視為神聖，瑣羅亞斯德猶有過之。根據他的教導，火焰是誠實與真理的象徵。每日向聖火禱告，成了其追隨者的神聖義務，而居魯士在征服東方的過程中，一定曾經親自目睹這種崇拜的場景。毫無疑問地，波斯人會「禁止焚燒屍體或以任何方式汙染火焰」，是源自瑣羅亞斯德——一位呂底亞學者這樣指出，他是最早提到瑣羅亞斯德的非雅利安人。[61]居魯士興建的火壇——其火焰飄向波斯的蔚藍天空——顯然清楚道出這種新教義，但它們同時也有助於傳播另一個非常不同的訊息。居魯士找到了象徵自己權力的絕佳意象。還有什麼比火焰更能表現無邊的王權？甚至，連那些不了解伊朗人風俗習慣的人也同樣容易掌握這個觀念。過不了多久，類似的聖所就開始出現於帝國各處。它們的火焰既是阿爾塔也是波斯國王的象徵，其受到「法師」的呵護，只有在君王駕崩時才會捻熄。

現在，雙手沾滿皇族鮮血的大流士，準備更明確地表現天上與人間秩序的一致性。他從不忘卻，自己得到的一切成就都出自阿胡拉．馬茲達的眷顧：「他幫助朕，其他神明也一樣。因為朕不是沒信仰的人，不是『謊言』的追隨者，朕在行為上沒有差錯。」[62]大流士當然急於撇清，但身為一名弒君者與篡位者，他別無選擇。他對王位所有權的主張太過牽強，無法依靠它為自己的政變辯護，因此必須炮製出其他合法性的依據，而且動作要快。這也是為何他比居魯士和他兩個兒子更需宣稱自己是神明所選中的。

然而，到底是哪個神明選中他？是他祖先敬奉的阿胡拉．馬茲達，還是瑣羅亞斯德敬奉的最高存有？對此他卻樂於不說清楚。然而，含糊不清自有其用意。對大流士來說，最重要的是要表現出對自己人民傳統的尊重，而尼賽亞平原的環境湊巧為此提供了絕佳的舞台。在西基阿沃提什要塞以北約十五英里之處，貝希斯敦山（Bisitun）的雙峰拔地而起，是札格洛斯山脈最神聖的山——「貝希斯敦」正意指「諸神所在之地」。[63]在此，離巴爾迪亞遇刺之地不遠處，就像波斯人和米底人一向做的，大流士在空氣清新的露天地點舉行獻祭。雖然不知道他向誰獻祭，但刺客小組的形構理應能引起瑣羅亞斯德追隨者的想像。根據瑣羅亞斯德的教義，阿胡拉．馬茲達座下共有六位天使，而他自己在對抗「謊言」的戰鬥中也有六名助手。這種巧合（或說對稱）將有助於新王權的鞏固。大流士雖不是居魯士的兒子，卻把自己的身分裝扮得比王子更令人刮目相看：他是阿胡拉．馬茲達的代理人。

這種把一己權力與一位普世神明扣連在一起的做法充滿了未來感。自遠古以來，謀朝篡位者總是宣稱他們的行為是神授，但從來沒有一個神明能與阿胡拉．馬茲達相提並論。大流士——他的商標是大膽且富創造力——以驚人的速度利用了這個事實。他在謀殺與篡位的過程中，為自己創造出一種罕見的合法性根據，從自己的弱點打造出一位君王未曾有過的強固性。

這種驚人的野心固然炫目，但埋伏在前方的危險同樣巨大。阿胡拉．馬茲達選中的君王不容有任何差錯：只要稍有閃失，大流士就會萬劫不復。當他與其他同謀仍在米底蓄積力量時，傳來的消息指出，他們的政變在帝國各地引起何種反應。與波斯接壤的古老王國埃蘭（Elam）起而叛亂。在巴比倫（Babylon）[64]這個世界上最大且最富有的大都會裡，有人對懸缺已久的王位提出所有權的主張。霎時，波斯帝國看來不僅未把阿爾塔的普世和平帶給人類，甚至還有導致其解體、陷入混亂與被陰影吞沒之虞。對自命為光之捍衛者的大流士來說，終極考驗迫在眉睫。不僅他個人的未來懸於一髮，整個近東地區的命運也是如此。

通往巴比倫的道路已在他面前等著。

BABYLON

第二章 巴比倫

CHAPTER 2

巴比倫人宣稱：沒有土，就永遠不會有城市或偉大的國王。他們完全明白，自己的文明是用泥塑造的。當天地初開，世界還是一片海洋時，眾神之王馬爾杜克（Marduk）以蒲草做了一艘筏子，以塵埃覆蓋它，再用水將它混成最初的稀泥，然後以這些材料為自己建造住所，稱之為埃薩吉拉（Esagila），這便是全世界第一棟房屋。幾萬年後，人們仍可看到這棟房子矗立於巴比倫的心臟地帶。用不著任何神廟建築，巴比倫人就明白土和水能造出什麼。他們從自己的骨髓裡知道這些。馬爾杜克在天地初開時就宣布：「我取來血，我雕琢肉，我將塑造出第一個人類。」[1]他說到做到，把一名被他殺死的敵人的鮮血與塵土混合，從此黏搭搭的混合物中塑造出人類。這個創造人類的太初行為是奠定一切的模式。田裡的作物，城牆的磚塊——沒有了泥土還能存在嗎？雖然巴比倫人被山脈與沙漠包圍，但當他們看著自己的土地時，就知曉自己是世界上最幸運的民族：他們得到兩條而非一條大河的庇蔭，充分說明了諸神有多眷顧他們。肥沃的土地、高聳入雲的輝煌建築，還有他們的商人能輕易前往大海，全都是幼發拉底河和底格里斯河的贈禮。無怪希臘旅人將這片平原稱為「美索不達米亞」（Mesopotamis）——意指「兩河之地」。如果沒有了水，巴比倫除了乾燥的塵土外將一無所有。

巴比倫城被視為是波斯國王王冠上的寶石。失去了它，他也許會失去一切。巴比倫人深知這點。他們自信滿滿，習於認為自己的城市是重大事件的中心。數百年來，他們的野心讓近東為之沸騰。在眾多亞述的敵人中，巴比倫始終是最頑強的，後來他們也和米底人一道舉起反旗，摧毀可恨的亞述帝國。巴比倫人在亞述的廢墟上建立起自己的霸權，強迫四鄰接受亞述人曾強加於他們的鐵腕統治。[2]耶利米（Jeremiah）曾經在遙遠的猶太地（Judah）預期道：「他們的箭袋是敞開的墳墓，他們全都是勇士。他們必然吃盡你的兒女、莊稼與糧食，也會吃盡你的牛羊、葡萄和無花果，又一定會以尖刀毀壞你倚靠的堅固城市。」[3]後來，一切就像這位先知預見的那樣發生了。西元前五八六年，耶路撒冷被攻陷，淪為一片廢墟，大批倒楣的猶太人被擄走。他們在巴比倫的河邊哭泣，四周是其他從近東各處移來的民族：雖然美索不達米亞人口稠密且土地肥沃，但早已不能自給自足，只能像吸血鬼那樣，依靠著遙遠屬國供給的物產與人口才能滿足它的怪物胃口。巴比倫的街頭擠滿了移民，不論是奴隸或被擄者、僱傭兵或商人，於是巴比倫成為歷史上第一個真正的多元文化城市。甚至在巴比倫被居魯士征服後，它仍然是近東地區的超級大熔爐，街上可以聽到上千種不同的語言，來自世界各角落的珍禽異獸在此咆哮喧鬧，還有來自世界盡頭的黃金、珍珠貝等各色珍寶。鄉下地方的波斯有什麼能與之相比？波斯也許是帝國的首都，但很難稱之為世界的心臟。

無怪巴比倫人會認為，波斯的統治只是暫時的現象，是諸神的一時之念。居魯士以其慣有的寬大為懷，不屑剷除被征服的統治者家族，就連巴比倫的末代國王那波尼德（Nabonidus）在遲暮之年失去他的城市，死時仍留下不少盛氣凌人的後代。他們其中一人利用巴爾迪亞遇刺所造成的混亂，在十月上旬自立為尼布甲尼撒三世（Nebuchadnezzar III）：這個名字讓從前吃過巴比倫苦頭的民族驚心動魄，因為尼布甲尼撒二世是巴比倫最偉大的君主，曾經征服耶路撒冷和其他許多地方，被他打敗的人都留下不少恐怖的記憶。若說這位新國王的名號讓整個近東地區為之戰慄，那麼它帶給巴比倫人自身的效果，肯定是讓他們開始做夢。他們的世界看似回復到從前的平衡狀態：統治世界的權力曾被波斯土匪自美索不達米亞手中搶走，現在是歸還權力的時候了。作為唯一合理的發展，一個尼布甲尼撒將再度稱霸天下。

然而，深知政治宣傳潛力的大流士，並沒有對這類情感掉以輕心。這也是為何埃蘭的叛亂雖切斷了他回到帝國腹地的道路，但他未前往波斯，而是直接趕往美索不達米亞。他以一貫的急驚風之速下山，沿著居魯士十七年前走過的同一條道路前進。起初他也像居魯士那樣，發現這條道路完全向他敞開。兩河流域的邊界上，矗立著一根作為界碑的巨大石頭陽具。向前看去是一望無際景色單調的沖積平原，僅偶爾有彎腰耕種大麥的農人打破這片空曠的景象，除此之外就是隨處可見的棕櫚樹了。這裡滿布溝渠和運河，遠不如更南方的幼發拉底河一帶富庶。因為相較於它的姊妹河，底格里斯河的河岸非常陡峭，而且水流湍急（這對農民構成不便），所以它的名字在波斯文裡有「飛箭」之意。

不過，這個讓它不適於灌溉的理由，卻使它成為一條理想的防線：在美索不達米亞平坦無險的地形中，這裡大概是最易守難攻的地點。為對抗米底人入侵的威脅，在保護底格里斯河和幼發拉底河之間的開闊平地，一道厚八公尺、高十公尺的堅固邊牆築了起來。即使在它落成六十年後，這道「米底邊牆」（Median Wall）仍見證了那位修築它的君主——尼布甲尼撒二世——的壯盛輝煌。此外，在可想像的範圍內，沒有比這裡更適合展示王權的地方了。此處的邊牆穿越阿卡德地區（Akkad），因為一個致命的創新而輝煌熠熠。早在尼布甲尼撒的幾千年前，一位名叫薩爾貢的人在此有過一個人們不曾忘卻的醉人夢想，從此巴比倫國王都自稱為阿卡德國王。這個頭銜或許和美索不達米亞的其他名號（例如「天下四方之主」）相比略顯謙遜，但可串聯起巴比倫諸王和帝國的源頭。雖然阿卡德早已變成外省地區，昔日的輝煌也早已隨風而逝，卻曾是一個全球性統治者的根據地：征服世界的觀念是西元前二三〇〇年代人們首次在阿卡德構想出來。

薩爾貢這位原本寥寥無名的冒險家培養出征服世界的野心，併吞了四鄰的城邦，統治起「普天之下的土地」[4]，從此成為美索不達米亞強人的典範。在建立阿卡德約兩千年後，他仍然是偉大國王的典範。事實上，在波斯人征服的幾十年前，人們對他的膜拜到了狂熱的地步。在埃蘭的首都蘇薩（Susa），一座當初薩爾貢的孫子為其打造的勝利紀念碑，在仔細清理後公開展出。當這個偉大人物的雕像在阿卡德出土時，那波尼德立即前來視察，監督修復工作。博物館如雨後春筍般在各地冒出：例如在烏珥，那波尼德的女兒恩尼加爾迪南娜公主（En-nigaldi-Nanna）所收藏的古物，經過認真地分門別類後向公眾展出，以達到教育民眾的效果。同時，巴比倫地區的學者也搜尋圖書館並翻查古籍，將那些古老而過時的句子回收再生，為他們主人的各種需要和古怪念頭尋找合法性的根據。美索不達米亞的居民因生活在數千年來的積習中，對古早時代極為尊敬。他們並不覺得受到古代的壓抑，反而不斷回收古代並再生，以此牟利。

面對這種有威脅性的古代，我們也許會預期，波斯人會抱持非常不同的態度：不信任甚至恐懼來回應。相形之下，他們自己的歷史不過在一眨眼之間。世界的時代變遷——記錄在帝王世系表和星圖裡——對它們的追蹤者來說意味著知識，而知識代表權力。巴比倫向來以巫師雲集著稱，在整個美索不達米亞，一個龐大的天文觀測網絡建立了起來，因此占星學家能夠觀察上天各種警示，並迅速把最新的消息傳給巴比倫的情報首腦。這種預見未來和繪製作為治國依據的星圖的能力，對巴比倫諸王來說，一直是有力的武器。加上他們城市各種聞名且莫測高深的複雜宗教儀式、無數的金字形神塔和神殿，還有被認為是太古時代奠下的地基，由於他們的磚頭總是與神明的指紋相連，這樣的巴比倫人很難不讓人膽顫心驚。

不過，西元前五三九年當居魯士首次以征服者的身分抵達這座城市時，他絲毫未被嚇倒。事實上，他對於美索不達米亞的複雜傳統可能對自己的統治有幫助，比那波尼德還敏感。雖然巴比倫末代國王對古物非常著迷，但最終還是把他的研究搞得太過頭。他並不滿足於只對薩爾貢進行英雄式的崇拜，他吹捧亞述諸王，尊稱他們為他的「皇室祖先」[5]，並採用他們古代的名號。然而，在一個亞述諸王曾經試圖將其自地球表面抹去的城市中，這種做法實在很不謹慎。不過。冒犯巴比倫人的思想與感情尤甚者，莫過於他居然把馬爾杜克神像的鼻子弄斷了。

對一個非常在乎自己尊嚴的神明來說，這種事令祂難以想像，任何凡人（甚至包括最偉大的君主）都負擔不起冒犯祂的後果。這就是為何每年新年國王都被期待到巴比倫城最大的神廟埃薩吉拉（Esagila），在馬爾杜克黃金神像嚴厲的目光下，接受一個羞辱性的儀式：讓人刮耳光和扯耳朵。若國王因而淚流滿面，那是最好不過了，因為這表示馬爾杜克已對此感到滿意。若國王沒出現，就會導致某種災難降臨他的王國。從巴比倫人的角度來看，那波尼德的行為尤其惡劣。他不僅整整十年沒待在巴比倫（也因此沒到埃薩吉拉神廟），變本加厲的是，他在馬爾杜克神廟中提倡膜拜年高德劭的月神辛（Sin）。他確實找到做這件事的好理由，因為巴比倫不像其市民吹噓的那樣是世界上最古老的城市，所以它的庇護神馬爾杜哈也是較晚才登上眾神之王的寶座。那波尼德透過鼓吹崇拜辛神，希望可以為他的帝國提供一個比起盛氣凌人的馬爾杜克，比較不那麼沙文主義的效忠焦點。不過，當他這樣做時，其實是幫居魯士的政治宣傳大開方便之門。「馬爾杜克環顧列國，尋找一位夠格的君主。」[6]最後他找到了波斯國王。居魯士受到他屬民的歡迎進入了巴比倫，並把那波尼德貶為異端，宣布自己是馬爾杜克選中的國王。這個城市的古老儀式被允許不受打擾地繼續舉行；那些原被那波尼德收起來的偶像，如今被放回原來的神龕。根據記載，在居魯士長子岡比西斯代表父親統治波斯的頭幾個月，他甚至前往埃薩吉拉神廟接受新年的掌摑儀式。

馬爾杜克對此感到非常滿意，兩河之地的秩序也因此得以維持安定。的確，在巴比倫人看來，波斯人只是個暴發戶，巴比倫這座世界上最大的城市被當成外省城市來統治，也讓其市民感到很不是滋味，但居魯士和岡比西斯為巴比倫人帶來了太平，而這是一個國王所能締造的最大福祉。馬爾杜克的祭司——在美索不達米亞的首要地位及其擁有的許多房地產因此得到確保，然而他們並非唯一熱心配合異族統治者的在地人。大公司行號同樣欣欣向榮，在那波尼德統治時期不斷惡化的通貨膨脹也穩定下來，商業道路不再遭到波斯人封鎖，商隊再度絡繹不絕。對大商人和金融家來說，將美索不達米亞吸納到一個世界帝國，可說為他們打開了前所未有的機會。在利潤掛帥的思維下，他們不會懷念前朝。例如：長久以來，銀行世家埃吉比斯家族（Egibis）都是巴比倫國王的代理人，但在那波尼德垮台後不久，他們就平順地融入到新秩序中，在商業文書中採用居魯士登基年來紀年，又計劃把事業拓展到伊朗。短短幾年內，他們就在埃克巴坦拿和整個波斯設立分行，還積極將觸角伸到其他領域，包括奴隸貿易和婚姻買賣。但突然間，美索不達米亞爆發了起義，埃吉比斯家族發現自己受到威脅。到了西元前五二二年深秋，他們在巴比倫的總部和各地的分行失去了聯絡。家族中的兩名兄弟滯留波斯，銀行的債務開始飆高。對埃吉比斯家族來說，巴比倫城的起事不是解放，而是一場災難。它越快被鎮壓，市場就越快恢復穩定也越好。

當然，在大多數巴比倫人看來，波斯人的統治淪為謀殺與派系鬥爭，此事本身就構成他們起事的正當理由。就像馬爾杜克曾被那波尼德冒犯一樣，現在祂顯然對居魯士家族的自相殘殺大為皺眉。不過，這個假設雖威脅到大流士所聲稱的王位擁有權，也為他提供了一個絕佳機會。他是阿胡拉・馬茲達所選中，這何嘗不也證明了自己是巴比倫最高神祉的寵兒？難道這可能是馬爾杜克在拋棄異端的那波尼德後，轉而眷顧他的兒子嗎？對大流士來說，還有什麼比敉平巴比倫的造反，更能證明自己夠格擔當世界的主宰？無怪他兼程趕路前往巴比倫，而波斯的前鋒部隊早在十二月初便來到了「米底邊牆」。接下來，大流士繞過它的側翼，然後帶領軍隊渡過底格里斯河，他的士兵攀附在馬匹、駱駝和充氣的皮囊上。西元前五二二年十二月十三日，他在戰場上遭遇尼布甲尼撒三世的部隊，進而擊潰對方。六天後，他在另一場勝仗中徹底消滅巴比倫的軍力。於是，尼布甲尼撒帶著騎兵殘部掉頭逃回首都，落後的投降者則無一獲得赦免。通往巴比倫的道路因此大開。

大流士毫不猶豫地踏上這條路。在他前方，巨大的煙塵霧霾遮蔽了地平線，那是世界上最大城市呼出的氣息。城裡史無前例住了二十五萬人，街道狹窄又曲折。雖然這座城市擁擠，到處都是磚塊、身體和糞便，卻需要建造最長的城牆才包圍得了它向四面八方延伸的每個部分。這道城牆就像巴比倫城中的任何東西，巨大得驚人，包圍起來的面積整整高達三平方英里，並擁有八座裝飾豪華的城門，讓幼發拉底河未提供自然屏障之處，都受到護城河的保護，而且河中「水流掀起，如同大海海浪般波濤狂暴」。這座城市適合上演詮釋各種夢想的世界戲劇：「巴比倫，富足的城市；巴比倫，人們財富過剩的城市；巴比倫，歡慶、宴樂和無限舞蹈的城市。」[7] 據說，即使在最陰暗的小巷，一樣會有愛神伊絲塔（Ishtar）的身影輕快走過，前往光顧她最愛的街邊酒館，因此整座城市閃爍著慾望的微光，到處都是艷遇發生的地點。無怪在遭擄來此的猶太人眼中，巴比倫有如一大鍋慾湯；而對那些住在遙遠國度的人來說，巴比倫是一個充滿神力與魔法的地方。它的城牆號稱固若金湯，綿延五十六英里，並且建有一百扇青銅城門。據說在大街小巷上，賣淫被視為神聖的工作，父親們興高采烈地為自己的女兒拉皮條。與其說這是一座城市，倒不如說巴比倫自成一個世界。事實上，「巴比倫的規模如此巨大」，因此據說，「哪怕居魯士已經控制了它的外圍，市中心的人全然沒有察覺到他的逼近，所以巴比倫人繼續慶祝節日、跳舞與狂歡作樂。這就是此城首次陷落的經過。」[8]

它第二次陷落的經過又是怎樣呢？儘管居魯士征服巴比倫之過程的傳說非常令人匪夷所思，但仍道出了若干事實：任何攻入這個城市的軍隊都會發現，自己被它的廣大無邊所吞沒。當大流士的士兵看到巴比倫的城牆自薄霧中透出時，想必會感到心跳加快。包括埃及的神廟在內，以前他們從沒見識過如此巨大的體積與容量。不過，他們的元帥大流士應該不會為此感到絲毫畏縮，因為他的情報人員一定告訴過他，巴比倫就如同一顆成熟的果實，正待人採摘。表面上，這座城市看似難以攻破，但事實上，其內部因過於分裂而難以防禦。若說它是世界的一面鏡子，那麼這面鏡子反映的正是社會與種族的仇恨。不僅祭司和生意人熱中與波斯國王配合，巴比倫也充滿了被擄民族的後裔，散布於整個郊區。他們當中很少人願為尼布甲尼撒賣命。這座宏偉城市的世界主義一度是帝國強盛的標誌和支柱，如今卻被威脅要使它淪為無政府狀態。巴比倫人肯定會對這種前景感到畏縮，為了避免這種情況發生，他們不惜向一個異族主子投降。在美索不達米亞，混亂總是人們最大的夢魘。他們知道，在天地初開之時，整個世界由野蠻的妖魔鬼怪主宰，後來諸神垂憐人類，賜給他們一個國王，秩序才得以建立。若少了君主，文明將無法維持，妖魔鬼怪勢必去而復返。在薩爾貢和他的帝國仍未存在的遠古時代，便有如此一說：「擁有權威、財富和力量，這些都是神聖的性質。汝等應臣服於強人，應在支配權力的人們面前謙卑。」[9]這也許算不上有英雄氣概的格言，卻肯定符合實際，也得到幾千年的生活習慣背書。當巴比倫人看到波斯國王威風凜凜地策馬朝他們而來，便理所當然地競相俯伏在他面前。如同他們對居魯士做過的那樣，他們再次打開了城門。

就這樣，大流士穿過金碧輝煌的琉璃磚主城門，輕易佔領巴比倫城。他沒有被城市的迷宮困住。巴比倫城既有混亂之處，也不乏對稱的部分。就像諸神以神聖的君主制度架構無形無狀的人類社會，世界最大城市雜亂的表層也有幾條方正的皇家大道通過。大流士沿著最大的一條「遊行大道」，向市中心邁進。

巴比倫人稱這條大道為「但願傲慢者不得昌隆」（May-The-Arrogant-Not-Flourish），以紀念昔日曾有過的許多輝煌。以主人身分策馬走過整條大道，就是實現這座城市最驕傲的夢想。在巴比倫，王權的本質就是炫耀。那不是一種空洞的浮華，而是一種被視為神賜秩序的銘刻，會像電流一樣漫開到整座城市，觸動所有的血肉、塵土、石頭和磚塊。「遊行大道」上的建築為這個比喻提供了激勵人心的說明：在大道最底處的盡頭，矗立著巴比倫最驚人的建築物——一座會讓埃薩吉拉神廟黯然失色的塔廟。它由一千七百萬塊磚砌成，高度近一百公尺，稱為「埃特曼南基」（Etemenanki），意為「天地接壤之處的房子」。如其名所暗示的，這座塔廟蘊含奧義，是位於城市最中心的巨大象徵符號，但「埃特曼南基」不是它唯一的化身。在巴比倫人的觀念中，他們的國王也不只是凡人，因為根據年代久遠的美索不達米亞傳說，國王是社會的心臟，同時也是與他人截然不同之人。最有益於人們釐清這個弔詭的方法，就是到「遊行大道」走一趟。在所有進入巴比倫的人眼前，除了城市的主城門之外，還可在與「埃特曼南基」反向的另一頭，看見一棟巨大的宮殿座落於大道上。這座宮殿由多彩的磚塊砌成，磚裡鑲嵌了金、銀、天青石、象牙和雪松木，極其璀璨，讓所有看到的人都不禁為之低頭垂目。這種設計不僅作為王權的表徵，也經過精算，用以強化王權。每個人都會在靈魂深處感到臣服並願意俯伏。

美索不達米亞充滿了魅力，向來對鄰邦發揮強大的影響力。其中，安息諸王就一直將巴比倫皇室視為他們的楷模；當大流士在大王宮安頓下來時，也是在接收豐盛的遺產：他身為波斯國王，也將同時以巴比倫國王和阿卡德國王的身分進行統治。雖然他以身為「一名阿契米尼德氏族的成員、波斯人和波斯人的兒子」[10]而自豪，但大流士並非不屑使用美索不達米亞「萬國之王」（King of Lands）的龍袍來裝飾自己。他比居魯士或岡比西斯更有理由試穿這件龍袍：因為身為篡位者的他，用得著所有竭盡所能找到絲毫合法性的根據。

大流士在贏得巴比倫之後，對於此城能供給他的所有收益非常警覺。對於像他這樣一名頭腦敏銳、具洞察力的人士來說，這座城市想必是一則王權為何物的巨大說明，而這樣的王權鑲嵌於儀式、奢侈品和石頭之中。他在巴比倫吸收到的教誨應該很有價值，也必須很有價值，因為當他仍流連於這座城市時，他開始收到各種壞消息。他在美索不達米亞的勝利未能給予其他敵人當頭棒喝；在他致力主宰的整個帝國中，到處都有人作亂。

對大流士來說，整個世界仍然搖搖晃晃。

歷史的終結

居魯士一度自誇：「天下所有的國王都向我大量進貢，他們來到巴比倫，在我的御座前親吻我的雙腳。」[11]大流士在逗留巴比倫城期間，得到的只是各處發生叛亂的消息，因此他完全沒有表現出前任所愛表現的寬大為懷。相反地，由於目前四面楚歌，因此他偏好慎選對象並進行野蠻的報復。於是，倒霉的尼布甲尼撒——他在首都陷落後被俘——甚至連繼續使用自己大名鼎鼎的稱號也遭到否定。大流士以慣用的伎倆指控他是冒牌貨，提審他時還稱他是「尼丁圖貝爾」（Nidintu-Bel）。如同以前大流士匆忙處理掉「高墨達」的屍首，「尼丁圖貝爾」也未在「遊行大道」上遊街示眾，便被匆匆釘死在尖樁上。這名「冒牌貨」的四十九名副手也以相同的方法處死，毫無疑問地，他們都是他最親近的熟人——人死了，自然無法說出真相。[12]

但是，那些在大流士控制範圍之外的反對者卻不那麼輕易就範。那個冬天，新國王雖佔領了巴比倫，但分散各地的軍隊仍然捉襟見肘。就連波斯本土也發生叛亂。雖然巴爾迪亞將貴族分裂為敵對派系的做法導致非常嚴重的後果，但至少確保他推行的改革在他死後還能持續下去——因為那些自死去國王的政策受益的貴族，一定不會喜歡殺他的刺客。很快地，這些人就聯合起來反對政變。他們推出了自己人瓦希茲達塔（Vahyazdata）為王，又稍為抄襲大流士的招數，宣布此人其實就是巴爾迪亞本人。亞細亞地區發生多起叛亂，大位角逐者人數不斷增加，而叛亂者都宣稱其血統可追溯至推翻已久的君主或消失已久的帝國。曾經遭波斯統治而短暫窒息的古老野心，開始重新燃起並恢復生命。最具威脅性的叛亂份子是一位名叫弗雷奧爾蒂茲（Phraortes）的貴族，他奪取了埃克巴坦拿，許多帝國東半部的叛軍都承認他是共主。他宣稱，米底人中興的光榮日子已經到來。

這種對大流士的挑釁，不僅是出於對逝去王朝的緬懷。很快地，弗雷奧爾蒂茲就自稱阿斯提阿格斯的後人，但他同樣繼承了有助於摧毀米底人末代國王的同種怨恨。米底貴族——波斯貴族也一樣——別無選擇，若想保持獨立性，只能把篡位者趕下台，因為大流士專斷、殘忍且充滿活力，一定不會容忍別人主張擁有權力。於是，部落酋長面臨了痛苦的抉擇：若不放棄締造一個全球性帝國的機會，在部落的小範圍內自得其樂，不然就要繼續當世界的主人，卻是一個天下共主的附庸。不過，這看似垂死的痛苦，也是波斯之所以偉大之處：雖然會讓「天與地、海與陸」為之震動，[13]但這場大抽搐的核心卻是一場內戰。

無論在哪裡，最為你死我活的戰鬥都發生在幾個月前還是戰友的人之間：瓦希茲達塔的軍隊自波斯向東進攻，將佔領鄰接的省份，但受到選擇效忠大流士的總督激烈抵抗；在北方，當叛軍紛紛支持弗雷奧爾蒂茲時，忠於大流士軍隊的領軍者並非一名波斯人，而是弗雷奧爾蒂茲的族人同胞——一名米底人；在米底，低於零度的氣溫與漫天風雪中，部落酋長之間為了爭奪呼羅珊大道的控制權而互相攻伐。到了一月，弗雷奧爾蒂茲的軍隊強力推進，幾乎進抵尼賽亞平原，眼看就要像兩個月前的大流士那樣攻入美索不達米亞。大流士自知承受不起失去巴比倫的損失，但又無法同時多線作戰，於是派遣敘達爾涅斯（Hydarnes）率領一小支軍隊，不惜代價地防守呼羅珊大道。敘達爾涅斯是刺殺巴爾迪亞的七名同謀者之一，命運與大流士緊密相連，故鐵了心要在冰封的札格洛斯山脈阻擋米底人叛軍下山。雖然戰鬥最終打響，但仍僵持不下：弗雷奧爾蒂茲的軍隊雖未蒙受重大損失，但也無法向前推進。敘達爾涅斯固守貝希斯敦山神聖的峭壁，等待主子大軍的到來。

最後，到了四月，戰勝瓦希茲達塔的消息傳來，北方的叛軍被擊潰。大流士也準備好親自上陣，征討米底人。他從巴比倫帶領剩下的軍隊前往和敘達爾涅斯會合，然後在一場血腥且決定性的戰爭中擊潰了弗雷奧爾蒂茲，將他俘虜並繫上鎖鏈。過去懶得把高墨達或尼丁圖貝爾遊街示眾的大流士，這次改變了做法。

事實上弗雷奧爾蒂茲的下場才是最可怕的示範。他的鼻子、舌頭和耳朵都被割掉，然後一眼又被刺瞎。其他重要的共犯也被剝皮，皮囊裡填入稻草；至於他們的首領，則被用鎖鏈綁在埃克巴坦拿王宮的大門前，「好讓每個人都看得到他。」[14]直到他的族人同胞都好好看到他蒙受的羞辱後，立志當上米底人國王的弗雷奧爾蒂茲才被釘死在尖樁上。

當然，這一切都是為了教育那些部落酋長。那具在埃克巴坦拿尖樁上腐爛變形的屍體為貴族們烙下沉重的印記，肯定與其散發於夏日空氣中的惡臭一樣持久。兩個月後，波斯貴族也上了同樣的一課。再次被打敗的瓦希茲達塔理所當然地被釘死在尖樁上，他最親密的副手被處以同樣的酷刑，扭曲地立於一片林立的尖樁上。大流士表情嚴峻且忿恨難平地打量這片光景，此後將不再有任何王位覬覦者膽敢自稱是巴爾迪亞了。終於，被謀殺的國王可以安安靜靜躺在墳墓裡。大流士順理成章地接收了他的家眷，包括他的姊姊、妻子和女兒，其中還有當過兩次寡婦的阿托薩，這一回她首次不是擔任自己弟弟的王后。與謀殺巴爾迪亞的兇手共寢的感受為何，只有她自己知道。根據記載，她並非大流士最寵愛的妃子，她的妹妹阿爾塔斯圖娜（Artystone）——居魯士的二女兒——得到了這項殊榮。新國王可以藉由迎娶她來和前朝建立聯繫。

當然，藉著血腥手段奪得三重冕的大流士，不只靠後宮來鞏固自己的地位。他雖強調自己與居魯士的血緣關係，大聲自誇其優越性：「朕是大流士，萬王之王，波斯國王，列國之王，徐司塔司佩斯（Hystaspes）之子，阿爾撒美斯（Arsames）之孫，阿契美尼德氏族的一員。」[15]他又說：「朕的家族中，在朕之前有八人當過國王，朕是第九個。朕的家族中，已有九代人連續為王。」[16]當然，這樣的說法牽強到了極點。試問，他把岡比西斯擺在哪裡？把居魯士擺在哪裡？事實上，大流士自己的父親徐司塔司佩斯仍活得好好的。不過現在，大流士已把世界掌握手中，故有資格不把這小小的不便當一回事。畢竟，重要的不是朝臣和部落酋長的小圈子怎麼想，而是帝國萬民（與子孫後代）會如何想。

另外，這些虛構只隱藏了一個更深的真相。到了西元前五二一年夏天，雖然埃蘭和美索不達米亞仍有零星戰火，但大流士的勝利是無庸置疑的。他為自己鞏固了王位，也為波斯人民保住對全世界的統治。除了得到阿胡拉．馬茲達青睞的強人外，誰又可能取得這樣驚人的成就？一種顯著的對稱性框住了其成就的頂峰，這顯然是神明庇佑的證據。例如，神聖的貝希斯敦山既曾見證高墨達被處決，又見證過弗雷奧爾蒂茲被打敗，這絕非偶然。新國王為了讓他打擊「謊言」的戰役成為不朽，早在他於波斯取勝之前，就派人到貝希斯敦山刻石紀念。這是歷來波斯語首次被轉寫為書面形式，「像書頁一樣，被刻在血紅色的岩石上。」[17]大流士如何從罪惡中拯救世界的故事太重要了，不能光靠「法師」以話語傳述。只有堅固的石頭可作為這項史詩式成就的聖龕，「所以它被鑿在石上，當著我的面前被大聲唸出來。然後，銘文被托印下來，每個省都送去一份。」[18]在帝國中，大流士的豐功偉業將無人不知，無人不曉。

然而，就在他向世界最遠的一角宣示自己的成就時，國王業已設法逃脫叛亂和戰爭的漩渦。他的意圖可見於雕刻在貝希斯敦山峭壁的巨大浮雕。其中，一名巨大的大流士端坐著，面前是俯伏在地的高墨達，更前方是一排縮小且被捆綁的撒謊者／國王。但征服者的臉上沒有一絲得意或譏諷冷笑，只有安詳、莊嚴和平靜，彷彿浮雕所刻劃的勝利在這位英雄眼中只是過眼雲煙。然而，這種表達方法極端偏離國王自我表揚的模式。當亞述諸王刻劃自己征服的敵人時，他們會以最鋪張的手法描寫各種血腥細節，包括攻城機器的推進、戰敗者的逃亡及成堆的戰利品與首級。但貝希斯敦山的浮雕卻沒有這類東西。對大流士來說，重要的不是戰爭，而是戰勝；重要的不是流血，而是血已乾去。一個和平的世代已經來臨。的確，對撒謊者／國王們的勝利重大而慘烈，又由於它們證明大流士向來的主張，他確實是阿胡拉・馬茲達的捍衛者，因此新國王要求記錄其細節。不過，此後他不再容許自己和事件糾纏在一起。身為一名普世的君主，他現在凌駕於事件之上。就像馬茲達神處於世界的韻律之外一樣，他的代理人（即波斯國王）也超越時間與空間。換言之，歷史已被帶到一個光榮的結束點。波斯帝國同時是歷史的終點和高峰：因為若不是宇宙秩序的真正碉堡，一個霸權又如何能包含地平線上所有的極限？現在大流士既已自「謊言」中拯救了這樣一個君主國，它說不定可以傳之永恆：無限，不可動搖，是真理的瞭望塔。

話雖如此，歷史當然繼續滾滾向前。西元前五二〇年，當大流士的石匠還在貝希斯敦山賣力工作時，桀驁不遜的埃蘭人再次叛變。大流士勃然大怒，馬上以驚人的新辭令譴責他們：「那些埃蘭人沒有信仰。他們不膜拜阿胡拉・馬茲達。」[19]這種譴責——譴責一個民族怠慢於他們不信的宗教——極不尋常。在此之前，大流士追隨居魯士細緻的政策，總是非常尊重異族的神明。但現在，他卻對屬民發出一個嚴厲且全新的警告：若有人膽敢反對阿胡拉・馬茲達所定下的秩序，他們就不只被視為「謊言」的信徒，還會被認為是假神的膜拜者。反之，那些對他們發動戰爭的人卻會蒙神喜悅，在此世與死後都得福：在地上得到榮耀，並在天上得到永生。[20]這個允諾被證明非常具有激勵性：大流士的岳父戈布里亞斯領軍進入埃蘭，三兩下功夫便平定叛亂，速度之快如入無人之境。自此，埃蘭人不再敢挑戰波斯國王可怕的權力了。這就是世界第一場聖戰的效果。

雖然這場戰役在其他方面模糊、不起眼，卻有著重要的意涵。透過測試他宗教潛力的極限，大流士推動一個戲劇性的創新，其中包含一些激進觀念的種子：以打擊不信神者為藉口來打擊異族的敵人；向戰士允諾天堂；奉一個神明之名展開征服，可以變成一項道德責任。然而，大流士雖下令入侵埃蘭，但他沒想過要以劍尖逼埃蘭人改信他的宗教。對當時的時代精神來說，這種逼人改教的觀念十分陌生。不過，一個新時代還是揭幕了，大流士正是它的接生婦。他的帝國觀——一種宇宙秩序、道德秩序和政治秩序的融合——被證明驚人地有用，不僅變成他自身統治的基石，還成為普世秩序概念的基石。除了保存居魯士建立的霸權，使其免於解體，還為這個霸權進行第二次奠基：在重新得到保障後，這個全球性的君主國將為世界帶來和平。

這是因為大流士的謀朝篡位雖引起地動山搖，但他的原意並非把世界弄得天翻地覆。事情剛好相反。近東的古代王國發動最後的叛亂後，現在不再是國際賽局的玩家，但送它們進墳墓的大流士仍然縱容它們的幽靈。雖然波斯人有必要時可以很野蠻，但暴力革命並非他們追求的理想。即使新國王在建構他的新秩序時，還是以舊事物妝點：一名法老王繼續統治埃及，一名巴比倫國王繼續統治美索不達米亞，一名自稱阿斯提阿格斯後人之人統治著米底。大流士除了集所有這些頭銜於一身之外，他還是「萬王之王」[21]——這是最令他備感榮耀的頭銜，倒不是因為他把外國的王國看成自己的國土（雖然他確實這麼看），而是因為它可以表達出王權的精髓。所有曾經有過的王位都被視為供奉於他個人身上；他就是大王。

但如此一來，其他的人都變小了。就連他從前的同僚，在波斯最著名且擁有最榮耀名號的人，還有其他六名行刺巴爾迪亞的同謀者，現在都只位列「班達卡」（bandaka）——意指國王的侍從。在內戰中遭屠殺以及遭大流士千錘百鍊軍隊脅迫的貴族，不再敢對王權質疑辯駁。大流士在巴比倫的那幾個月沒有白待，他迅速應用了學到的東西。在遭擊敗的埃蘭人首都蘇撒，他下令鏟平大部分的城區，建造一個龐大的新王城。這個王城看不起自己的座落之地，因為它並非依自然地形起造，而是蓋在一個人工平面上——一個礫石與磚塊所砌成的龐大地基。大流士不滿於僅是從無到有地興建一座新首都，於是開始在波斯本地到處物色處女地，要蓋一座更大的首都。最後，他選定帕薩爾加德以南二十英里的地方。大流士始終對帕薩爾加德尊崇有加，但這座城市與居魯士的關係太密切，無法單獨為他所用。大流士想要一個完全屬於自己的舞台，因此選定一個本已為其榮光照亮之地——慈悲山（Mount of Mercy）。這個地名不無諷刺，因為瓦希茲達塔和其他造反的貴族就是在山腳下被處死。如今在鄰接山坡之地，大流士下令修建一個巨大的梯田狀平台，可以眺望下方的處決地，「漂亮而不透水」[22]，最適合充當世界首都的地基。

大流士將它命名為「帕爾薩」（Paarsa），就像整個波斯都縮小納入其城牆內似地，情況也確實如此。國王中央集權的胃口沒有極限。這個後來被希臘人稱為波斯波利斯（Persepolis）的城市，是為了作為神經中樞、發電機與展示櫃而修建的。不僅波斯，還有整個帝國都將被統一到一個巨大、單一的行政單位，並且集中在國王本人身上。大流士把在位最初幾年用於鞏固帝國並非沒有原因，他決定不再看到它蒙受瓦解的威脅。他以一貫旺盛的精力投入歷來沒有其他君主面對過的、最嚇人的管理難題：如何把世界安置於一個財務健全的立足點上。同一個挑戰曾摧毀岡比西斯和巴爾迪亞，但大流士再次證明自己的才智與野心旗鼓相當。在岡比西斯統治的最後幾年，困擾帝國的財政危機輕鬆地獲得解決，在居魯士和兩個兒子統治期間，那個搖搖欲墜的稅貢制度被去蕪存菁並加以改革。每個省份的稅率都小心翼翼地予以修訂。這是一項空前的成就，注定維持近兩百年，成為波斯國力的基石。相較於其將才或政治宣傳天分猶有過之的是，大流士謹慎的財政政策把帝國自懸崖邊緣拉了回來。若說波斯波利斯與蘇撒的璀璨都大聲述說著他統治的強盛，那麼那些揹著沉重羊皮卷、陶板和圖表的政府人員也一樣。在背後取笑大流士的波斯貴族雖稱他為「記帳員」(shopkeeper)[23]，但若沒有記帳，波斯帝國和波斯的強盛都會失去支撐。

這個道理可以宮殿本身的肌理來說明，因為萬王之王的進貢收據不是塵封於檔案室中，而是精彩莊嚴地展現於人們眼前。大流士待在巴比倫那幾個月，見識到這座城市許多偉大之處：從宮殿的裝飾到街上聽到的許多語言，都見證它逝去帝國的規模。因此，蘇撒和波斯波利斯作為比巴比倫大許多倍的帝國首都，應該大量使用「來自遠方的物料」才有道理。[24]若裝潢可作為偉大的準繩，那麼大流士「宏偉建築的大計」便達到了前所未有的高度。蘇撒的訪客會被如此告知：「黃金來自薩第斯、大夏，並由這裡的工匠塑形。這裡使用的珍貴石頭，包括天青石和紅玉髓都來自粟特。銀和黑檀木來自印度，牆壁上的橫飾帶來自愛奧尼亞；象牙來自衣索比亞、印度和阿拉霍西亞（Arachosia），並雕刻於此。」[25]如此這般，宮殿總管語帶自豪地如數家珍、娓娓道來自帝國二十三個地區進貢的物料和人力，從來沒有稅務申報單以如此炫目的方式示人。

那麼，本為世界首都居民的巴比倫人分配到什麼任務呢？他們被命令挖掘地基，燒製泥磚。這聽來不是多光彩的工作，然而當大流士排序各族屬民建設蘇撒的功勞時，巴比倫人名列首位。「泥土被挖出、瓦礫堆被壓平、磚塊被燒製——這些工作都是巴比倫人做好的。」[26]這是一種蘊含深意的象徵主義，而且無疑是蓄意而為。因為大流士知道，依照美索不達米亞的習慣，倒塌紀念碑的瓦礫從不移開，總是在填平後繼續蓋新的建築。例如，即使一座神廟的高塔高聳入雲，一樣是奠基於過去的瓦礫堆上。萬王之王的宮殿也是如此。

奠基於巴比倫人修築的龐大磚石基台上，裝飾以全世界的奢侈品和寶貝，蘇撒和波斯波利斯雖不是諸神的居所，但仍帶有超凡入聖的味道。巴比倫城因其巨大無比的規模而湧動能量，反觀波斯國王的首都，根據其創建者的每個奇想，則成了一面和諧秩序的鏡子。這並不是說它們缺乏大都會的特質；事實上，早在波斯波利斯奠基以前，無所不在的銀行世家埃吉比斯家族就在那個地區開了一間分號，沒多久其他商人和金融家也都跟進；來自世界各個角落的工匠和工人紛紛將各種不同的語言帶到街上。然而，蘇撒和波斯波利斯不像巴比倫那樣，是個發熱意義下的大都會，大流士也無意讓它們變得如此。萬王之王無需一走出宮殿，就碰到一群臭烘烘的平民，藉以彰顯王權。在檔案庫裡保存良好的稅單，宮殿門上閃閃發光的稀有貴金屬，刻劃阿拉伯人、衣索比亞人或犍陀羅人恭順進貢的壁畫：這一切都清楚明白地道出波斯勢力超越時間的特質。對大流士來說，一些管理帝國殘忍的實際手段固然重要，但同樣重要的還有普世國家的神聖觀念。在這個觀念中，波斯統治所代表的約定，表達得再清楚不過：以自甘卑微交換保護，以順服交換天下太平。當然，相較於美索不達米亞各大帝國的政治宣傳，這種願景少了大屠殺的成分，但仍非常有力地合理化沒有上限的全球性征服。

它的邏輯非常顯眼：如果波斯人的天命是把和平帶給一個流血的世界，那麼不向他們臣服者顯然就是混亂和黑暗的代理人。他們作為「謊言」的工具，不僅威脅大流士的帝國，還威脅著這個帝國所映照的宇宙，就連天地也偶爾顯示出它們對萬王之王敵人的反感。西元前五一九年，也就是埃蘭人起義被鎮壓的一年後，冥頑不靈的斯基泰人在帝國北境再次舉起反旗。帶領大軍平亂的大流士遭嚮導出賣，在荒涼的大草原上迷了路。方圓幾里內都沒有水源，天空也沒有下雨的跡象。大流士只好採取最後的方法：爬上一座山丘之頂，脫掉龍袍和三重冕，把權杖插入地中。到了破曉時分，隨著籠罩大地的陰影被驅散，萬王之王高聲禱告。他的祈求獲得回應，開始下雨了，大地得到雨水的滋潤而煥然一新。大流士重新穿戴上帝王的行頭，帶領軍隊打敗叛軍。對波斯人來說，沒有什麼比這次遠征更振奮人心了。它說明了世界上沒有任何地方太遙遠，非波斯人所能馴服。「從海洋的這邊到遙遠的另一邊，從陸地的這一邊到遙遠的另一邊」，悉歸大流士統治。[27]

無可否認的，雖然萬王之王統治的幅員前所未有之大，但仍距離涵蓋全世界很遙遠。在藥殺水另一側，亞細亞的大草原仍未被征服地兀自延伸，並環繞著蘭加河；在非洲，岡比西斯向西派出的一支波斯軍隊被一場沙漠風暴完全吞噬；[28]在歐洲，與愛奧尼亞諸城隔著一個海洋之處，是一個全然陌生的大陸，幾乎從未被探索，正等著深入與征服。假以時日，這些遙遠且野蠻的土地肯定會歸順。萬王之王的軍隊無可抵禦，「秩序」終將被帶到「謊言」最後的要塞。打敗斯基泰人不久後，大流士籌劃了新的征服活動。西元前五一八年，他的目光望向東方，派出一支小艦隊偵察印度河流域的神祕土地，入侵隨即展開。他征服旁遮普，要求當地人以金沙、大象和其他珍禽異獸進攻貢。就連印度河本身，都被象徵性地套上枷鎖：它的河水被裝入一個大罈帶給大流士，並存放在他的府庫，與裝著其他河水的大罈擺在一起，為萬王之王的榮耀增添光彩。[29]

無疑地，印度河再過去的土地仍獨立於波斯的統治之外。不過，雖然這些土地未正式劃為波斯的省份，但仍渴望得到萬王之王的庇護。有意願者只需進獻一罈土和一罈水，就可以得到他關愛的眼神。莊嚴肅穆的儀式伴隨這些獻禮一起進行。歸順者必須把自己故鄉的泥土撒在地上，跪在上面發誓效忠波斯。萬王之王便是以這種方式，象徵自然的作品和人都被納進他的秩序——這種事對人人都有好處。歸順者自國王面前退下後，將不可能懷疑他們剛才表演的意義。他們已經踏出無法撤回的一步，成為世界帝國的一部分——不論有多麼卑微。

因此，萬王之王無須動用軍隊來擴大波斯人的勢力。他們向西、向東繼續推進，越過陸地、越過海洋，當旁遮普被征服時，曾經和大流士競爭王位的歐塔涅斯，已在愛琴海東部的水域巡航。薩摩斯島（Samos）被正式劃入帝國的版圖之中，其四周的島嶼因懾於波斯艦隊，開始考慮向萬王之王的使者獻出土和水作為禮物。隨著富饒的印度河平原被征服，大流士可以把注意力轉向疆域的另一端了。既然有兩個大陸臣服於他無上權威之下，為何不能有第三個？

萬王之王的目光狠狠盯上了西方。

SPARTA

第三章 斯巴達

CHAPTER 3

「斯巴達人何許人也？」

在波斯崛起成為強權的早年，居魯士還在呂底亞的時候，曾經無預期地接見一個來自愛琴海彼岸的代表團。這些使節是希臘人，但外表與住在亞細亞的希臘人有很大的不同。亞細亞的希臘人城市繁榮且誘人，居魯士當時正計劃將其征服並據為己有。使節團的陌生人蓄長髮，披一襲深紅色斗篷，說話的方式不如一般使節那般婉轉得體，顯得直率粗魯。他們要帶給世界最強大國王的訊息很簡單：居魯士最好別侵犯愛奧尼亞人的城市，否則派遣這些使節前來的斯巴達人就會讓他好看。他們顯然認為，光是提到斯巴達人的名字，就足以令人膽寒，因此沒有多說什麼。居魯士對此大惑不解，於是轉過身去，詢問一名愛奧尼亞人的隨從道：「斯巴達人何許人也？」[1]

任何希臘人聽到此一問，都會目瞪口呆。亞細亞人怎麼可能沒聽說過斯巴達人？有件事最能說明波斯人的孤陋寡聞：他們對歷史上最著名的女人「斯巴達的海倫」（Helen of Sparta）一無所知。幾百年前，她曾經為希臘及亞細亞帶來災難。她從丈夫斯巴達國王墨涅拉俄斯（Menelaus）身邊被拐走，帶到傳奇之城特洛伊，此事引起軒然大波。整整十年之久，東西方的英雄在特洛伊平原（Trojan plain）漫天灰塵中相互廝殺。直到亞細亞最大一座城市被徹底消滅，其男人被殺光、女人被擄走後，這場可怕的戰爭才宣告結束。在勝利者的後人看來，這種摧毀的規模太不成比例，而且令人害怕：「只為了一個斯巴達女人，一支龐大的遠征軍就集結起來，亞細亞就遭入侵，特洛伊的勢力就被徹底摧毀。」[2]怪不得許多希臘人（特別是住在亞細亞邊緣地帶的），對這個古老的錯誤心懷愧疚，感到廣大的東方仍因宿怨而鬱鬱不樂。因為愛奧尼亞人不安穩地棲居於亞細亞的邊陲，他們非常有理由害怕特洛伊受難者的陰魂回來報復。

不過，對斯巴達人而言，他們十分珍視關於自己城邦最著名女兒的記憶。據說當墨涅拉俄斯來到大屠殺後的特洛伊城尋找妻子時，本來打算將她一刀斃命，以懲罰她引起這一切殺戮的罪過。但當他終於找到妻子時，海倫裸露的完美乳房看得他發愣，於是他丟掉手中的劍，將妻子摟在懷裡，兩人一起回到了斯巴達，死後葬在城南一個地岬。墳墓至今仍可見得，巨大的封石屹立於顏色如墨涅拉俄斯頭髮般火紅的泥土上。海倫本人堪稱「女性的光輝」[3]，比丈夫更加耀眼：她不只是個金髮美人，窈窕的身軀也由黃金形塑而成。如果居魯士知道，斯巴達人膜拜如此好色慾且酷愛享樂的女人，必定會對他們使者的大言不慚加倍鄙夷。這些使者蓄長髮而且身披腥紅斗篷，顯然是恰如其分的海倫愛慕者：因為居魯士有充分的機會得知，蓄長髮在希臘人間被廣泛認為是娘娘腔的標誌，而使用昂貴的硃砂染料則是極奢侈的表現。所以不令人意外地，波斯人對斯巴達人的威脅嗤之以鼻。對於這樣一個酷愛奢侈的民族，他們有什麼好害怕？

當然，外表有時會騙人。不過斯巴達人在其歷史最初時期，確實是以物質主義和貪婪而惡名昭彰。人們對他們的共同預測是：「貪得無饜將讓他們滅絕。」[4]西元前八世紀和七世紀，斯巴達被其他希臘人視為一切要不得特質的楷模：其菁英份子殘忍又貪婪，一般公民普遍貧困，常常得變賣祖產，甚至賣身為奴。有鑑於斯巴達的階級仇恨無比濃烈，震懾於此的外邦分析家毫不猶豫地斷定，斯巴達是「希臘城邦中管治最差的國家」[5]。當時的希臘世界可說處處存在著競爭，不過因為在西元前七世紀，希臘世界各地的貧富差距都開始以驚人的幅度增加，以至於「良好管治」的理想——希臘文稱「良好管治」為「歐諾彌亞」（eunomia）——有如夢一樣遙不可及。

就像米底或波斯部落酋長可以作證的那樣，社會抽搐存在於世界上任何地方。不過，希臘人對「歐諾彌亞」的嚮往特別迫切。他們在追求它的過程中，於某種意義下是孤單的。顯然地，土地貧窮且落後的他們，遠遠不及東方千年王朝的傳統。不像札格洛斯山脈的部落民族，他們距離文明的泉源太遙遠，沒有現成的官僚機構和中央集權的範例可供模仿。從很早開始，希臘世界就破碎為一大堆互相競爭的城邦，每個城邦都有各自獨一無二的憲政危機。不過，希臘人雖飽受慢性的社會緊張關係所折磨，卻沒有完全忘記地域主義帶給他們的自由，憑著這些自由摸索並打造出屬於他們自己獨特的道路。因此，他們不是不能辯稱：「只要治理得好，彈丸小城邦尤勝金碧輝煌和呆頭呆腦的尼尼微。」[6]確實，美索不達米亞的平緩沖積平原和希臘諸城邦座落的崎嶇地形相比，顯得有點貧脊衰頹。在希臘，眾多山脈除了隔開各個城邦外，也把它們和外面的世界區隔開來，使其在孤立隔絕的同時也享有獨立自主。

斯巴達人顯然得利於他們城市的座落地點，他們之所以有自由沈溺於階級戰爭中，可說完全拜地理原因所賜。其城市控制的地區稱為拉刻代蒙（Lacedaemon），位於希臘南部遠端，四周環繞著些許令人望而生畏的天然屏障。東邊與南邊是大海，北邊是灰濛濛的丘陵區，西邊矗立著荒涼且高大的泰格托斯山（Taygetos），五爪似的五座山峰在夏天最炎熱時一樣會積雪。在這樣的邊界後頭，一座城市大可不受騷擾地胡搞瞎搞。

但是，演化和變異在這樣的邊界也容易發生。如同波斯人，斯巴達人起源於部落君主制，最早時是一個遊牧社會。雖然斯巴達名聲顯赫，卻不過是建立於新開墾土地的四個村落聯合體。它當然和原來的斯巴達——海倫和墨涅拉俄斯的那個斯巴達——毫無關係。在拉刻代蒙平原上，這對夫妻的墳墓非常搶眼，但

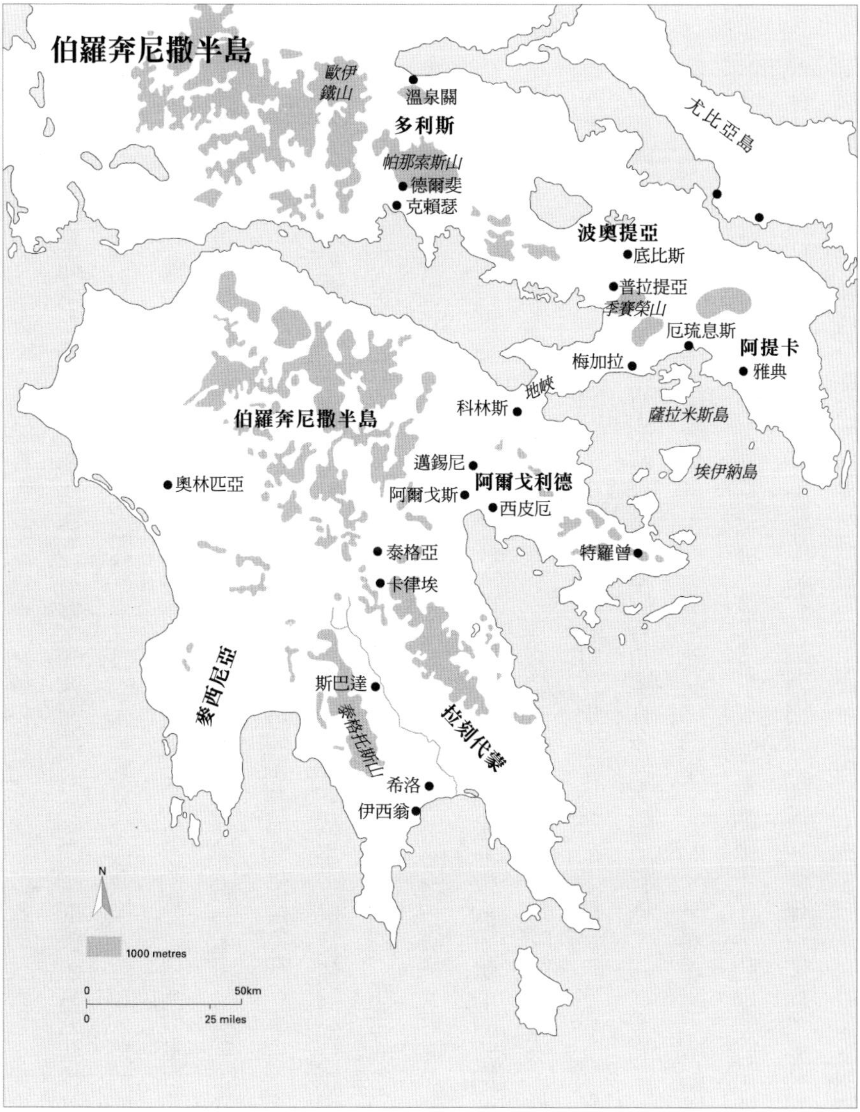
伯羅奔尼撒半島
歐伊鐵山
溫泉關
多利斯
帕那索斯山
德爾斐
克賴瑟
尤比亞島
波奧提亞
底比斯
普拉提亞
季賽榮山
厄琉息斯
阿提卡
梅加拉
雅典
地峽
科林斯
薩拉米斯島
伯羅奔尼撒半島
邁錫尼
阿爾戈利德
阿爾戈斯
埃伊納島
奧林匹亞
西皮厄
特羅曾
泰格亞
卡律埃
麥西尼亞
斯巴達
泰格托斯山
拉刻代蒙
希洛
伊西翁
N
1000 metres
0
50km
0
25 miles

它見證的不是連續性，而是一個古今硬生生的斷裂。墳墓四周散布著一丘丘的瓦礫堆，來自一座荒廢已久的宮殿——也許就是海倫和墨涅拉俄斯住過的宮殿。在西元前一二〇〇年前後，宮殿和拉刻代蒙所有巨大的建築都遭到洗劫與焚燬。事件發生的原因與幹下此事的人，其身分很快被人遺忘，整個地方徹底淪為瓦礫堆，導致記憶無法保存。幾百年後，墨涅拉俄斯王國崩潰後所留下的真空逐漸被來自北方的遷入者填補。這些遷入者日後被稱為多利安人（Dorian），他們以截然不同於被征服的土著希臘人而自豪。[7] 然而，多利安人本身其實也是希臘人，而且他們對自己新家園的輝煌過往並非懵懂無知。事實上大可這麼說：沒有任何民族比他們更關注「英雄時代的故事、城市古代起源的故事，以及任何與遙遠時代相關的故事」[8]。這些定居者被拉刻代蒙的顯赫歷史所吸引，開始將其據為己有。例如：西元前七〇〇年前後，大約在米底人和波斯人紮根於遙遠札格洛斯山脈的年代，他們偶然發現海倫的墳墓。更聳人聽聞的是，斯巴達的貴族階層開始為自己創造一個古老的族譜，這份族譜不僅上溯墨涅拉俄斯統治的時期，還上溯至英雄中的英雄與神王宙斯之子——赫丘力士（Heracles）。於是，多利安人的入侵變成了返鄉，他們靠著征服贏得土地，將之變成祖產。最顯赫的斯巴達貴族自稱為赫丘力士氏族（Heraclids）成員，又聲稱他們是赫丘力士的繼承人，不但擁有拉刻代蒙的所有權，還擁有希臘許多地方的所有權。

當然，這一切都讓他們的鄰邦極度驚恐。到了西元前七〇〇年，斯巴達已經達成一項創舉——越過他們最大的天險泰格托斯山脈，對山脈西側的麥西尼亞（Messenia）發動戰爭。麥西尼亞的土地「宜於耕墾，宜於栽種水果」[9]，比拉刻代蒙的土地還肥沃。雖然麥西尼亞人的血統同樣可追溯至多利安人，但斯巴達人在蠻橫入侵的同時，強烈否認他們和麥西尼亞人有任何血緣關係。像麥西尼亞這樣廣闊的土地並非可以輕易征服，但斯巴達人鐵了心，年復一年地血洗那裡的田野和樹林。麥西尼亞人最終徹底屈服，這樣的征服花了勝利者一百多年。

在希臘歷史上，誠然沒有一個城邦奴役另一個城邦的先例。它不僅讓斯巴達成為希臘最富有的城邦，還成為帶有神祕與突變色彩的城邦，令人膽寒而且獨一無二。斯巴達人認為，這種神祕氛圍是他們應該得到的。如果試問，自英雄的黃金時代消逝之後，世界上還有哪個民族的血源可以上溯至神王宙斯？當初，斯巴達人創造這種迷信是出於殘暴的實用主義，但他們又虔誠地相信這一套。他們知道，自己所做的一切都要看諸神臉色。如果得罪諸神，他們也許會失去一切，但如果照顧好諸神，一定能確保斯巴達的偉大。它之所以能征服麥西尼亞的理由便在於此。除此之外，它能從一場更大的危機中自救，也同樣肇因於此。那場社會危機是一次近乎全面性的社會崩潰，但斯巴達走過來了，還因此成了「歐諾彌亞」（良好管治）的楷模。

進行社會改革？或是毀滅？這是長久以來，「赫丘力士氏族」設法推延考慮的一個問題。然而，征服麥西尼亞並不能延後下決定的時間，反而會加快它的來臨。雖然戰勝帶給斯巴達巨大的財富，卻未能紓解多少窮人的困境。事實上，因為更大的資源集中在貴族階層手中，窮人的痛苦甚至加劇了。如果斯巴達上層階級的處境和遠處的米底人相似，也許就可忽略公民同胞的貧困，不理會他們重新分配土地的呼聲與「各種反政府的煽動言論」[10]。但斯巴達畢竟不是米底：當時一場軍事事務上的大革命正在整個希臘湧現，眼看就要帶給「赫丘力士氏族」滅頂之災。

斯巴達賴以擊敗麥西尼亞的不是騎兵（擔當騎兵開支昂貴，一律由貴族階級擔任），相反地，勝利應歸功於出身農民的步兵。這些人雖無法負擔養馬的費用，但仍然買得起自己的武器和盔甲，尤其是重盾（hopla）——這種設計嶄新的圓形盾牌，高和寬都是一公尺，由青銅包覆木頭而成。一排手持重盾的人（即所謂的重裝甲步兵）以方陣隊形前進，加上身穿青銅頭盔、護胸鐵甲並挺著長矛，也許就成了極具殺傷力的武器。斯巴達人在麥西尼亞戰爭的過程中，有許多實踐這種嶄新且致命的作戰方式的機會。然而，這並非容易操作的戰法，每面重盾若要發揮功用，就必須同時為持盾者兩側的人提供保護，如果一個方陣向著敵人推進時顯露階級分裂的跡象，便有被折為幾截的危險。

斯巴達有首軍歌如此呼籲：「團結一致，守住陣列，別驚惶失措，別丟臉潰敗。」[11]這是在號召每個階層的重裝甲步兵嚴守紀律。畢竟，如果一個出身高貴的「赫丘力士氏族」成員作戰時不能信賴他身旁卑微的農夫，後果將會如何？進一步探問，如果農人不再買得起昂貴的重盾，那麼斯巴達的命運又將如何？答案是毀滅，因為麥西尼亞對它冤大仇深。斯巴達的建制派靠著剝削低下階層而日益富有，但就在他們獲勝的同時，卻突然發現自己正面臨滅頂之災。到了七世紀中葉，公民團結的觀念不再被認為是邋遢農民一廂情願的憧憬。甚至對「赫丘力士氏族」來說，它也變成攸關生死之事。

恐慌促使一個真正不凡的解決之道應運而生，於是拉刻代蒙進行了改革。斯巴達人對未來感到徬徨，因而被說服，願意遺忘社會階級之分，接受一個巨大的社會工程實驗。但究竟由誰來說服他們呢？由於斯巴達人熱中於富戲劇性的古代英雄故事，很難成為那種將新秩序歸因於匿名社會力量的人，故此事顯然只能由某個具前瞻視野的聖賢為之。沒多久，一個名字開始浮現了。在斯巴達建立「歐諾彌亞」（良好管治）後僅過了大約一個世紀，呂庫古（Lycurgus）這個神祕人物就被說成是這項豐功偉績的締造者。基本上，學者們對此一致同意；他是一名顯貴，一位斯巴達國王的叔叔，性情一絲不苟，為人「非常講究原則和公道」[12]。不過，這些卻是其傳記作者們僅有的共識。就連神諭都承認，它們不確定呂庫古是凡人或神明。但總地來說，它們傾向相信這位聖賢是一位神。[13]斯巴達人分享著這種意見，因此蓋了間神廟供奉這位偉人，而那號稱是他發起變革改進的時代，也日益擺在極遙遠的古代，一如他的赫丘力士血統那樣，顯得年高德劭又虛假。你若控制得了過去，就控制得了未來；很快地，一項國家所能加諸自己最極端的外科手術被說成是傳統的精華。後人聲稱，呂庫古「看到自己所設立的法規如此美麗崇高，既感動又心滿意足。現在，它們已經完成並落實，所以他渴望將它們變得永恆且不可動搖——至少在人類思慮能及的範圍內。」[14]斯巴達人藉由崇敬他（可能也透過虛構）來實現他這個夢想。他們是歷史上第一個發現以下道理的人：鞏固革新最好的方法就是把它轉化為神話。

長久以來，斯巴達人給人的怪異感已開始在他們國家的結構中產生作用。在其他城邦的人眼中，他們同時成了多於且少於人類的那種人。呂庫古被說成是神，但又有野獸或兇猛的一面，「他是第一個帶來狼性作為的人」，這就是他名字字面的意義。在他建立的制度下，斯巴達人不再掠食同類人（即不再有富人剝削窮人、「赫丘力士氏族」剝削農民之事），而是變成團結一致狩獵的可怕狼群。此後，每個公民（不論貴族或農民）歸為一類。因此，即使「非常有錢的人也盡可能地採納一般人的生活方式」[15]。自出生的那一刻起，每個斯巴達人都被告知：從眾（conformity）就是一切。每個公民都得堅守自己在社會上的位置，每個重裝甲步兵都得堅守自己在陣列中的位置。他一生都要堅守崗位，「雙腳站穩，咬緊嘴唇，對抗敵人」[16]，只有死亡可以免去他的職責。事實上，為了教育國民，據說呂庫古甚至以自殺來說明一個國民受到多少國家的恩惠。「由於他認為，一名政治家即使死亡也該對社會有點價值，而為了在道德與實踐兩方面建立榜樣，他把自己活活餓死。」[17]

這當然是一種嚴峻的哲學。不過，雖然它具有自我否定的特點，卻為斯巴達人所珍視，因為它可以帶給他們自由。他們的城市能夠成為軍營，整個社會能成為一個隨時為戰爭做好準備的巨大方陣；這反映的不是強迫，而是一種自艱難打造出來的階級共識，富人和窮人因此達到一種巧妙的平衡。「赫丘力士氏族」雖對人民讓出主權，但保留了財富、莊園及很大部分的權力。那些被邀請進入軍隊行列比較貧窮階級，獲得一個過去一直拒絕給予他們的地位，此外還獲得了物質保障。他們不再需要胼手胝足，設法透過耕種或買賣來維生。戰士用不著做補鞋、鋸木或製鍋之類的活計，這些活動最好留給拉刻代蒙社群的其他公民：他們被藐稱為「周邊住民」（perioikoi），也就是二等公民，不配擁有和斯巴達人一樣的權利。

對真正的士兵來說，只有一個財富來源配得上自己的階級。征服麥西尼亞讓渴求土地的斯巴達貴族感到滿意，因而願意大方分享戰利品。雖然已無法弄清細節，但看來呂庫古改革的關鍵政策之一，是把麥西尼亞一大部分的土地分配給窮人。[18]這倒不是說，主人人種（master-race）的任何成員會親自耕種這些土地：斯巴達戰士不可能在田裡辛苦流汗，這是被征服的麥西尼亞人的工作。甚至在翻越泰格托斯山脈之前，斯巴達就顯示出他們剝削被征服敵人的罕見天分。他們所有的歷史都見證了這件事。學者們對一個字眼感到好奇——斯巴達人把生活悲慘的最底層人們稱為「黑勞士」（helots），此名衍生自希洛（Helos）——斯巴達人擴張最早時期所征服的一座拉刻代蒙城市。[19]其在泰格托斯山脈一側實行的制度後來搬到山脈另一側：那裡的人口全被貶為農奴。麥西尼亞人艱辛勞動，「像驢子一樣在重擔下受苦」[20]，發現自己需要一肩扛起斯巴達偉大的全部重量。

當征服者發現「黑勞士」為致富之法後沒多久，就開始設法弄來更多「黑勞士」。直到西元前六世紀早期，隨著他們成功征服西部，其野心的焦點無可避免地轉向北部。不過，那裡有個強勁對手堵住了斯巴達的帝國之路。阿爾戈斯（Argos）距離拉刻代蒙邊界不到四十英里，是個像斯巴達一樣不安分且狂妄的強權，而且對希臘南部的主權聲稱較斯巴達人更有力。雖然斯巴達人炫耀自己的祖先是墨涅拉俄斯，但阿爾戈斯人更高竿，他們號稱祖先是墨涅拉俄斯的兄長阿伽門農（Agamemnon）——黃金城邁錫尼（Mycenae）的主人與攻打特洛伊希臘聯軍的總司令。邁錫尼已不再是國王寶座的所在地，但仍然存在，就像個空殼子那樣蜷縮於阿爾戈斯平原北部的兩個溪谷之間。儘管阿爾戈斯不遺餘力地打壓邁錫尼每個獨立的嘗試，但仍熱切採納它古代的系譜。在每個希臘城邦發起之無窮無盡的宣傳戰爭中，阿爾戈斯的宣稱不容小覷。因為阿伽門農畢竟以祖父繼承人的身分展開統治，而他的祖父就是英雄珀羅普斯（Pelops）：一個有著象牙肩膀的冒險家，[21]構成希臘南部的那整個半島[22]就是以他為名。所以，在任何爭奪「珀羅普斯之島」（即伯羅奔尼撒半島，peloponnesos/Peloponnese）的鬥爭中，阿爾戈斯人為何甘於屈居第二？難道，伯羅奔尼撒半島的主人不該是阿爾戈斯而非斯巴達嗎？

早在西元前六六九年，也就是呂庫古改革的初期，斯巴達新建的公民軍隊首次入侵阿爾戈斯，但遭到擊敗。半世紀之後，斯巴達仍賣力征服與其接壤的城邦。若一個旅人自拉刻代蒙向北走，他在穿過一列荒蕪的丘陵後就會進入一片開闊的平原，那裡遍布肥沃的良田與橄欖樹林。那是泰格亞（Tegea）的領土。泰格亞是一個不幸的城市，因其位於阿爾戈斯和斯巴達的中間點。對斯巴達人來說，泰格亞的肥美農地尤其是難以抗拒的誘惑；在六世紀初期，他們為佔據此地並把泰格亞人變為「黑勞士」，而發動了一場全面性戰爭。這些入侵者受到神諭的鼓勵，因為神諭說，他們很快就會「在泰格亞平原上跳舞」[23]。這給了他們無比的信心，甚至還帶上測量土地的工具與為農奴準備的腳鐐。但結果他們被擊敗了，淪為戰俘的他們，戴著自己從斯巴達帶來的腳鐐，在泰格亞人的鞭子下跳舞。

斯巴達人經此一役，信心受到沉重的打擊，也讓他們突如其來地毅然改變外交政策。他們開始明白，征服整個伯羅奔尼撒半島的目標過於自負，其實霸權可以採取許多不同的形式。令泰格亞人臣服其下仍屬必要，雖然赤裸裸的侵略已經失敗，但靠著脅迫與威望的力量說不定可以成功。於是，斯巴達人本著一貫的狡猾和信仰虔誠參半的個性，以洽談和約為名，派出一個代表團前往泰格亞。他們聽說，在一個鐵匠的院子裡找到了一根脊椎骨，看來該脊椎骨是屬於一具巨人骸骨的一部分。斯巴達人看出這是個大作文章的機會，所以希望能善加利用。他們找人挖出骸骨，走私到斯巴達，在展出後重新安葬。斯巴達人聲稱，經過研究發現，該骸骨的主人就是阿伽門農的兒子！這種鬼扯除為了刺激阿爾戈斯人之外，還有更深一層的目的。骸骨從泰格亞偷來，但斯巴達透過把骸骨供奉在自己的土地上，向伯羅奔尼撒半島的其他人表明，它珍視並尊重他們的古代傳統。現在，它不打算像對麥西尼亞做過的那樣，將其古代傳統踐踏於腳下。那些寧死不願淪為「黑勞士」的城邦，現在可以順服斯巴達了；事實上，斯巴達人暗示，他們不用擔心遭到完全的摧毀。對長期遭敵對仇恨折騰——更不用說阿爾戈斯威脅——的伯羅奔尼撒人來說，臣服於斯巴達還可以獲得額外的好處：至少受到斯巴達的保護。就這樣，在距離「腳鐐戰爭」僅數十年的西元前五五〇年，泰格亞加入一個由其可怕鄰邦創建與控制的聯盟。

其他城邦很快跟進，都像泰格亞一樣，在連哄帶騙之下順服。斯巴達的骸骨搜尋者到伯羅奔尼撒半島最遠的角落尋找更多的英雄遺骸，收穫甚豐——克羅奔尼撒半島本來就散布著大量更新世的長毛象化石。但想建立一個由眾多臣屬城邦組成的聯盟，單靠古生物學是不夠的。所以，斯巴達人不但表現出自己是鄰邦神話時代的歷史守護者，也繼續忠於狼群的理想，磨練全面性恐怖戰爭的手段。早期的失敗沒有讓他們對改革過的軍隊失去信心，反而更堅定其改進這支軍隊的決心。他們用了一世紀來把自己的社會改造為一部殺戮機器，讓斯巴達軍隊散發出一種罕見且神祕的殺氣。在其他城邦，當身為重裝甲步兵的富裕菁英份子每季自乾草棚取出鎧甲撣撣灰塵時，對他們來說，戰爭不過是儀式性的體育活動。因此，在戰場上遭遇斯巴達人，成了一種可怕的光景。光是斯巴達能動員整個城邦就已夠駭人，至於每個斯巴達人都以消滅擋在前頭的任何敵人為主要目的，更十足地嚇人。許多其他城邦的重裝甲步兵在遇到這樣的敵手，不會想測試自己的能耐，而是溜之大吉。

斯巴達人精通心理戰，精確知道如何才能讓敵人喪膽。作戰時他們以高音笛的嘯聲領導方陣前進，踩著步調一致的緩慢腳步，讓大地為之震動。然後，當他們從飛揚的塵土中現身時，就會出現一道令人炫目的「青銅色與猩紅色牆壁」[24]——斯巴達人習慣把盾牌擦得閃閃發亮，並穿上染成血紅色的鮮艷斗篷，據說這是呂庫古的規定。[25]在緩慢踏步向前的同時，方陣士兵會高唱向古代英雄致敬的戰歌，歌聲雄壯威武，令人不寒而慄。直到耳上戴著馬鬃毛冠羽的將領發出命令，他們才會停下。然後在一片寂靜中，號角聲突然爆響並響徹雲霄。這時，重裝甲步兵會加快步伐，壓低長矛，向前衝去。然而，他們不必然地以單一集團作戰：兩翼也許會分開，就像公牛的雙角那樣向敵人的兩個側面進攻。這種操作所需的紀律完全超出業餘部隊的能力，也證實斯巴達對軍事演練的熱中。在其他城邦的重裝甲步兵看來，斯巴達方陣的萬眾一心近乎於變戲法。所以承認訓練出如此士兵的城邦了不起並不丟臉。所有人都同意，「與斯巴達人打仗是很恐怖的事。」[26]

所以在西元前五四〇年代初期，當呂底亞國王克里瑟斯按神諭指示，要找一個最強大的希臘城邦作為對抗波斯人的盟友時，他毫不猶豫地選擇了斯巴達。此舉對斯巴達的威望是一大抬舉，同時也是對阿爾戈斯的一大怠慢。事實上，有克里瑟斯如此權大勢大的國王撐腰，又有大量如同泰格亞的伯羅奔尼撒城邦充當小弟，斯巴達找阿爾戈斯算舊帳的時機已經成熟了。西元前五四六年前後，當時呂底亞帝國正被居魯士瓦解，但斯巴達人還是直接攻擊阿爾戈斯，沒有按盟約規定，前往馳援克里瑟斯。阿爾戈斯人援引古早時代的先例，建議進行一場比武大會，由雙方從各自的城邦中派出三百人一決勝負。熱中於古代英雄傳說榜樣的斯巴達人表示同意。比武接近尾聲時，場上只剩三個人還站著：兩個阿爾戈斯人，一個斯巴達人。阿爾戈斯人因為相信自己是勝利者，得意洋洋地回到城裡去。他們的對手滿身是血，但還好好地活著。他指控他們主動棄權，宣稱自己才是勝利者。阿爾戈斯人高聲抗議，表示憤怒，但斯巴達人力挺自己的冠軍：他們在第二天全面出擊，取得壓倒性的勝利。阿爾戈斯具戰略重要性的邊界領土被永遠併入拉刻代蒙。阿爾戈斯人剃光了頭，表示不忘屈辱，但他們將有整整一代人欲振乏力。當阿爾戈斯人剃光頭髮時，斯巴達人立下一個完全相反的誓言：他們要永遠蓄長髮並綁上髮辮，如同其紅色的斗篷，都在標示自己的身分。

不過，就在他們慶祝自己的勝利時，傳來了克里瑟斯被打敗的消息。未按盟約規定幫助呂底亞國王，讓斯巴達人顏面無光，但更糟的事還在後頭。斯巴達仍不願派出一支軍隊渡過愛琴海，僅派了一個小型使節團去見居魯士，結果遭到他的小覷：「斯巴達人何許人也？」波斯人當然沒什麼好擔心。斯巴達因此上了一課：雖然斯巴達在希臘是個巨人，但在亞細亞卻幾乎沒人聽過它的名字。這有什麼令人感到奇怪的？相較於居魯士令人眼花繚亂的帝國版圖，整個伯羅奔尼撒半島不過是彈丸之地。

不過總有一天，斯巴達人會一拳把波斯人的嘲諷打回他們自己的嘴巴。「斯巴達人何許人也」的問題可以輕藐的語氣，也可以懼怕的語氣問出。斯巴達人得到天險的屏障，自足、仇外而猜疑心重，只取不與，只刺探別人而從不披露自身。在所有希臘人當中，只有他們不去區分希臘人和非希臘人，把所有非斯巴達人一律看成「外族人」，而且定期驅逐城邦中找到的所有外族。斯巴達讓它的鄰邦又恐懼又深深好奇。它為鄰邦設定的謎團就像居魯士的問題一樣，沒有現成的答案。真相被想像矇蔽，現實被幻影遮蔽。斯巴達人意識到讓人害怕的好處，曉得他們會因為失去神祕感而縮小。他們之所以令人恐懼，其實是寄託於他們自身的神祕感。

法律的奴隸

在海倫墳墓所在的那座峭壁下方，有一條湍急混濁的歐羅塔斯河（Eurotas）。沿著它不太曲折的河道向北走，一個旅人很快就會看見，遠遠的河岸上簇聚著一批凌亂的村莊。斯巴達的鄉土外觀，完全讓人猜不著它的公民有多令人敬畏。誠如雅典人修昔底斯（Thucydides）日後指出的：「若斯巴達有天遭到荒廢，除了神廟和建築地基以外無一物留存，我相信隨著物換星移，後人將難以相信，在那裡住過的人群曾擁有強大的勢力。」[27]

斯巴達人對此很少擔心。一個備受節制與剛毅美德鍛鍊的民族，很自然地會藐視宏偉的建築，就讓其他城邦的懦夫在他們城市四周修建城牆吧。斯巴達人既已擁有長矛和擦得發亮的盾牌，就用不著石頭工事。當一個男人的真正本色體現於在軍營度過的一生，又何必浪費大理石建造浮華的紀念碑呢？在軍營似的城市中，唯一與眾不同的建築是神廟，屹立於平淡無奇的建築中，顯得超凡脫俗。斯巴達人為了建築神廟，總算可以盡情揮霍他們搶劫來的財富。在衛城（Acropolis）的大神殿中，整個內部都以正方形的實心青銅塊鋪面。在位於城市以北的另一間神廟裡，供奉著一尊純金包裹的阿波羅（Apollo）塑像。

不過，在拉刻代蒙所有的神廟中，最令人難忘的一座卻獻給阿波羅的孿生姊妹、狩獵女神阿提米絲（Artemis）。[28]沿著歐羅塔斯河繼續向北行，過了斯巴達城的市中心後，一個旅人很快就會經過一片開闊的操練場地，然後再進入一片沼澤低地，那裡豎立著一尊黑色且古老的女神像。早在西元前五六〇年左右，斯巴達人剛剛崛起，開始制霸伯羅奔尼撒半島其餘地區時，便在此地建造了一座完全用石頭修築的燦爛神廟。不過，這座神廟雖以簇新的石頭打造，卻散發著一股陰森的氣氛。這並不是因為環繞神廟周圍的激流裡有許多青蛙不停鳴叫，也不是因為薄霧有時會像幽靈那樣自河流升起。神廟本身就是個會引起雞皮疙瘩的所在，它裡頭的所有東西不全是新的。新建的石頭神廟上裝飾著更早時代神廟留下的裝飾品，那是一些赤陶面具，有些是沒有鬍鬚的年輕人或頭髮斑白的士兵，但也有些古怪和扭曲的怪物，他們眼神癡呆，嘴巴張大，像正在痛苦吶喊或發出動物般的吼叫。[29]他們都是斯巴達人惡夢中的素材，極少有公民的想像力不受這些東西纏繞。這是因為斯巴達人從小到老，每進入一個人生的新階段，都要來阿提米絲神廟參拜。這些面具一直都在，黑色的眼睛盯著前來參拜者。英雄的臉譜會激勵他們，醜陋的臉譜則會提醒他們何謂失敗。失敗者會成為棄兒，被放逐到城市的邊界外，在那裡只能找到恥辱。每個斯巴達人都必須和這個真理的意涵生活在一起，也必須根據它所熔鑄的嚴峻規定來生活。

他們身為公民，在任何地方都受到跟蹤和監視。每代人都像獄卒那樣監視著下一代人。雖然斯巴達人欣賞「男女合唱隊、跳舞和歡慶」[30]，卻信不過青春的躁動。呂庫古作為狼群的訓練者，曾經擔心幼狼不受節制地宣洩過度旺盛的精力。他教導國人，只有靠著皮鞭才能讓這些年輕的掠食者得到足夠訓練。就像斯巴達人從自己早期歷史的例子所學到的，如果任由本能和衝動自行其是，一個國家將很容易分崩離析。經歷過一個變革的階段後，他們不希望再經歷另一次。絕不能給年輕人的蠢動和慾望留有餘地。只有紀律——毫不留情的紀律——可能讓他們受到控制。如果斯巴達有什麼需要改變（例如廢掉過時的習俗或法令），都必須由較年長者開會討論，通過相關的改革。[31]畢竟斯巴達的年長者是傳統有多大能耐的活證明：他們證明這個傳統能締造出一個主人人種（master-race）。

所以，不論斯巴達的名聲多可怕，它也因為民風純樸而廣受讚譽。在所有希臘城邦中，只有斯巴達年輕人才會習慣性地站到一邊，給年長者讓路：此舉除了表示尊重年長者之外，也是在對斯巴達人的法律和習俗致敬。斯巴達人對這個觀念如此執著，以至對公共廁所的構想不以為然：在公共廁所裡，年輕人無法因為年長者出現而站起來。「年輕人的長矛」也許會在城市裡繁榮，但毫無疑問地，「只有老年人才在那裡擁有權力。」[32]就連兩位名義上的國家元首——一切都與眾不同的斯巴達人，擁有兩個國王——都必須尊重他們上面的權威。如果他們把自己的權力推到超過憲法許可的程度，馬上就會被城邦的最高法院提訊。最高法院是一個立法機關，成員中除了兩位國王以外，全都是由年逾六十的老人所組成。斯巴達人恰如其分地稱這個機構為Gerousia——就像羅馬的元老院一樣，Gerousia的字面意義是「長老會議」。它除了作為憲法的守護者之外，也有權力否定對它提出的一切動議，還可以把自己思考的果實呈現為形同法律。所以，「長老會議」可以輕易地把斯巴達的政治掌握在手中。入選「長老會議」不僅是一個公民所能獲得的最高榮耀，而且這個職位還是終生制。無怪在所有的人類獎品中，它是競爭最激烈的。就連非斯巴達人也不得不承認：「體育競爭的確可帶給人很大的榮耀，但其考驗的只是身體技能。而入選元老會議才是一個高貴靈魂的終極證明。」[33]

在斯巴達，皮包骨的手指不得闖入的隱蔽角落並不存在。即使新生兒也得被老人的手指戳一戳。如果一個嬰兒被認為太過孱弱或畸形，注定無法對城邦有貢獻，長老們就會下令立刻處死他。由於城邦為培養一個公民所投注的投資相當可觀，這種做法被大多數斯巴達人認為恰當。事實上，一個母親也許可以充當優生師，因為她以葡萄酒為小嬰兒洗澡——正如每個人都知道的，這是檢驗有沒有癲癇病最可靠的方法。試問，又有哪個斯巴達父母會希望養育一個可能在一陣突然的痙攣中垮掉的兒子呢？早早經歷一次喪子之痛，勝於冒著丟人現眼的風險。在蜿蜒通向麥西尼亞的那條山路旁有道岩縫，稱為「阿波特泰」（Apothetae，意指「垃圾坑」），是專供殺嬰之處。在那裡，孱弱或畸形的小孩被丟入深淵，讓他們沒有機會令養育他們的城邦蒙羞。這不叫遺棄，而是斯巴達人的慣例，一次冷酷而正式的處決儀式。被拋棄的斯巴達嬰兒沒有活命的希望——例如：不會有傳說中嬰兒居魯士的好運氣。他必須死掉，被親眼看著死去。

毫無疑問地，對那些被批准活下來的小孩來說，聚集在「阿波特泰」深處的小骸骨有著振奮人心的作用。斯巴達小孩在成長過程中，不禁自豪地意識到自己是菁英，在剛出生時就被選中。不過，國家作為他們的保護人，會把嚴峻和令人害怕的要求加諸他們身上。據說呂庫古曾表示，與其寫下他的改革方案，他寧可將內容銘刻在那些根據這改革綱領生活之人的性格和身體上，好讓他們成為彼此的活憲法。當然，這種社會工程要從搖籃階段開始才最有效。柔軟無助的小嬰兒必須被綑緊，並形塑為斯巴達人，不能讓他們受到細心呵護或溺愛，也不能縱容他們擁有奇怪思想。「給他們食物，他們就得吃，不許挑剔。不許怕黑，不許黏著大人。任性和愛哭的毛病也必須糾正。」[34] 斯巴達人的保姆以明快及不和稀泥的方法受到廣泛佩服，並不令人意外。不過，她們雖以嚴厲著稱，但相較於城邦的教育官仍黯然失色。後者承擔的角色在全希臘絕無僅有，斯巴達為了塑造一個完美的公民，發展出一個怪異且激進的概念：那是世界上第一個由國家主持的教育系統。

這個教育系統甚至為女孩提供服務！雖然小男嬰有八成比他們的姊妹更可能被送到「阿波特泰」，但這並不表示斯巴達人對其女性後代的體魄缺乏關注。只有健康的母親才能造就一個健康的戰士人種，就像小男孩有必要為戰爭而接受訓練那樣，女孩也有必要為了將來為人母而接受訓練。其結果就是，從外國人的角度或任何比率來看，幾乎一切既有的規範都被顛倒。在斯巴達，養育女孩的花費並不亞於她們的兄弟。令其他希臘人困惑的是，斯巴達人也讓女孩學習讀書寫字，還鼓勵她們氣勢凌人地自我表達，好讓她們在長成一個女人後，更善於教導兒女何謂斯巴達人。她們公開從事體育運動，包括跑步和擲標槍，甚至摔角。當她們跳舞時，她們是如此投入，以致她們會用腳踝拍擊光溜溜的臀部：斯巴達女孩受訓時，習慣只穿最單薄的衣服並露出大腿，有時她們甚至會裸著身體嬉戲。

對於取笑他們的女兒為「大腿暴露者」（thigh-flashers）[35] 的說法，斯巴達人會嚴厲地反駁：「女性裸露並沒有什麼好羞恥，沒有一丁點兒不道德的成分。」事實上，「因為裸露鼓勵簡樸並且讓人熱愛身體苗條」[36]，反而獲得適得其反的效果。其中最重要的無疑是須符合斯巴達優生學的標準。然而，色情的氛圍仍緊挨著訓練的場所。一名斯巴達人也許會主張，要預測一個女孩是不是具有生育力的未來母親，最好的指標就是皮膚有光澤且乳房飽滿。身體的美——擁有金色長髮與優雅腳踝的斯巴達女孩最受讚賞——為判斷道德的美提供了最現成的準繩。一個醜陋的女兒無可避免地會令其父母震驚且沮喪，這時他們也許會採取沒辦法中的那個辦法。據說，有一名小女嬰的相貌如此平庸無奇，讓她的保姆在絕望中抓住最後的稻草，把她帶到海倫的墳墓。在那裡，一個神祕的女人出現了，她撫摸小女嬰的頭髮，預言她「將長成拉刻代蒙最漂亮可愛的女人」[37]。這個預言後來果然應驗了：小女嬰長大後成為知名的美女，嫁給一名斯巴達國王。顯然海倫的幽靈有時仍會徘徊於故國。

這類故事透露出一個關於斯巴達人心態的重要事實。那就是，呂庫古的理想雖為平等主義，但它不會促進任何平等。斯巴達女人都有強烈的競爭意識，渴望在美貌上把其他女性比下去。類似的競爭意識啃咬著這個城邦的每一個人。有一次，一名斯巴達國王問道：「怎樣的政府才是最佳的政府？」然後又毫不猶豫地馬上自己回答：「一個最大多數公民能在美德上彼此競爭，又不會陷入混亂狀態的政府。」[38]這就是為什麼斯巴達的教育系統是矛盾的：既把同一個模子套在所有通過它的人身上，又快速地挑出其中的菁英份子。這個現象在教育女孩子方面已經十分明顯，但在訓練她們的兄弟時更加凸顯。那些最順服於這個教育系統的斯巴達人，就是最優秀的斯巴達人。

這是因為教育者的目的不僅是摧毀一個男孩的個體性，更將他推向最極端的堅忍、遵守紀律與冷漠無情，好讓他可以證明自己是有鋼鐵意志的人。當一個斯巴達小男孩在七歲離開家裡，和其他男孩住在一起時，他的家庭觀念便遭到粉碎與重塑，從這時起，「擁有私人身分」的觀念也會不斷受到攻擊。這種訓練的名稱是「阿戈革」（agoge）——通常泛指飼養牛群。他們的指導老師稱為「派多諾摩斯」（paidonomos），字面上的意思是「放牧男孩的人」（herder of boys）。小男孩不會得到足夠的食物供應，所以被迫到比鄰拉刻代蒙的農家覓食，就像狐狸幹些鼠竊狗偷的勾當一樣，以這種方式磨練偷偷摸摸的能力。[39]不論在炎熱夏天或大嚴冬裡，他們都只穿一件束腰短衣，除此之外便沒有其他衣物，甚至連鞋子也沒穿。他們的交談受到嚴格限制，被訓練以簡潔的方式說話——全希臘都稱這種方式為「拉康力」（Laconic）。[40]然而，即使一個男孩服從這些嚴格且統一的紀律，他仍會受到反覆的檢視、比較和評等：「當男孩運動時，他們被鼓勵參加角力和互相競爭，如此一來，年長者就能更恰當地判斷他們的個性和勇氣，還有最後上戰場後會如何表現。」[41]就連女孩也會軋一腳：男孩們常被要求在她們面前脫光衣服，被她們讚美或取笑。一個如假包換的斯巴達人，沒有任何需要隱藏的部分。

當男孩年滿十二歲，成為合法的獵艷對象後，就會上最驚人的一課。「戀童」在希臘各地都蔚為風氣，但只有在斯巴達才被制度化——甚至據說拒絕接納情人的男孩會被罰款。另外根據傳說，未婚女孩在青春期會被要求反覆接受肛交。[42]在這兩種情況下，其理由都是一樣的：個人沒有任何領域是如此私人，以致不容國家插手。不過，雖然順服的經驗必然導致大部分斯巴達的年輕人遭受創傷，但至少對男孩而言，他們可以獲得重要的補償。一個男孩的情人不僅被容許成為其提拔者，還被鼓勵這樣做。一個公民的人脈越好，就越有益於自己情人的前途。菁英可以提拔菁英：所以，當一個男孩順服於一個滿身戰爭傷疤的年長男人於夜間抽插時，斯巴達權力的神祕泉源也許就會為他打開。

當然，到了一個年輕人完成訓練時，已經確知未來是否注定偉大。最有潛質的畢業生會獲得參加最後一個要命考驗的殊榮。他們會被選入一個叫做「克里普提」（Crypteia）的精銳隊伍中，然後只帶一把匕首進入深山野嶺，進行野外求生。不過，這個被流放到城市之外的考驗不只是耐力測試。在他單獨旅行期間，無可避免地會翻越泰格托斯山脈，溜進麥西尼亞。在那裡，他們會摸黑行兇，以證明自己是夠格的殺手。據說在所有人之中，只有斯巴達人否認殺人必然是一種罪，因為對他們而言，選擇性地宰殺奴隸完全合法。不過，為了防止激怒諸神，斯巴達人每年會對「黑勞士」宣戰一次，而這種典型的殘忍策略，是為了要以委婉的方式解除「克里普提」的血腥之罪。[43] 畢竟，除了謹慎剷除最能幹的麥西尼亞人之外，斯巴達人還有什麼別的方法可以培養出天生奴性的農奴？就像他們將本城邦的渣滓丟到「阿波特泰」一樣，他們也致力於撲滅任何他們奴隸中的才智之士。只有真正奴性十足的「黑勞士」才被允許繁衍後代。那些疏於壓抑奴隸繁衍與能力的奴隸主會被處以罰緩，這些事會招來城邦年長者的目光，然後「克里普提」就會展開行動，料理好這些事。

雖然是殺手，但以匕首割去一個麥西尼亞人喉嚨的斯巴達年輕人並不只是在執行處決。這種行為近乎是一種啟蒙的儀式，也是一種法術。當他感受到手中利刃深深刺進對方的喉嚨時，他就知道，自己是掌握國家最深奧祕的侍僧，任何畏縮於冷血謀殺的斯巴達人都不夠格領導人民。同時，那些把任務交給「克里普提」的年長者也是在考驗其成員。只有一個年輕人親自嗅到被獵殺麥西尼亞人的仇恨，並於其雙眼中看到後，方能了解到自己的城邦正面臨多大的威脅。也只有當他完成謀殺後方能真正領略，要用什麼方法才能解除這種威脅。

對於「克里普提」的成員來說，這就是可以讓他獲得力量的特殊知識。所有斯巴達人都不被容許對這種知識茫然無知——不論男女。據說，當海倫還是一名小女孩的時候，有天在阿提米絲神廟前跳舞時竟被強暴。麥西尼亞入寇者——此事發生在麥西尼亞被奴役之前——當時還侵犯了女舞隊的其他成員。只要讓他們有半點機會，他們一定會再幹一次。每個斯巴達女孩都知道，她們城邦的皮鞭若失靈，她們的命運將會如何。然而，卻是她們的兄弟以全部的耐力測試這條皮鞭的強度。作為訓練的一部分，每個年輕人都要體會被皮鞭抽打的滋味。他們的衣服被撕裂，肩膀傷痕累累，鮮血淋漓：經過鞭打儀式後，拉刻代蒙「主人人種」的孩子有時看來與最低賤的奴隸沒兩樣。但他們恰恰證明了自己毫無奴性。讓「黑勞士」降格的鞭打，會讓斯巴達男孩顯得更加高貴。「短暫的痛苦可以換來長久榮耀帶來的快樂。」呂庫古曾這樣教導人民。[44]毫無疑問地，只有能以最堅毅勇氣忍受皮鞭鞭打之人才會入選「克里普提」。只有最能忍受奴隸煎熬者才夠格成為真正的主人。

這是一個支配所有斯巴達人成年生活的洞見。雖然一名受訓完畢的畢業生永遠不用再挨鞭子，但他的人生會繼續受到一些其他希臘人覺得不能忍受的限制與約束。未滿三十歲的斯巴達人甚至不能控制自己的財務，他們也不能和妻子住在一起，只能匆匆溜出軍營，像動物一樣和配偶交配。他們可以在戰場上負傷，但如果年輕人相互鬥毆，很可能會被年長者當成頑皮的小孩甚至奴隸那樣教訓。一位二十多歲的斯巴達戰士作為這種曖昧地位的象徵，會像「黑勞士」那樣只能蓄短髮。更驚人的是，斯巴達的新娘也是如此。[45]在希臘，女性中通常只有女奴隸才會蓄短髮，因為她們的頭髮會被拿來做假髮。不過，在很多方面都怪里怪氣的斯巴達卻把一個羞辱的標記轉化為家庭主婦自豪的象徵。在接受過生育的訓練後，一名新婚的斯巴達女性——一個健美、健康且肛門順暢的處女——終於可以前去擁抱自己的天職。社會會為她加油打氣。她生養越多，地位就越崇高。如果她生下三個兒子，她的丈夫即可免除兵役。如果她在生產中死去，她的名字將被刻在墓碑上，永垂不朽。國家藉由這種方式，讓為人母這件事成了一種激烈的競爭。

當然，論競爭，沒有比年輕人對地位的競爭更激烈了。二十多歲的斯巴達年輕人被培養出的競爭心理，冷酷無情且近乎嗜血。每次只有三名畢業生能得到最高榮譽，那就是獲得「希帕格瑞忒斯」（hippagretes）的頭銜，其字面意義為「馬匹指揮官」。這個頭銜讓當事人有權提名一百名同儕成為「勁騎旅」（Hippeis）的一員。「勁騎旅」是一支三百人組成的精銳部隊，指揮方式與其他軍事單位全然不同，他們在戰場上會被部署於陣列的正中央，充當指揮作戰國王的貼身衛兵。「勁騎旅」落選者的嫉妒心非常嚇人。他們被鼓勵盯著「勁騎旅」成員的一舉一動，隨時打小報告，巴望取代被刷下來的人。無怪斯巴達年輕人之間常常發生爭執，而他們在步入成年初期後仍需遵守嚴格的行為規範也就不奇怪了。

因此，斯巴達社會受到一些令人不安的弔詭所支配：受辱就是光榮，限制就是機會，臣服就是真正的主宰。即使年滿三十歲，成為一個真正的公民（homoios）——也稱為「同儕」（peer）——之後，斯巴達人仍然得繼續生活在被其他城邦菁英視為受奴役的環境中。每天傍晚，他們都要到公共食堂吃飯，帶著定量配給的生食材交給廚師，然後把食材混入帶血的黑色肉湯裡。這種伙食如此難吃，以至於任何有幸試吃的外邦人一定會開玩笑說，他們終於明白為何斯巴達人不怕死。但這是一種膚淺、有欠理解的俏皮話。斯巴達人並非不懂欣賞幽默（事實上，他們甚至在自己的城邦裡為笑神蓋了一座神廟），但他們知道，自己的飲食攸關非常嚴肅的事，不能拿來開玩笑。

對一個「同儕」來說，過量是敵人。在其他城邦裡，窮人是皮包骨，有錢人則肚滿腸肥，但斯巴達卻非如此。在其他城邦裡，縱酒狂歡的是菁英階級，但斯巴達卻非如此。在斯巴達，有時當「同儕」在公共食堂用膳時，一名彎腰駝背、野獸般、穿得破破爛爛的「黑勞士」會被拖進來，娛樂他的主人們。這個奴隸會被灌下大量烈酒，直到再也喝不下，酒漿自口中溢出、沾滿衣服為止。哈哈大笑的斯巴達人會命令他跳舞。這個「黑勞士」雙頰緋紅，下巴滿是唾液，步履蹣跚地搖晃一下，最後醉倒在地。這時，他的主人會在他身上扔骨頭取樂。

所以我們大可以說，在拉刻代蒙「可以找到自由和奴役的精髓」[46]。畢竟一者是另一者的鏡像。在阿提米絲神廟的牆上，那些年輕戰士與智慧老人的面具對比於周圍其他的醜陋面具，顯得更高貴。類似地，對於坐在公共食堂的清醒「同儕」來說，看著「黑勞士」醉醺醺地倒在他們腳下，可以讓他們所受的嚴格與殘忍訓練得到一種目的感。斯巴達人除了是廣大奴隸人口的主人，還是自己身體與欲望的主人。他們之所以是最自由的人，正是因為他們服從最嚴厲且最不留情的行為守則。「沒錯，他們也有他們的自由，但那不是一種絕對。因為就連斯巴達人也一樣被一個主人統治著：他們的主人就是他們的法律。」[47]

祖先的聲音

因為擁有明顯、完美的制度，而這種制度又無可避免地鼓勵仇外心態，大部分斯巴達人對他們城邦外的世界都抱持著半不信任、半鄙夷的心態。一連串外交政策的災難只是加深他們的閉鎖心態。在遭到居魯士的取笑與羞辱後，他們又在西元前五二五年遭遇更重大的挫敗。當時，斯巴達正從海上入侵薩摩斯島（一個強大的島國，與波斯佔領的愛奧尼亞隔海相望），但卻被完全擊退。此後，大部分斯巴達人不願繼續在愛琴海從事軍事冒險，他們覺得倒不如把重心放在鞏固離家門口較近地區的霸權。如果派太多人到海外作戰，萬一「黑勞士」突然揭竿而起，該怎麼辦？更不用說那些口口聲聲說是它盟友的城邦。只有以一條套索套緊它們，才可確保安全無虞。所以，就讓伯羅奔尼撒半島的天險作為斯巴達的屏障吧。

不過，這座島雖被稱為「珀羅普斯之島」，但並不完全「四面環海」。[48]從斯巴達向北行走三天，來到強大的商業城市科林斯（Corinth），再過去，越過最寬處不超過六英里的狹窄地峽後，就是希臘大陸的各城邦與山脈了。斯巴達人雖身為伯羅奔尼撒人，卻無法把這條地峽當作不存在。這不僅因為地峽以北有些城邦是希臘權力賽局的主要玩家——其中最著名的是雅典和底比斯（Thebes）。這除了攸關自保的本能，還有感情的本能。雖然斯巴達人努力把自己呈現為墨涅拉俄斯的繼承人，但他們畢竟是多利安人。地峽以北的山鄉是他們的祖居地。當地峽之路通過雅典再通過底比斯，就會受到群峰約束，所以只能沿著海岸線而行，最狹窄處只能容納兩輛馬車並排通過。這個關隘名為溫泉關（Thermopylae），它在斯巴達人之間能夠引起強烈共鳴，因為從這裡抬頭向西望去，隱約可見一座高峰。那是歐伊鐵山（Mount Oeta），赫丘力士正是在這座山上以一個柴堆將自己火化，讓自己化身為火焰，加入奧林帕斯山諸神的行列。就在歐伊鐵山南面不遠處，是一個同樣饒富意義的地區——多利安平原（the plain of Doris）。多利安人的名字衍生自這個平原，平原以南還有另一座高山——溝壑縱橫且山勢陡峭的帕那索斯山（Mount Parnassus）。然後在這山的另一邊，有一個最神聖的地點——一個對斯巴達人來說，比自己的城邦以至全希臘的任何聖所都還神聖的聖所。在德爾斐（Delphi），空氣中瀰漫著預言。據說，阿波羅神一年有九個月住在德爾斐，這裡比世界上任何地方都更能瞥見和披露未來。在神諭深處，時間的帳幔遭到撕裂。

斯巴達人特別景仰阿波羅，並不令人意外。就像他們遷入代刻拉蒙的祖先那樣，這位射手神也是從北方入侵德爾斐。離開位於奧林帕斯山的殿堂後，阿波羅「帶著他的遠射弓，尋找一個可對凡人說話的神諭所。」[49]然後，他發現了一條食人巨蟒沉睡於冷冽的清泉旁，尾巴盤捲於帕那索斯山的峭壁上。鷹隼在它下方孤寂黑暗的峽谷盤旋不去。阿波羅一箭就要了巨蟒的命，此後德爾斐就由他當家作主。這位神明栽種的月桂淨化了這片神聖的土地。後來，人們砍伐月桂樹，以木材修建了一座神廟。自阿波羅的年輕時代起，人們便一再重建神廟。第二座神廟為蕨莖所建，第三座用羽毛和蠟所建，第四座為青銅所建——因為阿波羅神諭所的歷史充滿傳奇，特點就是不斷改變。後來，月桂樹的樹葉陷入沉默，阿波羅改為透過出神狂喜的年輕女祭司來說話。這些女祭司稱為皮提亞（Pythia），其名稱迴響著阿波羅早已化成灰燼的敵人。[50]西元前七五〇年前後，當德爾斐的歷史開始走出神話時，一座石頭神廟被修建了起來。不久後人們決定，只有老婦人才有資格充當皮提亞，不過為了象徵純潔，她還是得穿上年輕姑娘的衣服。[51]西元前五四八年，一場大火完全燒毀了神廟。儘管發生這種災難，阿波羅還是繼續說話。

沒有其他神諭所可與德爾斐相提並論。事實上，德爾斐如此聲望崇隆，以至於在希臘人建立的許多神廟中，只有它有一批全職的祭司供職。這種做法在東方沒什麼稀奇的，但對希臘人來說卻絕對是一種重大的創新。旅行家提及，關於埃及或巴比倫祭司古怪行為的故事，總是讓希臘人大感驚訝。他們對於在波斯只有「法師」可以主持獻祭之事特別感到不可思議，因為在希臘，無論男女（包括奴隸在內），任何人都可以獻祭。只有德爾斐人因住在偏遠的山谷，沒有其他收入來源，才靠著神廟的進貢維生。阿波羅指示他們說：「守護我的神廟，接待來訪的人群。」[52]德爾斐人聽命而行，金錢滾滾而來。其他城邦不但不抱怨這些祭司專業的性質，反而樂於推它一把。這種安排對任何人都有好處，還有什麼比每個人都付一樣的費用更公平的做法？當敵對兩方向神諭尋求仲裁時，他們需要的是，神明的話值得絕對的相信。沒有人願意看見，德爾斐的中立性有所妥協。正因為如此，當鄰近的城邦克賴瑟（Crisa）在西元前五九五年企圖併吞這個神諭所時，整個希臘為之震動[53]。為了保護阿波羅神，各城邦組成聯軍。本來按文明行為的守則，希臘人禁止在戰爭中使用化學武器，但這次這道守卻被暫時停用：聯軍在克賴瑟的水源中投毒，「致使守軍嚴重腹瀉，必須不斷從崗位上跑開。」[54]城牆被攻破，不虔誠的城市被夷平。幾百年後，克賴瑟當年所在的那個平原仍然一片荒蕪，全無樹木，「就像受了詛咒一樣。」[55]

此後，人人都學到教訓。德爾斐若不是所有希臘人的神諭所，就什麼都不是。在神廟公共祭壇上永恆燃燒的聖火，正好說明了這個道理：其受到女祭司們日夜照料，以松樹枝和月桂枝作燃料，這個聖火永不熄滅，並作為整個希臘的壁爐火而燃燒著。不過，甚至連非希臘人都會來此向阿波羅尋求神諭。德爾斐的聲譽徹徹底底是世界性的。據說太初之時，宙斯（Zeus）剛坐上宇宙王國的寶座時，為了丈量自己繼承的這片國土，他分別從東方和西方各放出一隻鷹隼，讓它們對飛，以此法來為世界的中心定位。兩隻鷹隼在德爾斐會合；時至今日，這個中心點仍有一顆「翁法洛斯」（Omphalos，肚臍石）作為標記。所以，德爾斐的祭司會歡迎外國的祈求神諭者是再自然不過了。例如，面對波斯越來越大的威脅，克里瑟斯曾派出使者到世界各大神諭所尋求指引。他們帶著一個問題：他們的主人某日正在呂底亞做什麼？只有德爾斐的回答正確：克里瑟斯正在煮一個羊肉和烏龜肉的沙鍋。從此呂底亞國王成了德爾斐最慷慨的施主，他給神廟送去無人能及的黃金、混酒盅、銅錠和獅子雕像為禮物，存放在本已堆積如山的寶庫中。阿波羅回報給克里瑟斯許多外交政策上的忠告，而呂底亞國王正是在這位神明的指點下，才會想到和斯巴達人締結聯盟。

當然，從長遠來看，神諭所並沒拯救他。若說阿波羅的忠告常常明瞭易懂，這種情形也非一成不變。「在德爾斐說神諭的神不會直接明講，也不會保持沉默，只是提供暗示。」[56]那些未能體會神諭的模棱兩可性，以及憑自己意思解釋神諭者，都會倒大霉。日益信賴阿波羅的克里瑟斯最後就是被自己的虛榮心和固執所欺騙，因此走向災難。他在考慮是否攻擊居魯士時，曾向德爾斐求教，得到的回答是：如果他那樣做，一個強大的帝國就會倒下。他大喜出兵，結果看見自己的帝國倒下了。

當有人因而指控阿波羅對自己的大施主太過寡情薄義時，德爾斐的祭司則反駁：即使是神，也不能挽回注定之事，更何況他已經讓克里瑟斯比命運規定的多風光了三年。這個解釋相當可信，因為國王始終是諸神的寵兒，從古代的故事便清楚可見。那時候的英雄一律擁有王族血統，不過在傳說中能被接受的，卻在希臘各個城邦中——首先是在貴族階層之間，然後是在每個階層的公民之間——變得越來越令人不快。「一個凡人可以擁有超過他同儕的特權」的觀念並不像在東方那樣，能作為對君主制度的支持，反而會讓它因此失色——因為希臘人無法想像，自己與生俱來就是奴隸的可能性。有道是：「打雷者宙斯只要讓一個人進入奴籍，就會讓他頓失一半的美德。」[57]東方的奴性人民活得像個被專制君主踩著脖子的女人，這大概沒什麼大不了，但生而自由的希臘人卻萬萬不能接受這件事。除非是生活在遙遠且娘娘腔土地的國王，否則他們恰當的歸屬應為古代的詩歌。只有在某些希臘城邦，某些祭司的頭銜才保留國王的影子。畢竟從前的國王擁有接近諸神，而且不能輕易取消的特權，因為許多重要儀式仍有賴這種特權才能舉行。不過，即使「國王」身為一名祭司，仍然是危險人物。所以，必須對其頭銜自然散發的魅力嚴加拘束。他不被允許擁有超過宗教領域的權力。例如：在雅典這樣的城邦，「國王」祭司的任期嚴格限制為一年。

所以，不能說毫不奇異的是，在所有希臘城邦中，獨有事事強調群體的斯巴達仍設有國王。不僅如此，它的國王還散發著神聖之光。其他斯巴達人都是「同儕」，國王卻不只是「同儕」。太子用不著接受「阿戈革」訓練，國王身為總司令，會帶領國人同胞作戰。身為國家元首，他在城邦中的地位無人可以取代，也無人被容許觸摸他，甚至只是公開與他擦身而過。最奇怪的一點，也是真正將他與國人同胞區隔開來的一點，則是他和諸神的親密關係。顯然地，世界上沒有任何凡人能像斯巴達國王那樣，如此享受與德爾斐神諭的親密關係。兩位斯巴達國王以一種其他城邦所沒有的安排，身邊各有兩位「使者」（Pythian）隨時待命，只要一得到皇室的吩咐，就會馬上奔赴北方，向阿波羅提出疑問。這是一種來自血統的特權：斯巴達國王畢竟是宙斯的遠親。

他們的國人同胞自然希望從這種血脈關係中獲得好處。不過，斯巴達人對國王的尊重並非出於懦弱和奴性，卻正好相反。當其他希臘人畏首畏尾於王權的神祕性時，斯巴達人本著融合常識與迷信的一貫作風，希望好好利用這種神祕性。既然國王有阿波羅為耳目，那麼國家就該交由國王統治。他們就像華美卻被困住的掠食動物那樣，受到密切且不間斷的監視：首先是備受彼此監視，然後是受到元老會議的監視，然後是人民大眾的監視。即使自六世紀晚期起，國王因為要進行作戰而經常不在城邦，但對他們的監視卻從未鬆懈。

事實上，這種箝制反而收得更緊了。隨著斯巴達勢力不斷增強，以及藉此獲得越來越大向外擴張的機會，一個從前不重要的行政機構督政院（Ephorate）逐漸同時成了國王的審查者和守護者。督政官共有五人，每年自全體公民大會中選出，所以有資格宣稱代表人民。雖然國王也許可以不理會他們第一與第二次的傳召，卻有義務在他們第三次傳召時現身與作答。國王向督政院述職——一種每個月至少舉行一次的儀式——代表一種古怪的角色調轉。據說起初，督政官只充當國王的僕人，但多年來透過一個祕密且狡猾的過程，他們成了其主人的影子。雖然相較於國王，他們的面目模糊，但一樣擁有非凡的權力。他們會在黑夜聚會，觀察天象並預測未來，一旦發現國王「有冒犯諸神的情事」時，他們就有權廢黜他。[58]接著便可代行國王的職權，派遣使者前往德爾斐。咸信他們得到的神諭印證了他們得自天象的判斷。

但一定如此嗎？在國王和督政院的生死鬥爭中，阿波羅和他的祭司會站在哪一邊？這個問題是對憲制崩壞懷有極深恐懼的斯巴達人所不願考慮的，他們也不太預期自己有必要面對它：說到底，統治斯巴達的不是國王或督政官，而是習俗及其人民獨一無二的性格。他們把自己最珍視的特質稱為「索弗洛敘涅」（sophrosyne），這個詞兼有多重意思：頭腦明智、溫和、審慎和節制。一位國王或督政官也許權大勢大，但身為斯巴達公民，兩者都被鍛鍊成自己的權力不致發揮到最大極限。正如一位科林斯人日後抱怨的：「你們的個性總讓你們做的比自己能做的少，不會去到你們的判斷力也許會帶你們前往的地方。」[59]但這種批評會被斯巴達人看成讚美。他們在一切事情上都表現出「索弗洛敘涅」：拉刻代蒙的革命精神已受到很好的馴化。就像一個戰士會服從方陣的紀律，督政官和國王也會服從國家的紀律：不自私、不發狂，也不突然脫隊。

然後在西元前五二〇年[60]，一位新國王登基了。他不留餘地地運用手中的權力，引起了諸多批評。事實上，早在他出生以前，克里昂米尼（Cleomenes）便已被捲入沸沸揚揚的謠言中。他的父親因為心愛的第一任妻子無法懷孕，被督政官要求離婚，另娶妻子。國王雖不願公開忤逆督政官之意，但私底下和第一位妻子藕斷絲連。讓每個人都嚇一大跳的是，當國王的新妻子產下克里昂米尼後不久，他原來的妻子就一口氣生了三個兒子。因為她除了是國王的摯愛之外，還是他的外甥女，所以不足為奇地，克里昂米尼蒙受父親頗大的仇視。國王故意給他三個異母弟中的老大取名為多利厄斯（Dorieus，意為「多利安人」），又讓多利厄斯接受「阿戈革」，而這位王子也以傑出的成績通過訓練。多利厄斯以一副合法繼承人與人民寵兒的姿態，徹底搶走不被人疼愛的兄長克里昂米尼的風頭。「每個人都把他視為同輩年輕人中最優秀的人。多利厄斯毫不懷疑自己的許多才能，將幫助他贏得父親的寶座。」[61]

但斯巴達人是墨守法律的民族，認定克里昂米尼有優先繼位權。他在父親去世不久便採取奪取王位的行動。多利厄斯雖耀眼並受歡迎，卻發現自己出局了。大權在握後，克里昂米尼設法把他的異母弟趕出斯巴達。但斯巴達太小了，一山不容二虎。多利厄斯被放逐後，在外頭越混越差，完全失去東山再起的希望。他先是設法在非洲建立一個殖民地，失敗後去了西西里當僱傭兵，並在一次混戰中死去。克里昂米尼從此高枕無憂。

儘管如此，登基的糾紛在他心裡投下的陰影並未散去。因為意識到許多國人同胞認為他的繼位充其量只有一半的法理基礎，他選擇以作風大膽與桀驁不遜為回應。他不理會人們期望一個斯巴達國王的特質：恪守傳統和謹小慎微。不論是因為想證明自己的能力或取笑國人同胞目光如豆，他自登基起就決定到處耀武揚威，深信這樣做才符合自己城邦的最佳利益。他輕而易舉就驅逐多利厄斯的事實，也許就證明了他大有能力。這是自呂庫古改革以來，首位斯巴達國王決心測試自己權力的極限。

這讓斯巴達注定邁向多事之秋，同時他威脅到一個距離拉刻代蒙邊界很遠的城邦。一個強人掌握著整個希臘最著名的戰爭機器，這對整個伯羅奔尼撒半島與其外的地區來說，都是不祥之兆。西元前五一九年，登基甫一年的他帶領軍隊通過「地峽」。這是一種威脅，而且時間將證明這種不祥之兆的意圖。新國王不會被他後面的邊界限制住，在他當政的早期，他的目標就已經是希臘中部：包括德爾斐（那裡的祭司不久就陷入受賄的醜聞中），還有波奧提亞（Boeotia）。波奧提亞是一片遼闊的牧牛場，受到底比斯的支配，但其中還散布著一些較小的城邦，它們痛恨底比斯的霸凌，隨時願為闖入者提供大量的破壞空間。他還瞄準了阿提卡（Attica）——穿過「地峽」的要道必經之地，然後蜿蜒向北。他特別瞄準了雅典城，因為雅典是崛起中的強權，所以是潛在的威脅，必須予以閹割。雖然有時克里昂米尼行事衝動，但我們不能因為他喜歡先發制人就認為他是莽撞之人。

但他的行動所引發的震動卻比他自己或任何人意識到的還要深。克里昂米尼對雅典政治局面的干預引發了一場政治地震，那是自呂庫古的時代以來，希臘城邦發生過影響最深遠的動盪。不僅整個希臘感受到其震波，還擴散過愛琴海，東傳至波斯帝國，甚至到達大流士的宮廷。

雅典迎來了革命，而世界迎來了戰爭。

ATHENS

第四章 雅典

CHAPTER 4

在希臘，幾乎所有的城邦都有古怪的起源神話。在對自己的根源癡迷一事上，斯巴達人絕非特例。因為每個希臘城邦總是急著把競爭對手比下去，凌駕於他人之上，因此都對自己的發源有一些匪夷所思的說法。有些說法比另一些更為匪夷所思，例如：雖然阿爾戈斯人像斯巴達人一樣都是雅利安人，因此也可宣稱自己是赫丘力士的後人，但他們並不滿足於與其痛恨的鄰邦有相同的祖先。隨著他們在戰場上一次次被斯巴達人打敗，他們對自己家世的想像也更加離奇。他們誇稱，有一名阿爾戈斯女人是埃及人、阿拉伯人和一堆其他民族的女祖先。事實上，世界上幾乎沒有哪個國家不和阿爾戈斯人沾親帶故——至少阿爾戈斯人喜歡這樣宣稱。

這類誇張的吹噓並非把斯巴達人比下去的唯一辦法，例如：雖然泰格亞人沒有幾個足以炫耀的歷史名人，但他們仍可以恥笑他們可怕的鄰邦為暴發戶；因為不同於多利安人的是，他們自古就一直住在伯羅奔尼撒半島。在希臘人眼中，「根深柢固」是一個穩固的威望來源。阿爾戈斯人除了吹噓自己有耀眼的海外關係外，還聲言自己也是自身國土的原住民。他們的多利安人背景也許會對其原住民之說構成障礙，但他們懶得理會。希臘人的起源神話極少考量到邏輯，特別是在伯羅奔尼撒半島，因為那裡有一堆互相競爭的傳說，所以歷史經常被任意改編。

最終極的吹噓，當然是誇耀一整個地區從未被征服，其風俗、習慣和自由從古代一直保存至今。「在我們的母土上，同一族裔代代相傳，同樣的人民居住於此。因為他們澤被後世，我們繼承了這個永遠自由的國家。」[1]雅典人在他們整個歷史中，不厭其煩地講述這一套說法。他們沒有關於古代移民或民族熔爐的民間傳說，相反地，他們以一種讓其他希臘人極厭煩的自鳴得意指出其城邦邊界的神聖性質；「赫丘力士氏族」或「多利安人」從未成功征服他們；他們就像阿提卡田野裡的「小麥、大麥、葡萄藤、橄欖和無花果」[2]，直接從土裡長出來——此即所謂的「地生」（autochthonous）。

「地生」不是一個比喻，也不是裝腔作勢；對雅典人來說，那只是一個應該按字面理解的事實。當他們走在自己的母土——阿提卡平原或多岩山谷——滿布塵埃的道路時，他們知道自己就像叢生的牛至和氣味濃烈的百里香，或偶可見於山坡灌木叢中的大理石那樣，是整片風景的一部分。其中包含的奧祕，比那些主張祖先是神明的希臘人說法還深邃。事實上，如果一個雅典人宣稱自己是神明之後，那將是一種褻瀆，因為被他們奉為保護者及其名字由來的那名女神就是雅典娜。她除了是一名灰眼女戰士、藝術女主人與智慧之女，也是一名處女。崇高而神祕，生兒育女這種不光彩的事不可能與她沾上邊，也從來沒有任何男人佔有過她，唯一差點做到的人是她的兄長黑淮斯托斯（Hephaestus）。這位鐵匠之神雖跛腳，但鍛造的本領舉世無雙。因為垂涎妹妹的美色，滿頭大汗且渾身煤灰的他一拐一拐地追著雅典娜跑，想把她一把抱在懷裡。雅典娜冷冰冰地將他推到一旁——但說時遲那時快，黑淮斯托斯因為太過興奮，把精液射到雅典娜的大腿上。女神用一團羊毛擦淨液體，然後丟掉了黏糊糊的羊毛團。羊毛團落在阿提卡，它上面的精液就像濃重的露水那樣，浸潤了地母的子宮。於是，一個有著捲曲蛇尾的嬰兒自這片受精過的「盛產穀物的土地」誕生了。雅典娜收養了他，取名為厄瑞克透斯（Erechtheus）。[3]她把他安置在衛城裡「她自己富裕的新神廟」，時至今日，在那裡「每年雅典的兒子們都用公牛與公羊向他獻祭」[4]。

「赫丘力士氏族」絕不會推銷這種故事。雅典人樂於把他們城市的起源歸因於一塊被丟棄的抹布，這有力地說明了這個神話對他們的意義。雖然這個故事歷經幾百年的添枝加葉，但它的根源卻非常古老，也反映了一個同樣古老的真理。雅典人確實就像他們堅稱的那樣，是一個與眾不同的民族。他們的邊界是否如其日後聲稱的那樣神聖固然大有疑問，但阿提卡在整個希臘中，確實是氣候最好的地區，也最少出現強烈的風暴——墨涅拉俄斯的宮殿與其他許多令人自豪的都城都在這種風暴中化為廢墟。在後來幾百年的混亂中，阿提卡的各個社區保持一種奠基於共同習俗、方言與人種的一體感。他們脫離黑暗時代之後，仍記得自己從來不是無家可歸的移民，而是「希臘最古老的人群」[5]。雅典確實就像斯巴達那樣，直到西元前七世紀還是寒酸的村莊，默默無聞地蜷曲於衛城的山腳下。其他聚落的人也還沒自視為雅典人；當然，更沒有自視為一個單一城邦的公民。[6]不過，險峻而巨大的衛城是阿提卡所有社群的祭拜中心，因為所有的山谷都通向它；也沒有任何其他阿提卡聖所的神祕氛圍足以與之匹敵。環繞山頂一圈的巨大石牆以沈重的石塊砌成，顯然只有巨人才修建得起來。古老的廢墟難以估量年代，其見證著這裡曾被過往的英雄與國王使用過。[7]這座巖因為雅典娜的降臨而神聖化，也是「地生者」厄瑞克透斯墳墓的所在地。所以，不只雅典人，當整個阿提卡的居民望向衛城時，都會想起他們自土而生，並想起那些他們共享的遺產，以及對家鄉的忠誠。

其所帶來的結果，是一種不見於希臘其他地方的地區性認同。在其他希臘人看來，偌大的阿提卡僅雅典一個支配性城市，著實驚人又古怪。與它鄰接的波奧提亞面積與阿提卡相若，卻被分割成不少於十個互相爭吵的城邦。阿爾戈斯是伯羅奔尼撒半島上人口最多的城市，但它統治的平原不及阿提卡的一半大。在希臘各個強權中，僅斯巴達控制的領土和雅典一樣大，但這個領土靠著刀劍贏來與固守。雅典人從沒做過精力如此旺盛之事。在西元前七世紀，當斯巴達人完成對麥西尼亞的征服且希臘所有城邦又捲入改革狂潮時，若一名阿爾戈斯或科林斯的使者前往阿提卡，就會發現那裡是一灘死水。雅典人完全不想涉足現代的洪流。不想搞出希臘其他地方正在進行的軍事和政治變革——特別是，這些變革正將斯巴達轉化為某種危險且嶄新之物。為避免捲入類似實驗，雅典人寧可享受地域主義與懷舊心態帶來的安穩。即使相較於愛琴海最小的海島，雅典人的神廟一樣狹小且毫不起眼。他們的葬禮非常守舊，就連其一度執希臘創新之牛耳的製陶——雅典全城中，有四分之一的人口受僱於製陶業——也日益復古。若說希臘世界的其餘部分都目不轉睛地盯著炫目的新地平線，那麼看來雅典人準備回歸特洛伊戰爭的時代。[8]

事實上，按雅典人的社會結構來看，他們就像從未離開特洛伊戰爭的時代。在離雅典一天路程的阿提卡農田或小樹林，一個人要成為農奴或許比成為公民更容易，他們要向住在遠處的地主繳交六分之一的收入。地主們仍按英雄時代的傳統方式生活。他們不與普通人往來，只與彼此通婚，並舉薦彼此擔任行政官職，同時對所有其他人等嗤之以鼻。有些貴族世家的排他欲望如此強烈，以至於不屑去講一般雅典人引以為傲的那一套，而是把自己的血緣追溯至特洛伊戰爭中的外邦英雄。例如，庇西特拉圖家族（Pisistratids）就聲稱自己是一位麥西尼亞國王的後人；菲萊德斯家族（Philaids）則聲稱自己是埃阿斯（Ajax）的子孫——埃阿斯是特洛伊戰爭戰鬥雙方中，個子最高的一位戰士，也是阿提卡外海的薩拉米斯島（Salamis）國王。無怪雅典貴族喜歡給自己加上「世襲貴族」（Eupatrids），字面意義為「良好血統」的頭銜了。希臘沒有其他地方的貴族比他們更樂於依附過去。

不過，要將帶來改變的力量輕易遏阻於雅典之外並不容易，到了西元前六〇〇年，就連「世襲貴族」都歡迎改變。世界主義之於那些具有充分潮流意識的人們，長久以來都是作為一個國際揮霍集團的入會資格。它的成員不認為自己與較低階層的國人同胞有何共通之處，反而覺得自己和整個希臘世界的上層同儕同聲同氣。「我純粹是崇拜生活中的美好事物。」[9]這種聲明的確不可能出自一名毛髮蓬亂的英雄之口，但也不會引起那些相信奢侈為諸神鏡子之人的側目。即使是一名女性，若她的品味夠優雅、首飾為黃金打造、長袍夠柔軟且染料豐富，她也許會希望一瞥神明並與之交談：「來吧，以彩虹為寶座之不朽的愛情女神啊，若妳過去曾聽聞我遙遠的呼喚並留心於我，那麼請妳離開妳父親的殿堂，坐上妳的黃金馬車，迅速讓妳漂亮的麻雀以翅膀載著妳，自天空降至黑暗的大地吧。」[10]禱告值得讚揚：若能恰當地享用快樂，凡夫眼中的鱗片也許就會脫落，一次晚餐宴會比任何國家都更能提供一個秩序良好的國度。上流社會的誘惑之於能負擔它們的人，可謂散發著一種近乎靈性的吸引力。就像血統一樣，品味成了菁英的標誌。

然而，菁英的這層定義也對菁英構成了威脅。對奢侈品的熱愛無可避免地會讓那些搞進出口貿易的人荷包滿滿，因為大部分奢侈品都要從富有魅力的海外船運而來。本來幾乎與貴族的莊園完全綁在一起的資本變得日趨流動化。到了西元前六〇〇年，一個革命性的創新：鑄造錢幣被引入愛奧尼亞的城市。接下來幾十年，錢幣渡過愛琴海，開始於希臘流通。不令人意外的是，貴族階級的反應是厭惡與驚恐。他們對於生意人能擁有和「世襲貴族」一樣的消費力日趨感到憤怒。他們把商人新貴稱為「卡科」（Kakoi），這個字眼包含了「出身低微」、「令人厭惡」與「騙子」等多重意思。對此，「卡科」們只是聳聳肩，儘管繼續累積財富。正如斯巴達人在其城邦社會發生動盪的那段日子曾指出的：「一個人不過是他所有財產的總和。」

此話允為一個令人困惑的新時代座右銘。因此，社會地位被降低的貴族只能嘰嘴抱怨說：「現在，黃金是造就出身的唯一事物，其餘的地位準繩並不存在。」[11]

一度有過同樣抱怨的斯巴達人，當然早早就發展出自己的解藥。在許多人看來，西元前五九〇年代發生在阿提卡的事想必就像歷史重演。如同一世紀前的拉刻代蒙那樣，一整個希臘地區再次備受農業危機的摧殘。財產市場從未如此洶湧過。當變窮的貴族受到失去祖產的威脅，便加緊壓榨其佃戶，於是把痛苦從最富有家族的宅邸轉移到食物鏈最底層的窮人身上。債權人丈量被抵押的葡萄園與田地的邊界，讓鄉村布滿不祥的界石。他們其實大可順道幫忙破產的農民丈量其墳墓的邊界。

隨著情況日益惡化，人們想到了一個對策。就在阿提卡南部對開的海上，有座名為薩拉米斯（Salamis）的小島，距離大陸非常之近，因而極度令人垂涎。雅典學者自史詩中徵引複雜的證據（至少是讓他們自己滿意的證據），證明埃阿斯的老王國屬於雅典人所有。這個消息對梅加拉（Megara）的公民來說，當然是一則新聞，因為這座位於雅典與科林斯（Corinth）中間的小城一樣宣稱擁有薩拉米斯島的主權，而且還往那裡派去了屯墾者。兩個城邦順理成章地為此開打。雅典戰敗，被迫求和。更令戰敗者難堪的是，梅加拉只是三流國家。這也讓雅典人陷入心情鬱悶的反省。遭遇國內危機折騰，並在國外飽受羞辱，他們無法再否認自己表現奇差。雅典內部顯然有什麼東西已然腐朽。

人們開始在街上瞥見一些鬼魅般的人物，看來這正是雅典禍在眉睫的徵兆。由於情況已絕望到了極點，雅典人本著希臘人對一人智庫（one-man think-tanks）的熱忱（呂庫古的傳說是最佳範例），開始到處尋找一個聖賢。對他們來說極其幸運的是，一名現成的人選近在咫尺。西元前五九四年[12]，梭倫（Solon）獲選為雅典的執政官，被委以拯救國家的大任。他被公認是雅典最聰明的人，也被認為是希臘歷來最有智慧的七人之一。雖然雅典是一個階級嚴重對立的社會，但梭倫的任命卻得到普遍的讚賞。因為他既是古代阿提卡國王血統純正的後人，又經營貿易，而且對窮人的困境寄予極大的同情，所以是一名能吸引所有階層選民的人選。

雖然他善於對不同聽眾說不同的話，但梭倫並非一名兩面討好的濫好人。他的智慧屬於那種陽剛類型的智慧。在他擔任執政官的一年前，當不敬神的城市克賴瑟（Crisa）打算併吞德爾斐時，正是梭倫號召希臘人前往聯手保衛神諭所。雅典敗於梅加拉一事，激起了他更大的憤怒，讓他在激情洋溢的詩篇中如此呼籲道：「讓我們朝薩拉米斯而去，為這個漂亮的島嶼而戰，並洗雪我們的恥辱。」[13] 現在身為國家元首的他，能做的事比能喊的口號多更多了。在梭倫看來，雅典面臨的兩大危機——農業與軍事危機——顯然同出一源：農村貧窮化讓阿提卡的儲備軍越來越少，而且農民日益淪為農奴。事實上，如果農民真的走投無路，也許就會為了還債而出賣自由，也許最終在自己的田地上成為被鎖鏈綁縛的奴隸。如果梭倫就像呂庫古那樣，精打細算而且無情，也許就會順應這種趨勢，將城邦中的窮人永遠貶為奴隸。不過他選擇為他們贖身，哪怕是那些被賣到國外去的奴隸，或「那些已經忘卻如何言說阿提卡方言者」，他們都獲得了解放。在阿提卡本地，凡有財產抵押之處，梭倫都下令一律寬免債務。他派人到各處的田地「挖出那些埋藏於黑土裡的界石」[14]。

對此，大部分地主自然感到憤怒，但梭倫向他們指出，他的改革一樣符合他們的利益。因為如果沒有自由農民為基礎，怎麼有希望佔領薩拉米斯島，避免雅典社會崩潰或為這個城邦贏得與其面積相當的地位？

的確，儘管梭倫設法紓解窮人的困苦，但也不遺餘力立法維持富人的權力：「世襲貴族」仍被說服與「卡科」結盟；於是，財產而非出身成了擔任官職的先決條件；窮人雖有權出席公民大會，卻沒有在大會上發言的權力。這是中道浴血奮戰而來的一次勝利。梭倫指出：「雖然他們嫉妒富人的財富，而我努力從被壓迫者的仇恨中保護有權勢者。我站在自己的立場上，以堅固的盾牌保護對立階級的兩邊，讓雙方都不能佔到對方的便宜，進而導致不公道的產生。」[15]

總之，這是一個中間派的自誇。梭倫秉持的就是那個關鍵的傳統觀念：「歐諾彌亞」（良好管治）。一個社會若要達成這種符合「良好管治」的社會，應該要符合公道與自然，而且身在其中的每個人都要知道自己的位置，「所有稜角被抹平，所有欲望被馴服，放肆的行為受約束。」[16]如果這樣一個理想不是地生的雅典人與生俱來的權利，那什麼才是？梭倫不認為自己正發起一個新穎的政治實驗，而是自認為只是從事一種修復與修補的工作。他本著一種編造歷史的才智——斯巴達人也表現過一樣的才智——說服國人同胞相信，他起草的憲章其實在雅典古已有之。他的立法銘刻於可旋轉的木板上，用來向每個階級的公民說明這個道理，並向窮人保證，其自由不會被剝奪，法律會保護他們免於遭到有權勢者的欺凌；也向富人保證，唯有他們夠格當官與管理國家。還有什麼比這種安排更公道、更自然且更符合傳統呢？

在卸下權力並離開雅典，從事一趟為期十年的地中海旅行前，[17]梭倫下令他的立法應至少維持百年。不過他才剛啟航，那些熟悉的難題就開始昂起它們醜陋的頭了。在雅典，「良好管治」不像梭倫希望的那樣易於維持。因為貴族的權力沒有受到約束，他們繼續如同過去那樣作威作福且互相鬥爭。除了雅典本身之外，阿提卡也被敵對的氏族瓜分地四分五裂。爭奪薩拉米斯的戰爭雖然取得些許進展，但也繼續拖沓。雖然梭倫盡了最大的努力，但很大程度上，雅典仍是希臘的病夫。

無論如何，他的改革仍已啟動了某些重大變化。由於受到自己城邦的傳說感動，梭倫理所當然地認定，每個雅典人有權擁有雅典人祖先的遺產。驚見國人同胞於其祖先破土而出的土地上戴著枷鎖勞動，他下令斬斷他們的枷鎖。無疑地，自這一刻起，雅典人和非雅典人的分別便涇渭分明。顯然沒有任何事物能像他人受奴役那樣，如此激發一個人的自尊心：如今拜梭倫之賜，最貧窮的農民一樣可以看不起一個奴隸，並知道自己就像最高傲的「世襲貴族」一樣自由。毫無疑問地，他還不是一個完全的公民，因為他無權擔任公職，也不能在辯論中發言。不過，富人雖仍獨佔政治權力，卻再也不能完全忽視窮人。窮人雖然不能在公民大會上發聲，但卻握有選票。「因為他們握有選舉與評斷官員表現的權力。事實上，即使人民沒有這種特權，他們仍居於比奴隸高一些的階層。」[18]

顯然在貴族永無休止的鬥爭漩渦中，現在多了一股新的水流。如何和這股力量協商，將成為往後每個有野心貴族都得面對的挑戰。這當然不表示說，他們要向窮人叩頭，但如今他們的成敗也許要取決於「舉手投票制」。革匠、木匠、農夫、陶匠、鐵匠——全都可能到公民大會去投票。即使菁英繼續可以關起門來，在他們的宅邸裡制定政策，卻無法完全忘記主權現在寄託在誰的手中。對一個地生的城邦來說頗合適的是，主權不只寄託在「世襲貴族」或富人手上，還寄託在所有雅典人的全體大會上——也就是說，寄託在「人民」（demos）手上。

「我佔領了衛城」

雅典娜選擇衛城為居所，並不令人意外。首先，它的景觀好得沒話說。海拔比雅典城的其他地方高了五百英尺，即使一個凡人站在衛城上面，一樣可以看見好幾英里遠的地方。在它南邊一小時腳程之處，是雅典人用作港口的開闊海灣法里龍（Phalerum）；西邊的阿哥雷歐斯山（Mount Aigaleos）擋住了薩拉米斯島的風景；東北邊則是另一座高山彭代利孔山（Mount Pentelikon），來自雅典的工人在上面開採大理石，把山坡挖得坑坑疤疤。對於可以閃耀、飛越璀璨夜空的雅典娜女神來說，彭代利孔山當然不會構成障礙，但對於只能靠著兩條雙腿走路的凡人來說，卻成了一項不小的挑戰。若繞過這座山，有兩條小路可走，一在山南，一在山北。雅典貴族一出城特別喜歡走在這兩條路上，因為在再過去一點就是海灘邊緣的平原地帶，是舉行他們最喜愛體育活動之一的絕佳地點。馬匹與馴馬師在馬拉松（Marathon）大為興旺。

但衛城提供的不只有景觀。在它的峭壁下，雅典城擁擠且熙熙攘攘，它那些狹窄的巷弄完全不適合女神居住。街道蜿蜒曲折、毫無規劃，沒鋪上石磚的路面總是布滿髒汙。雞、狗、豬、牛、羊都為它增添臭氣與跳蚤。吱吱嘎嘎沿著凹槽前進的手推車也更添噪音。到了西元前五六〇年代，雅典已於落後的狀態中停滯許久。城中常有大車經過，上面堆著高高的貨物，其中又以陶器最為常見。在製陶方面，雅典的陶匠位於世界領先的地位。城中的其中一區甚至命名為「陶器區」（Ceramicus）——哪怕此區的墓地與廉價妓女一樣有名。

雅典衛城因崇高而更顯高聳。這塊光禿禿的巨巖顯然充滿神性。在那裡，最早的一棵橄欖樹自石頭長

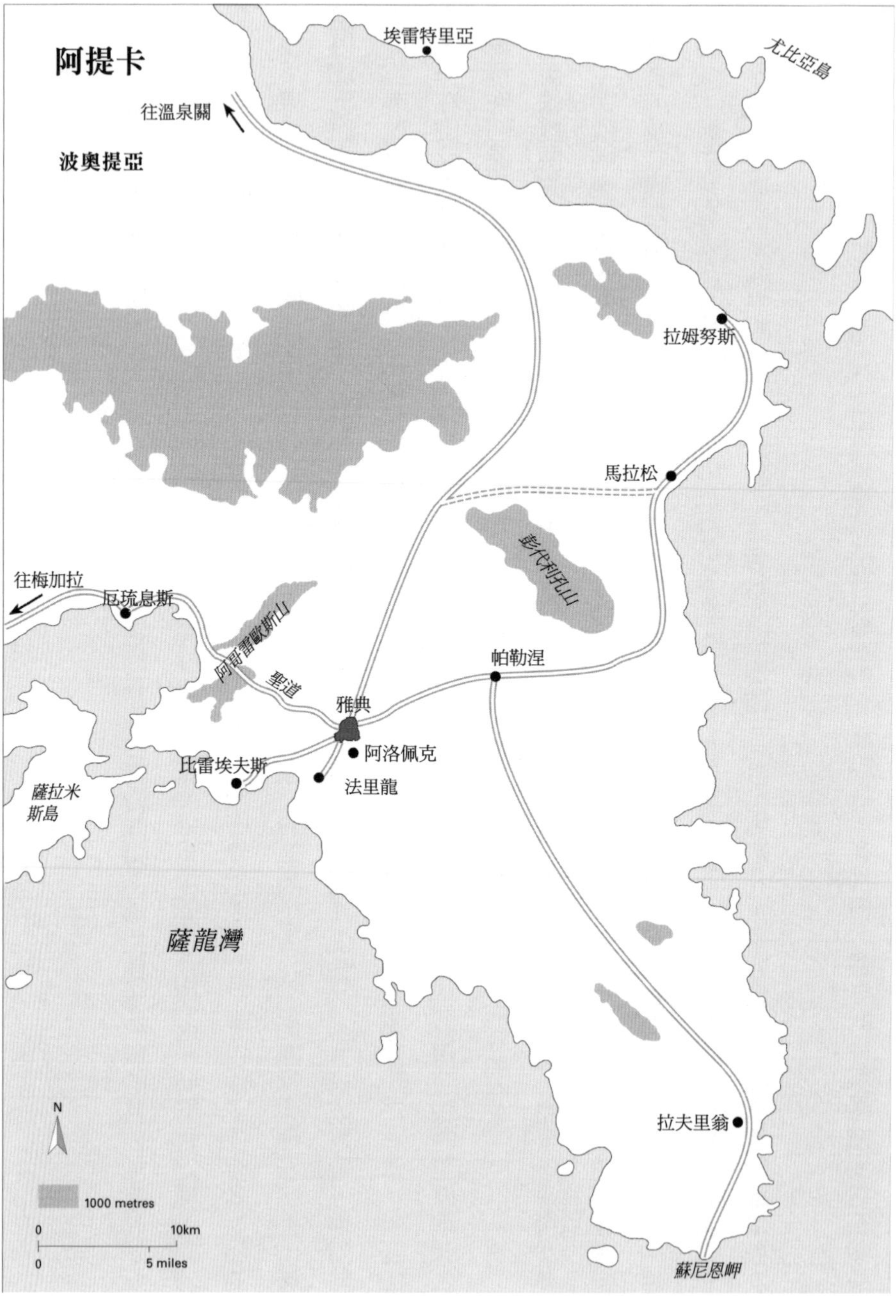
阿提卡
埃雷特里亞
尤比亞島
往溫泉關
波奧提亞
拉姆努斯
馬拉松
彭代利孔山
往梅加拉
厄琉息斯
阿哥雷歐斯山
聖道
雅典
帕勒涅
阿洛佩克
比雷埃夫斯
法里龍
薩拉米
斯島
薩龍灣
拉夫里翁
蘇尼恩岬
N
1000 metres
0
10km
0
5 miles

出：那是雅典娜的贈禮，其歷史就像雅典本身一樣古老。據說，它的不朽讓雅典人不願冒險，更禁止山羊上山，以防它們吃掉橄欖樹的樹葉。每年僅此一次，山羊會被帶到巖頂給諸神獻祭。事實上，只有一隻動物被允許生活在聖巖上。那是一條蛇，它住在厄瑞克透斯墳墓附近一個密閉空間中，並由女祭司深情地以蜂蜜餅餵飼首位地生的雅典公民。據說若這條蛇跑掉，便代表雅典將會陷落。

不過，這條蛇之所以願意住在衛城，完全堪稱奇蹟。雖然這裡被神聖化，卻很難說得上是一塊平靜之地。多年來，這裡是一片大工地。西元前五七五年前後，一條長約二百五十英尺的斜坡道被修建起來，連接到衛城古老要塞的入口，自此登上巖頂變得十分容易。建築工人隨即進駐，而接下來幾年，敲打聲從未停過。原本一片混亂的古代廢墟被改造為一座壯觀不輸希臘任何地方的神廟，裡頭擠滿了各種大小的雕像：有蓄蝸牛殼狀捲髮與面帶挖苦笑容的年輕人，長髮垂肩與身穿百褶長裙的少女，面色慘白的蛇髮女妖，也有奔跑的駿馬與咆哮的獅子。毫無疑問地，這些雕像微微透著東方的影響力——東方是一個神奇與考究之地，由一些富有且強大到無法想像的國王統治。換言之，地域主義的時代已經過去，雅典人的聖所再也看不到顧影自憐的痕跡。

只不過，衛城上沒有一座建築是奉雅典人民的名義起造。衛城上的滾滾灰塵不僅不是公民和諧的標誌，反而傳達相反的訊息。每個建築計畫都是不同氏族奉獻的禮物。畢竟一個「世襲貴族」若想炫耀，還有什麼是比美化城市天際線更好的做法？對一個貴族來說，卓越除了意味著在政界表現傑出，也是模仿英雄的時代，仿效不死的諸神。特洛伊戰士曾經得過一個忠告：「總是當最勇敢的人，當最出色的人。」[19]幾百年後，貴族們自小仍被灌輸「當最出色的人」的信條。對整個希臘世界的上層階級而言，它構成了一個宣言。若說晚餐宴會是大都會菁英的一個標誌，那麼到了西元前七世紀，熱愛體育活動、相互爭奪榮耀的富少傳統則為他們的典型。據說奧運會的首位獲勝者是一名廚師，後來也偶有牧羊人令人跌破眼鏡地奪冠。但一般來說，只有那些有閒有錢，能按正式規定接受十個月訓練之人才有取勝的機會。在西元前六世紀前半葉，除了奧運會之外，一整批其他運動會也出現了，讓競賽者得以年復一年地整年與希臘世界的其他「菁英中的菁英」相互較量。西元前五六六年，連雅典人——一個世紀以來，他們都對奧運會嗤之以鼻——也搞起了類似的活動。一個尊榮雅典娜的盛大節日——大泛雅典節（Great Panathenaea）——在雅典揭幕。得勝者除了可以得到榮譽之外，還會獲得一大罈橄欖油為獎勵。衛城上的各種龐大建築計畫與一個運動員的獎盃：兩者皆道出了「勝利與盛名」的「甜美滋味」。[20]

然而，這些運動員不是在所有的地方都會獲得掌聲。魅惑與自我稱頌適用於奧運會，但之於戰場上的重裝甲步兵卻非如此。斯巴達人是唯一會玩團隊運動的希臘民族，對於奧運選手，他們表現出顯著的矛盾情緒。在希臘其他地方，人們為表彰一名奧運奪冠者，可能會為其樹立雕像或贈與其獎金，甚至拆毀一段城牆藉以表示：「既已擁有如此公民，便幾乎不再需要防禦工事。」[21]但斯巴達人不搞這套，這不只是因為他們根本沒城牆可拆。當然，因為關乎本邦的聲譽，斯巴達的運動員仍會參加奧運競賽，並努力爭取勝利，但斯巴達人對於他們的得勝卻處之淡然。得勝者回國後不會得到獎賞，反而會在作戰時被放到一個特別危險的一個前線位置上——國王的正前方。

這是因為特別出眾的人或與神相似的人都具有威脅性。宇宙萬物各有位階：不朽的諸神都住在奧林帕斯山的山頂，凡人只能待在山腳，老是渴盼著爬到更高一點的地方去。但爬得太高的人會遭遇危險，他可能從高處失足墜落，造成自己甚至整個城邦的滅亡。例如，在雅典人閉關自守的那段日子，他們對國際運動會的不信任不只是地域主義的心態作祟，也從庫倫（Cylon）的命運獲得充分的證明。庫倫是「世襲貴族」，也是雅典為數不多的奧運明星之一。這位冠軍頂著勝利者的桂冠返鄉後，逐漸變得狂妄自大，最後居然在西元前六三二年糾眾佔領衛城，宣布自己是雅典的統治者。於是，雅典城陷入了巷戰。庫倫和追隨者發現自己遭圍困於巖頂後，跑進一間神廟尋求庇護，直至執政官保證安全放行才現身，但隨即卻被群眾以石頭砸死。[22]這是一個眼光太高的人會有何下場的有力教訓。

只不過，在那些比雅典更能與現代產生共鳴的城邦裡，庫倫之類的人物已證明他們是未來的先鋒。在西元前七世紀和六世紀，除了向來與眾不同的斯巴達這個例外，希臘世界的主要城邦中，少有不曾落入過野心勃勃的強人掌控者。希臘人稱這種政權為「僭主統治」（Tyrannides），而希臘文的「僭主」不具有英語中「暴君」（tyrant）一詞的血腥聯想。事實上就定義來說，一名希臘僭主必然頗得民心，否則就不可能有長久佔有權力的希望。出行的儀仗、口號與公共工程：這些都為他們熱心炫耀。在一個飽受派系鬥爭之苦的城邦中，人們還會期待他們建立強而有力的政府。大部分僭主還會帶給人民更多東西。例如：科林斯的著名僭主佩里安德（Periander）是如此完美的政治家，以至於被後人奉為「希臘七聖賢」之一——另一個是梭倫。[23]自然地，一名僭主在給予人民秩序與繁榮的同時，也會對人民有所要求。他也許會要求他們，視而不見其某些非法措施與令人遺憾的預防手段：例如建立護衛隊、限制言論自由與偶爾在深夜登門抓人。

對於這些羞辱最感到痛苦難耐者，無疑是僭主自身的同儕。對貴族來說，很難想像有比忍受僭主統治更大的折磨——那等於要他們眼睜睜看著一個冠軍年復一年地贏得每場比賽。無怪執政官麥加克勒斯

（Megacles）甘願冒著褻瀆神明的危險，把庫倫自神廟中騙出來殺死——因為他是阿爾克馬埃翁家族（Alcmaeonids）的大家長，絕不會忍受當任何人的奴隸。無疑地，他和他的家人為此付出可怕的代價，即使是為了維護自由，冒犯神明之罪仍不可原諒。他們拚命拖延了整整三十年，才被送上法庭，最後整個家族在西元前六〇〇年前後被判永久流放。[24]他們的祖先已腐朽的骸骨被挖出，丟棄到雅典城的邊界外；阿爾克馬埃翁家族成了一個受詛咒的家族。

不過，即使遠離雅典，他們仍對這座城市投以一個長而有魅力的陰影。事實上，被詛咒僅是徒增其誘惑力的威脅性。阿爾克馬埃翁家族秉性冷靜無恥，在遭到放逐的同時，他們與德爾斐的祭司們建立起大為有利可圖的互利關係，這只是他們的典型作法。麥加克勒斯的兒子阿爾克馬埃翁（Alcmaeon）表現出格外無恥的偽善天分，曾率領聯軍對戰褻瀆神之邦克賴瑟。然後，他又成功地當上神諭所與呂底亞國王克里瑟斯的中間人，並因此獲得豐厚的報酬：據說，克里瑟斯對這個中間人的表現非常滿意，邀他進入其在薩第斯的金庫，讓他拿走拿得動的所有黃金。[25]阿爾克馬埃翁好好把握這次機會，穿上一件鬆垮垮的女衫與一雙他所能找到最寬鬆的靴子，然後往衣服與靴子裡裝滿金沙。當他走出金庫時，他「動作蹣跚，幾乎無法邁開腳步。他的女衫鼓脹，就連雙頰也幾乎撐爆，因為他的嘴裡含滿了金沙。」[26]

儘管流放生活過得愜意，阿爾克馬埃翁家族的目光仍眷戀地盯著故國，哪怕他們返回雅典的希望日益渺茫。因為在西元前五六〇年代，雅典牢牢掌控於一名無比高傲的「世襲貴族」手中。此人名叫呂庫古（Lycurgus），是布忒斯家族（Boutads）的大家長。布忒斯家族非常顯赫，他們自稱是厄瑞克透斯弟弟布忒斯的後人。這種血緣關係，近乎讓呂庫古得以聲稱擁有衛城的所有權，而他也憑著天生的經營眼光，徹底利用這種利基。幾乎可以肯定，呂庫古就是興建通向衛城巖頂的大斜坡道之人，也是大泛雅典節的發起者。他以無可爭辯的資格在衛城最神聖的廟宇——「城邦守護神」雅典娜的神廟——負責主祭。[27]雅典娜神廟雖樸拙老派，卻供奉著一件無比神聖的聖物：一尊在遠古時代從天而降的神像，一個雅典娜自己以橄欖木塑造的自我肖像。[28]大斜坡道、節日、神像：這一切都有呂庫古的手跡。大泛雅典節於西元前五六六年首次揭幕，之後每四年舉行一次，每逢佳節，一支龐大的遊行隊伍就會登上大斜坡道，來到雅典娜神廟裡，向脖子上戴著蛇髮女妖黃金頭的神像獻上一件漂亮的刺繡長袍——長袍由城中最高貴的閨女編織而成。重裝甲步兵與騎兵，尊貴的長老與少女，甚至寄居的外邦人都是壯觀遊行隊伍的一份子。簡言之，那是一場為布忒斯家族狂打知名度的大秀。

呂庫古並非西元前五六〇年代唯一的頭條人物。在雅典，一位名叫庇西特拉圖（Pisistratus）的將軍終於結束了雅典在薩拉米斯戰爭中長期的尷尬狀態。雖然他不缺人脈——據說他少年時曾是梭倫的情人——卻不敢奢望可以在吸引勢利眼一事上挑戰布忒斯家族。不過到了西元前五六〇年代末，隨著梅加拉被打敗與薩拉米斯島最終落入雅典人手中，庇西特拉圖建立了巨大的威望。他不只是一名戰爭英雄，還是一名施魅者與陰謀家，而且對梭倫改革所創造的機會具有獨到的慧眼。他首先把自己塑造為鄉村赤貧者的代言人，然後又偽造一齣自己遭受襲擊的戲碼，藉此向公民大會要求衛隊的保護。雖然他的舊情人梭倫自退休挺身而出，警告人們將有僭主統治的危險，但庇西特拉圖還是得到了他所要求的衛隊——然後迅速佔領了衛城。

仍然流放在外的阿爾克馬埃翁家族，立即看出這是一次屬於他們的機會，便派出代理人與布忒斯家族接觸。呂庫古對庇西特拉圖的政變感到震驚，所以戲劇性地重估自己反對阿爾克馬埃翁家族回國的意見，然後匆促地相信他們的話。於是，兩大家族達成協議。面對這對重量級的對手，庇西特拉圖無計可施。他的形勢一天不如一天。為了不致重蹈庫倫的覆轍，他選擇了停損與溜之大吉，然後逃亡國外。

他所能自我安慰的，也許是相信自己一定能東山再起。他一定盤算過，狡猾、自大且有錢地要命的阿爾克馬埃翁家族絕不可能與任何人長期合作。不論這個家族和呂庫古有過什麼合作協議，都絕不甘願長期充當二把手的角色。果不其然，阿爾克馬埃翁家族回到雅典後不久，就把眼光放在自我宣傳的最佳舞台——衛城。阿爾克馬埃翁家族動用從呂底亞得來的黃金，在衛城大展拳腳。一座此時期落成於衛城前所未有的巨大石頭神廟，非常可能是他們出資修建的。[29]試問，除了他們之外，還有誰有那麼多資金或動機資助這樣的計畫？神廟裝飾奢華，繪滿顏色鮮豔的蛇、公牛、獅子、帶魚尾的妥里同（Tritons）與蓄藍鬍子的三體人，這座華美的神廟所表現出的意圖再明顯不過了。它把「城邦守護神」雅典娜寒酸的神廟徹底比了下去，也把布忒斯家族徹底比了下去。

不過，在雅典人心目中，新的東西不一定最好。阿爾克馬埃翁蓋的那座神廟固然壯觀，卻缺少了舊神廟獨特的神聖氣息，也就是少了雅典娜臨在的氛圍。到了五五〇年代中葉，隨著阿爾克馬埃翁家族與布忒斯家族關係不斷惡化，前者開始設法搶走呂庫古的鋒頭，並爭取雅典娜女神的眷顧。他們找到的方法就是與五年前被他們趕走的那人結盟，雙方構想出一個精心的計謀。首先，為了鞏固雙方的結盟，庇西特拉圖被要求與自己的太太離婚——她的太太是一位名叫提摩娜薩、血統純正的阿爾戈斯貴族——改為與阿爾克馬埃翁家族聯姻。然後回到阿提卡之後，他朝著彭代利孔山以南不遠的一個村莊而去。一名賣花女住在那裡，是一個非常漂亮的高個子女性，名如其人，名叫菲埃（Phye）——字面上是「高大」（Stature）的意思。庇西特拉圖讓這個女孩穿戴上雅典娜的頭盔和鎧甲，然後由她驅著馬車載他前往雅典。報信人們先行出發，宣布女神將把青睞之人親自帶往衛城。這分明是一齣荒唐的鬧劇，但某方面來說，庇西特拉圖實現了它。沒有人想要取笑這一幕，相反地，所有的人都湧上前來，目瞪口呆地看著馬車經過。在許多雅典人看來，這是一次不可思議的神現；對另一些雅典人來說，看著一輛馬車飛奔向衛城是多麼令人目眩的戲劇情節。畢竟連最高明的做秀人呂庫古都沒想過，女神會親自出現、前往榮耀她的神廟。無論從哪個方面來看，阿爾克馬埃翁家族都獲得了極大的成功。

現在，第二次佔領衛城的庇西特拉圖對他們已失去用處。因此，他們開始在他背後散播一些駭人的謠言，[30]說他不但拒絕給予妻子床上應有的快樂，甚至在這樣一個血統高貴的身體上，以一種可憎且違背自然的方式發洩慾望。這個謠言流傳開後，阿爾克馬埃翁家族便偽裝出他們是出於責任，才對原來的搭檔展開攻擊，哪怕這意味著他們必須與呂庫谷重修舊好。庇西特拉圖受到雅典兩大最有權勢家族聯手對付，只好再次匆匆逃亡。於是雅典就像上次那樣，又落入阿爾克馬埃翁家族與布忒斯家族手中。只不過，這次兩個家族對於何者較佔上風殆無疑義。

然而，他們出賣庇西特拉圖時，卻嚴重低估這個人。事實上，以如此卑鄙的方式利用他後丟掉他，可說是為他上了一堂教導陰險政治手段的高級課程。接下來十年，庇西特拉圖將顯示自己把這一課學得很好。他除了說服遭遺棄的提摩娜薩回到自己身邊，又修復了自己與她阿爾戈斯親戚的友好關係。底比斯的有錢人也被他的魅力所吸引，願意資助他。在累積一大筆財富後，他募集了一支入侵軍隊，在西元前五四六年登陸馬拉松的淺灘。他在那裡受到熱烈歡迎——庇西特拉圖與平原上各村落的居民有密切的親屬關係。阿爾克馬埃翁家族沒有表現出他們應有的驚恐。他們取道彭代利孔山山南的道路，帶著一支軍隊，好整以暇地去到帕勒涅村（Pallene）。在那裡，彷彿為了表示看不起他們從前的跟班而停下來吃午餐——哪怕當時庇西特拉圖已然逼近。最終戰鬥開打時，他們一敗塗地：吃飯吃到一半的雅典人甫遇一支包含底比斯騎兵與一千阿爾戈斯精銳重裝甲步兵的軍隊，馬上作鳥獸散地逃回雅典。至少一名阿爾克馬埃翁家族的成員倒在帕勒涅村的沙地上，「在戰爭的最前線被殺死」[31]。其他阿爾克馬埃翁家族的成員沒有帶著他們被打敗的部隊回到雅典，當庇西特拉圖的報仇降臨，他們選擇告別阿提卡並再次出逃。

與此同時，庇西特拉圖享受著勝利的滋味，繼續向雅典推進。這一次，他用不著一名女神來宣布自己是她的寵兒。他再次登上通往衛城的大斜坡道並佔領巖頂。他以皇恩浩蕩之姿昭告國人同胞：他們不必驚恐或沮喪，應該管好自家事，把治國的重擔交給他。[32]雅典人為了表示臣服，轉過身來依照新主人的吩咐去做，猜想（大概也為此鬆一口氣）這次僭主一定會待下來。

自危機中產生的戲劇

事實上也是如此，庇西特拉圖從此再也沒離開雅典。他以一種懷柔的鐵腕手法表明，自己無需再向流亡中的阿爾克馬埃翁家族學習。藉由交替運用威脅與安撫的手段，他讓他的「世襲貴族」同儕變得前所未有地溫順。他顯赫對手的孩子被送到愛琴海的納克索斯島（Naxos）充當人質。來自希臘北方西徐亞（Scythia）草原的奴隸突然在街上巡邏，像警察小隊一樣，揹著弓箭且頭戴古怪的尖頂帽，讓任何公民看了都大吃一驚。衛城上的競爭性建築工事逐漸陷入停頓。雖然庇西特拉圖一手掌握雅典最肥的肥缺，但偶爾也會扔給對手一官半職或一次性的海外軍事任務。

就連最顯赫的貴人都樂於接受這些指派，例如：菲萊德斯家族的大家長米太亞德（Miltiades）被批准帶領一支遠征軍渡過愛琴海，進入赫勒斯滂（Hellespont）——分隔亞、歐兩洲的狹窄海峽，也就是今日的達達尼爾海峽。米太亞德甘於可以振翅飛翔，熱烈地把握這個機會。他抵達赫勒斯滂後，登陸海岸歐洲側狹長的克森尼索（Chersonese）半島，扼控通向黑海與其金黃海岸的通道。然後，他發起征服戰爭，除了攻打土著，還攻打那些業已落腳於此、可能力圖阻撓他的希臘殖民者。他牢牢控制了整個半島，在庇西特拉圖的首肯下建立自己的僭主統治。這種做法讓每個人——當然除了被他征服的倒霉受害者——都成了贏家。不消說，雅典人很開心：因為土壤貧瘠的阿提卡人口不斷增長，早已不能自給自足，即使饑荒的陰影在雅典欣欣向榮時仍揮之不去。對庇西特拉圖來說，是他把米太亞德派到克森尼索，雅典人自然會大大感激他。至於僭主米太亞德本人，則因為保證了國人同胞食物不虞匱乏，也保障了一條雅典貿易的重要商路，並解決了雅典的潛在競爭對手，應該會對自己的工作表現感到滿意。

這一石多鳥之舉，可謂庇西特拉圖的典型手法。當他可以討好生意人、陶匠和農夫時，何需滿足於壓制貴族呢？多年前梭倫曾大膽問過同一個問題，但他陷入答案所帶來的恐懼中。他曾經這樣警告：「當我把大棒交給另一個人，如果他肆無忌憚且野心勃勃，你們將看到他任由暴民肆意妄為。」[33]梭倫以能抵抗僭主誘惑者的身分說出這番話，雖然庇西特拉圖全心順服於誘惑，卻多少有道理可以宣稱，他的政策只是在追隨自己舊情人的中道。若說在許多層面上，他對貴族對手的擺布是效法阿爾克馬埃翁家族，那麼他對民眾的擔心也明顯以梭倫為榜樣。這就是為何庇西特拉圖明明是獨裁者，但他對公民大會的尊重——觀察者說，他在公民大會上的樣子「像個公民多過於僭主」[34]——不是裝出來的。他的貴族同儕紛紛搗著鼻子，他反而將鞭打施加於勞工與工匠身上，積極爭取民眾支持他的政權，而且不知疲倦地下鄉和低賤的農場工人擁抱，為最偏遠的地方帶來公正，「好讓有辛酸要訴的人不必放下手邊工作、遠道跋涉到雅典一趟」。[35]同時，在城邦內部，他也派遣工人在衛城山腳修建一座宏偉的新廣場。廣場落成後，將有九個閃爍雪白大理石光澤的噴泉，湧出叮噹作響的流水。當所有雅典人都目瞪口呆地看著這史無前例的光景時，怎會懷疑庇西特拉圖的偉大或恩慈？在在看來，雅典都真正進入了「一個黃金時代」（a golden age）。[36]

人們因此失去了談論自由的興趣。西元前五二七年春天，當庇西特拉圖在自己的床上安然辭世時，他的兩個兒子——喜庇亞斯（Hippias）和喜帕克斯（Hipparchus）——順利繼承了他長達十九年的統治。若波斯國王有派使者來到這個遙遠且沒沒無聞的城市，將毫無困難地認出雅典所採取的政府形式。兩兄弟的統治也確實散發出君主制度的氣息。即使以他們父親的標準來看，他們的品味都堪稱卓越，幾近碩大且名留青史。任何有所懷疑的公民，只要看看雅典的東南邊就可知道，在那裡，喜庇亞斯兄弟因為不滿足於僅僅持續美化父親的宏偉廣場，而展開了一件更加野心勃勃的建築工程：蓋一座宙斯神廟。它的規模如此令人屏息，以致幾世紀之後，當哲學家們瞠目結舌地看著這座建築時，都將它與金字塔相提並論。

不過，喜庇亞斯和喜帕克斯並非法老王。雖然他們的建築工程非常搶眼，但他們並未在城邦裡擔任任何正式公職。如同他們的神廟是蓋在一個古老的地基上，他們在面對國人同胞的保守天性時便認識到，最好把權力紮根於傳統的底土中。儘管他們熱中搞出大型的建築工程，卻不熱中於招搖其權力基礎與真正的本質。若對手確實冥頑不靈，最好的辦法還是暗殺他們。關起門來在房裡進行的事不會宣之公眾；喜庇亞斯兄弟既有必要宣傳其僭主統治，也有必要遮掩它。

於是，他們以梭倫的憲章掩飾其至高無上的權力。庇西特拉圖家族以外的家族仍被容許持續參選執政官，當然大部分執政官都是兩位僭主的人馬——但不是全部，而任何打量歷任執政官名單的人都會特別留意到兩個名字。讓人大吃一驚的是，他們其中之一是米太亞德——並非和庇西特拉圖同時代的那位，而是他的姪兒，不久前才成為菲萊德斯家族的大家長，他的抱負是當上克森尼索的僭主。在他名字上方，則是另一個更讓人跌破眼鏡的名字：一位名叫克里斯提尼（Cleisthenes）的阿爾克馬埃翁家族成員，他因為得到兩位僭主的賞識而得以回到雅典，並成為其最高行政長官。看見這個本被流放之人出現在執政官名單時，誰還會懷疑，那個將他放上名單的政權其合法性？當僭主統治最誓不兩立的敵人都樂於為它當個花瓶時，誰又會懷疑，喜庇亞斯兄弟不會長久在位？

不過，換個截然不同的角度來詮釋克里斯提尼的回歸，仍然是可行的。難道像阿爾克馬埃翁家族這樣冥頑不靈地搞暗算，真有可能與敵人言歸於好？信賴他們的善意絕對是一種賭博。果不其然，就在克里斯提尼任職執政官後不久，他就因為太強勢而被迫再次流亡國外。[37]這當然可被視為喜庇亞斯兄弟的一種勝利。但這個勝利也特別危險，因為他們的合法性畢竟是寄託於其有能力保持和平與公共秩序上。一旦陷入派系鬥爭，他們對權力的掌握就會開始鬆動。令他們感到為難的是，他們既不願意容許民眾騷動，也不願冒險採取鎮壓手段。從這個角度來看，就連宙斯神廟也非其自信心的表現，而是一種虛張聲勢。

事實上，這種障眼法是喜庇亞斯兄弟政權的正字標記。從某個角度來看，雅典確實看似一個君主國家。

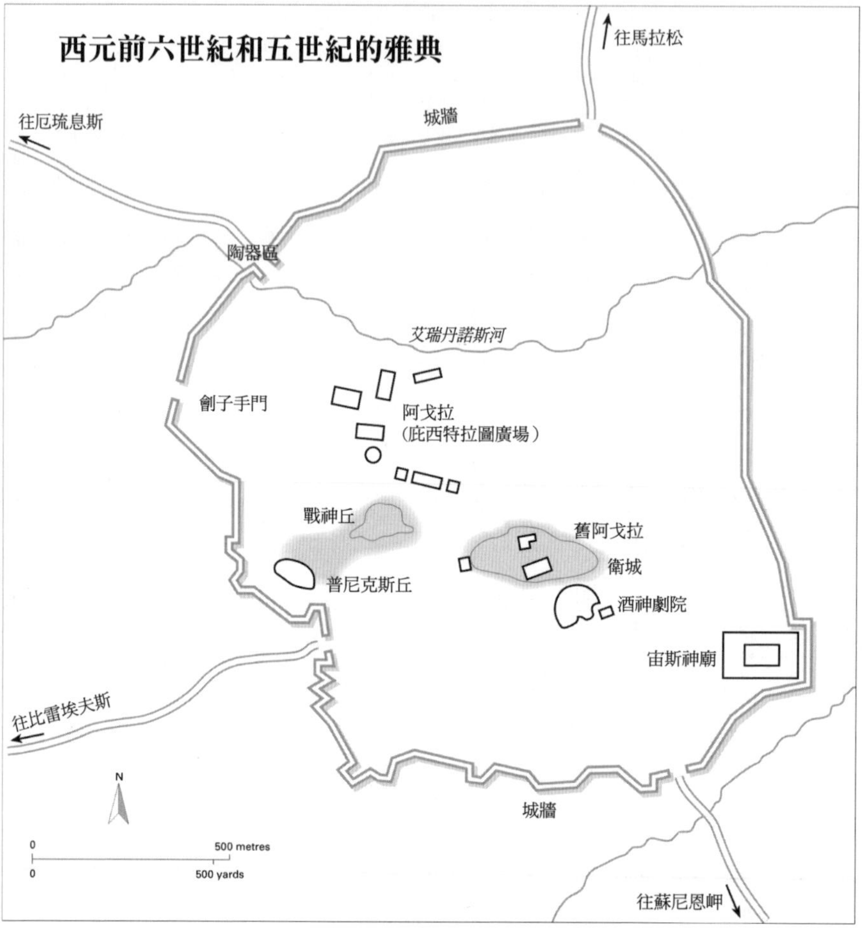
西元前六世紀和五世紀的雅典
往馬拉松
往厄琉息斯
城牆
陶器區
艾瑞丹諾斯河
劊子手門
阿戈拉
（庇西特拉圖廣場）
戰神丘
舊阿戈拉
衛城
普尼克斯丘
酒神劇院
宙斯神廟
往比雷埃夫斯
N
0
500 metres
0
500 yards
城牆
往蘇尼恩岬

但從另一個角度來看，情況卻非常不同。審視執政官名單的公民若轉過身、向東望去，就會看見開闊空地的邊緣上，有大量金錢正在轉手；他們會聽見買賣的嘈雜聲，因為庇西特拉圖為自我炫耀而關建的廣場已被商業活動殖民化。商人在僭主統治下大發利市。城中各個秤重台堆滿沉重的銀子，錢幣被標準化，一面印有雅典娜人像，另一面則印了她神聖的貓頭鷹，純度非常高。但若說僭主統治讓有錢人成為一股更加不可小覷的力量，大生意賴以維繫的那些人身價也提高了——不論是「陶器區」的陶匠或幫人榨橄欖的農夫。喜庇亞斯和喜帕克斯就像他們的父親那樣，竭力討好這些人。雅典每個階級的人多少都受到巴結。就像人們鼓勵執政官，佯裝憲法不只是個美麗的幌子，而且人民仍被說成擁有主權、地生與自由的公民。聽多了這種話以後，陶匠和農人也許會信以為真。這樣的錯覺當然有助於僭主維持權力；演員的演出很少比相信自己的角色真實存在時更逼真。

因此，僭主統治最具代表性的象徵，大概不是宙斯神廟或任何其他浩大工程，而是雅典人沉迷於戴面具、說台詞和扮演角色。後來的世代在回顧悲劇的神祕誕生過程時，都會毫不猶豫地將其歸功於兩位僭主所促成的「城市酒神節」（City Dionysia）——這個節日的高潮是悲劇比賽。至於兩位僭主為何會搞出這個新節日，其動機也不難想見。據說梭倫曾經警告：「當我們容許自己讚美假裝時就會馬上發現，它正靜悄悄地爬入國家事務中。」[38]對喜庇亞斯兄弟來說，這當然是悲劇的吸引力之所在。

不過，他們同樣會在自造的鏡廳（hall of mirrors）裡迷路，因此有時會渴望得到別人指引。要如何在一個想像與事實、宣傳和真相的界線日益模糊的城市找到這樣的指引，自是一大挑戰。喜庇亞斯兄弟因擔心過於依賴任何人類代理人，寧願相信超自然力量。據說喜庇亞斯「對神諭的了解比任何活人還深」[39]。他和弟弟出資搜集大量預言，並收藏於衛城。當喜帕克斯發現，主管其事的奧奈西克里圖斯（Onomacritus）竄改過這些預言後勃然大怒，便將這名自己的熟人流放。畢竟好的情報只會來自好的情報來源。兩兄弟懷著這樣的想法，改為特別重視自己的夢境——這招極為有效，也讓他們一帆風順地統治了十三年。

然後，在西元前五一四年一個炎熱的夏日夜晚，時值大泛雅典節前夕，喜帕克斯做了一個他無法理解的夢。他夢見一個非常英俊的年輕人在他身旁以緊急而神祕的語氣對他說：凡犯過的罪都要付出代價。喜帕克斯因此驚醒，本欲回想自己犯過哪些需要贖罪的過錯，但當時已是泛雅典節的早上，他沒時間多想。於是他急忙出門、穿過父親的廣場，往「陶器區」而去：他哥哥組織的大型遊行隊伍聚集在那裡，很快就要出發前往衛城。當他行經廣場邊緣的一間神廟時，看見兩名他認得的男人推開路人，朝他迎面而來。這一刻，他大概是突然想起了自己的夢境。但已經太遲，因為那兩個男人正是要來謀殺他。他們一個名叫哈莫荻奧斯（Harmodius），一個名叫阿里斯托吉頓（Aristogiton）。哈莫荻奧斯是雅典最英俊的男子，擁有「青春全部的燦爛」[40]，阿里斯托吉頓是他的情人。頗具審美家眼光的喜帕克斯曾設法拆散這對戀人，以滿足自己掠奪性的目的，因而重重得罪了他們。這兩個戀人因害怕這位僭主的權勢且暫時無計可思，一直等待時機。到了泛雅典節這天，他們的機會來了，因為這天人人都可以佩戴刀劍。現在喜帕克斯就在他們面前，而他的隨身侍衛被人群分散了心思，於是兩人拔劍殺死了他。

他們的密謀僅止於此。哈莫荻奧斯當場被殺死；阿里斯托吉頓雖被刑求了幾天，但沒有招認更大的陰謀。但難道喜庇亞斯願意相信，這兩名刺客沒有別的目的嗎？人們也開始盛傳，喜帕克斯不是情感犯罪的受害者，而是死於一次爭取自由的英雄式攻擊。喜庇亞斯開始變得疑神疑鬼，隨著他自信心日益減少，他和他家人長期導演的皮影戲也越來越像個幌子。他們一直以來苦心經營的平衡——他們政權的真正本質與用來妝點此政權布景之間的平衡——終於崩潰。歷經失親之痛與驚恐兮兮的喜帕克斯開始越依賴赤裸裸的恐怖手段。原本僅止於暗室中執行的處決，如今都公開化了，讓整座城市血流成河。鎮壓孕育出陰謀，而陰謀又導致更大的鎮壓。雅典並非為警察國家的說法開始變成一則大笑話。本來「總是平易近人的」[41]喜帕克斯，現在卻老是躲在西徐亞人與外國傭兵後面，彷彿他是個外族的暴君，完全不是雅典人。

但有誰可以推翻他呢？從貴族的客廳到「陶器區」的酒館，人們都熱烈談論革命。但革命總得有人領導。所有目光都望向克里斯提尼，他果然也不負眾望，在喜帕克斯死後不到一年，便出現在阿提卡北部邊界。不過，雅典人面對這個可以推翻喜帕克斯的機會，卻顯得不熱中：他們雖對僭主恨之入骨，卻不樂見阿爾克馬埃翁家族重新掌權。當克里斯提尼的入侵部隊被喜庇亞斯的傭兵消滅後，他別無選擇，只得再次溜出阿提卡。在他身後的戰場上，留下了那些大膽支持他但為數不多的雅典人屍體。他們都是「優秀的戰士，出身高貴，血管中流淌著熱血」[42]。

在在看來，一個苦澀的事實擺在雅典人面前：擺脫奴役唯一的方法就是出亡或死亡。

還政於民

永不言敗的克里斯提尼沒有放棄希望；陷入自我懷疑並非阿爾克馬埃翁家族的作風。即使在止痛療傷期間，他仍是僭主最危險的敵人，並到處物色新的盟友。克里斯提尼知道，自己絕非唯一希望看到喜庇亞斯垮台之人。另一名夠格的陰謀家也對動搖雅典十分感興趣，而且他比阿爾克馬埃翁家族擁有更豐富的資源。事實上，斯巴達國王克里昂米尼早在西元前五一九年首次遠征「地峽」北部時，就已經有過這樣的嘗試。那一次，普拉提亞人（Plataeans）——底比斯以南十英里處一個小國的公民——尋求他的幫忙，以對抗他們強大的鄰邦。詭計多端的克里昂米尼建議他們改找雅典幫助，而喜庇亞斯兄弟因抗拒不了這個大出鋒頭的機會，派兵幫助普拉提亞人抵抗底比斯，並取得壓倒性的勝利。這個結果雖讓雅典人贏得小國普拉提亞的死忠，卻徹底破壞了他們與強大底比斯人的友誼。至少從他們的父親第二次被放逐起，與底比斯交好就一直是庇西特拉圖家族外交政策的中流砥柱，因此整件事可被認為是一項重大失誤，並讓克里昂米尼暗暗叫好。

但事隔六年後，克里斯提尼說服得了斯巴達國王公開反對喜庇亞斯嗎？看來這是個唐吉訶德式的努力。一直以來，庇西特拉圖家族都小心地兩面下注，除了和阿爾戈斯通婚結盟之外，又努力和斯巴達保持良好關係——這層關係是如此之好，以至於喜庇亞斯被正式稱為「斯巴達人民之友」。不過，克里斯提尼在接近克里昂米尼之前，一定對他做過一些功課，應該知道熱中於干預伯羅奔尼撒半島以外城邦事務的他，絕非一個作風死板的斯巴達國王。巧舌如簧的克里斯提尼自信能說服克里昂米尼，相信一件他無疑本已傾向相信之事——從喜庇亞斯那些龐大工程及他與阿爾戈斯結盟之舉可見，他對斯巴達的利益是一個威脅。不過，不論在國際關係的方法上有多不正統，克里昂米尼都不可能在沒受到挑釁的情況下攻擊一個被稱為「斯巴達人民之友」的人，除非有某些正當性理由的支持。但這正是足智多謀的克里斯提尼所能提供。阿爾克馬埃翁家族對德爾斐一向出手闊綽，甚至當西元前五四八年，神諭所遭遇大火後也支付了大部分的修繕費用。現在，這個家族在當了幾十年熱心施主後，回收的時間到了。如今，無論斯巴達人向神諭所詢問任何問題，所得到的都是同一個答案：「他們有義務解放雅典。」[43]當這個驚人的消息傳回斯巴達後，人們一片驚愕。也許只有克里昂米尼若無其事——想必克里斯提尼已向他通風報信。

但不論阿波羅的神諭多令人困惑，虔誠的斯巴達人都絕不會理會他的命令。「雖然庇西特拉圖家族千真萬確地是他們的好友，但人類交情與神明的命令相比，又算是什麼呢？」[44]斯巴達對雅典發動的第一次遠征——可能反映著斯巴達人對出師無名感到不安——他們態度低調且兵員不足，輕易就被擊退。第二次遠征因為直接關係到他們的威望，所以鋪天蓋地。西元前五一〇年夏天，一支克里昂米尼親自率領的斯巴達軍隊穿過「地峽」，進入阿提卡。這次，它不費吹灰之力就擊敗了喜庇亞斯的僱傭兵。僭主帶著家人躲到衛城去。克里昂米尼迅速包圍衛城，嚴加防守每一處可能的通道。包圍如此滴水不漏，以致當喜庇亞斯想把小孩偷偷送到安全地點時，小孩就直接落入了斯巴達人手中。他們的父親收到嚴厲的最後通牒：馬上離開雅典。喜庇亞斯對自己突如其來的垮台感到震驚，但他發現，自己除了接受放逐外別無選擇。當他離開他統治良久的城市時，想必會想到，出亡是任何僭主所必須面對的職業風險，就像他父親所充分證明的，沒有什麼可以阻止他捲土重來。不過至少就短期而言，僭主統治結束了。雅典在毫無心理準備之下，戲劇性地獲得了自由。

但這種自由意味著什麼？在恢復雅典人民自由方面著力最深的兩人，對此意見南轅北轍。不論克里斯提尼曾經答應過克里昂米尼什麼，他都毫不打算讓他的城邦成為斯巴達的一個附庸國。然而，克里昂米尼本人——讓斯巴達人冒著生命危險打一場完全不合法的戰爭——期望的正是這樣的回報。即使他不能讓雅典正式臣服，也希望看見雅典備受黨派鬥爭摧殘，然後不再對斯巴達構成威脅。很快地，這兩個同謀之間的親密關係就會瓦解。在隨後的明爭暗鬥中，看來佔上風的是克里昂米尼。首先，「世襲貴族」持續不信任克里斯提尼，而且許多貴族眼見僭主倒台，都急著回到聯手對抗阿爾克馬埃翁家族的舊日美好時光。反對克里斯提尼的勢力開始集於貴族伊薩哥拉斯（Isagoras）身上——他「原是兩位僭主的朋友」[45]，因此他在西元前五〇八年當選執政官。這時，克里昂米尼公開和他的前搭檔決裂，表明舉雙手贊成伊薩哥拉斯擔任執政官。據說，伊薩哥拉斯是如此渴望得到斯巴達國王的支持，以至於為克里昂米尼與自己的妻子拉皮條。

反觀克里斯提尼，雖然他耍過許多卑鄙的手段，但從未卑鄙至此。他善於各種奸詐的詭計，但不像他的敵人在宣傳裡形容，是個貪婪的機會主義者。克里斯提尼下定決心，不讓雅典淪為斯巴達的附庸國，卻不得不承認，伊薩哥拉斯和他的朋友們佔了上風。也許少有雅典人看得出來，但他們城邦的性格已永遠改變了。在僭主統治時期，權力變成一種模糊之物，脫離了一度將其緊握在手的貴族股掌。現在僭主消失，權力在誰人手上變得撲朔迷離。在少數幾個世家大族手上嗎，例如：阿爾克馬埃翁家族或菲萊德斯家族？也許。不過，克里斯提尼回雅典後的感覺是，連最顯赫的「世襲貴族」都因為遭遇過放逐或與敵人勾結，而大大喪失威望。他受到伊薩哥拉斯的威脅，選擇不像傳統那樣地向背景與他相同的人尋求支持，而轉向一個全新的權力來源。克里昂米尼在公民大會上發言時，形同發起一場革命。[46]若一切就如同喜庇亞斯、庇西特拉圖或甚至梭倫總強調的，人民才是主權的真正寄託，那就應該讓人民擁有統治城邦的權力。讓他們辯論政策、投票與執行政策，並遑論階級或財富。將權力（kratos）投放到人民（demos）之中。簡言之，就是讓雅典變成一個「民主政體」（demokratia）。[47]

這是一種十足驚人、極端且毫無先例的主張。他的對手嚇了一跳，在手足無措的同時也顯得憤怒且不敢置信。雖然克里斯提尼的主將不令人意外地，「讓他贏得人民的全心支持」[48]，但它們在伊薩哥拉斯與其追隨者眼中，卻相當不負責任——比克里斯提尼過去耍過的任何花招更不負責任、魯莽且憤世嫉俗。然而，令貴族們更加不安的是，克里斯提尼這次不像是在耍花招：他推出的措施雄心巨大且設計精彩，一點都沒有被逼到牆角賭徒的味道。反而，各種跡象都顯示，它們經過最精心的構思。克里斯提尼流亡期間大有機會反省到，幾十年來貴族們的野心只帶來了內部紛爭與僭主統治。雅典生病了，這是每個人都同意的。但藥石何在？在克里斯提尼和他同伴眼中，解藥只有一種。那就是打破舊有模式；除了利用貴族階級的野心外，還要利用所有雅典人的野心；以雅典人民的能量為雅典創造出一個至少匹配其全部潛力的未來。這是一場令人屏息、影響甚鉅的大賭博，而看來，克里斯提尼也願意押上自己的一切作為賭注。

只不過，他的勇氣卻突然離他而去。西元前五〇七年初夏，斯巴達派來傳令官，援引阿爾克馬埃翁家族自古以來就受到詛咒為由，下令將其逐出雅典。顯然克里昂米尼在和自己的兩位前盟友玩貓捉老鼠的遊戲時，仍有許多招數可用。克里斯提尼就像生怕有什麼不測那樣，夾著尾巴迅速走掉。不久後，克里昂米尼就帶著一小隊貼身侍衛進入城中，下令進一步清除反斯巴達份子：很快地，共七百個家庭被清除了。然後，他大搖大擺去到衛城，坐下來向伊薩哥拉斯口授一部新憲法。這部新憲法當然沒有民主這種胡說八道。伊薩哥拉斯既已把老婆借給了斯巴達國王，現在也順理成章地為克里昂米尼和雅典拉皮條。

不過，當國王與賣國賊正商議事情時，自街道遠處卻傳來了不祥且沸騰的人聲：那是暴動的聲音。克里昂米尼自城垛上往下望去，只見憤怒的群眾聚集在衛城入口的前方，把他與他的士兵圍困於巖頂。說得委婉些，這是出乎意料之外。因為試問：誰有可能領導這場暴動呢？克里斯提尼已經出亡，他的同夥已被驅逐。然後，隨著時間一小時一小時過去，事情令人不快的原委終於揭露。雅典人民因為被克里昂米尼的放肆與通敵的伊薩哥拉斯激怒，所以自發地起而捍衛應許過他們的自由。他們也沒表現出可被安撫的情緒。圍困持續了兩天兩夜，到了第三天，「又餓又髒、滿腮鬍碴」的克里昂米尼終於因受不了而屈服。[49]雙方達成協議，斯巴達人屈辱地被「護送」到境外。伊薩哥拉斯則不知用了什麼辦法逃出雅典，流亡國外。不過，他的同黨被抓起來與處死。民主在把自身的未來押在革命之火與鮮血上後，成功頂住了第一次將其捻熄的嘗試。

克里斯提尼聽到這個消息後，迅速返回國內。不過眾所皆知的是，這場勝利並非他一人的功勞。現在，就連他最死硬的反對者也必須承認，要從他承諾過雅典人民的改革方案上回頭已經不可能，畢竟是他們包圍衛城並打敗克里昂米尼。伊薩哥拉斯的同黨被私刑處決之事仍記憶猶新，所以上層階級在看見克里斯提尼重新主導大局時，甚至有點鬆了一口氣的感覺。寧可取他與其仔細計劃的改革方案，也不寧願取那些掛在衛城上腐爛的貴族屍首。

因此，在意義重大的西元前五〇七年中，克里斯提尼的一名親戚順利接替伊薩哥拉斯的執政官職位，重新把雅典轉化為一個史無前例的國家。希臘以前的改革者——從呂庫古到梭倫——都把「良好管治」奉為最高口號，但在克里斯提尼和他同伴的主導下，關鍵字變成了「平等」（isonomia）。這表示法律之前，人人平等；人人都有權參與國家管理。此後，這成了雅典人的理想。當然，實際上有些公民仍比別人享受更多「平等」：例如只有上層階級可以競選高等官職。不過，雖然古老秩序的某些遺緒在民主大潮流中保留了下來，但很快地，將有更多被永遠淹沒。雅典變成一個梭倫幾乎認不得的城市：在這裡，每個公民（不論多窮或教育程度多低）都擁有公開演說的自由；[50]政策不再是由貴族關起門來敲定，必須在公民大會上公開辯論。「木匠、鐵匠、補鞋匠，商人或船主，窮人或有錢人，貴族和出身低微者都一樣有權參與辯論。」[51]除非所有雅典人投票，否則公共政策無法施行，法律無法通過。這是一項偉大且高貴的實驗。歷來首次，一個公民可以感覺自己正在參與及控制國家事務。經過這樣的變化，雅典以至整個希臘都已經變得不同。

對克里斯提尼與所有支持者來說，這是絕對的重點。雅典革命的贊助者不是些稟持貧富一家觀念的輕率理想家，而是一群講究實際的實用主義者，他們純粹是想藉由讓國家變強大來獲得個人利益。為了實現這個野心與隨之而來的龐大計畫，他們使出了渾身解數。他們知道，時間不站在他們這一邊。不僅克里昂米尼因為「感覺到雅典人在言行上都對他極度無禮」[52]，所以準備展開報復，克里斯提尼還擔心，隨著喜庇亞斯與伊薩哥拉斯陰謀復闢，雅典隨時可能因為陷入黨派傾軋而崩潰。大家族之間的內訌曾把雅典推向毀滅邊緣——這種事絕不容許再次發生。現在，就連大家族也勉強接受這種分析。

但是，該如何中和他們的力量呢？克里斯提尼的解決方案精彩且極為雄心勃勃：壓抑公民對家族、鄰里和在地氏族的認同。由於這些認同幾乎是阿提卡每個人自然而然的本能，所以要破壞它們，需要格外巧妙與詳細的措施。克里斯提尼把鄉村地區劃分為近一百五十個不同的「自治區」（deme）。此後，新民主國家中的公民不再按家族取姓，而改為按照所屬的「自治區」取姓。在克里斯提尼的改革下，他們的公民身分也一樣：當一個年輕人成年時，只有在成為一個「自治區」的一員，才可以成為一名雅典公民。這個制度適用於最高傲的貴族與最卑微的農人：當他們是同一「自治區」的成員時，就會必須共享同一個姓氏。當然，並非所有貴族都對這種創新感到興奮，他們之中有些人——特別是顯赫到擁有莊園或村莊，使的「自治區」按其姓氏取名的那些——對這種新制度的不滿昭然若揭。例如，布忒斯家族因為受不了和下等人同姓，而給自己取了一個新名稱：正牌布忒斯家族（Authentic Boutads）。[53]

然而，他們仍然必須小心。若對自己「自治區」的其他成員太過輕蔑，那就連「正牌布忒斯家族」這麼顯赫的家族也許會發現，自己被排除於政治生活之外。克里斯提尼精明地規定，每個「自治區」必須選出代表，前往雅典城參加公民大會。試問哪個想表現的貴族會願意因為勢利眼而失去一份好差事？就像克里斯提尼鼓勵貴族別在貴族的小圈子裡打滾那樣，他也注意到另一個相反的危險：有野心的貴族也許會利用他的「自治區」作為通向僭主統治之路的跳板。為了預防這種危險，民主的奠基者們以慣有的先見之明及愛把事情複雜化的壞習慣，制定了一系列查核與制衡的安排。除了把阿提卡分割為「自治區」，他們又把「自治區」劃分為一些「三分區」，讓每個「三分區」和另兩個「三分區」組成一個「部落」。由於每個「部落」的三個「三分區」來自阿提卡不同的角落（一個來自山區，一個也許來自海岸區，另一個來自雅典城附近），每個「部落」（一共有十個「部落」）都有助於打破一些歷史悠久的紐帶。在取代掉氏族的古老和單純性之後，雅典人民現在享受無限多人工化與標準化的忠誠對象。「部落」、「三分區」和「自治區」構成了一個即使關係廣泛的貴族也無法輕易操弄的複雜體系。

但是，這個體系能運轉嗎？因為以前從來沒有人嘗試建立民主制度，所以也沒有人知道答案。雅典的鄰邦抱著日益驚駭的心情看著這個革命的進展，負擔不起將其失敗視為理所當然的代價。特別有理由害怕的是克里昂米尼。若說克里斯提尼和他的同伴在賣力深化改革的過程中，總是一眼緊張地盯著斯巴達國王，那麼斯巴達國王也一樣緊盯雅典民主改革的進展，擔心自己的反革命計畫來不及實施。雖然民主改革的內容驚人地複雜，但在克里昂米尼看來，其破壞性也無比清晰。一旦內部分裂從雅典消失，民主雅典的公民就能對他們的鄰邦構成一條統一陣線。阿提卡的龐大面積將給他們提供驚人的能力。雅典在當了數百年軍事侏儒後，看似在一夜之間變成了一名重量級選手。

最令克里昂米尼感到受傷的是，他因為推翻喜庇亞斯政權，而無意間成了雅典「流氓政權」的接生婦。他充分意識到，他的許多國人同胞厭惡他先發制人的外交政策，所以開始私下說他的壞話，嫌他把斯巴達軍力過度延伸，抱怨他在雅典多管閒事只會帶來災難。暫時還沒有人強大到足以公開挑戰他。督政官仍不願意觸怒他，而另一個國王狄馬拉圖斯（Demaratus）也全被他的鋒頭蓋過——狄馬拉圖斯的母親就是傳說中那名顯靈海倫預言過，一定會變漂亮的相貌平庸女孩。但雅典人肆無忌憚越久，克里昂米尼的威望受損越大，也越需要密切注意背後是否有人想暗算自己。他在為了和克里斯提尼展開最後一回合角力的準備過程中，不容許自己有半點閃失。這一次，他絕不能只帶少數衛隊就進入阿提卡。所以，當西元前五〇六年夏天他和狄馬拉圖斯終於穿過「地峽」時，不僅率領斯巴達人，還有從伯羅奔尼撒半島四處召來的分遣隊。另外，他們還有其他盟友。底比斯人仍記恨著雅典和普拉提亞結盟，故欣然加入侵略隊伍，準備從西面發起進攻。同時，阿提卡北部外海、形狀長而狹窄的尤比亞島（Euboea）城邦哈爾基斯（Chalcis）也準備派軍隊渡海而來，與斯巴達人進行精彩的協同攻擊。克里昂米尼把這次入侵行動策劃得很漂亮。雅典被有效地包圍起來，而它仍在襁褓中的民主看來勢必遭到扼殺。

不過，當雅典人選擇先迎戰最可怕的敵人，向南行軍去與兩名斯巴達國王展開對決時，他們在路上遇到了一個吉兆。這條路不是一般的路。每年九月，一支雅典人的龐大遊行隊伍都會走上這條路，他們頭戴桃金孃花冠，身穿白袍子，邊走邊高呼「伊阿契」（iacche），表示喜悅和勝利。他們走的這條路之所以被稱為「聖道」（Sacred Way），是因為它通往距雅典十七英里遠的厄琉息斯（Eleusis），人們在那裡的聖所可以學會最深的奧祕：生命會從死亡誕生，希望的光芒會自最黑暗的絕望中萌發。所以，很難想像還有哪個地方比這裡更適合保護雅典的民主；果不其然，當雅典人抵達厄琉息斯後，他們發現一個奇蹟發生了：斯巴達人與隨他們出征的大軍都走了。據說，狄馬拉圖斯因為嫉妒克里昂米尼，而且不信任他的這次軍事冒險，所以煽動異議。許多科林斯領導的盟友軍隊都因此散去。克里昂米尼對於頓失全部的軍隊雖怒不可遏，卻不能不放棄這次侵略計畫。雅典人如釋重負的同時也震驚不已，紛紛猜測是諸神打救了他們。不過，仍有些人記得克里斯提尼善於採用賄賂手段，所以懷疑雅典這次得救歸因於阿爾克馬埃翁家族的黃金。

無論如何，對雅典恨之入骨的底比斯人都不會被收買。雅典人迅速折而向北，迎戰他們。這支在民主制度下產生的新型軍隊楷模，迎來了自己首次的真正考驗。克里斯提尼及每個與他一道戮力於改革者，都準備好迎接衝擊。有個問題尤其有待回答。普通雅典人都習慣尾隨一名顯赫的貴族作戰，現在他們對那個全新的人工創造物——「部落」——是否有足夠的忠誠度，以致其願在陣列中為同一「自治區」的夥伴掩護側邊，不再是為了氏族族長作戰，而為了自由的理想和雅典本身作戰？答案是斬釘截鐵的「肯定」。底比斯入侵部隊遭到全殲。同一天，另一支雅典部隊登陸尤比亞島，強迫卡爾基斯簽訂屈辱的和約，答應割讓一塊領土，供四千名雅典屯墾者殖民。

就這樣，雅典人發現自己突然成了一個強權。他們鮮明地證明了，平等和言論自由可能帶來什麼成就——不只在戰場上，也在他們下定決心的一切上。從前他們作為一個僭主的屬民時，幹過什麼大事？沒有值得一說的事。然而隨著僭主垮台，他們突然間成了世界上最強的戰士。從前像奴隸一樣備受桎梏時，他們偷懶鬆懈，一旦贏得自由，他們盡心盡力為自己幹活。[54]

看來民主制度真的有效。

這是雅典人現在可以愉快地向全世界誇耀的事。他們回到雅典城後，在勝利的狂喜中委製一輛全由青銅鑄造的四馬馬車，將其安放在衛城入口的正上方。這個地點以前用來安放個人自我炫耀的雕像，但這一次，青銅馬車不是為了個人設置，而是「獻給雅典人的兒子們」[55]——全體雅典人。雅典其他各處也重新響起敲打聲，見證著建立民主機構的熱情。本來在龐大宙斯神廟施工的泥瓦匠，如今都去到衛城以西的普尼克斯丘（Pnyx）砍劈山岩，要為公民大會建設一個巨大的會議場。新會議場落成後，可以同時容納五千人，允為人民政府首座恰如其分的紀念碑。同時，在普尼克斯丘山腳下、庇西特拉圖為自己修建的那座巨大廣場上，其他工人正系統性地清除僭主統治的所有痕跡。蓋到一半的宙斯神廟永久停工了，蓋好的部分保留作為兩位僭主胡搞瞎搞的見證。至於庇西特拉圖自城市中央清理出的廣大空間卻非那麼容易丟棄，而且新民主政體中的公民也用得著如此一個會面地點。他們開始稱之為「阿戈拉」（Agora）：在所有希臘城邦中，這個詞都指向一個可供人民自由聚會的空間。舊的雅典阿戈拉位於衛城東北，其歷史有些悠久的公共建築已被取代。新的阿戈拉在規模和美感兩方面，都更能匹配人民的尊嚴，並順理成章地成為雅典民主制度的核心象徵。[56]

在它的正中央，人們為了讓一個歷史教訓永誌不忘，為兩名殺死僭主的刺客樹立了巨大的銅像。哈莫荻奧斯與阿里斯托吉頓手中握劍，表情肅殺、全身赤裸，被描繪為雅典的救星與自由的奠基者。有鑑於整個雅典城沒有其他公共肖像，這兩尊在阿戈拉佔據顯眼位置的青銅像更顯怵目。不過，使其更令人錯愕的是，哈莫荻奧斯和阿里斯托吉頓其實不是為了爭取自由而犧牲，而是為了「男女情事」才殺死喜帕克斯。事實上，若有誰可被譽為雅典解放者的話，則非斯巴達國王莫屬，但雅典人當然不願這麼想。這就是兩名僭主刺客之於他們的用途。就像歷史上任何被革命洗禮的國家一樣，克里斯提尼的政權亟需英雄。哈莫荻奧斯與阿里斯托吉頓被封為民主最早的烈士再適當不過，因為他們都流下了鮮血——更棒的是，他們都死了。

這樣的宣傳還有更深一層的用意。克里斯提尼深深了解其國人同胞，他知道雅典人民雖驚訝地發現自己成了革命者，但骨子裡仍是傳統主義者。他們沒有為了民主的新穎而高興，反而渴望其根植於他們的過去。所以心思一向細緻的克里斯提尼甚至為他最大膽的實驗披上了一件傳統的外衣。例如，用古代英雄的名字為他所建立的十個「部落」命名，彷彿它們並非來自他的聰明才智，而就像雅典人本身一樣，直接來自泥土。民主的創建者們甚至暗示，就連民主本身都不是什麼新鮮之物，而是阿提卡人民與生俱來的權力，最早由傳說中的大英雄忒修斯（Theseus）賜給他們。從這個角度來看，那兩名僭主刺客除了是殺死怪物的英雄，為重建雅典民主制度而無私犧牲的愛國者之外，又會是什麼呢？這些說詞當然是一種障眼法，也因此讓克里斯提尼和他的同伴未能得到恰如其分的功勞。然而，這也許反而可以證明，克里斯提尼有多麼了不起：雖然身為不知謙遜為何物之世家大族的成員，但他卻看得出來，他必須以虛構的幻影掩蓋自己的全幅成就。在為雅典建立民主時，他除了為城邦創造出新的未來，還對它的過去做出必要的扭曲。

因此，阿戈拉當然沒有克里斯提尼的銅像。他的國人同胞也感覺不出他是他們民主的開創者。事實上，他死後不久，雅典人就陷入了異乎尋常的健忘症，開始忘記過去所經歷的一場革命。[57]新的政府形式在他們看來是如此自然、如此根植於阿提卡的土壤，以至於理解其真正起源的人越來越少。這無異於苦甜參半的弔詭——讓克里斯提尼被遺忘的假記憶症候群，正好證明了他無比成功。他不僅把國家從內戰中拯救出來，還為它奠定了一個久遠的基礎。在克里斯提尼的同代人中，這種功績只有大流士可相比擬。當然，他們一個是波斯人，一個是雅典人；一個是全世界的君王，一個是人民之友，看來沒多少共通之處。但事實上，他們在成就的規模與對未來的開啟上不分伯仲。兩人都在流血中掌權，然後帶給自己的國家和平；兩人都壓制不安分貴族的野心，這麼做時，也都為自己的人民創造出全新的未來，但又選擇把自己的原創性隱於歷史的外套下。最重要的是，兩人都創造出某種蠢蠢欲動而危險的新事物。

在此之前，雅典因地處偏遠的世界邊緣，而受到大流士相當程度的忽略，但現在卻不得不引起他的注意。波斯波利斯收到雅典發生革命的報告。西元前五〇七年，當雅典人緊張地等待斯巴達的襲擊時，曾經派出使者前往薩第斯。鎮守薩第斯的人，正是萬王之王的弟弟阿爾塔費尼斯，他為人無情而精明；當雅典使者抵達他的宮廷，請求與他結盟並對抗斯巴達時，阿爾塔費尼斯爽快地答應了。不過，他自然也提出自己的條件：雅典要給波斯獻上一罈水與一罈土。雅典使節聳聳肩，接受了這個要求。當他們回到雅典，報告自己對阿爾塔費尼斯做出的臣服承諾時，他們「受到嚴厲的斥責」[58]——這無疑讓雅典民主自我感覺良好。不過，雅典人沒有拒絕與波斯結盟，也沒有拒絕臣服於波斯。即使經歷了西元前五〇六年的大勝，天曉得克里昂米尼哪天會再次來犯？在防範斯巴達一事上，買張保單不是壞事——哪怕這要以象徵性的委屈為代價。一罈水和一罈土，算得了什麼呢？

至少，雅典人樂於這樣認為。

SINGEING THE KING OF PERSIA'S BEARD

第五章 火燒波斯國王的鬍子

CHAPTER 5

大賽局

阿爾塔費尼斯在殺死巴爾迪亞之後，獲得王兄大大的封賞。從任何標準來看，薩第斯都是個大賞賜。這個作為波斯帝國領土四個角落之一的西邊首府無比富有，甚至連河流裡都滿是金沙。當克里瑟斯不以金沙賄賂德爾斐神諭所，或者被阿爾克馬埃翁家族欺騙時，曾以金沙鑄造出世界上第一批金幣。這項發明讓他變得更富有。四十年後，當克里瑟斯死去非常久以後，他的波斯征服者仍可享受到他以奢華花費換來的成果。

即使是熟悉巴比倫城的人，也會覺得薩第斯不容小覷。城中的一大奇觀是壯觀的庫柏勒（Cybele）神廟——庫柏勒是地母神（mother-goddess），古老得如同四周的山巒，祂能激起信徒在膜拜過程中做出各種極端的行徑，包括在山上跳舞、在狂歡中翻騰，甚至在祕密儀式中割去自己的睪丸。神廟再過去的地方，隱約可見薩第斯著名的城牆，一圈又一圈地，和埃克巴坦拿一樣。最裡面的一圈環繞著衛城，如此巨大，曾經讓克里瑟斯要命地誤以為牢不可破。衛城本身就更加令人望而卻步，它像一片紅色鞘翅似地突出於沖積平原上，城上一度矗立著王宮，如今則是波斯要塞的所在地。從那裡可以俯瞰向四方蔓延的下城區，也可以向西遠眺遼闊的小麥和大麥平原，以及那條通到「苦海」的道路。阿爾塔費尼斯想必覺得，自己的權勢不輸世界上任何國王。

有位國王當然是例外。阿爾塔費尼斯雖為波斯西境的主人，但他沒有一刻忘記自己只是兄長的臣下與「班達卡」（僕人）。儘管如此，他的宮廷還是仿照大流士宮廷的設計，好讓當地人感受到波斯的盛大莊嚴。他並非以國王的身分，而以國王權力守護者的身分展開統治；簡言之，是以太守（satrap）[1]的身分。

大流士平定了一堆叛亂後才坐穩王位，因此決心不讓地方過分強大，以免再次危及到他或波斯的偉大。即使只是他祕書下達的最普通命令，都會讓太守們跳起來。對一個外省首府來說，收到聖旨是非常重大與驚人的事。有些太守接旨時，甚至會俯伏在地，並親吻地面。

這種行為是出於過度阿諛奉承或只是常識？顯然是常識。因為誰知道有沒有人躲在暗處，把一切看在眼裡。有些人說，國王派出的探子——人們稱之為「耳目」——遍布全國各地，另一些人則懷疑事情沒這麼簡單：

他的臣下要是知道誰是國王的「耳目」，就會對他們有所防備。實際的情況則完全相反：不論什麼人，凡聲稱自己聽到或看到值得注意的情況，國王都會聆聽他們說話，因而有了這樣的說法：國王有千萬隻眼睛和千萬隻耳朵。[2]

這是一種近乎極致的疑神疑鬼。一位地方長官不論身處於大得難以想像的波斯帝國的任何地方，都很難不去想像，自己的一舉一動會被大流士看在眼裡，一言一語都被他聽在耳中。

即使是阿爾塔費尼斯這位備受寵愛的「僕人」，只是盡忠職守還是不夠的。雖然大流士對貢賦有著不知饜足的胃口，但他想從太守那裡得到的不只是貢賦而已。他提醒他們：「身為受到阿胡拉．馬茲達寵愛的人，朕是正義之友，對任何不正義感到不快，不願看見強者壓迫弱者。」[3]在此，大流士雖以全世界法律泉源的身分說話，但他的話也密切反映出波斯人如何看待自己。任何人都不會比波斯人對自己的美德更有自信。他們對正義的要求如此嚴峻，以致喜歡相信自己，甚至可以無視於階級和血統。若一個農民正直不阿的個性被萬王之王發現，他可能會被提拔為法官；坐上法官之位後他可能會發現，他是坐在一張風乾的人皮上——人皮是從他貪汙受賄的前任身上活剝下來。波斯人向來愛聽這類有益且危人聳聽的逸事；這十分自然，因為那可佐證所有他們最珍愛的成見。他們總是自滿地認定，其他民族在正義感與統治資質上都難以望其項背，較低等的民族能成為波斯國王的奴隸是何等幸運！

這當然是一種將征服世界合理化的說詞，波斯國王早據為己有。不過在帝國的邊陲地帶，這種說詞卻對大流士的太守們加諸了一些特殊要求：他們巧取豪奪地管轄省份，同時又必須提供正義。但這不是直接的責任，而這究竟意味著什麼？如果走訪一趟薩第斯的鑄幣廠或可窺見。薩第斯一如克里瑟斯的時代繼續鑄造貨幣，只不過如今錢幣改成大流士彎弓射箭的圖案；換言之，改以他作為真理、正義與阿爾塔神捍衛者的形象。隨後，大量叮噹作響、閃閃發光的金幣就一箱箱、一車車地運送到蘇撒。

某種程度的赤裸虛偽，大概是任何勝任太守的標誌。但這也沒讓「波斯和平」的吹噓完全變成空話。雖然阿爾塔費尼斯固定把貢賦源源不斷地從薩第斯運出，但他不打算完全榨乾自己管轄的省份，因為如此一來會有殺死國王金雞母的風險。如同克里瑟斯的時代，阿爾塔費尼斯統治下的呂底亞仍有為數不少的當地超級富豪。他們其中一人是礦場主人披提歐斯（Pythius）：他是如此善於經營自己的資產，以至於傳言在帝國有錢人的名單上，他僅列名大流士之後。波斯的統治為披提歐斯之流的呂底亞人打開了全球視野，所以他們一點都不想鼓吹獨立。阿爾塔費尼斯就像哥哥一樣，不著痕跡地鼓勵在地人配合，而且不只有錢人的配合。就像克里瑟斯的時代，呂底亞的官員繼續盡責地為新主人管理這個省份。他們的語言、習俗和神祇都受到寬容。只有那些因為與克里瑟斯及其王朝特別相關，致使其可作為舊政權象徵的神廟被推倒或改建為火祭壇。即使如此，阿爾塔費尼斯也沒有企圖強迫不願改教的呂底亞人轉為皈依阿胡拉・馬斯達。事實上，只有征服者採納被征服者習俗之事。關於這點，最怵目驚心的證據在薩第斯以北八英里、一個可以從阿爾塔費尼斯宮殿看見的奇觀：玉米田裡，到處是覆蓋草皮的怪異石墩，就像金色大海裡湧起的海浪。其中三個石墩是著名呂底亞國王的古墓；不過在它們之間，卻布滿了些許新一點、小一點的墳墓，同時是富有本地人與其波斯統治者的安息之地。[4]即使在墓地的塵埃與靜謐中，阿爾塔費尼斯統治的薩第斯也是一個多元文化社會。

然而，波斯人對外族人與其特殊風俗習慣的寬容卻不代表尊重。就像居魯士征服巴比倫後，他之所以敢宣稱自己是所有巴比倫神明的寵兒，是因為他不信任何神明；同樣地，阿爾塔費尼斯透過佔有呂底亞人的傳統，並按自己的目的加以扭曲，顯見他對一個令人苦惱的真理之理解：只要征服者懂得狡猾利用，一個民族珍愛與死守的傳統一樣可以被用於奴役他們。這個座右銘為波斯廣大地域的眾多太守所信奉，也是其整套帝國哲學的基礎。波斯人認為，無論哪裡的菁英階級，都可以透過這種方式誘使其順服。

菁英階級若不存在，大可從其他地方輸入。即使居魯士透過奉承馬爾杜克來討好巴比倫人時，也沒有忽略城中流亡者的期盼：這些流亡者當中的猶太人，在幾十年前被擄到巴比倫。因為居魯士明白，這些倒霉的俘虜——因其思鄉病——是潛力極大的資源。猶太位於美索不達米亞和埃及之間的樞紐位置，是具有戰略重要性的土地，值得進行小小的投資。所以，居魯士不僅批准猶太人回到他們長滿野草的家園，還出資讓他們重建耶路撒冷早已傾覆的聖殿。據說，猶太人的神耶和華因為感激這位波斯國王而稱其為祂的「受膏者」（anointed），即祂的「基督」[5]。「我必打破銅門，砍斷鐵門。我要將暗藏的寶物及隱密的財寶賜予你，使你知道提名召你的，就是我——耶和華，以色列的神。」[6]

居魯士的強盛，是猶太人自負的上帝所賜予的——這樣的觀念雖滑稽，波斯人卻絕對願意縱容。因為他們非常了解，一個奴隸有多願意相信自己是主人的寵兒。沒有比想像自己和國王具有某種特殊關係，更能讓一個臣屬民族獲得更多自我滿足，並確保其持續被奴役。事情一向如此：在波斯人仍是遊牧民族且無足輕重的歲月，他們對美索不達米亞的輝煌雄渾感受非常強烈。現在，他們成為世界的主人後，仍記得受財富與權力的魅力磁吸是什麼感受。

希臘的上層階級也一樣，他們早在波斯人出現以前，就受到東方王國的金碧璀璨吸引。酷愛運動與晚宴派對，並非這些時髦人士唯一的正字標記：就像衛城上的裝飾所招搖見證，任何帶有東方色彩的事物一樣是他們的最愛。如果連雅典這樣落後的地區都如此，那愛琴海彼岸的亞細亞海岸更不在話下。幾百年來，那裡的愛奧尼亞人培養出對東方異國風情的熱愛。「你們可以看見，人們在廣場上炫耀他們的紫色斗篷，全身散發出濃濃的香水味，精緻的髮絡一晃晃。」[7] 儘管如此，愛奧尼亞人對其主人來說仍是一個謎團和挑戰。在波斯人看來，愛奧尼亞人唯一會做的事似乎是互相爭吵。他們無歇止的互鬥給征服他們的波斯人幫了大忙，也讓他們成為一群讓統治者疲累不已的民族。呂底亞人有他們的官僚階級，猶太人也有他們的祭司，但希臘人看來只有變幻莫測與界線不明的黨派。

即使擅長心理側寫，波斯人為了駕馭愛奧尼亞屬民也傷透了腦筋。有些薩第斯的顧問的確曾對阿波羅的祭司寄予厚望，認為他們是希臘人中最像「法師」的一群人，建議提供神廟豐厚佈施來籠絡愛奧尼亞人。

對此策略的熱中，甚至傳染到最高層，連大流士在聽說哪名官員侵犯了阿波羅的特權時都會大加責難。不過，如果他希望能請來希臘的光明之神為阿爾塔神的大業服務，他就要大大失望了。簡單來說，以阿波羅的個性，祂不會教導信徒真理的重要性。祂在德爾斐，一如祂在愛琴海南部海岸迪迪馬（Didyma）的神諭所，寧願以吞吞吐吐的方式說話。但比起同為神祇的雅典娜，至少進步多了，因為女神極愛賜予人們說謊的天分。

波斯人如何看待這些神祇？事實上，很難有比祂們更令其震驚之事，唯一的例外是奧尼亞菁英中的某些前衛派主張的、宇宙根本無神聖計畫的說法。第一批哲學家雖生活在波斯帝國，但很難說他們支持萬王之王的聲稱或理念。大流士的崛起，證明他受到阿胡拉．馬茲達的青睞，但一個大膽的愛奧尼亞人也許只會在其中看到自然原理的運作。這些原理的確切性質備受熱烈爭論。某位哲人也許會主張，由於整個世界都是出自於「氣」（air），所以把波斯帝國及其運作化約為濃縮與稀釋的互動。另一位哲人也許會像瑣羅亞斯德那樣，主張「火」是基本元素，但卻認為「火」只是體現不斷的流變，而非體現真理或正義。對這樣的哲學家來說，相信有任何更深邃的秩序是最愚蠢的看法。「萬物生於火，亦復歸於火。」[8]這種意見並無可供太守的政治宣傳人員利用的成分。

不過，阿爾塔費尼斯有賴僭主去管理愛奧尼亞。他這麼做是因為沒有其他辦法了，但此舉也讓波斯的勢力沒有牢固的立足點。事實上，這種措施搞不好是設計來說明一個頗受某些哲學家青睞的理論（他們認為，該理論只是一個可觀察到的事實）：世界的一切都處於矛盾和衝突中。畢竟，愛奧尼亞貴族不比其在愛琴海彼岸的同胞更熱中於接受僭主統治。波斯人總是支持某一派系，遂不可避免地陷入愛奧尼亞貴族無窮無盡的政治鬥爭中。在薩第斯，他們可以依靠一個有效率且體面的官僚系統來管理，但在愛奧尼亞卻只能依賴詭計、黨爭和間諜。一個波斯代理人必須能夠證明自己就像任何希臘人一樣，善於搞暗算的勾當。對阿爾塔費尼斯來說，他的挑戰是挑選勝利者，保持他們的權力直到失去作用為止，然後以最不費勁的方法廢掉他們。

這些僭主非常清楚自己在太守的藍圖中所扮演的角色，相較於希臘本土的僭主，他們承受的壓力多了好幾倍。雖然他們少不了波斯人的支持，但也為此付出昂貴的代價；因為一名愛奧尼亞僭主除了必須應付其他貴族的嫉妒，還需應付兇暴與仇外的低下階層的不信任。雖然貴族們已證明自己樂於配合異族主子，但他們的國人同胞卻無比藐視任何異族人。一個好例子是愛奧尼亞最傑出的哲人，也是第一個哲學家泰勒斯（Thales）。他說，他要為三件事感謝老天：「首先，讓我生而為人而非禽獸，其次，讓我生為男人而非女人，第三，讓我生為希臘人而非異族人。」[9]愛奧尼亞人好稱鄰邦人為「野蠻人」，譏笑他們的語言是「南蠻鴃舌」。不會說希臘語已夠可恥，而這種缺失被認為是反映了一種更要不得的缺陷。愛奧尼亞人對異族風俗習慣的不信任早可見於其被波斯國王征服之前。例如，在克里瑟斯統治的時代，呂底亞人受到愛奧尼亞貴族的崇拜，但卻被絕大多數買不起紫色斗篷、香水或金質餐具的愛奧尼亞民眾鄙視。關於一位早於克里瑟斯的呂底亞國王的中傷謠言熱烈流傳著。據說一位國王推廣女性割禮以減少對宦官的需求，另一位則喜歡將自己王后的裸體展示給偷窺者觀看。還有一位國王嗜吃人肉：有天早上當這位國王自前晚的狂飲中醒來後，發現自己的嘴裡銜著妻子的手。

會模仿這些怪物行徑的希臘人，都是怎樣的人呢？貴族的批評者喜歡暗示，這些希臘人是心理倒錯與自甘墮落之人。呂底亞就像它那些臭名昭彰的老練妓女，是洪水猛獸，任何投入其懷抱者都應受到鄙夷。剝去蠻族人大受貴族讚賞的錦帽鵰裘，剩下的只是無比骯髒的真相：薩第斯宮廷被比作一個「說呂底亞語」（speaking Lydian）的妓女，她跪在後巷裡，一面戳著嫖客濕淋淋的屁眼，一面捏住對方的睪丸。「巷子裡臭氣熏天，成群的糞金龜逐臭而來。」[10]這個畫面著實噁心驚人，也正好隱喻了一個噁心驚人的事實。貴族正在屎堆裡打滾，僭主們則是脖子以下都埋在屎堆裡。

這讓僭主們只剩兩個選項：若不是以賣國賊的身分進行統治，就是被憤怒的暴民以私刑處死。但如果他們有機會給自己的主子一次毀滅性打擊，情況又將如何呢？這當然是一個異想天開的假設性問題。但在西元前五一三年，這個問題曾經顯得異常有現實性。[11]當時大流士剛在印度打了勝仗，帶著大軍取道薩第斯進入歐洲，到今日烏克蘭境內，對西徐亞人發動突襲。各個希臘人僭主奉旨前來，在黑海修建跨越多瑙河河口的浮橋等待國王的歸來。這些僭主中，一個是剛被征服且心懷不滿的雅典貴族米太亞德，他是菲萊德斯家族的成員，克森尼索的僭主。隨著時間一週週過去，看著天氣逐漸變冷，天色日趨灰黯，他想出一個膽大包天的計畫：切斷浮橋，讓大流士和他的軍隊被困在多瑙河冰冷的北岸。西徐亞顯然沒有地方可以過冬。那裡的暴風雪十分驚人，而且土著嗜飲人血。愛奧尼亞人有能力讓萬王之王完蛋——這樣的可能不難想像。到了深秋，當波斯先頭部隊離開浮橋僅幾天路程時，這個讓人心癢難耐的危險念頭變得益發緊迫。僭主們舉行了一次會議，會議上米太亞德大力推銷自己的計畫。其他僭主心神蕩漾了那麼一下子，差點就被說服，但在此時有人提出了一個不太光彩卻很實際的反對理由。他指出，如同每個愛奧尼亞僭主所深知：「在座沒有人不是拜大流士之賜才成為國家元首。」[12]於是，他們投票決定繼續效忠，並且讓浮橋留在原地。他們小心翼翼地保守祕密，絕口不提曾經考慮背叛的事。包括米太亞德在內，全體僭主前往迎接主人的歸來。自由的前景也許甜蜜，但經權衡權力的現實後，就顯得不那麼甜蜜了。

對一位希臘人來說尤其如此，無論呂底亞或米底人，都特別珍視波斯人賜予他的權力。這位希斯提亞埃烏斯（Histiaeus）是多瑙河畔最戮力反對米太亞德大膽計畫的人，也是愛琴海唯一世界性城市米利都（Miletus）的僭主，並被公認為「愛奧尼亞之光」[13]。米利都是泰勒斯和哲學的誕生地，也是一部文化和經濟的發電機。這座城市有四座宏偉的港口，港內帆檣林立，有來自克里米亞的穀物船，也有來自敘利亞、埃及和義大利的商船，還有萬王之王艦隊的戰船。論富裕和熱鬧，希臘世界沒有任何城市能望米利都之項背。波斯人對米利都商港和海軍基地的角色極為珍視，以至於提供它別的愛奧尼亞城市所沒有的特權，讓它在成為波斯的附庸之外，享有近乎波斯盟友的地位。雖然希斯提亞埃烏斯從不讓米利都享有這種地位沖昏了腦袋，但很樂意利用這種優勢，凌駕於其他僭主之上，藉此和世界上最有權勢的人建立私人關係。

萬王之王自西徐亞返回後，不免要獎賞希斯提亞埃烏斯對波斯遠征軍的堅定支持。他把這位米利都僕人召到薩第斯，皇恩浩蕩地問他想要什麼禮物。此時大流士留在歐洲的部隊正向西推進，自克森尼索進入色雷斯，煞費苦心地想征服愛琴海北部海岸及其內陸，因此希斯提亞埃烏斯大膽地問道：「不知可否在這片新的太守轄區賞賜他一塊土地？」萬王之王點頭同意，於是希斯提亞埃烏斯便成了色雷斯一個名為穆爾基努斯（Myrcinus）地區的主人。這可不是普通的賞賜，穆爾基努斯位於一條寬闊大河的河畔，距離帝國和馬其頓王國的新邊界不遠，這裡蘊藏豐富的銀礦和森林。希斯提亞埃烏斯自然非常高興，此後他的勢力不再侷限於愛奧尼亞，他開始做更大的夢。

然而，就在他急忙趕往色雷斯，為自己的新領土建立一座城市時，波斯軍方已有人對此側目。清過一番嗓子後，他們開始向國王進諫，建議大流士別過分信任希臘人，尤其不該給希斯提亞埃烏斯這樣有野心的人太多權力。萬王之王當然不可能出爾反爾收回禮物，也不可能承認自己做錯了一個決定。他把希斯提亞埃烏斯召到薩第斯，宣布授予他更高的榮譽，作為替代方案，即「國王進餐同伴」的頭銜與希臘事務顧問的職位。因為大流士馬上就要離開薩第斯，希斯提亞埃烏斯自然獲得至高無上的隨行榮耀。他聽到後臉上出現了僵硬的笑容，西元前五一一年他打包行李，轉身離開家園前往蘇撒。

雖然希斯提亞埃烏斯坐困波斯宮廷的鍍金鳥籠，但他仍未放棄利用波斯霸權為自己的王朝建立一個愛琴海勢力基地的希望。當時，他的姪兒阿里斯塔哥拉斯（Aristagoras）在米利都代他當上僭主，很快就證明有其叔必有其姪。西元前五〇〇年，他向阿爾塔費尼斯呈上一份確信有益於雙方的計畫。他口若懸河地向太守建議，何不派遠征軍攻取納克索斯島（Naxos）？對於任何想渡過愛琴海、入侵希臘的人來說，納克索斯島都是一份珍貴的禮物，因為它位於任何入侵路線的途中。而且這個島國就像成熟的果子一樣準備好供人採摘：因為除了黨派鬥爭之外，納克索斯島還陷入階級戰爭，導致其貴族積極要求波斯介入。薩第斯可為入侵提供船隻，希斯提亞埃烏斯自己則可以提供納克索斯貴族中間的內應。這樣每個人都會成為贏家。

阿爾塔費尼斯請示過王兄後，對計畫點頭同意，這讓阿里斯塔哥拉斯大大鬆了一口氣。但他未向太守透露，他之所以提出這個計畫，其實是想在波斯人的要求與自己人民的要求之間取得微妙的平衡：即使以愛奧尼亞人自己的標準來看，米利都的階級仇恨仍然鋪天蓋地，眼看就要演變成嚴重的流血衝突了。這是因為米利都一如愛琴海諸島，熱烈地想模仿雅典民主革命的榜樣。雅典人曾經宣稱，愛奧尼亞首批殖民者是他們很久以前派去的。在米利都的街頭，呼籲建立民主制度、推翻僭主與終結蠻族統治的呼聲日益激烈。阿里斯塔哥拉斯在隨著波斯遠征軍前往納克索斯時，知道自己所下的賭注極高，一旦失敗，後果將不堪設想。

然而，他很快就發現，自己得面對失敗的後果。遠征過程中可能會出現的差錯全都發生了。佔領納克索斯島的企圖徹底失敗，雪上加霜的是，阿里斯塔哥拉斯與波斯遠征軍的司令官大吵了一架，對方湊是和阿爾塔費尼斯的堂兄弟。消息傳到薩第斯後，太守以其對愛奧尼亞事務慣有的果斷，解除了阿里斯塔哥拉斯的僭主職位。不過，阿里斯塔哥拉斯在叔叔的支持下，已經沒有什麼可輸的他對此做出驚人反彈。他在解職令抵達前自行退位，宣稱自己是追求民主的熱忱人士，表示希望看見愛奧尼亞所有的城邦確立民主制度。這種說法無疑是把火柴丟入火藥桶。革命隨即在整個愛奧尼亞延燒，僭主們一一被推翻，由民主政體取而代之，那些沒有被民眾用石頭砸死的僭主都逃到阿爾塔費尼斯了。

太守的怒火自然驚人，高舉民主旗幟的愛奧尼亞人踏出了致命的一步。他們拂逆大流士任命的太守，驅逐他所設立的政權，這形同是選擇向萬王之王宣戰。愛奧尼亞人在獲得自由之初，正處於飄飄然的心緒中，看來沒把這放在心上。但阿里斯塔哥拉斯對此十分明白，至少他沒有對國人同胞所須面對的巨大挑戰心存幻想。像波斯這樣的強權並非可以輕易對付，阿爾塔費尼斯的報復一定會來得又快又猛。如果愛奧尼亞的反叛城邦不想被徹底壓扁，那麼就不僅需要建立聯合陣線，還需要有效的艦隊和盟友。

但要如何取得艦隊和盟友呢？點子多多的阿里斯塔哥拉斯早就想出了一些計謀，第一個計謀尤其膽大包天。根據這個計謀，阿里斯塔哥拉斯的一個人馬要偽裝為阿爾塔費尼斯的下屬，把船開入米利都以北幾英里的波斯海軍基地，將在那裡擔任海軍將領的愛奧尼亞人集中起來，然後帶著艦隊返航米利都。[14]這個計

波斯帝國西部的太守轄地
克森尼索
阿拜多斯
赫勒斯滂
特洛伊
佛里幾亞
福西亞
呂底亞
薩第斯
愛琴海
以弗所
薩摩斯島
愛奧尼亞
拉德島
米利都
迪迪馬
納克索斯島
卡里亞
哈利卡那索斯
歐里梅敦河
N
1000 metres
0
100km
0
50miles

畫大膽又成功，鼓勵了阿里斯塔哥拉斯親自執行一個祕密任務。西元前四九九年冬天，他登上一艘戰艦，悄悄駛出城邦港口。隔著海灣，他看見高聳的米卡勒山（Mount Mycale）屹立於米利都以北。在過去，亞細亞的希臘人會在山上的「泛愛奧尼亞神廟」（Panionium）聚會並暢敘情誼，以後大概有很多機會可在那裡舉行作戰會議並策劃戰略，但不是現在。另一個更緊急的任務也等著阿里斯塔哥拉斯去執行。他持續航行，隨後在米卡勒山西端再過去一點點的薩摩斯島——開始消失在地平線上，前方只剩開闊的大海與通向希臘的海流。

不誠實的十年

西元前四九九年，拉刻代蒙的冬天。在斯巴達海軍基地伊西翁（Gythion）外海，有座名叫克拉納伊（Cranae）的小島，島上終年狂風吹拂，一片荒蕪。然而，任何看到它的人都會不由自主地聯想到炎炎夏天和閃耀的星光。在遼闊的夜空下，這裡是海倫和帕里斯（Paris）首次共度良宵之處——這段情慾糾纏很快點燃了席捲東、西兩方的戰火，讓斯巴達的戰船開入特洛伊的水域。這是一個吉兆嗎？當阿里斯塔哥拉斯的船行將開入伊西翁，望見克拉納伊時，心裡一定希望它是個吉兆，他的任務相當於遊說斯巴達參加第二場對抗亞細亞的大戰。

通往斯巴達城的路有三十英里之遠，一路上阿里斯塔哥拉斯反覆彩排向東道主陳述的誘因：波斯人富有甚於最貪婪之人的夢想；他們塗脂抹粉而且娘娘腔；「他們作戰時甚至會穿褲子。」[15]還有比他們更誘人的敵人嗎？更何況其中一個斯巴達國王已經證明，自己對發動先制攻擊情有獨鍾。即使在厄琉息斯遭受挫敗，克里昂米尼仍然是斯巴達無可爭議的第一強人。另一位國王狄馬拉圖斯在煽風點火導致雅典戰役流產後，被徹底打入冷宮。克里昂米尼從阿提卡歸國後，公然指控狄馬拉圖斯破壞戰爭的努力，又施壓公民大會通過一條法律：以後禁止兩位國王同時出戰，讓他的對頭形同於被關禁閉。事實上，狄馬拉圖斯如此地心情緊憋，甚至跑去參加奧運會的馬車賽；他想出風頭，但更糟的是，他不僅贏得了比賽，還炫耀自己的勝利。這種炫耀對任何斯巴達人來說是粗俗之舉，會這麼做的國王更是前所未聞。

不過，克里昂米尼同樣因為在雅典的失敗而背負創傷。當他接見阿里斯塔哥拉斯，討論愛奧尼亞的危機時，他讓他的客人相當震驚的是，他直接拒絕出兵的請求。阿里斯塔哥拉斯以為克里昂米尼想要索賄，因此在隨他回家的路上一再提高賄賂價碼。就連國王八歲女兒歌果（Gorgo）的出現也未能讓他收斂。聰明的歌果突然眼睛一亮地尖聲說道：「爹地，這個外國人想收買你呢，不要理他。」[16]女兒表現得如此早慧與正直，當然讓父親十足欣慰，不過即使沒有女兒提醒，克里昂米尼還是會讓阿里斯塔哥拉斯空手而歸。雅典戰役流產的苦澀滋味還在他的嘴裡揮之不去，更糟的是，來自北方的情報指出，斯巴達的老敵人阿爾戈斯人正重整旗鼓，密謀進行另一次攤牌。斯巴達需要把所有人力資源集中來對付這個逼近的危險，而克里昂米尼一點也不願派出半個重裝甲步兵到海外去。

這倒不是說克里昂米尼沒把波斯的威脅放在心上，已是老練戰略家的他當然明白，萬王之王與日俱增的野心已對斯巴達構成威脅。但這個威脅並非只針對斯巴達，也不是首先針對斯巴達。看著阿里斯塔哥拉斯頹唐地離開拉刻代蒙，克里昂米尼應該猜到他的下一站是哪裡。那年冬天，愛奧尼亞人並非唯一反抗波斯國王的人，希臘本土也有一個城邦這麼做了。西元前五〇七年，雅典人找過波斯人幫忙對抗克里昂米尼後，曾極度後悔自己向萬王之王獻出一罈水和一罈土。後來，熱心贊助僭主的阿爾塔費尼斯命令雅典重新接受遭放逐的喜庇亞斯，並被克里昂米尼視為最敏銳與詩意的正義之舉，雅典人當然拒絕了；從這一刻起，實際上他們已對波斯宣戰。在克里昂米尼看來，雅典人是自作自受。他確定雅典必然會答應阿里斯塔哥拉斯的請求，派一支特遣部隊前往愛奧尼亞。此舉將承受極大的風險，導致損兵折將，也可讓斯巴達人藉雅典人試探波斯軍力的強弱。

事實上，一些懂得盤算的雅典人不安地意識到這一點。貴族當中的聰明人了解波斯人的實力與現實政治的原則，因此在聽取阿里斯塔哥拉斯的煽動戰爭言論時滿懷驚恐。不過，現在公民大會不是由貴族支配，雅典人民因急於洗雪一度臣服於阿爾塔費尼斯的恥辱，又被跨海拯救同胞的念頭所激勵，而陶醉在輕易擄獲戰利品的幻想裡，因此熱烈投票，贊成派遣一支二十艘船組成的艦隊，加入攻擊波斯人的行列。阿里斯塔哥拉斯曾經指出，民主政體特別容易沉迷於戰爭的狂熱中。正因為如此，「他在一個人那裡得不到的東西，卻成功地在三萬名雅典人的集會中取得。」[17]

對於阿里斯塔哥拉斯與愛奧尼亞人來說不幸的是，這個世界除了雅典之外，再也沒有其他的民主國家。事實上，除了尤比亞島上埃雷特里亞（Eretria）這個利益長期受波斯威脅的商業港口，雅典是整個希臘唯一被阿里斯塔哥拉斯遊說成功的城邦。然而，這個澆人冷水的統計數字並無讓雅典的公民三思，反而更興旺了他們的卓異主義（exceptionalism）和使命感。西元前四九八年春天，歷史上首支民主的特遣部隊開出了法里龍港（Phalerum）。它沿著阿提卡的海岸線向東航行，很快就和來自北方埃雷特里亞的五艘船會合，然後勇敢駛出雅典人的視線之外，朝愛奧尼亞駛去。但它沒有離開雅典人的心。那年初夏，人們聚在「陶器區」的酒館、阿戈拉或法里龍港，熱烈地等待消息。幾個星期後，終於有消息傳來。據說民主的士兵取得了輝煌的勝利。由於他們不屑於蜷縮在愛奧尼亞的海岸，便直接攻擊阿爾塔費尼斯權勢的心臟地帶：他們和愛奧尼亞、埃雷特里亞的盟友翻越保衛薩第斯的高山，沿著蜿蜒的偏僻小路，將波斯人殺得措手不及，然後突入平原地帶。阿爾塔費尼斯躲進宮殿裡；下城區被燒燬，討伐米利都的波斯遠征軍被迫返回。雅典人完成使命了，由於他們的英勇戰鬥，愛奧尼亞人肯定可以永遠享有自由。

完成使命了嗎？也許看來是如此。但過不了多久，從愛奧尼亞傳回的消息卻變成了壞消息。阿爾塔費尼斯被困在宮殿中，但希臘人因為人少又缺乏攻城器械，始終無法突破宮殿的高大圍牆。由於下城區的大火越燒越烈，他們無法保護庫柏勒神廟免於祝融。希臘人先是因為未能俘虜到阿塔爾費尼斯而感到沮喪，現在又因為褻瀆神靈而感到害怕。當他們疲憊不堪地回到海邊時，發現自己身陷波斯騎兵的重重包圍中。在距離他們的船不到一英里遠的地方，他們被迫轉過身來抗敵。在進行穿梭外交期間，阿里斯塔哥拉斯反覆形容波斯人「很容易打敗」[18]，但現在雅典人身處敵人多如雨點的箭矢與波斯鐵蹄揚起的塵土中，終於發現了可怕的真相。雖然他們穿著青銅鎧甲，但陣線開始被突破。埃雷特里亞指揮官竭力穩住隊形，卻在亂軍中被殺。少數倖存的雅典人成功突圍，一回到船上便馬上升帆遁逃。

當雅典民眾看到歸航的殘兵敗將，感到驚訝又困惑，他們終於明白阿里斯塔哥拉斯是一派胡言。他說波斯人娘娘腔與柔弱可欺，是他一廂情願的想法。雅典公民大會上的意見氛圍驟然丕變，從沙文主義變成畏懼不前，否決繼續參戰。不過，當初阿里斯塔哥拉斯提供雅典一些假情報，現在他卻指出自己獲得一些真正的成功：薩第斯被焚讓波斯人備受羞辱，為天下恥笑。從塞普勒斯到克森尼索，叛亂的星星之火已成燎原之勢，讓阿爾塔費尼斯的威望大受打擊。

不過，雅典人帶有重生孤立主義者的頑固，堅決不為所動。現在，他們從遠征行動中瞥見波斯的實力，並清楚看出，阿里斯塔哥拉斯的各種計畫與野心不過是空中樓閣。更重要的是，他們發現愛奧尼亞的重裝甲步兵在作戰範圍與速度上，都不能與波斯騎兵抗衡。事實上，兩者的實力懸殊，到了西元前四九七年夏天，即起事後兩年，叛軍便全被趕入大海，僅剩起事的起源地米利都仍然守住。雖然愛奧尼亞的艦隊還未被征服，卻無法從大海取得任何物資或人員補給。情勢如此嚴峻，對希臘人不抱希望的阿里斯塔哥拉斯便決定效法他叔叔，前往希斯提亞埃烏斯位於色雷斯的私人領地，弄些木材供艦隊使用，並招募一些僱傭兵。不過，當地土著甚至比雅典人更不支持其領主對戰爭的努力：他們不但不歡迎他，反而開始爭取自己的自由，並將他刺死。煽動反萬王之王的大叛亂的人，就這樣不名譽且令人費解地死去。

愛奧尼亞人獲勝的希望本來就很渺茫，而今更黯淡到幾乎熄滅。波斯要花上三年，才能重建他們在叛亂初期被拐走的艦隊，並從叛軍手中奪回制海權。但在這段期間，沒有人接替阿里斯塔哥拉斯的位置，愛奧尼亞人投入戰爭的努力開始遭到癱瘓。各個派系的領袖、階級和城市彼此互相鬥爭。這時，波斯的黃金比任何騎兵中隊更具有威力，開始發揮了效用，失敗主義者與勸和主義者的聲量轉高。愛奧尼亞艦隊仍停靠在被圍困的米利都外海島嶼，堅守著陣地，那裡共有逾三百五十艘戰船。這個數字聽起來很龐大，但這些船隻歷經好幾個寒暑的風吹雨打與陽光曝曬，都散發著一種帶有恐懼與絕望的臭味，就連身在遠方的焦躁雅典人也聞得到。

雅典人意識到，無論愛奧尼亞人如何防衛都注定會失敗；另一方面也預見到，萬王之王無情的目光很快就會盯上他們，於是雅典人開始恐慌起來，這個民主國家頭幾次勝仗所產生的醉人自信也快速消褪。在愛奧尼亞打敗仗並非雅典人最近吃到的唯一苦頭，十年來雅典深受埃伊納島（Aegina）海盜的騷擾。這個海盜窩位於薩拉米斯島以南僅僅十五英里處，在薩龍灣（Saronic Gulf）的中心，直接控制雅典航道的咽喉。政策一向被地主左右的雅典本能地根植於土壤，從未想過要建立一支海軍。即使面臨海盜不停騷擾，雅典也沒這樣的打算。誰會支付海軍的建軍經費呢？答案顯然不是窮人。但有錢人一定不會買單，因為他們認為，站在陸地上手持長矛與盾牌作戰，才是理所當然的。然而，雖然這種對海權的蔑視讓重裝甲步兵階級不需氣喘噓噓與汗水淋漓地划槳，但對打擊埃伊納島的海盜沒有幫助。事實上，雅典人對敵人束手無策，只能眼睜睜看著他們港口陷入火海。當然，海盜在陸上並非雅典人的對手，他們只構成騷擾而非威脅。但事實上，這完全無法減少雅典人的煩躁。尤其有個問題特別令雅典人困擾：如果他們連自己外海一個彈丸小島都無法打敗，又怎能指望抵抗一個超級強權的狂暴進攻？

隨著愛奧尼亞上空的戰雲變暗，一個來自過去的陰影開始在雅典縈繞。西元前四九六年夏天，雅典人民選出了一名新的執政官，但他的名字卻暗示著自由即將崩潰。喜帕恰斯（Hipparchus）不僅是庇西特拉圖家族政權中著名大臣之子，還是被放逐的僭主——喜庇亞斯的妻舅。看來他是為姊夫回國鋪路、與阿爾塔費尼斯議和、以及讓萬王之王寬恕雅典人火燒薩第斯行為的理想人選。在此事件中，民主仍站得很穩：雖然愛奧尼亞不斷傳來壞消息，但喜帕恰斯在執政官任內並沒有私通外國的行為。然而，投降的誘惑——求和派喜好稱之為現實主義——仍持續侵蝕人心。有人「陰謀出賣」雅典的謠言在城中四處流竄，就像一百年前那樣，以投機份子著稱的阿爾克馬埃翁家族受到強烈的質疑。克里斯提尼是雅典民主的開創者，卻少有人懷疑，他的家族一旦獲得充分誘因，就會出賣雅典。雖然一直找不到證據，但這助長了人們對雅典民主政體的疑惑。人們肯確定萬王之王的黃金已透過管道進入雅典，而這些黃金若不是去到一個阿爾克馬埃翁家族成員的口袋，就是落入另一名雅典人的口袋。政治人物互相懷疑，日益不安地等待來自愛奧尼亞傳來的消息，同時也耍手段為自己牟利。

當然，對貴族來說，這只是老把戲，他們天生是投降派。就像愛奧尼亞的貴族，雅典貴族寧可和萬王之王妥協，也不願讓自己的城邦有被消滅的風險。民主的熱忱之士明白這點，因此越來越不信任菁英階級，也懷疑他們的忠誠。當然並非所有的貴族都必然是潛在的通敵者，例如，米太亞德雖是顯貴中的顯貴，但他從愛奧尼亞大起義開始，就是克森尼索最積極的自由鬥士。但即使如此，他仍是以僭主的身分統治自己的采邑——看在雅典那些神經過敏的民主主義者眼裡，這並非好事。

然而，他們要到哪裡尋找領袖呢？大概要往新一代與新品種的政治家那裡尋找吧。此人不會像世家大族的子弟那樣，對於談論人民的權力感到不自在，反而會受到這種談論的激勵。讓「世襲貴族」驚恐萬分的革命，才是為才智野心雙全的公民打開罕有的機會。例如，雅典進入民主才十年，一位名叫地米斯托克利（Themistocles）的年輕人就夠格爭取雅典最高的官職，即使他生於一個不特別顯赫的家族。他的父親雖出身貴族，但對擔任公職毫無興趣，更要命的是，他的母親不是雅典人所生。在更早之前較為沙文主義的時代，有這樣的母親就足以讓地米斯托克利得不到公民權。後來，由於克里斯提尼的改革與十個「部落」需要充實人口，才變更法律。因此，地米斯托克利對雅典民主的忠心尤具個人色彩，也讓他對公職的渴望就像一個陷入譫妄的病人那樣渴望得到醫治。他認識到，在一個由人民統治的國家中，才有衡量名聲的牢靠指標。他曾問過自己的朋友：「當我還不能讓別人嫉妒我時，你們又憑什麼評價我？」[19]

西元前四九四年，這位傑出和雄心勃勃的年輕人年滿三十歲，經過多年的等待，他終於符合競選執政官的年齡。隔年，他下定決心爭取這個官職，而且大有獲勝的機會。他雖無政治事務的相關經驗，也沒有後台，但擁有明日之星的所有特質。他的脖子像公牛一樣強壯，頭髮短且身材結實、面容剛毅——後人形容他擁有「真正英雄」的外表，[20]看起來無戰不勝、無法毀滅且充滿力量。不過，他絕非四肢發達、頭腦簡單的類型。他的頭腦極其靈活與機智，最終會讓他的國人同胞大吃一驚。雖然在雅典的新民主制度中，政治人物用不著耍手段，但地米斯托克利卻擅長此道：他懂得如何近身肉搏、串連與瞎掰。最重要的是，他懂得爭取能見度。例如，他沒有住在家族的莊園，而選擇住在「陶器區」的下風處——「劊子手門」附近。那是丟棄遭處決的罪犯與自殺者屍體的地方，所以是個有害健康的地點，但這裡距離阿戈拉只有幾步之遙——這正是吸引地米斯托克利之處。為了讓大人物不致對這個不吉利的地方卻步，他邀請著名音樂家在自家彩排。因為急於交朋友並產生影響力，他當上律師並成為雅典民主政體中第一位透過擔任執業律師來為公職生活進行彩排的候選人。最重要的是，他天性和藹可親愛好社交，也百般討好窮人，因而贏得窮人的熱愛。地米斯托克利把目光放在一批嶄新的選民身上，並經常走訪酒館、市場和碼頭這些以前沒有政治人物想去的地方，務求做到記住每個選民的名字。

他不只因為野心勃勃才這麼做。雖然他所做的一切都攸關自己的利益，但他不僅把窮人看成選民，還看成是拯救城邦未來的力量。這是一種令他的同儕吃驚的想法，但「地米斯托克利的過人之處在於，他可以預見未來，洞悉一切的可能性——無論好壞。」[21]這位素人政治家比任何一位前輩都更能清楚看出，城邦未來的生存依賴海洋而非陸地，戰船的力量又依賴槳夫的集體肌肉。也許有人會認為，這種想法太不現實，當時雅典連一個像樣的港口也沒有，遑論戰船。不過，把眼光放得極長遠的地米斯托克利卻毫不動搖。他在一個宣言中力主在比雷埃夫斯（Piraeus）興建新港口，取代其他不入流的既有港口。比雷埃夫斯是法里龍港再過去一點的地岬，其海岸線能提供的不是一個而為三個天然良港，足以容納任何艦隊，而且堅固易守。它比法里龍港與雅典城的距離多了兩英里，但地米斯托克利強烈主張，在比雷埃夫斯設立新港莫巨大好處，這個缺點只是小小的代價。其中的好處包括：讓雅典不斷擴大的商船船隊擁有一個安全的港口；讓雅典得到一個足以匹敵科林斯和埃伊納的貿易樞紐；避開埃伊納島的海盜。若假以時日，有足夠經費並視情況需要，這裡還可以成為一個海軍基地……。

地米斯托克利不想嚇到地主，當他論及海權時，他沒在這最後一點上多所發揮。但到了西元前四九四年春天，整個雅典都被來自海上的陰影所籠罩。從東方傳來的消息一天比一天糟。波斯艦隊終於開動了。據報，愛奧尼亞人的領袖偷偷在米卡勒山上岸，又像難民一樣地偷偷摸摸爬上山，在荒廢已久的「泛愛奧尼亞神廟」聚會。在清除那裡的雜草後，他們決心和波斯人一戰，把希望寄託於孤注一擲。正如這些領袖痛苦意識到的，他們的起義已經到了生死存亡的關頭：「一方面是自由，另一方面是奴役——而且是逃走的奴役。」[22]愛奧尼亞人別無選擇，只好把所有最後的儲備投入艦隊之中。然後他們繞過米卡勒山，向南朝離米利都港口兩英里的小島拉德島（Lade）駛去，在那裡建立基地。他們的四周環伺著六百艘敵人的戰船，決戰一觸即發。整整數日，彷彿被即將爆發大戰的巨大規模嚇到一般，雙方都不敢輕舉妄動。整個愛奧尼亞、雅典和希臘世界都繃緊了神經；僵局仍持續下去，人們在各處港口焦慮地等待消息。

當夏天臨近時，消息終於傳來了，但消息卻像人們一直害怕的那樣可怕。愛奧尼亞人因為在他們的小島基地上挨餓，輕易就受到波斯人分化。當他們的艦隊出動迎戰波斯的突擊時，卻在駛入米利都海灣時，其戰線迅速被擊破。有些來自薩摩斯島——一座面對米卡勒岬（Cape Mycale）的小島——的船長私下和波斯人達成協議，他們雖保住了性命，但也讓那個長期帶給他們商業蔭庇的城市走向滅亡。隨著其他仿效者掉頭離開，愛奧尼亞艦隊戰敗的命運無可避免。港灣中漂滿屍體，疾病開始在街道上散播，一切取勝的希望在拉德島四周的水域消失了。米利都人很快就屈服於波斯人的攻城機器下。阿爾塔費尼斯佔領這座城市後，展開瘋狂的報復，行為近似亞述人。米利都這顆愛琴海的明珠曾經是波斯國王最喜愛的盟友，如今已付之一炬，城裡的男人遭到屠殺，女人被強暴，男孩被閹割，女孩淪為奴隸。剩下的倖存者被捆綁起來裝上一輛輛馬車，連同堆高的戰利品，一起踏上前往勞動營與波斯後宮的漫漫長路。一路上，他們遇到朝反方向而去的屯墾者，這些人都是獲得阿爾塔費尼斯賞賜土地的忠心之士。這就是萬王之王曾發誓要加諸造反者的命運。

下一個被他目光盯上的人將會是誰？他的憤怒有終點嗎？若說米利都被摧毀的消息帶給雅典與埃雷特里亞全然的恐懼，那麼他們的鄰邦一樣會感到不寒而慄。雖然一直忙於彼此爭吵，但現在連鎖國最嚴重的希臘城邦都不得不抬起頭來，認識到波斯是他們不可輕忽的一股勢力。這會導致什麼樣的後果？他們有許多不同的選項，但並非全都很光彩。例如：阿爾戈斯人——對斯巴達人的痛恨遠多於對自由的熱愛——他們早在米利都陷落前做出了決定。[23]炫耀杜撰的世系本來就是他們外交政策的一部分，而這次阿爾戈斯人更派遣使者前往薩第斯，指出波斯人其實是古代一位阿爾戈斯國王的後人。儘管這個說法十分牽強，但光看名字，那名被阿爾戈斯人挖出來當波斯人祖先的英雄——波修斯（Perseus），的確有幾分可能是波斯人的祖先。由於阿爾戈斯和波斯都能從這種想像得到的親戚關係中得到好處，於是雙方簽訂合作協議。基於這項協議，波斯人可望在伯羅奔尼撒半島取得一個立足點，阿爾戈斯人則可看見他們的遠親——萬王之王——把斯巴達夷為平地。

斯巴達人在被居魯士奚落後，便開始敵視波斯，但他們對於阿爾戈斯人和蠻族攀親附貴的做法，更覺得其可憐兮兮，而非視之為一種威脅。然而，隨著愛奧尼亞被摧殘的消息傳來，情況有了一百八十度大轉變。勝利的波斯與尋仇的阿爾戈斯聯合起來，成了斯巴達人最大的夢魘。克里昂米尼曾回絕在愛奧尼亞與蠻族作戰的機會，現在卻決定透過攻擊阿爾戈斯，來間接打擊波斯人。西元前四九四年夏天，當波斯人仍在愛奧尼亞粉碎叛軍的力量時，克里昂米尼帶著軍隊北上，展開一場殲滅戰。他不容許任何人阻擋去路。當他的占卜師指出，如果他的軍隊渡過阿爾戈斯的河流會惹怒河神時，克里昂米尼拒絕改道，只語帶輕蔑地說了一句：「這個河神可真愛國啊！」[24]接著，他在西皮厄村（Sepeia）旁邊的戰場上擊潰阿爾戈斯人的軍隊，當看見倖存者逃入一座聖樹林時，他大聲喊出幾個阿爾戈斯人的名字，說他們的贖金已繳付。當這些人從樹林走出來，他便一個個將他們處決。其他阿爾戈斯逃亡者識破這個詭計後，他乾脆下令燒毀聖樹林。

當然，這是一次令人髮指的罪行，對希臘人來說，可怕程度不亞於米利都被屠戮。克里昂米尼為了逃避褻瀆神明的罪名，假手「黑勞士」放火，但大火冒起滾滾濃煙（夾雜著油脂和血肉），向其他城邦警示：斯巴達絕不容許所有對拉刻代蒙的威脅。一整代阿爾戈斯人被屠殺，領土遭分割，國力變得非常衰弱，以致連邁錫尼那樣的小國都能擺脫其桎梏。這是敢於挑戰斯巴達權勢的國家之下場的血淋淋例子。波斯人應該引以為戒，任何入侵都會遭遇堅定的抵抗。斯巴達誓言，不惜代價也要保衛國土。

由此可知，雅典在對抗憤怒的萬王之王一事上，並非完全孤單。西元前四九四年冬天，雅典人似乎被愛奧尼亞人曾表現出的猶豫所癱瘓。他們大概對於不斷自愛琴海對岸傳來的惡耗麻木了。據說，愛奧尼亞這片曾經欣欣向榮的樂土變得一片荒蕪。波斯人所過之處雜草叢生，逃入山中的倖存者疲於躲避獵狗和撒網人的追捕，少數沒被擄走的米利都人對已化為焦土的哲學誕生地哀痛不已。當雅典人想到雅典也許會遭遇同樣的命運，便悲不自勝。西元前四九三年春天，當觀眾看到「城市酒神節」所上演的悲劇未如預期取材自神話，而是直接取材自米利都的命運，「劇院中每個觀眾都感動落淚。」[25]這齣悲劇很快就被禁演，劇作家也被重罰。在在看來，雅典人回應波斯威脅的方式，就是把頭深深埋在土沙地裡。

然而，他們心底深知，萬王之王的軍隊正在迫近，他們也知道自己只剩兩個有效的選項：求和、通敵和投降，不然就是戰鬥。一切跡象都表明，任何決定都不能拖太久。當看戲的觀眾擦乾眼淚不久，東方戰雲積聚的另一個鮮明提醒出現在法里龍港。米太亞德頂著光環回來，他比任何雅典人都更英勇地和蠻族人作戰，在回國的路上受波斯艦隊追擊，他僥倖逃脫。不過，他在雅典也有很多敵人：他受同儕憎恨並為人民害怕，他四射的魅力看似與雅典四面楚歌的民主格格不入。登岸沒多久，他就發現自己遭到起訴，罪名是「在克森尼索進行僭主統治」[26]。這個官司將在是年稍晚開庭。

判決結果所影響的，遠遠不只是米太亞德個人的命運。雅典人在面對這位首屈一指的反米底人鬥士，是否有勇氣讓他們長久以來所害怕的潛在潛主無罪開釋？或者他們會選擇繼續陶醉於黨派鬥爭的樂趣之中？每個公民一定會有自己的意見，但最有影響力的意見來自年度的國家元首——首席執政官。這就足以讓西元前四九三年的執政官選舉變得特別重要；當勝利由一名堅決反對求和政策的候選人贏得時，米太亞德想必大大鬆了一口氣。地米斯托克利確實極嫉妒米太亞德，而且毀掉一個充滿魅力對手的誘惑一定十分巨大。但他堅拒這種誘惑，被起訴的米太亞德獲無罪開釋。不久後，他被選為自己「部落」的軍事首長，即負責為雅典的最高指揮官——軍事執政官——提供建議與支持的十位將軍之一。看在波斯間諜眼裡，就像斯巴達人在西皮厄村火燒聖樹林一樣極具挑釁意味。它帶給米太亞德左右城邦防務政策關鍵性的影響，民主似乎終於拿定了主意。在在看來，雅典已下定決心，像斯巴達人一樣背水一戰。

通往馬拉松之路

所有的雅典人都不會懷疑，萬王之王決意摧毀民主制度。據說，當大流士收到薩第斯遭焚毀的消息時，便命令人取來象徵王權的弓箭，向天空射出一支火焰箭，而且心中向阿胡拉·馬茲達禱告，發誓要讓雅典人受到罪有應得的懲罰。他極為憤怒，胃口一直沒有從震驚中完全恢復。此後，據說他要求僕人每次都在他用膳時於他耳邊低語：「主人，勿忘雅典人。」[27]

如今在波斯波利斯的內廷，人們每天都會提到一個原本默默無聞的偏遠民族，這當然不是一樁簡單事。儘管雅典人因為想像自己是萬王之王的心頭大恨而毛骨悚然，但對此又有幾分自豪。不過，從大流士未立即從亞細亞席捲而來可反映出，雅典人也許過於為自己的臉上貼金。波斯帝國的規模如此龐大，需要萬王之王費心的地方多到超過大部分希臘人的理解。當克里昂米尼從阿里斯塔哥拉斯那裡打聽到蘇撒離大海有三個月的路程時，不敢置信地跳了起來。只不過在蘇撒以東，萬王之王統治的版圖還要走三個月才能走完。如果雅典人知道這件事，在等待自己的末日時理應會得到一些小小的安慰，但同時知道，自己並非大流士唯一關心的對象，甚至不是最緊迫的。

但這並不代表他毫不關心，萬王之王的心思兼顧天下、無遠弗屆。他總是可以知道任何遙遠邊界危機的最新進展。大流士統治的幅員驚人，但他臣下的巧妙設計卻讓這個幅員大大縮小。沒有人不對波斯人的通訊速度嘖嘖稱奇，萬王之王透過一個個烽火台傳遞訊息，幾乎在一個事件仍醞釀時便已得知。在帝國更多山的地區，特別是波斯本身——那裡的山谷有很好的傳聲效果——更詳細的情報可以透過聲音接力傳遞。波斯人「學過控制呼吸的技巧，並有效利用肺部的技術」[28]，其聲音是出了名的洪亮；透過峭壁和溝壑的回聲來傳遞，很多要一個月才能靠走路傳遞的訊息，可在一天內完成。波斯人比之前任何人更明白，駕馭資訊就是駕馭世界。

因此，波斯強大的最終基礎既非其官僚系統，甚至不是軍隊，而是道路系統。這些由塵土構成的珍貴路徑，是帝國龐大身軀的神經系統，消息沿著它們從一個節點流向另一個接點，川流不息地傳向大腦，或從大腦對外傳出。讓克里昂米尼大驚失色的距離，已由不斷往返路經的朝廷大臣化為無形。每天黃昏，送信的人在辛苦騎馬騎了一整天後，都會找到一處可供休息的驛站，為他提供床鋪、飲食與第二天早晨用的新馬匹。最緊急的消息可以在風雨交加與日夜不停趕路下，兩週內從愛琴海海岸傳送到波斯波利斯。這種速度快得不可思議，而且前所未見。無怪萬王之王控制的高速公路訊息網讓人民高度敬畏，並認為是波斯勢力最可靠的指標與展現。

驛道的管理非常嚴格，任何沒有「通行證」的人都不許涉足其間。由於每份「通行證」都是從波斯波利斯或太守府發出，擁有這種證件的人都擁有一種特權。事實上，波斯帝國主義的兩大狂熱——填寫表格與嚴格的社會層級制度，便是在通行證制度中完全融合。一個官員若想知道自己在帝國位階系統中的確切地位，最好的方法莫過於晚上抵達一處驛站時，看看自己的「通行證」能換來多少物資配給。若是帝國中最重要的人物——比方說當初與大流士刺殺巴爾迪亞的六位同謀之一，那麼他和他的隨從人員可以得到一百夸脫葡萄酒。如果他是位於食物鏈的最低階，也許他會發現，自己得到的葡萄酒配給令人蒙羞，還不及一頭好馬。波斯人對於以「通行證」作為管理世界的基礎感到非常滿意，不僅官員和士兵，就連婦女和兒童乃至禽鳥，都能透過所得的配給知道自己在帝國架構中的明確位置。例如，如果一隻鴨子養來做為國王的菜餚，那麼它每天都可得到一夸脫的葡萄酒。相較之下，一名年輕女孩也許每週才獲得一夸脫葡萄酒的配給。

男人、女人、小孩、馬匹、水禽，這一切都一絲不苟地受到大流士官僚系統的管理。除了各個太守府有萬王之王的「耳目」一直監視追蹤外，驛站的每一筆交割也都需要填寫記錄，由管理人員和收受者共同蓋章，然後送往波斯波利斯的中央檔案庫存檔。如此嚴密地監控通行於驛道的人員，讓那些因事耽擱的行程與未能準時到達目的地者，可能會在抵達驛站當晚得不到原定的配給額。那些沒有「通行證」的旅人不僅會捱餓，還會很快遭到追捕並處死。就連沒有得到國王或太守批准而遞送的郵件，一樣會被燒毀。只有最狡猾的人可望逃過驛道巡邏人員的監控。例如，在西元前四九九年時，希斯提亞埃烏斯為了和遠在米利都計劃造反的姪兒聯絡，剃光了一名最信任奴隸的頭髮，在他的頭皮上刺字。「等奴隸重新長滿頭髮，希斯提亞埃烏斯派他到米利都，讓阿里斯塔哥拉斯剃光他的頭，讀出上面的內容。」[29]這就是沒有「通行證」

的人所必須具備的巧思。

然而，萬王之王的敵人要如何與大流士龐大的情報資源競爭？答案是沒有好辦法。例如：身處亞細亞最邊陲的愛奧尼亞叛軍，對波斯軍隊的動靜往往只有極模糊的概念。這和大流士驚人的靈通形成鮮明對比：雖然他離戰爭舞台遠達一千五百英里，卻彷彿人在現場，對局勢的最新發展瞭若指掌。例如，在西元前四九四年開頭幾週，最後的進攻計畫就是由他親自制定的——數週後這個計畫讓斯人在埃德島大勝，並且洗劫米利都。大流士特別詳知這次戰役的細節，因為他主要的希臘事務專家——一位名叫達提斯（Datis）的將軍——親自從愛奧尼亞為他送來情報，讓他能夠知道前線的最新消息。沒有比達提斯地位如此高的人長途跋涉前往波斯波利斯報告，更能反映出萬王之王對情報的無比重視了。就像愛奧尼亞的最早征服者哈爾帕格一樣，達提斯是米底人，但他在競爭性配給系統裡的地位不輸給任何波斯顯貴，可謂重量級的人物。他每日的葡萄酒配給量為七十夸脫——連國王的妹妹都會滿意的配給量——這是為具有特殊軍事才能或功績者提供的獎勵。

波斯人的情報功夫的確做得非常到家，但這不代表大流士沒有誤判的時候。其中一個重大失誤發生在達提斯到波斯波利斯服務的兩年前，當時他派希斯提亞埃烏斯前往薩第斯擔任欽差大臣。阿爾塔費尼斯非常不喜歡這個狡猾的米利都人來到自己的地盤，但又不願觸怒兄長，故希望這位不速之客盡快投向敵人。他指出：「我們不要轉彎抹角了。穿鞋子的人雖為阿里斯塔哥拉斯，但那雙鞋是你造出來的。」[30]希斯提亞埃烏斯聽到後臉色發白，當晚就從薩第斯開溜，但未因此停止搗亂。他以最高的技巧在間諜圈混水摸魚、鼠首兩端，又把阿爾塔費尼斯的陰招還施彼身，大膽在太守的宮廷內部煽動叛亂。看來，喜歡內鬥的不只有希臘人，這次危機對阿爾塔費尼斯構成極大的威脅，讓他被迫對國人同胞進行大規模的清洗。幸而這種無情的手段剛好讓他可以恢復秩序，從那時起，希斯提亞埃烏斯成了被追捕的對象。在整個平定愛奧尼亞人叛亂的過程中，沒有什麼比抓到他更讓阿爾塔費尼斯高興；在拉德島的戰爭得勝一年後，阿爾塔費尼斯終於逮住了這位背信忘義的、王兄過往的最愛。當希斯提亞埃烏斯被鎖鏈綁著拖到太守面前時，鎮定自若地堅持，他要回到萬王之王身邊。阿爾塔費尼斯滿足了他的要求：他把希斯提亞埃烏斯釘死在尖樁後梟首，頭部醃漬於鹽裡，並以快遞送到蘇撒。

希斯提亞埃烏斯被處死與米太亞德逃回雅典，這兩件事都標誌著愛奧尼亞人抵抗的結束。然而，阿爾塔費尼斯的工作仍未結束。他贏得戰爭後，現在得面對同樣艱鉅的任務——贏得和平。愛奧尼亞被六個夏天的野蠻戰爭踐踏得體無完膚。田畝荒蕪，船隻在海港的死水中漸漸腐爛，道路荒草叢生，村莊和城市淪為焦土。倖存的愛奧尼亞人因為挨餓，不可避免地因少數未布滿荊棘與蕁麻的農田發生爭鬥。為此，他們幾乎用盡最後的力氣，重新武裝。阿爾塔費尼斯不允許這樣的事情發生，馬上進行干預。各個愛奧尼亞城邦的代表被召到薩第斯，迅速發誓永保和睦。此後，所有邊界糾紛都不是由武裝衝突解決（這是希臘人的傳統），而透過有波斯武力為直接後盾的中間人進行仲裁。就連愛奧尼亞人自己都承認，這種發展對他們並非全無好處。[31]保護屬民不受其最壞的本能引導、促進穩定與貢賦的正常繳納：一如以往，這些都是太守預設的政策。在使用恐怖手段達到他的目的後，現在阿爾塔費尼斯可以鬆一口氣，改為爭取人心了。因為意識到愛奧尼亞人有多厭惡僭主統治，他甚至在某些情況下，縱容他們搞民主。畢竟只要帝國的和平獲得保障，希臘人選擇如何管理自己也就不那麼重要了。

這種縱容當然不涵蓋那些仍保持武裝的人，甚至在阿爾塔費尼斯在為愛奧尼亞——這個往後長期被視為公平與正義楷模之地——流血的傷口敷藥時，桀驁不遜的雅典人仍然是揭開的傷口與持續的威脅。對雅典的懲罰拖延越久，恐怖主義國家在希臘多山與難抵達的野地孳生的危險就越大，這樣的前景對任何波斯戰略專家來說都是一場夢魘。不過，萬王之王考慮到的遠遠不只是地緣政治的問題。阿胡拉．馬茲達並非白白把世界交給他統治。他所肩負的最神聖職責，莫過於搗毀「謊言」的要塞。雅典當然是叛亂者的巢穴，但更險惡的是，它還是魔鬼的家園，所謂魔鬼就是假神祇；他們選擇背叛阿胡拉．馬茲達，「追隨憤怒的道路，腐蝕人的生命。」[32]只有火焰——曾經清洗並淨化愛奧尼亞各神廟的同一種火焰——才可能救贖雅典，把它從「謊言」中解救出來。為了宇宙及愛奧尼亞未來的穩定，必須把整個愛琴海轉化為一個波斯內海。此事不容拖延，火燒雅典將成為帝國擴張與聖戰的里程碑。

但如何才能實現這個目標呢？為此，波斯推出兩項政策：完成對愛琴海北部海岸的佔領，同時用威脅手段迫使希臘城邦投降。為了實現第一個目標，西元前四九二年春天，一支艦隊與一支生力軍被派往色雷斯，任務是向西擴張波斯的領土，征服馬其頓甚至更過去的地方。遠征軍主帥是一位年輕的貴族，名叫馬鐸尼斯（Mardonius），是大流士最親密的朋友戈布里亞斯的兒子，他因為娶了萬王之王的女兒，才與皇室建立了親密關係。但馬鐸尼斯不僅背景顯赫，還是一位真正有才華與勇氣的將領。馬其頓王國國王亞歷山大很快就範了，馬其頓被正式納入萬王之王的統治，現在他的特赦令可以傳送到奧林帕斯山山腳下。這次勝利的確有些美中不足，馬鐸尼斯的整支艦隊都在阿索斯山（Mount Athos）外海被一場風暴摧毀，而他本人也在攻擊一個難纏的山區部落時受了重傷。然而，這些小挫折不足以掩蓋波斯的強大，馬其頓仍牢牢掌握在萬王之王手中。亞歷山大是訓練有素的風向標，可以確實知道現在的風向。

但對波斯的戰略專家來說，關鍵問題在於：處於南方的希臘人是否對政治氣候同樣敏感。西元前四九一年，也就是馬其頓被征服一年後，一個使節團被派到希臘各邦，索取土和水為禮物。大多數城邦表示服從，波斯為此感到滿意。但也不是人人都如此。其中兩個城邦特別執迷不悟，它們依附於「謊言」與魔鬼的勢力，甘於充當「邪惡目的之走卒」[33]。在雅典，人們不但一口回絕萬王之王的要求，還公然違反國際法，對使者展開公審，並於定罪後將其處死。也許，有鑑於雅典已被證明是一個恐怖主義國家，發起處決外交官建議的人又是萬王之王手下的叛徒米太亞德，會有這樣的結果大概不讓人意表。更令人震驚與困惑的是，斯巴達人選擇用一種褻瀆神明更甚的做法支持雅典人。他們根本沒有審判萬王之王的使者，而直接把他們推進一口井中，以此表示「你們會在裡面找到想要的土和水」[34]。

種種赤裸的挑釁、野蠻的幽默感與罔顧宗教成規的態度，滿布於克里昂米尼的手跡。在在看來，雅典的民主政體已和兩次試圖摧毀它的斯巴達國王達成和解。當雅典人發現埃伊納向波斯人獻出土和水時，便向斯巴達報告這件事。克里昂米尼親自前往埃伊納並加以譴責。儘管如此，埃伊納的王公因為依賴國際貿易，仍不願觸怒東方的超級大國，即使嚴責他們的人當中有一位斯巴達國王。為了頂住克里昂米尼的壓力，他們向另一位斯巴達國王狄馬拉圖斯求助。狄馬拉圖斯樂見有機會再一次暗算他痛恨的對手，於是熱烈提供支持。在他撐腰下，埃伊納人堅定回絕了克里昂米尼的要求。

雖然狄馬拉圖斯沒有為這件事情出面，但克里昂米尼不難嗅出這是他搞的鬼。這位斯巴達國王一回斯巴達後就展開反擊。為了一次解決讓人忍無可忍的同僚，他接觸狄馬拉圖斯的親戚利俄提基德

（Leotychides），向這個惡毒的無名小卒保證，如果他能幫忙拉下狄馬拉圖斯，就讓他當國王。利俄提基德當然忙不迭地答應了。如同狄馬拉圖斯的敵人所知，他有一件見不得人的醜事等著被挖出來。他的身世和克里昂米尼一樣，有點複雜曲折。如前所述，他的母親是那位本來相貌平庸，但因為得到海倫靈魂祝福而變漂亮的女孩。斯巴達國王被她迷倒，以國王的權勢勾引她離開丈夫。七個月後，新王后誕下一個兒子。這個嬰兒的生父到底是國王或普通百姓？人們也許會認為，這個問題早已解決，因為到了西元前四九一年，這位王子已登基滿二十四年。這看似一件小事，但當利俄提基德對狄馬拉圖斯當國王的合法性提出質疑，建議交付德爾斐仲裁時，神諭所的祭司早已得到豐厚的賄賂，並保證阿波羅會串謀一氣。

求得的神諭當然不利於狄馬拉圖斯，得到消息後，幾位督政官正式廢除狄馬拉圖斯的王位，利俄提基德則透過圓滑與賄賂的手段取而代之。克里昂米尼在新同僚陪伴下立刻回到埃伊納，這次埃伊納人不敢拒絕兩位斯巴達國王的要求，於是當場就範。他們甚至同意向最誓不兩立的敵人雅典人派出人質，保證自己循規蹈矩。於是，波斯遠征軍抵達阿提卡後，無法使用埃伊納為基地。這次，一向遭鄰邦痛罵的克里昂米尼發現自己突然備受讚揚，被認為「對希臘的共同利益」做出了無私的奉獻。[35]波斯的間諜斷定，斯巴達國王是他們最危險且最能幹的敵人，也是萬王之王西征計畫的主要障礙。

但是，萬王之王距離被打敗還遠得很。如同波斯人一向知道的，希臘人統一戰線沒有不能在瞬間瓦解的。看來，就在克里昂米尼建立起一個新的好形象時，他賄賂德爾斐的消息突然被揭發。這個醜聞讓整個斯巴達為之沸騰，人人怒不可遏。克里昂米尼被迫流亡，但他當然不甘於接受流亡的命運。他也不屑乞求國人同胞允許他回國，故設法以威嚇的手段脅迫他們。克里昂米尼向來招惹是非，但如今的情勢卻導致他公然背叛。他在位期間一直厲行分而治之的策略，但這次卻把伯羅奔尼撒半島北部的勢力集結到自己的旗幟下。這招極為有效，令他的國人同胞大為恐慌，趕緊把他請回國內。不過，斯巴達人並不處於原諒的心緒上，當克里昂米尼一回斯巴達後，他的命運就注定了。開始有謠言盛傳說他發瘋了，斯巴達人將此歸咎於酗酒。阿爾戈斯人認為，克里昂米尼心智衰頹是他觸怒諸神的明確證明。無論如何，幾乎每個人都同意，一年前才被譽為希臘中流砥柱的國王現在發瘋了。所以，當他兩個還在世的異母弟李奧尼達和克里昂布魯圖斯（Cleombrotus），在西元前四九一年年底宣布他精神失常並將他關入牢中時，沒有人表示反對。第二天早上，他被人發現死了，大腿、臀部和腹部的肉被一片片地割下，一把沾滿血漬的刀子擱在旁邊的地板，而他蹙起的眉毛十分稀疏。死因調查的結論：自殺極度說不通，但卻普遍被接受。

萬王之王在希臘最頑強的敵人就此死去，一種無所顧忌但果斷地先發制人，也是天性謹慎的斯巴達人從不完全信任的風格——也和他一起結束了。事實上，克里昂米尼的不堪死法，更加強了斯巴達人對強勢領袖的懷疑。新國王李奧尼達不僅在意義上繼承哥哥的遺緒，他還娶了哥哥的獨生女——年幼時就十分早熟並繼承父親龐大遺產的歌果（Gorgo）。儘管如此，身為剛登基且有弒兄嫌疑的人，他還是個未知數，必須花一段時間才能站穩腳步。然而，面對波斯的巨大威脅，還有誰能夠起而領導？難道是利俄提基德嗎？他太忙於修理倒霉的狄馬拉圖斯，沒空管這件事。或者是長老會議、督政官？兩者都是天性保守的機構，不太可能像克里昂米尼那樣，願意為一種積極的防禦政策背書。那年冬天，波斯的間諜給薩第斯捎去許多好消息。斯巴達的派系鬥爭被大流士的謀士視為典型的希臘作風，也是大好機會，讓波斯趁雅典孤伶伶的時候將它一舉消滅。

這種機會不容錯過，在西元前四九〇年的頭幾週，等待已久的入侵命令終於頒布。一支「強大且裝備精良」的軍隊——總人數約為兩萬五千人——從蘇撒出發。[36]因為馬鐸尼斯仍在養傷，此次遠征的指揮權便交到另兩位將軍手上，他們都對西線的情況瞭若指掌：一個是薩第斯太守的兒子，名字也叫阿爾塔費尼斯；另一個是攻打愛奧尼亞的老將，米底人達提斯，他極了解敵人，可以結結巴巴地說上幾句希臘語——這種能力在帝國菁英之間極為罕見。兩位將軍按萬王之王親自制定的作戰計畫行事，率領龐大的艦隊渡過愛琴海，把波斯統治與和平的好處帶給各座島嶼，並在完成這個目標後，「夷平雅典和埃雷特里亞，把奴隸獻到國王面前。」[37]雖然這次征服計畫沒有把斯巴達、伯羅奔尼撒半島和希臘其他城邦涵蓋在內，但仍極其雄心勃勃。顯然地，其規模作為一次水陸聯合作戰行動，自波斯三十五年前入侵埃及以來所未見。另外，這項計畫不是沿著海岸線前進，而是以一個個島嶼為跳板，直接進攻希臘，這也是大流士一次大膽與新穎的戰略嘗試。

達提斯和阿爾塔費尼斯都深信自己勝券在握，大軍西行的每一天，都可見萬王之王資源無窮的新證據：大量勞工維護道路——有時是從世界最遠處的角落移至此地的一整批人口；每座橋梁、每艘架浮橋的小艇與每個山口都有士兵守衛；殿後的部隊不僅波斯人和米底人，還有從更遙遠東方徵集而來的大夏人、粟特人和揮舞斧頭的斯基泰人。對這些人來說，雅典人算什麼，他們什麼都不是。然而，他們還是繼續前進，受到人在遠處且無所不知的國王意志的支配。每晚，不論他們在何處紮營，這些來自大草原、山區或伊朗村莊的人都能夠分配到大量補給品，包括酒、麵包與餵馬的大麥。最後，當他們穿過「敘利亞關」（Syrian Gate），並下到奇里乞亞平原（今日土耳其東南海岸），那裡有一支龐大的船隊等著他們——有些是戰艦，有些則用來運輸馬匹。在人和馬都登船之後，達提斯便下令起錨出海。

波斯艦隊出航的消息很快傳到了希臘，但沒人對此太過擔心。這支龐大艦隊開向愛琴海，連神經質的雅典人都不認為它會是直接的威脅。波斯艦隊自愛奧尼亞出航本來就很常見，一般都是往北航行，朝赫勒斯滂而去。沒有理由認為，這次艦隊會採取不同的路線。艦隊繼續航行，經過米利都港口的廢墟，朝米卡勒山與薩摩斯島之間的海峽前進，至少看來是如此。不過，到了薩摩斯島旁邊時，它卻出人意料地突然轉向。所有人在海岸上看到這一幕都不敢相信自己的眼睛，並為此感到不寒而慄。波斯人沒有繼續北上，而是掉頭西進。只有一種解釋：達提斯和他的特遣部隊要航向開闊大海和希臘，並航向阿提卡。

波斯艦隊經過愛琴海的沿路上，它的指揮官為世人上了一堂打造帝國藝術的高級課程。第一堂課是震懾。當艦隊開入令人震驚的納克索斯島港口時，達提斯報了十年前遠征失敗的仇，對這座城市進行遲來的報復，放火燒城並把居民擄獲為奴。第二堂課是爭取民心。當他抵達希臘聖地提洛島（Delos）時，得知島上居民因為害怕而逃光了，他感嘆道：「你們這些被神明光照的人啊，必然對我有奇怪的看法，否則怎會這麼地逃走了呢！」[38]他這個抱怨也許被認為很不真誠，因為波斯人在米利都陷落之後，不是洗劫了迪迪馬的神諭所，並把阿波羅的巨大青銅像運到挨克巴坦拿嗎？然而，如果提洛人認為，波斯人對叛軍神廟如此嚴厲，表示他們對阿波羅有任何不敬，那就是大錯特錯了。其實對光明之神表現出最嚴重不敬的人就是叛軍自己，因為他們投向「謊言」的陣營，也因此任由太陽神的神諭受到假神的汙染。達提斯為了讓希臘人不致看不出來這個神學上的微妙之處，於是到阿波羅的祭壇前，親自奉獻了幾個手推車的乳香。當他完成這項昂貴的表演後，便回到艦隊，繼續航行於島嶼和島嶼之間，接受它們的順服、帶走人質並強征壯丁。沒有人試圖反抗。兩團煙雲發揮了作用：一團是黑色，來自納克索斯的焚城之火；一團是白色與芳香，來自阿波羅的祭壇。看來，航向埃雷特里亞與雅典的艦隊是航行於它們的影子之下，而且同一個影子正慢慢地往西漂移，要將整個希臘籠罩其中。

七月底，達提斯抵達尤比亞島的最東端。[39]現在，阿提卡已經在他的視線範圍內了。不過雅典得再等一等，因為他沒有直接渡海，而決定先將矛頭對準大流士打擊名單上兩個目標中實力較弱且較小的那一個。波斯艦隊在阿提卡與尤比亞島之間的狹窄海峽中航行四十五英里後，終於看見掩映於群山之下的埃雷特里亞。狹長的平原長滿橄欖樹，它的衛城就位於平原上的崎嶇小丘。達提斯緊張地打量海岸，然後鬆了一口氣。埃雷特里亞人沒有選擇在灘頭與波斯人決戰——灘頭戰暴露出波斯人最脆弱的一面——而是選擇躲到城牆後面。波斯人發動了攻城，戰事持續長達五日，戰況血腥慘烈。城市在第六天被出賣，兩名叛徒向圍城者打開城門。就像達提斯早已料到的，兩人都是貴族，而且是「所有埃雷特里亞人中最受尊敬者。」[40]威嚇大眾並拉攏貴族——這項波斯人最喜愛的政策再次自證了其有效性。在尤比亞島，一如在愛奧尼亞，斷垣殘壁見證了希臘人酷愛出賣國家與階級仇恨的天性。

波斯隊伍中有一人，當他從埃雷特里亞的熊熊烈火與等著被押上船的奴隸轉身而去時，自然會認為，眼前所見預示著他自己城邦與人民的命運。除非他們恢復理智、打開城門並歡迎他回國，才有可能避免這種命運。現在，喜庇亞斯這位出亡的雅典僭主已年逾八旬，已整整二十年沒看見自己的故國，他仍殷切地相信，自己是雅典人最後與最好的希望。唯有他有望平息萬王之王的合理怒火，唯有他可挽救其注定滅亡的城邦。

所以，當他登上一艘波斯戰艦並為艦隊帶路時，年老的喜庇亞斯不但毫無罪惡感，反而充滿愛國熱情，並深信自己是天命所歸。海峽對岸，尤比亞海灣的背面，阿提卡的崎嶇海岸延伸於海面上。此處為阿提卡的北部海岸，沒有可供登陸之處。繞過岬角後，便會來到一個完美的登陸點：那是一片新月形的海灣，海域寬闊，可供躲避風浪，而且容得下一整支艦隊停泊。海岸過去是一個平原（最適合達提斯的騎兵馳聘），然後是繞過彭代利孔山、通向雅典的兩條道路。喜庇亞斯有很好的理由記得這裡。五十多年前，他和父親及弟弟一同登陸此地，當時庇西特拉圖第三次企圖成為雅典的僭主，也成功了。現在，隨著波斯艦隊向同一個登陸地點開去，喜庇亞斯深信歷史即將重演。就像他弟弟的夢境曾預告的未來，他也做了一個隱約預兆未來的夢：前一晚，他夢見自己和母親睡在一起。當艦艏碰觸到泥濘的沙地時，這位老人已準備好登岸，預兆證實為真，他終於回家了。

此時，他四周的海灣黑壓壓一片，停滿了船隻。人們手腳並用地爬入水中，涉水走向長滿海草的沙灘。他們的人數不可勝數，規模之龐大為希臘人所未見。此時在遙遠的遠方，波斯先頭部隊的馬蹄於馬拉松的平原上揚起漫天沙塵。

希臘也許仍可保有自由

戰場上，重裝甲步兵可能遇到的最致命敵人是恐慌。要讓恐慌發生，唯一的條件是一名士兵對勝利失去信心，丟棄盾牌並開始向後推擠，拚命想往後走。恐懼的戰慄很快就能傳染整個方陣，一個士兵的逃跑可能在幾秒內導致整支隊伍潰敗。對於這種令人不安的現象，希臘人傾向不歸咎於人類的軟弱天性，而歸咎為超自然力量作祟，例如：也許某個神靈把一口寒氣吹送到士兵之間，或某名被激怒的英雄突然自墳墓中顯靈，大步走過戰場。不過，這種理論雖可為一支潰敗軍隊的受傷自尊提供些許安慰，但也涵蓋了另一個困擾：方陣總是容易因少數膽怯者而變得脆弱。「人們穿戴頭盔和胸甲是為了保護自己，但他們手持的盾牌卻可以保護隊列中的每一個人。」[41]如果一名重裝甲步兵出征時不能完全信任同袍，那麼他大可想像自己正步向滅亡。

當雅典人從城牆上望見，彭代利孔山上的烽火台升起煙火時，知道他們多年來最害怕的事情終於發生了。但大家對於要怎樣應對這個威脅卻莫衷一是。有關敵軍規模的驚人謠言已傳遍整座城市，對頭腦最清醒的雅典戰略家來說也同樣明顯：無論這個民主國家投入多少兵力，都絕對強弱懸殊。入侵者擁有騎兵這項極大的優勢，亟需納入考量；五十年來，從來沒有一支希臘軍隊在開闊的戰場上打敗過波斯人，留在城裡固守不出的主張看來無可反駁。

事實上，出城正面迎戰入侵者早已決定了。波斯人登陸馬拉松的消息被證實後不久，雅典的重裝甲步兵——約一萬人——便已準備好帶著糧食出發。[42]他們的指揮官是軍事執政官卡利馬科斯（Callimachus），但作戰計畫卻出自米太亞德。在公民大會上，這項計畫激烈討論了數日，最後投票贊成通過。米太亞德是城邦裡數一數二的反米底人鬥士，其意見自然不會受到輕視，而他也有反駁主張閉城不出者的論據。入侵者確實數量驚人，也擁有可怕的騎兵，但這正好是雅典應該正面迎戰的理由。自馬拉松有兩條繞過彭代利孔山的道路可通往雅典，只要波斯人控制這兩條路之一，他們的馬兵就可長驅直入阿提卡。若雅典人快速行軍，堅守住平原的兩個出口，他們也許就可以把波斯人攔在灘頭上。一場惡戰將在所難免，而方陣裡的膽怯並非唯一能引起災難的方式。畢竟，只要兩名叛徒就把埃雷特里亞的城門打開了。十年來，有雅典人收下萬王之王黃金的謠言不絕於耳，誰又能保證在圍城戰中守得住雅典？如果壞事終究無法避免，那麼死在戰場上終究比被人在背後捅一刀來得光彩。

不過，雅典人民雖然投票贊成米太亞德的進取政策，仍不敢相信自己能夠獨力對付可怕的入侵者。當雅典軍隊剛開始向著馬拉松進發時，一個公民就朝著反方向的南邊而去，直奔伯羅奔尼撒半島。他名叫菲迪皮德斯（Philippides），是城邦中最有名的長跑運動員，擁有不可思議的毅力和速度。不到兩天他便跑過了一百四十英里的路，在第二天傍晚通過拉刻代蒙北部的崎嶇山區，進入歐羅塔斯河谷地。當太陽落到泰格托斯山脈的背後時，菲迪皮德斯抵達無城牆包圍的斯巴達。

他發現這裡的情況與雅典天差地遠，整個拉刻代蒙都在歡慶。菲迪皮德斯抵達時，斯巴達最神聖的卡尼亞節（Carneia）正如火如荼地進行。這位年輕人結束了一天的野蠻比賽後正在休息，較年長者則於仿照戰場營地布置的帳篷中飲宴。但這種布置並非意味著，斯巴達人隨時準備好一躍而起地作戰，恰好相反，卡尼亞節是強調和平的節日。斯巴達人遺憾地告訴菲迪皮德斯，他們不可能打破節日期間須保持和平的神聖規定。只有等到八月滿月的銀輝再次照亮夜空時，他們才可能開赴馬拉松。這個時間距離當時還有一星期，加上行軍時間，雅典人至少還要等上十天，才可望盼到斯巴達的軍隊。毫無疑問地，假如克里昂米尼還活著，這名波斯的頑固敵人與視禁忌如無物之人一定會堅持立即出兵，可惜他已經死了，而斯巴達仍然對於他的凶死感到震驚。而且斯巴達仍處於內鬥中，利俄提基德和狄馬拉圖斯鬥得尤其兇狠，新國王不放過任何取笑他前任的機會。斯巴達人已陷入這些煩惱當中，他們當然更不願意進一步觸怒諸神，即使菲迪皮德斯苦口婆心地央求他們說：「雅典人懇求你們的幫助，懇求你們別在整個希臘最古老的城市面臨滅頂之災時袖手旁觀。他們懇求你們，別讓雅典遭受南蠻鴃舌入侵者的奴役。」[43]

對雅典人來說，等待十天實在太長，但菲迪皮德斯注定不會空手而歸。[44]在返回雅典的途中，經過泰格亞山山頂時，他聽到有人喊他的名字。他停下來一看，只見一名長著一雙羊腿、頭上頂著雙角且陽具巨大的人。這可能只是在失望和疲備之下所產生的幻覺，但菲迪皮德斯毫不懷疑對方是一個神明。這位神明以愛惡作劇出名，潘神（Pan）有一種幽默感，如果祂對哪座城市不滿，就有能力讓城牆內的每個公民痛苦地勃起。但這一次，這位神明只對菲迪皮德斯說了些鼓勵與安慰的話。祂告訴這位長跑者，祂對雅典人很有感情，保證很快就會出手幫助他們。潘神沒有談到細節，正如其名所示，祂是一位恐慌之神，只要祂降臨戰場，就會讓軍隊不寒而慄，並讓另一支軍隊勇氣倍增。他的這番話讓菲迪皮德斯大受鼓舞，充滿希望。

當他回到雅典，看見自己的城市未在滾滾濃煙中燃燒時，情緒更是樂觀。事實上，從前線傳回來的消息十分正面：雅典重裝甲步兵行軍迅速，已趕在入侵者到達前佔據通往雅典城的兩條道路。錦上添花的是，八百名來自普拉提亞的重裝甲步兵加入了他們的陣營——那是該小城邦所能派出的軍隊。雖然不算太實質性的增援，但這番出於感恩的友好表現，讓雅典人感動且氣力倍增。現在他們開始相信，他們也許能夠堅守到斯巴達援軍到來，而他們的城市也許能倖免於波斯戰火的蹂躪。

當然，對於失去戰士保護的人來說，這種樂觀的情緒不可能完全無雲霧籠罩，可怕的想像與疑問充斥於情緒緊繃的大街小巷。萬一波斯艦隊在雅典重裝甲步兵仍待在馬拉松時，繞過阿提卡海岸，突然在法里龍港登陸，該怎麼辦？萬一叛徒與喜庇亞斯聯絡上，計劃打開城門，又該怎麼辦？最受猜疑的莫過於阿爾克馬埃翁家族，但沒有任何證據可以指控他們；再者，雖有諸多謠言，但也沒有證據可以證明，其他人有背叛的意圖或信奉失敗主義。雅典城的城門仍緊緊關著，當菲迪皮德斯前往馬拉松時，他不僅準備帶給將軍們斯巴達的消息與潘神的話，還準備告訴他們，後方士氣堅定。

不過，當這位長跑者抵到雅典人的陣營，看見他的國人同胞所面對的挑戰時，想必他的決心已開始動搖。馬拉松平原上的場面令人膽寒，大概只有特洛伊城牆上的守軍所看過的可以比擬，自從遙遠的時代以來，何嘗有過如此浩大的入侵規模能與達提斯匹敵？在海灣遠處盡頭，一個在地人稱為「狗尾巴」的岬角下方，波斯人的船隻停滿海灘，綿延數英里。這些亞細亞人穿著鮮豔的奇裝異服，在平原上散開來，腳下踐踏著雅典農夫自神聖阿提卡土壤種出的莊稼。他們的兵馬多次向雅典人的陣地衝過來又轉過身去，以飛揚的塵土取笑對方缺少弓箭手。

不過，他們也不敢冒然衝入對方的陣線，因為雅典人紮營在高地上，背靠著陡峭的山崖，前面還有一片獻給赫丘力士的神聖小樹林，可幫助他們阻擋波斯騎兵的攻擊，可說是佔了非常有利的防守位置。現在，隨著菲迪皮德斯來到他們的陣地，雅典人可以精確估算出，在斯巴達援軍到達前他們需要固守一週的時間。大多數的將領認為，這絕對可能辦到。不過，當其他人聽到菲迪皮德斯帶來的消息，都清楚了解到，危險將提早到來。米太亞德尤其了解波斯人，知道他們擅長運用間諜，毫無疑問地已將斯巴達人的變數算進來，也確知自己所剩的時間不多。截至目前，雅典人沒有如達提斯期望的那樣，因為背叛與紛爭而瓦解，而波斯指揮官勢必很快改變戰略——一種米太亞德不難想見的戰略。由於雅典人封鎖了兩條向南的道路，若達提斯要趕在斯巴達人抵達前痛擊雅典，只有一個方法，就是取道海路。當入侵者起錨揚帆，雅典軍隊得面對兩難的抉擇：罔顧敵軍騎兵自海路進攻雅典的風險並留守原地，或者冒險進入開闊的平原與波斯人決一死戰。米太亞德所主張的兩個選項都讓人害怕，但只有第二個選項有一絲機會。

一天、兩天、三天過去了。現在，距離斯巴達人預定到達的時間只剩四天，僵局仍持續著。波斯船艦雖虎視眈眈，但仍毫無動靜地停泊在沙灘上。太陽漸漸從環繞馬拉松平原的群山背後落下，渾圓的月亮終於升起於八月的夜空中。在遙遠的拉刻代蒙，斯巴達人應該已整裝待發。那麼波斯人正在做什麼呢？平原上灑滿幽靈般的月亮銀輝，難以看清幾英里之外籠罩於「狗尾巴」陰影下的敵軍船艦有何動靜。突然間，一陣喧鬧聲清楚傳來。那是數以萬計的腳步行走聲，一開始非常微弱，隨後變得越來越巨大，逐漸靠近雅典人的陣地。侵略者終於開始行動了，這是一次全面進攻或轉移視線？答案很快就揭曉。不僅達提斯曉得情報的重要性，雅典人這邊也有人——很可能是米太亞德——在侵略者當中安插了耳目。就在這個月圓之夜，有些敵人陣營裡的愛奧尼亞人悄悄溜過平原，進入聖樹林，到雅典人的陣地。他們帶來的情報無比緊急，消息很快上報給卡利馬科斯與十位部落將軍組成的最高指揮部。「馬兵已經開拔了！」[45]

這是米太亞德一直等待的一刻。如果間諜的情報準確，波斯軍隊正在分兵：一部分軍隊向前推進以轉移敵人的視線，後方的騎兵則悄悄上船。[46]雅典人立刻召開作戰會議；會中，米太亞德請求同袍投票贊成立刻發動進攻。他指出，敵軍兵力分散，而且主力騎兵幾乎全走了，再也不會有比現在更好的取勝機會。九個將軍中有四人同意此議，但另外五名將軍卻害怕在開闊的戰場和波斯人交戰，因為雅典人沒有弓箭手與騎兵，人數又完全處於劣勢。決定性的一票操在軍事執政官手中。卡利馬科斯一向非常看重米太亞德這位著名反米底人戰士的意見，這次也不例外，命令下達了，破曉時分出戰。

整個雅典軍營的人全被叫醒，通知一小時內就要出擊，與一支從未被重裝甲步兵擊敗過的敵軍對戰——這支敵軍「光是名字就足以令任何希臘人毛骨悚然」[47]。如果藉由把力量和勇氣集中起來，就有機會保全自己的家人和城市，此時雅典的重裝甲步兵必須奮而抓住這次機會。負責維護甲冑的奴隸紛紛為主人穿上戰服，赤裸裸的雅典人立刻變裝成可怕的銅甲人。束上胸甲與護脛甲，手持盾牌和長矛，然後頭戴頭盔，這些重裝甲步兵組成戰鬥隊形，與來自同一「自治區」、「三分區」、「部落」的夥伴並肩站在一起。雅典人習慣將方陣排成八列，但米太亞德擔心會被波斯人機動性更大的輕步兵包抄，於是下令拉長方陣中的中央部分，讓雅典隊伍與侵略軍隊伍的大小完全相等。隨著晨曦初露，站在一英里外的敵軍越來越明顯可見。當第一束陽光照射在遠處尤比亞島的灰色山丘時，雅典人向諸神獻祭，占卜結果為吉兆。將軍們直接站在隊伍的最前列。依照慣例，軍事執政官指揮軍隊的右翼，普拉提亞人部署於左翼，地米斯托克利與另一位民主政府的後起之秀阿里斯提德（Aristeides）在方陣中央率領自己的「部落」——這是整個方陣中最脆弱的部分。[48]負責指揮全局的米太亞德則站在全軍都聽得見他的聲音之處。最後他高舉手臂，指向波斯人並大聲喊道：「取他們的性命去！」[49]

重裝甲步兵低下頭舉起盾並挺出長矛，舉目望去一片金光閃閃。此時已無法回頭了，因為頭幾乎完全包裹在頭盔裡，方陣中的每個人都覺得自己的眼睛和耳朵接收不到戰場上的訊息，幾乎看不見前方的敵人，也聽不到指揮他們衝鋒的號角聲。只有兩邊同袍突然晃動或身後行列向前湧動的力量，讓他們感覺真實。向下往開闊的平原走去，方陣的移動沈重緩慢而且隊形堅固。這是可怕又令人迷醉的時刻，雖然盾牆後面只要有少數人膽怯即可能會連累多數人，但反過來看，前進過程中即使有人因害怕而顫抖，甚至被嚇得屁滾尿流，會因為意識到自己身在一大群全副武裝的自由人之間而堅強起來。事實上，若不是有這樣的自覺，雅典人怎敢於在這個八月天的黎明組成方陣，前去對抗一個廣泛被認為是戰無不勝的敵人，然後走進一片想必被許多人認為是死亡地帶的平原呢？

關於雅典方陣的推進，日後出現了許多匪夷所思的說法。其中之一提到，雅典人衝鋒了整整一英里的路，就像膽敢攻擊波斯人者必然具備超凡的體能。事實上，沒有人全身鎧甲跑了一英里路後還有力氣繼續作戰，因為這套鎧甲以青銅、木材和皮革製成，重達七十磅。就連在涼爽的清晨穿這樣跑步，汗水也很快會涔涔而下，與一萬雙腳踏起的塵土混在一起，讓前進中的重裝甲步兵雙眼模糊與刺痛，越來越看不清楚眼前的敵人——那些奇裝異服、伸手拿箭的弓箭手、試圖投石的人，以及波斯陣列中歡欣與懷疑的表情。很快地，當雅典人更加深入無人之境後，第一批箭矢向他們呼嘯飛來，他們立刻舉起沉重的盾牌保護自己的胸膛。就在此時，他們終於跑起來了。就像「被逼到角落的兇猛野獸向敵人豎起剛毛」[50]，前三排的人在同一時間俯下身體，將長矛向前瞄準，準備迎接即將發生的碰撞。到了約剩一百五十碼時，漫天的矢石向他們落下，擊中他們的盾牌盔甲，偶爾穿過一名重裝甲步兵的大腿或喉嚨。儘管如此，雅典人不把這種黑雨看在眼裡，反而加快腳步繼續衝鋒。這時，敵軍才開始驚恐地意識到，他們的弓箭手與他們的預期不同，無法阻止盾牆與尖銳長矛的前進，於是紛紛舉起藤條盾牌自衛。一百碼、五十碼、二十碼、十碼，然後隨著雅典人發出震耳欲聾的喊殺聲，他們的方陣嵌入了波斯人的陣線。

這個衝擊極具殺傷力，雅典人曾在對抗其他方陣的戰鬥中磨練自己的戰技。在那些戰爭中，他們以自己的木盾牌砸爛敵人的木盾牌，以長矛的鐵尖端刺穿敵人的青銅胸甲。現在，雖然碰撞到頭幾秒令人害怕，但隨之而來的是金屬刺穿肌肉和骨頭的聲音。然後，雅典軍隊像海潮一樣，捲過只穿著棉布無袖上衣與握著弓箭或投石器的敵人。重裝甲步兵的白蠟木長矛並沒有像每次方陣對戰那樣斷成數截，可以反覆使用。至於那些逃過長矛猛刺的敵人，也很容易遭銅甲人沈重的撞擊撞死。很快地，波斯軍隊兩翼的士兵嚇破了膽並向後逃跑，雅典人繼續向前推進，對敵軍狠刺狠劈。只有在中軍之處，因為方陣衝擊力量較弱，侵略者頂住了重裝甲步兵的衝鋒，緩慢地將其逼向後退。部署於此的是敵人的中堅部隊，由波斯人與斯基泰人組成。波斯人的盔甲比其他大多數部隊的還厚，來自遙遠東方大草原的斯基泰人擅長使用斧頭，可輕易劈開一個重裝甲步兵的頭盔或胸膛。然而，雅典人的兩翼部隊開始收攏，襲擊敵人側翼，支援承受巨大壓力的地米斯托克利與阿里斯提德，波斯人的中軍不久後便開始崩潰。屠殺變得越來越血腥，然後少數波斯人與斯基泰人展開突圍，跑過幾英里的戰場，逃向停泊於沙灘的戰船。希臘人繼續追擊敵人，他們因得勝而狂喜，卻對於潘神幫助他們贏得的輝煌戰果半信半疑。

雖然雅典人打贏了仗，但他們的勝利卻遠非決定性的。由於雅典軍隊的兩翼要解決敵人的中軍，而給了波斯艦隊水手足夠時間，把船駛離並救走被困在淺海的大批波斯士兵。許多同袍在互相踐踏中被踩死，或在波斯艦隊停泊處以北的大沼澤裡被淹死，人數多到像是「發生最要命大屠殺的地點」[51]。不過，控制著艦隊的達提斯和阿爾塔費尼斯仍然構成威脅。米太亞德和他的人馬對那些已經離岸的船隻束手無策，只能拚命佔領或焚燬仍停留在沙灘上的那些。海灘上的戰鬥就像戰爭中的任何階段一樣激烈，對雅典人來說，這樣的戰鬥也一樣致命。一名重裝甲步兵企圖爬上一艘船的船艄時被斧頭砍掉手臂，因失血過多而死，軍事執政官和十位將軍其中之一也戰死沙場。最後，七艘波斯戰船全被俘虜，其他的人則成功逃走了。波斯

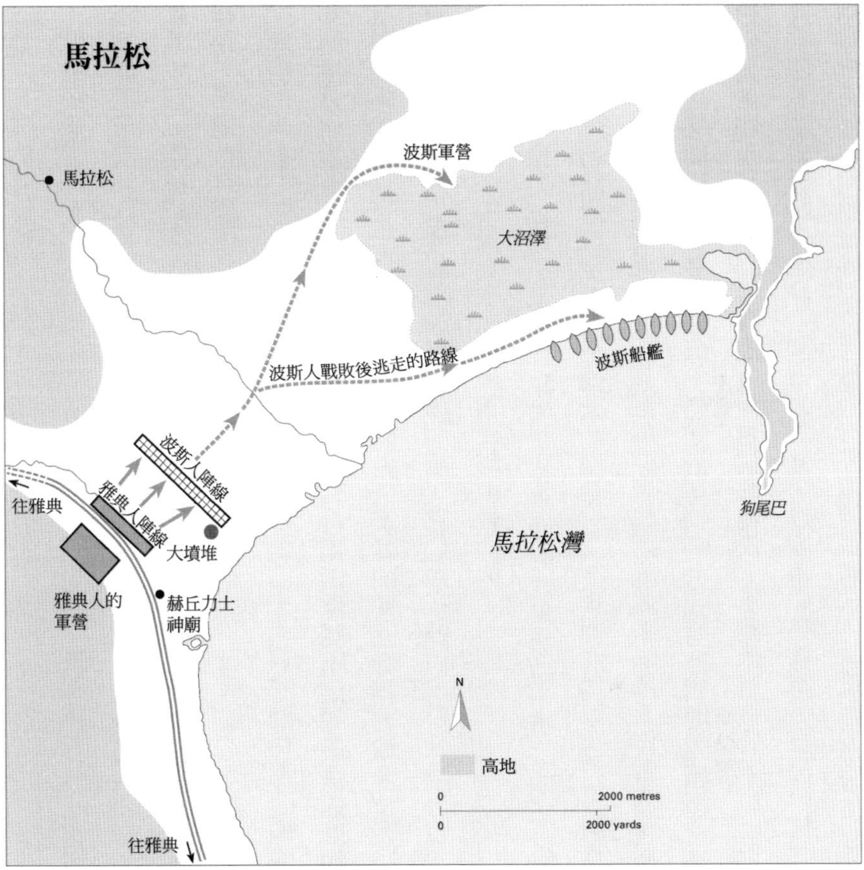

馬拉松
馬拉松
波斯軍營
大沼澤
波斯人戰敗後逃走的路線
波斯船艦
波斯人陣線
雅典人陣線
往雅典
大墳堆
雅典人的
軍營
赫丘力士
神廟
狗尾巴
馬拉松灣
N
高地
0
2000 metres
0
2000 yards
往雅典

人通向雅典的陸路雖遭封鎖，但海路並沒有被封鎖。

開戰前載著騎兵出航的艦船到了哪裡？這個問題一直讓雅典的將領懷記在心。當疲憊的重裝甲步兵在漂滿屍體的淺灘涉水往回走時，他們看到彭代利孔山的山坡上發出閃光。[52]那是打磨光滑平面反射的陽光，顯然是預先安排好的訊號，要通知海上波斯艦隊一些訊息。其確切意思不得而知，但所有的雅典人馬上都猜到，那是雅典叛徒發給波斯人的訊號。

所有的人都心頭一緊，他們在二十六英里外的家人與家園毫無防衛能力。雖然此刻他們已筋疲力竭、大汗淋漓且血漬斑斑，但他們別無選擇，只得用兩條腿跑出的最快速度趕回雅典。[53]他們離開戰場時還不到早上十點，但表現出驚人的韌性與耐力，黃昏前便回到雅典城。[54]他們回來得正是時候，因為不久之後，波斯艦隊的第一批戰船就駛向法里龍港。它們停在港口入口外幾小時，文風不動。隨著太陽下山，便起錨轉向東方航去，消失在夜色中。入侵的威脅消失了。

就這樣，雅典逃過了米利都和埃雷特里亞的悲慘命運，也證明了自己——用米太亞德擲地有聲的話來說，就是「合該變成全希臘最偉大的城邦」[55]。它的公民曾在馬拉松直面他們最害怕的惡夢：古老的家園被連根拔起，移植到異域去，甚至可能徹底斷絕血脈。那天作戰的每個重裝甲步兵都知道，萬王之王因為雅典人違誓而震怒，發誓要以「已知最可怕的方式對他們展開報復」[56]：亦即閹割他們的兒子。雅典人是否暗自擔心，諸神也許會贊成這種可怕的判決？雅典確實違背了自己忠於大流士的承諾，而希臘人習慣於起誓時踩爛自獻祭畜生身上割下的睪丸，以表示如果食言，自己後代的睪丸也會被壓碎。當雅典人衝鋒於馬拉松時，他們相當於把自己最大的恐懼付諸測試，並以驚人之舉將其消除。

不論當初是誰在彭代利孔山給波斯人發送訊號，此人現已噤聲了。當消息傳來，喜庇亞斯因為失去希望而在回程途中死去，這印證了大家都已經知道的：自馬拉松大捷後，沒有人應該以自己的未來為賭注，賭僭主統治可能隨時在雅典復活。現在，人人都偏好由人民來統治，至少偏好由那些贏得著名勝利之人來統治，包括擁有鎧甲的農夫和有地鄉紳。經過統計後，共有一百九十二人戰死沙場。這些為雅典爭取自由而犧牲的英雄被賜予殊榮，他們的墳墓不是設在「陶器區」，而是葬在戰死之地——在城邦的歷史上是頭一遭。「為了表揚他們的勇氣」[57]，他們的屍體被埋葬在一個五十多英尺高的大陵墓中，墓旁有大理石板銘刻陣亡者的姓名，就連最高傲的世家大族也沒有類似榮耀。死者被葬在一起，沒有任何階級或家族的區別。他們都是公民——不多也不少。還有什麼頭銜比「公民」更能讓一個雅典人引以為傲？沒有，雅典本身就是一切。

歷經三天急行軍後抵達馬拉松的斯巴達人，都不得不對獨力打敗波斯人的雅典人致上敬意。他們察看戰場後，看見無數倒臥於平原泥土及半沈於沼澤裡的腐爛屍體，明白了雅典人擊退的是一次規模巨大的入侵。這裡共有六千四百名入侵者死亡，餵肥了蒼蠅——但這還只是達提斯率領遠征軍的一小部分。萬王之王在亞細亞的腹地有幾百萬大軍可供調遣，這是雅典人和斯巴達人不敢想像的。看著這些戰死的波斯人並歡慶此次勝利時，每個希臘人仍會不由自主地感到憂慮與害怕。不過，斯巴達人按步就班檢視過戰場和屍體後，有不少可以讓自己放下心頭大石的發現。這是他們首次有機會研究傳奇東方主人的盔甲和武器，看來他們未對眼見之物過於刮目相看。雖然達提斯把一支大軍帶到了馬拉松，但這支大軍卻無法讓斯巴達人覺他們算得上是對手。

正當他們還在審視戰場時，一條大壕溝已於沼澤地的南面邊緣挖出。侵略者的屍體被一股腦兒丟入坑中，下葬的地點沒有墓碑。[58]雖然他們的墳墓闇啞而不光彩，但對這些人來說，有更適合的墳墓嗎？他們生前從來不知道公民的情誼或方陣的紀律為何物，只是像野獸一樣地被人餵養，發出一些毫無意義的喊聲。愛奧尼亞人一向把波斯人貶稱為「蠻族」，獲得大捷後的雅典人也起而效尤。這個字眼完全可以讓人聯想起，雅典人在馬拉松平原上看過並感到害怕的事物：多如蝗蟲般的非我族類，奇裝異服而口齒不清。不過「蠻族」一詞還可以表達出更豐富的意涵，傳達出說話者的優越感乃至不屑。當然，在那個事關重大的八月黎明之前，沒幾個希臘人敢用這種態度看待波斯人。

馬拉松為雅典以至整個希臘上了重要的一課：遭受超級強權羞辱的命運並非不可避免。雅典人展現出有可能打敗萬王之王的大軍，這也是他們孜孜不倦提醒每個人的。萬王之王的大軍是一名泥足的巨人。畢竟，自由可能得到捍衛。

THE GATHERING STORM

第六章 戰雲密布

CHAPTER 6

天堂裡的野草

馬拉松之戰被雅典人視為史上最重大的勝利，但萬王之王對它另有理解。波斯的政治宣傳人員不習慣讓人留意其主人的挫敗，但把這場戰爭說成為小型邊界的衝突，並不會過於扭曲。當然，可恨的雅典人成功逃脫原來應得的懲罰確實讓人遺憾，但未能拿下他們的城市則無損於整個遠征行動的重大勝利。對此有懷疑的人，只要看看匍匐於蘇撒街上的埃雷特里亞人就很清楚了。大流士眼看著這些可憐的俘虜趴伏面前，便非常寬宏地命令給他們解開鎖鏈，將其安置在今天巴士拉（Basra）以北的地區。該區因為有冒泡的神祕黑色液體自沙漠地下湧出而廣為人知，空氣中瀰漫著波斯人稱為rhadinake的重濁氣味，與愛琴海的鹹味不啻雲泥。就像猶太人曾在巴比倫的河邊哭泣，現在輪到埃雷特里亞人在伊拉克南部的油井間，因思念故國而流淚。「永別了，著名的埃雷特里亞，你已不再是我們的家園。永別了雅典，你這個曾與我們隔海峽對望的鄰居。永別了，摯愛的大海。」[1]大流士認為，對他們來說，流放是足夠的懲罰。

當然，這種寬宏大量只是萬王之王正義風暴後的陽光。對於雅典這個「謊言」的頑強要塞，死刑的判決持續生效。但該死的不只雅典。斯巴達謀殺萬王之王使者的罪過也未被忘記或寬恕。因此，大流士在馬拉松之戰後重新制定他的西方戰略時，決定以對待雅典的方式對待斯摧毀巴達。出於好運氣，他的情報頭子（他們總是站在萬王之王軍事計畫的最前沿）最近取得了一個特別可觀的成果：在一片神祕的斯巴達招募到一名間諜，更重要的是，這名間諜原本是位國王。原來，在斯巴達人民面前，狄馬拉圖斯赤裸裸地受到利俄提基德多次公開的羞辱，他終於忍無可忍。起初他偷偷摸摸地行事，後來豁出去了，公然逃到蘇撒的宮廷。他受到極豪華的禮遇，但也被大肆汲取情報。[2]這名叛徒患了思鄉病，所以毫無保留且津津有味地對他的問話的人和盤托出一切。

雖然狄馬拉圖斯發現，自己在鼓吹他的客戶入侵伯羅奔尼撒半島時，已經推開了一扇門，但大流士的征服計畫卻匆忙不得。如果說達提斯的遠征是一次華麗的掠劫，那麼要完全平定像希臘如此遙遠又多山的地區，則是一個難度全然不同的挑戰。波斯官僚行政系以很緩慢的速度與極小型的規模展開籌備工作。西元前四八六年六月，也就是大流士下達全帝國動員令三年後，埃及人因受夠了主人對穀物與兵丁無休止的需索，突然起而叛變。萬王之王的目光立即從雅典轉向南方。埃及富有、肥沃且黃金遍地，非常珍貴，不值得為貧瘠的希臘冒著失去埃及的危險。所以，原本以雅典為假想敵的特遣部隊，改派往攻擊尼羅河的土地。夏去秋來，這支部隊做好了從波斯出征的準備。萬王之王也準備御駕親征。

宮廷裡的人都意識到，這個計畫有著致命的風險。從前大流士多次東征西討，但現在他已六十五歲，不再年輕，而且盛傳他身體虛弱。大臣們仍懷著痛苦的記憶，上一位出征埃及的波斯國王落得怎樣的結果。而且岡比西斯到尼羅河作戰時，他只有一個弟弟留在波斯，但精力旺盛的大流士卻有許多野心勃勃的兒子。如果歷史可以為鑑，國王到外省作戰將引起繼嗣危機。手足相殘足以嚴重威脅波斯統治的根基，而這樣的事曾造成一次皇室血脈的斷絕，誰又敢斷言，這件事不會再度發生？

畢生辛勤為世界建立真理與秩序的大流士，不會坐視一切在他死後毀於一旦。他一直相信，有一大群有才能的兒子不僅不會威脅到帝國的生存，反而會得以鞏固。波斯人民不應該對他子嗣眾多感到擔心，而應該感到欣慰。他們始終信奉以下的準則，不是沒有原因的：「除了在戰場上的勇氣之外，衡量男子漢氣概最可靠的準繩是生下一大群孩子。」[3]大流士行事謹慎，不可能忽略兒子們的教育。波斯人不會來嬌生慣養這一套，就連希臘人——他們一向認為，穿褲子的民族娘娘腔地讓人發笑——也不得不承認。一名波斯王子可能身穿花花綠綠的褲子，但他接受的教養絕對很嗆辣。

幼年時他在後宮受到百般呵護，但也唯獨如此，宦官們才能更好地塑造他，「賦予他嬰兒的美麗，在他蹣跚學步中塑造其雙腿，讓他的腰桿挺直。」[4]自五歲起，他便接受像斯巴達人一樣嚴格的課程：在破曉前被嘹亮的號角聲喚醒，起床後第一件事是一趟五英里的長跑，隨後是繁重而累人的課程，包括：訓練聲音、使用武器、在冰冷的急流中游泳。為了學習領導的藝術，他被賦予指揮五十個男孩的權力。為了學習像帝王般運用長矛和弓箭，他跟隨父王外出打獵。為了學習公正的原理、波斯的輝煌歷史與對阿胡拉．馬茲達的虔敬，他會接受「法師」的教導。他也許生在奢華之中，但這種奢華只是為了讓下等人看得眼花撩亂，而不是讓他本人變得軟弱。連一個打從出生就有整個城鎮專門為她製作精美拖鞋的公主，也不被允許無所事事、遊手好閒，必須在家庭女教師指導下練習騎馬，甚至證明自己像兄弟一樣「熟練於使用弓箭和長矛」[5]。因此，萬王之王的子女都被寄予厚望。他們所擁有的特權無可比擬，但因這種特權而來的責任也一樣嚇人，因為大流士的子嗣畢竟要繼承對世界的統治。歷史上沒有其他孩子含著這樣的金湯匙出生，如果他們能證明自己值得父親關愛，就有望統治古代的王國、強大的太守轄地或軍隊。他們越值得嘉獎，所得到的嘉獎就越豪華，而最大獎——繼承大流士統治世界的權力，當然是賞給最值得嘉獎的王子。

至於這名王子是誰，大流士在幾年前就心裡有數。[6]他有一位鶴立雞群的兒子——薛西斯（Xerxes），雖然不是皇長子，但很早就成為萬王之王理所當然的繼承人。很多因素加起來，讓他贏得了這個頭銜。最重要的可能是，他和許多異母兄弟不同，血管裡流著最正統的血液：他的母親阿托薩是王國中人際關係最好的女人，是岡比西斯和巴爾迪亞遺留下的寡婦，也是居魯士大帝的女兒。這樣的血統是一大優勢，但薛西斯若不是擁有許多別的品質，也不足以贏得父親的青睞。他受過世界上最獨家的教育，證明自己精於騎射，又擁有「法師」們的智慧——「如果在這方面沒有正確的教導，就沒有人能夠成為波斯國王。」[7]另外，不論打獵或打仗，薛西斯總是一馬當先，充分證明自己勇氣過人。他大概還掌握了一項絕佳優勢，那就是高大英俊，看起來一副國王儀表。這為他大大加分，因為波斯人極注重外表，每個貴族都有私人化妝師，高底靴是必備的時尚行頭，假鬍鬚也被列為需要打稅的項目。就連大流士都長得不及自己的兒子好看：他雖為公認的美男子，卻有雙如長臂猿般的及膝手臂，[8]而薛西斯並沒有這類異樣的身體特徵：「不論在身材或高貴的儀表上，都沒有人比他更適合坐在大位上發號司令。」[9]

西元前四八六年深秋，龍體不安的萬王之王來不及前往埃及，便「離開了寶座」[10]。這是波斯人委婉的說法。薛西斯順利繼承王位，沒有受到任何反對。大流士登基時充滿爭議，他的兒子登基時卻一帆風順，而這種反差也許是他在廣大領土上建立穩固秩序的極大見證。死去國王的遺體被塗上蠟，安置於一輛裝飾豪華的馬車裡，拉車馬匹的鬃毛全剃掉了。載運國王遺體的馬車從波斯波利斯出發，所到之處盡是令人難受的哀嚎。全國百姓在薛西斯帶領下，跟隨在靈柩之後嚎啕大哭、搥胸頓足，最後萬王之王在開鑿於峭壁上的皇家陵墓獲得安息。大流士在位期間，橫跨波斯波利斯、波斯及於整個帝國各地不斷燃燒三十六年的聖火，也被莊嚴肅穆地捻熄，紅熱的餘燼化成了灰。

直到新國王的統治正式開始，祭壇上的火才重新點燃。在這之前，薛西斯往北去了一趟帕薩爾加德，參加只允許最有智慧的「法師」與國王出席的神祕儀式。作為儀式的一部分，薛西斯先「脫下自己的衣服，穿上一件居魯士當上國王前穿過的袍子」[11]，然後吃下「法師」事先預備的噁心東西——由變質牛奶與神聖藥草炮製而成。接著，「法師」把一根權杖交到他的右手上，把一頂三重冕戴到他頭上。隨後，薛西斯被帶到波斯的朗朗天空下，接受萬民朝拜。太守、高官及所有為等待這一刻而聚集於帕薩爾加德的人群立刻匍匐在地，彷彿這是他們的責任與榮耀。薛西斯站在波斯人民面前，成為居魯士的繼承人與馬茲達神選中的國王。

他沒有回味歡呼聲太久，有些緊急的國事等著他處理。執起大流士曾握過的指揮大權，薛西斯很快離開了充滿節日氣氛的首都，然後趕往埃及。他直撲叛軍，輕鬆證明了虎父無犬子。他不僅三兩下功夫就敉平叛亂，還表現出和父親一樣、任人唯親的智慧，立自己為數眾多的兄弟之一為埃及太守。這位萬王之王甚至比大流士還要咄咄逼人，認為這一次他不僅戰勝人間的敵人，還打敗了宇宙的邪惡力量。凡是敬拜「假神」的地方都必須予以剷除，每個受「謊言」控制的地區必須重新奉獻給真理之神，而這將成為薛西斯統治期間指導波斯人民的宣言。為了避免任何疑義，他派人把這些話銘刻在波斯波利斯以昭告天下，除了國王制定的道路，不存在其他正義的道路：「尊敬阿胡拉·馬茲達所定法律的人，以及敬拜阿胡拉·馬茲達與阿爾塔的人，將在此生得到幸福，並於死後蒙福。」[12]薛西斯沒有一刻忘記，自己被授與無可比擬的權力，是為了一個神性與重大的目的。落在他寬闊肩膀上的責任並非可以隨便甩掉，他絕不能讓選擇他來肩負重任的神明失望。薛西斯承認：「大流士有很多個兒子，但父王選擇朕為繼他之後最偉大的人物。」這又體現了一個更高的目的：「所有的一切都依照阿胡拉·馬茲達的願望達成。」[13]

一旦埃及被平定，就沒有什麼足以妨礙他完成大流士未了的心願。薛西斯一回到波斯，許多不同的利益團體便遊說他發動新的遠征：對歐洲更深入的推進，懲罰雅典並征服希臘。其中最積極的是薛西斯的妹夫馬鐸尼斯，他早已從在色雷斯所受的傷中康復，現在一心一意想回到愛琴海。他不是唯一追求功名的人，薛西斯雖把一個兄弟送進法老王的宮殿，但這位萬王之王還有為數眾多的親戚都巴望著出風頭，表現自己的勇氣並享受最高指揮官的榮耀。畢竟波斯人的使命就是征服遠方的「非雅利安人」（anairya）。

薛西斯在聽過負責西線情報的情報首長的報告後，高興得知那邊的情況令人滿意。雅典和斯巴達仍然桀傲不遜，但希臘其他地區——包括位於波奧提亞和底比斯以北的色薩利（Thessaly）——的貴族階層卻張開雙臂歡迎波斯入侵。色薩利一旦陷落，底比斯與更南面的許多城邦一定會歸順。即使斯巴達和雅典都不一定擺不平，在蘇撒受到禮遇的狄馬拉圖斯以及被波斯供養了三十年的庇西特拉圖家族，仍有可能為萬王之王爭取到一些門客。事實上，喜庇亞斯的幾個兒子曾向薛西斯進呈預言，「描述一名波斯士著將注定在赫勒斯滂架橋，又說明了隨後取得之勝利的各種細節。」[14]他們自信滿滿的斷言來自奧奈西克里圖斯（Onomacritus）這個江湖騙子——他曾經是雅典僭主喜帕克斯的朋友，後來因竄改預言而失寵。他可能不是最可靠的資訊來源，但遭逐的庇西特拉圖家族因為太思念故國，而可憐巴巴地相信了他所說的一字一句。

波斯最高指揮部對於奧奈西克里圖斯是否值得信任大有疑問，不過這並不重要，因為薛西斯從埃及返回蘇撒幾個月後，出兵希臘的勢頭已不可擋。少數反對入侵的鴿派發現自己無力制止，若他們說出心中的想法，就會被譏笑為懦夫。不過，他們的擔心雖被主戰派嗤之以鼻，卻不是那麼輕易地可被置之不理。以下這些擔心很難被認為是失敗主義者杞人憂天：雅典人已在馬拉松證明他們不是軟腳蝦；為遠征軍提供後勤補給，會讓波斯最有經驗的官僚體系十分為難；希臘多山的地形是出了名的崎嶇難行。然而，即使這些風險偶爾令薛西斯猶豫，但它們最後反而更堅定了他出兵的決心。如果在風險面前畏縮，或者承認波斯的力量可能會過度延伸，或放棄雅典，並將其背後那個大陸永遠留給「謊言」來統治，都是對大流士下流的背叛，也是對馬茲達神不可原諒的背叛。這次入侵確實充滿風險，但若不是如此，它就不會是值得萬王之王一顧的挑戰。

但要如何克服這個挑戰呢？越過赫然聳現雕刻著碩大公牛象、人首與老鷹翅膀的深宮大門，以及好管閒事的太監所操縱的明亮庭院，在上千名禁衛軍把守的波斯波利斯王宮最深處，薛西斯最信賴的顧問各陳己見。雖然他們身處波斯最隱祕的神經中樞，但對於他們說了些什麼話，我們還是可以猜到一二——拜後來傳出的謠言與事態發展所賜。[15]歸根究柢，會議當然是要決定一件事：該派出什麼軍隊討伐與征服希臘？

馬鐸尼斯主張只派出精銳部隊，包括波斯人自己、米底人、斯基泰人和東伊朗人（East Iranians）。他認為這般打擊力量的行動能快如閃電，擊潰敵人的笨重步兵團，而這種可怕的速度，已在對付愛奧尼亞的希臘人戰鬥中多次奏效。[16]雖然此一戰略有輝煌的先例，卻仍存在著一個無法克服的大缺點。時代轉變了，自少數幾名太守轄地徵召的軍隊，又怎配得上指揮官的尊嚴？當年，隨著居魯士出征的山野村夫已不足以彰顯他作為世界主人外孫的威風。薛西斯不但以波斯國王的身分，而且是以掌管所有領土的王者身分出征，即使是最遙遠角落的屬民，都有義務派出子弟為他作戰。他們的順服，反映出萬王之王無上的威嚴。

最後，事情就這樣敲定了。在附近樓梯牆雕刻的工匠，也許是從宮殿外的大庭院，非常模糊地聽到御前會議室裡的討論。[17]就像樓梯的每一級都只稍微升高那樣（這是為了讓身穿寬大袍子的貴族可以不失體面地登階），工匠在雕刻樓梯牆時也雕刻得極為精細，因為他們刻劃的是萬國代表向萬王之王進貢的情景。薛西斯對許多自己屬民的印象都只來自這些畫面，隨著他的使者準備飛奔帝國的每個角落下達動員令，萬王之王將可看見他五花八門的屬民出現在他面前，手持武器準備作戰，包括纏著腰布與手持藤弓的印度人、身披豹皮與使用石鏃箭的衣索匹亞人、頭戴木頭盔的莫斯科伊人（Moschians）、以狐皮捲頭的色雷斯人、裹頭巾的奇西亞人（Cissians）、身穿亞麻盔甲和揮舞狼牙棒的亞述人。這些民族從波斯波利斯的石雕中走出，聚集在主人面前，跟隨著他向西方進軍。

當然，這支大大膨脹了的遠征軍，一定會讓萬王之王的軍需部頭痛不已。要讓薛西斯預期規模的部隊渡過愛琴海，顯然是不可能的，故前往雅典的唯一方法是取道陸路。但這也需要一些奇蹟式的準備功夫，包括設法在赫勒斯滂架設橋梁、在色雷斯與馬其頓的森林中修路，以及大量種植、收割與儲藏食物。承擔這些任務的後勤部門叫苦連天，但對萬王之王來說，它們就像戰爭勝利一樣，是其權力的輝煌展示。馴服荒野地帶，自無秩序中理出秩序，讓大地豐盈：這是他全球性使命最完美的意象。波斯人因生活在群山和荒原環繞的環境裡，認為讓沙漠開花的能力是一位大政治家最可靠的標誌。凡是讓自己轄地「廣植樹木和廣種莊稼」的太守，都會讓萬王之王刮目相看。[18]即使是最低微的園丁，只要能夠為薛西斯獻上一株珍貴的植物，同樣可望加官晉爵。據說，薛西斯的一位繼承人在得到一顆巨大的番石榴後表示：「在我看來，能種出這麼大果實的人，一定能把一個小城市治理得有條不紊。」[19]

就連萬王之王本人也以園藝才能自誇。薛西斯從小練習弓箭或於冰冷的急流中游泳，或者在花園裡種樹、搜集草藥的根莖，度過愉快的下午。[20]事實上，大概只有他對打獵的熱情勝過對園藝的熱情。波斯人一向認為，兩者的結合可以造就真正圓滿的人生。極少太守沒有自己的園林，除了豢養許多珍禽異獸，還在池邊與潺潺流水旁，以及涼亭與整修過的草坪上遍植奇花異草。波斯帝國一向對植物學懷有狂熱，大流士即使日理萬機，仍不忘隨時留意最新的農業創新，又孜孜不倦地鼓勵各個太守從事農業實驗，搜集稀有的秧苗。據說，為了挑動舅子對戰爭的熱情，馬鐸尼斯告訴薛西斯，歐洲是一大植物中心，有世界上各種樹木。[21]隨著出征希臘在即的消息在波斯波利斯傳開，皇家園丁也開始摩拳擦掌，其興奮不下於任何準備收割戰利品的人。

波斯人把精緻美麗的花園稱為「帕拉代達」（paradaida），希臘人將這個字轉寫為「天堂」（paradeisos）。[22]當萬王之王在晶瑩清涼的小溪畔散步，觀賞從帝國各個角落移植至此的珍禽異獸和奇花異草時，他大概會有如同置身天堂的感覺。然而，天堂不僅為他提供一個可以逃避塵世生活煩惱與平庸的地方，每種他可以引以為樂之物——「漂亮的樹木，栽種它們的精確方式，它們所構成的直線、角度的規律性，它們混合在一起與充滿空氣的芬芳氣味」[23]——都依照他的想法來安排。整個世界都在他的掌心裡，他可以下令讓任何地方的大自然產生秩序。

他大手一揮，園丁就知道怎麼栽種一排柏樹；同樣地，透過在地圖上移動他的手指，他也可以重繪大海與陸地的界線。在赫勒斯滂，他用一條巨大的（鋪上樹枝與壓緊土壤的）浮橋連接亞細亞和歐洲；在愛琴海更西邊的海岸上，波斯人正在阿索斯山下方的地峽挖掘一條大運河，波斯艦隊可不用繞行山峰高聳的險惡半島。馬拉松之戰兩年前，馬鐸尼斯就是在這裡失去自己的艦隊。讓這災難更添恐怖的是，有人目睹海怪於洶湧的浪濤中起伏，吞噬落水的水手。此外，白鴿自浪花而生，在這場大屠殺的上方盤旋。「這是希臘第一次出現這種鳥類，以前從來沒有人在裡看過它們。」[24]而這次，類似的怪事不許再次發生。就像在天堂，籠子裡的黑豹不會對觀看它的人構成危險，這一次，無論多少波斯艦隊通過愛琴海，阿索斯山（Mount Athos）山腳下的海怪都只能朝著它們白流口水。

此事讓整個希臘為之震動，要修建一條寬度可容納兩艘戰艦並排通過、深度能保證船底不會碰到河床，而且長度長達一點五英里的運河，此任務並非凡人的能力所及，但只有一個人例外。勞工隊伍日夜不停勞作，挖鑿石頭的聲音不停自阿索斯山向外傳達迫切而喧嚷的恐怖訊息：萬王之王的腳步近了。

清理檯面

有人只要拍拍手，就可讓一條運河修建起來，或動員整個大洲的軍事力量，這種事讓雅典人極陌生而震驚。在喜庇亞斯被迫流亡後停工，塵封的宏偉宙斯神廟見證著雅典人有多不信任領袖。無論何時，雅典貴族只要見到地位超過自己之人，本能的反應都是將其除去。「因為他們不喜歡歌頌別人，這會讓他們覺得，自己被剝奪了什麼東西。」[25]這種情感同樣見於任何時代、任何地方的希臘人。於此意義下，民主沒有帶來多少改變。據說，地米斯托克利的父親曾試圖勸阻兒子從政，指著被拖到法里龍港沙灘上腐朽的戰船殘骸說道，任何野心勃勃的政治人物最終都會落得如此下場。「因為在雅典，凡失去利用價值的領導人，都會受到這種對待。」[26]

毫無疑問地，菁英之間的鬥爭就像民主建立前那樣野蠻無情。就連像米太亞德聲望如此崇高的人，都被迅速推向毀滅。西元前四八九年，距離他把雅典自毀滅邊緣拯救回來不到一年，他突然身敗名裂。此前，他率領遠征軍征伐愛琴海上一個與波斯勾結的城邦，結果大腿受傷，不得不返回雅典。一如既往，鼻子特別靈的阿爾克馬埃翁家族嗅出了可乘之機。他們把克里斯提尼的姪女嫁給了野心勃勃的年輕政客克桑提普斯（Xanthippus），教唆他控告米太亞德「欺騙雅典人民」。米太亞德被抬到公民大會受審，被判有罪。本應將他從擔架上拉起來，處死後拖到「劊子手門」後丟到一個亂葬坑，但陪審團不願像從前對待波斯國王的使者那樣對待馬拉松的英雄，只判他巨額罰款。沒想到判決過後幾週，他的身體快速惡化，腿上的壞疽腐蝕了這位落魄英雄的腿部，並要了米太亞德的性命。他年輕的兒子客蒙（Cimon）千辛萬苦地湊足罰金，然後繼承了菲萊德斯家族族長的地位，當然也繼承了對阿爾克馬埃翁家族的深仇大恨。

若說雅典人民因為「害怕見到任何人擁有比同儕大得不成比例的權力」，而樂於看到偉大的米太亞德受貶抑，[27]那麼他們對其仇家也不會有太多熱情。在這件克桑提普斯提出控告的訴訟案中，究竟誰是幫兇？公民大會上的投票者或阿爾克馬埃翁家族？答案很快就揭曉了。米太亞德死後兩年，公民聚集在阿戈拉。當天，這裡特別豎起了巨大的投標圍欄，官員們仔細檢查過往的人們，以確保沒有人投兩次票。十個入口——每個「部落」一個——都放了一堆破陶片。每個雅典人彎腰撿起一片陶片後，都清楚自己手中掌握著可怕的權力。在民主制度建立之前，流放曾經是某個黨派領袖以武力威脅強加於某個敵人的毀滅性殘暴打擊，如今它首次成了作為最高主權的人民所做出的判決。每個公民都必須把一個知名政治人物的名字寫在陶片背後。當天投票結束後，所有這些碎片——希臘人稱之為「奧斯特拉卡」（ostraka）——會被點算，得票最多的人在十天之內必須離開阿提卡，他不會像從前的被放逐者那樣失去財產或公民權，但在十年內不許回國，在這段期間他就了「陶片放逐者」（ostracised）。

這個致命的武器是用來對付過分強大家族的野心，但它在二十年前由克里斯提尼制定以後，就一直沒有被使用過。[28]雅典人之所以在米太亞德受害後投票通過使用它，顯見他們多麼不想受到互相傾軋的家族所擺布。曾經擊退萬王之王的城邦自然不願活在狂暴貴族的陰影下。第一個被從檯面上清走的是喜帕恰斯，這個惡名昭彰的庇西特拉圖家族成員在十年前擔任執政官期間，普遍被懷疑和喜庇亞斯與阿爾塔費尼斯勾結。翌年，西元前四八六年，不令人意外地，輪到阿爾克馬埃翁家族的成員中箭下馬。兩年後，克桑提普斯因盛名之累，也遭到放逐。在馬拉松之戰的幾年後，菲萊德斯家族、庇西特拉圖家族和阿爾克馬埃翁家族都形同被斬首。若說民主制度的建立是一場和平革命，那麼陶片放逐法就是一座可以砍頭但不會流血的斷頭台。

在所有的革命中，當主要的權力掮客被掃地下台，都會讓更靈活、適應性更好且更投機的對手有上場的機會。阿爾克馬埃翁家族不是唯一自覺受到馬拉松勝利者光芒所遮蔽者，也不是唯一巴望得到公民大會垂青的顯貴。有個人對米太亞德所取得的榮耀特別感到苦惱，而夜夜失眠，一放下酒杯就無法入睡，準備好利用陶片放逐法剷除對手。地米斯托克利當然不乏敵人，他清楚意識到，繼續追求自己的政治野心，可能毀掉自己。自從第一次陶片放逐投票開始，他就成為被放逐的熱門人選，每年都有好幾墩碎片寫著他的名字。儘管如此，他仍有一個關鍵優勢：一切針對其他流放人選的辱罵，如「叛徒」、「達提斯的紅人」或弓箭手頭上米底人帽子的塗鴉——都不會被用在地米斯托克利身上。他與大部分遭陶片放逐者不同，反對萬王之王的立場始終如一。他在擔任執政官期間，動工的比雷埃夫斯港（落成至今已近十年）是希臘最大、防禦工事最嚴密的港口，可作為他敵視波斯人的鐵證。事實上，他公開主張，雅典想脫胎換骨成為頂級強權，只差一支艦隊。

對較貧窮階級的人來說，這也許是誘人的前景，但前不久才在馬拉松得勝的地主和農人卻不這麼想。地米斯托克利要爭取興建的戰船約有兩百艘，如此龐大的艦隊需配備大量海軍，將導致傳統使用長矛和盾牌作戰的重裝甲步兵所剩無幾。難道他指望重裝甲步兵階級投票贊成讓自己清盤嗎？也許更迫切的問題是，誰為他的海軍建軍計畫買單？戰船一點都不便宜，一支艦隊大概是任何城邦所嚮往最昂貴的地位象徵。聽聞地米斯托克利建議的有錢人都知道，他打算讓誰付錢。無怪在反動派的傳統代言人一一被放逐的情況下，世家大族拚命環顧四周，想找出替代的勇士，但他們用不著往太遠的地方去找。西元前四八〇年代中葉，曾經在馬拉松脆弱的中軍與地米斯托克利並肩作戰的將軍阿里斯提德，已成了與地米斯托克利針鋒相對且最有效力的頭號反對者。兩人連個性都南轅北轍；地米斯托克利被歸類為機會主義者，極度口是心非與狡猾；反觀阿里斯提德，他被追隨者譽為正直與簡樸的楷模。地米斯托克利以不錯過任何撈油水的機會而著稱，但他的對手卻是出了名的安貧與誠實——當馬拉松的雅典軍隊正絕望地徒步趕回法里龍港時，曾留下他看管戰利品。他的仰慕者好稱他為「正直者」，而阿里斯提德也毫不難為情地以這個綽號自許。[29]

這位表面的道德楷模有個強而有力的重要見地：在民主制度中，形象之於一個政治人物的重要性，不亞於實質。撇開他的綽號不談，事實上阿里斯提德就如同地米斯托克利擅長政治謀略。雖然自稱「不拉幫結派，堅持踽踽獨行」[30]，他卻是串連的高手。例如，當地米斯托克利不得不和不怎麼有名的政治新貴結交時，阿里斯提德早已將目光鎖定最高層，設法成為克里斯提尼的密友。甚至他的安貧樂道也只是一種姿態。他不像地米斯托克利那樣熱中搞錢，但他是法里龍一個大莊園的主人，又與雅典一些最富有的人關係密切，實在用不著去搞錢。

為何他會獲得陶片放逐投票選民的青睞，該如何解釋呢？他的對手喜歡拿一件事情大做文章：他是阿洛佩克（Alopeke）自治區的成員，而「阿洛佩克」是希臘文中「狐狸」（alopex）的諧音。不過，這可能過於誇大了對阿里斯提德的殺傷力。事實上，我們甚至有理由主張，偽善是民主制度的活力泉源。可以肯定的是，這個城邦日益增強的平等觀念，並沒有讓勢利心態消失。阿里斯提德富有而節儉，有野心且熱心服務大眾，出身名門又信賴人民的意志，這些都讓雅典人無比寬心，感覺他們的舊日理想與其新政體可以並存不悖。他似乎承諾，從阿提卡古老土壤中冒出的古老確定性，就像根植於雅典衛城的神聖橄欖樹一樣，會持續指引雅典人度過前方的危機與不確定性。相較於「正直者」令人安心的重裝甲步兵之美德，地米斯托克利呼籲，在很多人看來，建立海軍的建議就如同洶湧的大海一樣，顯得很不雅典。

然而，這種看法可能誤解了雅典的天命所在。在衛城之巔，那棵雅典娜當年親手種植的橄欖樹旁，可以找到一個蓄滿鹹水的蓄水池。當一個公民跪在它旁邊，也許會聽見自它深處傳來「南風刮起時，會引起的海浪嘆息聲」，並在岩石上看見「三叉戟形狀的叉痕」。[31]據說，叉痕是海神波塞冬（Poseidon）在遠古時期留下的，當時他正在和雅典娜較量，爭奪雅典守護神的寶座。後來波塞冬雖不敵女神，但在雅典最神聖的聖所石頭上留下了叉痕，作為他持續不變的恩賜。[32]不過，衛城並非雅典人向海神波塞冬祈求保佑的唯一地點。在每艘自阿提卡前往公海的船隻都必須繞過的蘇尼恩岬（Sunium），人們在此懸崖上修建了一座供奉波塞冬的神廟。[33]當達提斯率領運送騎兵的艦隊前往法里龍港，途經蘇尼恩岬時，想必已看過神廟的立柱。說不定當時就是因為波塞冬以三叉戟攪動水流，而拖慢了波斯艦隊前往雅典的速度。無論如何，沒有任何神明比海神更青睞地米斯托克利，抵擋波斯人二度進攻雅典的計畫。蘇尼恩岬位於地米斯托克利的「自治區」以南八英里，當置身於海神神廟的陰影下，下方是洶湧海濤的喃喃聲，地米斯托克利也許常到波塞冬神廟走走，禱告祈求奇蹟發生。

他也一定知道，若真有奇蹟發生，最可能發生的地點就在波塞冬神廟不遠處。構成岬角尖端的峭壁沒有延伸到很遠的地方，蘇尼恩岬以北是一片名叫勞里烏姆（Laurium）的平地，此地荒涼骯髒，清風吹不到。此段海岸地帶的空氣炙熱汙濁，充滿有毒的臭氣。但有幾千人住在這裡，他們不是公民而是奴隸（有男人、女人和小孩）。厄運籠罩下的他們生活悲慘，被迫在塵土飛揚與飽受汙染的環境中工作，好讓民主的雅典能持續富有。從坑坑疤疤的靠海斜坡與無歇止的挖鑿聲可知，勞里烏姆的銀礦蘊藏極其豐富，此地雖在特洛伊戰爭以前便有人開採，但至今仍可在岩石裡挖到銀。過去二十年來，採礦技術有了重大提升：大石塊自斷面上挖掘出來，透過清洗來提取礦石，然後在熔煉前去除各種含量很高的無關元素。這個簡單的創新讓白銀可被提煉到一個前所未有的純度，也打開了一個誘人的前景：若能找到新的銀礦脈，那將是勞里烏姆歷史上最有利可圖的開採。其所需要的，只是幸運之神的一次眷顧。西元前四八三年，幸運之神果然降臨了。

「一個銀的泉源，一個埋藏於地裡的寶庫。」[34]這個礦脈讓雅典人眼花撩亂。究竟要如何利用這筆飛來的橫財呢？一聽說發現了新銀礦，地米斯托克利馬上跑去公民大會要求一支艦隊。但他的建議遭到憤怒的抗議，阿里斯提德馬上表示反對。向來善於將保守主義（conservatism）與民粹主義（demagoguery）融為一體的他，以流利的口才指出，依慣例採礦的利潤是平分給雅典的人民。這種說法既可利用大眾的自利心理，又可挾傳統以自重。地米斯托克利正面還擊，但不危言聳聽，甚至完全不提波斯人的威脅。他反而挑了一個比萬王之王更有直接威脅性的敵人大作文章，「盡情煽動選民討厭與嫉妒埃伊納人的心理。」[35]公民大會在貪婪與沙文主義兩種反向的誘惑拉扯後，最後決定採取折衷的辦法：同意造艦，僅限一百艘。力爭兩百艘戰船的地米斯托克利拒絕妥協，阿里斯提德也一樣，但雙方都沒能得逞。秋去冬來，爭論一直沒停止，導致雅典的民主陷入癱瘓。一月，公民大會開會表決，當年是否要舉行陶片放逐投票，結果顯而易見。為了打破僵局，地米斯托克利與阿里斯提德兩人當中，必須有一人離開雅典，最後結果將在初春時由陶片放逐投票來決定。

雖未經過刻意安排，但西元前四八二年的陶片放逐投票，其實是歷史上的第一場公投，也是歷史上影響最重大的一場公投，因為其結果將直接影響雅典與整個希臘世界的未來，甚至攸關更多的事。隨著陶片放逐投票的日期逼近，雅典人民逐漸意識到這個問題的嚴重性。波斯人在阿索斯半島開挖運河的謠言已成為事實，波斯國王正進行戰爭動員的消息，也開始以令人驚恐的語調傳遍大街小巷。地米斯托克利的敵人雖繼續反對給予城市一支艦隊，並宣揚阿里斯提德是「公正者」，但也開始感受到人民緊張的情緒——阿里斯提德自己也將很快發現。投票當天他站在投票場內，一位不識字的農民不認得這位大人物，將陶片交給了他，請他幫忙寫上「阿里斯提德」幾個字。他感到不知所措，於是詢問對方原因。農夫回答說：「因為我受夠了他老被稱為『正直者』。」阿里斯提德沒說什麼，就在陶片上寫上自己的名字，然後交還給對方。[36]這個故事可以說明何謂風度，而來源當然也只能是「正直者」本人。就其本身來看，這個故事頗有降低損害的用意。也許他還看過，有些陶片上甚至寫著「達提斯的兄弟」。當投票結果公布，阿里斯提德得知自己即將流亡時，他清楚不論自己將失去什麼，都必須保留誠實的聲譽，說不定哪天他還用得著這種聲譽。雖然他遭到流放，離開前他已為歸返準備好基礎。

無論如何，這次投票達成了其所設定的目標。反對意見受挫，地米斯托克利獲得勝利。雅典將建造兩百艘戰艦，事實上不只兩百艘：因為雅典人先前雖然百般猶豫，現在卻突然被一種相反的緊張情緒所攫住，生怕自己做得太少且太晚。負責採購的人帶著勞里烏姆的銀，前往愛琴海各地購買木材。在比雷埃夫斯的船塢，敲打聲與鋸木聲日以繼夜不絕於耳。自夏天的投票以來，建造戰船的工作便高速展開，現在更加快到一週生產兩艘的驚人速度。這些戰船當然都是殺傷力最大且最新型的三列槳座戰船，船頭裝有細長的撞角，兩邊各有三排槳座。這種戰船需要最精準的製造工藝。地米斯托克利一如往常，堅持實驗一種新的設計，目的是「增加速度和靈活性」[37]，高生產率固然重要，但品質一樣不可忽視。「讓敵人心驚，讓朋友高興。」這是每艘三列槳座戰船都必須達到的品質要求。[38]

然而，雅典人清醒地認識到，建立艦隊的最大挑戰不在於造艦，而在於配備給勝任的人員。在三列槳座戰船上操槳是出了名難以精通的技藝。「駕船術是一門藝術，你不能只用空閒時間去學習。事實上，它根本不容許有空閒時間。」[39]尤其是時間緊迫，而且看起來越來越緊迫。有必要對阿提卡所有的人進行緊急動員，派他們到划槳座位。但地米斯托克利擔心，即使如此，仍找不到足夠的公民來裝備不斷膨脹的艦隊。隨著西元前四八二年夏天過去，冬天逼近，包括來自最遙遠橄欖樹樹林的農夫、從未離開過「陶器區」的陶匠、「重裝甲步兵階級的中堅力量」[40]，所的有人全被抓去練習划槳。他們不斷地練習，忍受起水泡與渾身肌肉痠痛之苦。他們把座椅墊拿到海灘上放置後，不久又歸隊繼續練習。這當然是一種野蠻的速成課程，但又非如此不可。隨著西元前四八一年的春天降臨雅典，很少人相信他們接受訓練的目的是要對抗埃伊納的艦隊，此時關於萬王之王計劃攻打這座城市的謠言從四面八方湧入。更讓人驚恐的是，有謠言說薛西斯和他的軍隊準備在這個春天從蘇撒出發。雅典籠罩於陰影中，人人都在疑神疑鬼中巴望獲得確切的消息，哪怕是最壞的消息都好。然後，確切的消息從預期以外的地方傳來了。

這個消息寫在兩塊寫字板上，收件者為斯巴達人。直到國王李奧尼達聰明的妻子歌果建議刮去木板上的封蠟後，一頭霧水的斯巴達人才看到木板上刻了字。內容是狄馬拉圖斯所寫，敘述萬王之王的計畫。斯巴達人坦言，他們不知道狄馬拉圖斯的通風報信是「對其人民的善意提醒或惡毒的玩笑」[41]。不過，兩塊寫字板能順利通過波斯驛道每個檢查站，讓收件者的血液為之凝固，並放大一個等待中傀儡國王的形象，這一切都帶有波斯搞詭計部門的手跡。斯巴達人雖不像雅典人那麼熱中於將內訌示人，卻也不乏其內部的分歧，狄馬拉圖斯的訊息一定是為了擴大這種內部分歧而設計的，要在鷹派與悲觀派之間製造更大的分裂——鷹派有信心打敗包括萬王之王在內的任何敵人，悲觀派則擔心諸神已經判了斯巴達死刑。

狄馬拉圖斯和波斯的情報部門都知道，斯巴達的悲觀派為數不少。十年前被克里昂米尼殺死的大流士使者仍在拉刻代蒙陰魂不散：很多斯巴達人都擔心他們會向諸神申訴冤屈，尋求報復。有些斯巴達人飽受良心煎熬，以致他們之中有兩人跑到蘇撒，自願成為萬王之王的獻祭品。精明的薛西斯當然寬恕了他們，因為減輕斯巴達人的罪惡感究竟有何必要呢？狄馬拉圖斯這封信的用意就是要加強這種罪惡感，也是為了增加他們的恐懼。大部分斯巴達人都詛咒這個叛徒，抹黑他是他母親和一個「黑勞士」苟合的野種，應該成為亞細亞人的奴隸。不過也有人認為，狄馬拉圖斯是唯一可以拯救斯巴達的人，承認他有功於制衡克里昂米尼的跋扈。他們也散播關於他身世的謠言，但這次不是說他是奴隸之子，而說他的父親是傳說中的英雄，並在半路成了神。42

若萬王之王入侵伯羅奔尼撒半島，斯巴達人當然會站出來阻止他。不過，如果連他們——世界上最勇敢的戰士——都在自我懷疑中飽受折磨，又怎能指望那些意志力不及他們的人鼓起勇氣？春去夏來，希臘每個城邦都無可避免地要在抵抗與順服之間作出抉擇，不能再不重視波斯入侵的可能性，僅視之為地米斯托克利等有野心政客的危言聳聽。各種證據讓那些最頑固的懷疑者不得不相信，薛西斯已經離開蘇撒的傳言是真的——他確實向西進發了。到了初秋，來自愛奧尼亞的消息指出，薛西斯已經抵達薩第斯，其龐大的帝國繼續在他的命令下被動員。萬王之王與他的千軍萬馬正在逼近中，等到翌年春天，歷來集結最大的一支軍隊將渡過赫勒斯滂並進入歐洲，然後像狼入羊圈那樣撲向希臘。現在，住在那裡的人度過最後一個自由冬天，對於萬王之王的目標為何再也沒有疑問了。

擅長打心理戰的波斯最高指揮部趁勢加強施壓，就像十年前馬拉松之戰爆發前那樣，他們派遣使者前往希臘各地，要求獻上一罈土和一罈水。唯有兩個地方沒有使者前往——雅典和斯巴達。對希臘的其餘部分來說，沒有比這更清楚的威嚇信息了。為了避免被打上同樣的毀滅記號，許多城邦匆忙順應了波斯使者的要求。就連那些拒絕獻上土和水的城邦也出現了親波斯派系，或開始鼠首兩端。在那個陰鬱且陰影籠罩下的秋天，看來不無可能的是，整個希臘將會像過熟的水果一樣，掉在薛西斯的大腿上。

當然，對作戰之外別無選擇的斯巴達人和雅典人來說，這是最大的惡夢。為了鞏固力量並振奮精神，他們也急匆匆地派遣使者前往各地，號召希臘同胞拿起武器參加在斯巴達舉行的作戰會議。以斯巴達為舉行作戰會議的地點，是一個符合邏輯的選擇，任何希臘聯軍都將以「伯羅奔尼撒同盟」（Peloponnesian League）為中堅。但斯巴達人擔心，這會讓不屬於「伯羅奔尼撒同盟」的城邦有疏離感，因而謹慎地把會議中心稱為「希臘廳」（Hellenion）。[43]這種稱呼也非空洞的口號，許多派代表到斯巴達的城邦本來是彼此作戰，但令人驚訝的是，當大會提議與會國都放下恩仇時，所有的代表都當場同意。例如埃伊納決定與雅典言歸於好，並答應雙方海軍組成單一艦隊。

這樣的和諧氣氛也並非完全沒有限度，例如，當地米斯托克利指出自己的城邦將為聯軍艦隊做出超乎比例的貢獻，並因此要求得到艦隊的指揮權時，許多傳統的海軍強國（如科林斯和尤比亞島上的國家）都大聲表示反對。地米斯托克利見狀便放下自尊，撤回要求。他的虛榮心固然巨大，但拯救雅典的決心更大。他從不會讓自我的睿智遭蒙蔽，或讓自己奇異的本領進入他人的心思。他看出希臘人只有一個生還希望，就是「停止內鬥，調和彼此，一起加入對抗波斯的大業。」[44]考慮到各城邦艦隊都無法接受來自其他艦隊將領的指揮，他提出了一個高明的建議：主張把聯軍艦隊的指揮權交給完全沒有海洋背景的人。因此，獲得陸軍指揮權的斯巴達人同時也獲得了海軍的指揮權。這對雅典來說，可謂不是滋味的權宜之計，但地米斯托克利知道，對一個城邦來說，還有比自尊心受損嚴重許多的打擊。

指揮系統成功建立以後，聯軍便開始制定作戰計畫。他們面臨兩大挑戰，第一個挑戰對在「希臘廳」開會的代表來說再明白不過，那就是設法提高聯盟成員的數量。在希臘本土的七百多個城邦中，只有不到三十個派代表到斯巴達參加會議，他們必須設法說服一些重要的缺席者（如阿爾戈斯）參加，並為一些騎牆派城邦（如底比斯）的親聯盟派系提供支持。會議決定採取「胡蘿蔔加大棒的策略」，一方面遣使到阿爾戈斯與其他游離於聯盟之外的城邦進行遊說，另一方面則是向任何可能通敵的城邦發出警告，將徵收其全部收入的十分之一作為背叛的懲罰。再者，聯盟必須獲得神明的支持，與會代表一致同意，所有什一罰款（proceeds of the tithing）都要獻給德爾斐的神明。[45]

這種企圖收買阿波羅的作法毫無幼稚之處，反而透露了一些聯盟有根據的擔心。各個與會代表都是精明實際之人，知道波斯間諜遍布各處，祕密地以黃金收買某些人，或向另外一些人承諾萬王之王的恩典，試圖從內部瓦解希臘人的決心。面對這種間諜戰，聯盟必須找出反擊的方法。這就是他們面對的第二個挑戰——滲透萬王之王的陣營。

除了各種荒誕不經的傳言，希臘人完全不知道波斯軍隊的規模。只有以確實的情報為依據，他們才能開始制定戰略，因此他們用得著隱藏身分的間諜。於是，三名間諜被正式選中，並派往薩第斯打探敵情。如果他們能夠完成任務而且沒有被抓到，那麼同盟各國對自身處境的了解將可大為增加，從而在春天再次召開會議時制定計畫。

開完會後，代表們互相告別，各自回國。三名間諜前往最近的港口，搭船前往愛奧尼亞。這時距離春天和戰爭季節還有幾個月，但至少希臘聯盟感覺得到，他們對萬王之王及其入侵部隊的第一記打擊已經展開。

擄掠歐羅巴

在波斯人出現之前，愛琴海原是希臘人的內海。當三名希臘間諜在西元前四八一年冬天，自伯羅奔尼撒半島東行穿過愛琴海時，形同進入了敵人的水域。飽受摧殘的愛奧尼亞仍在盤點叛亂所造成的損失，米利都過去的輝煌只剩一個燒焦的空殼，納克索斯和其他島嶼已在十年前臣服於達提斯的艦隊。隨著三名間諜日益接近亞細亞，越來越讓人感到不安。各種跡像顯示，薛西斯準備發動的戰爭規模空前浩大。冬天已接近，但愛琴海的航線卻仍超出常理地繁忙。在愛奧尼亞海岸，來自東地中海每個角落的船隻擠滿各個港口。雖然在自己的後院，希臘人仍被淹沒。十三年前，「自由愛奧尼亞」（free Ionia）最後一支艦隊在拉德島（Lade）的海域被消滅。現在，距離入侵希臘的日子只剩下幾個月，曾為萬王之王取得決定性勝利的海軍支隊回到愛奧尼亞的水域。任何希臘人看到他們都會心裡一沉，他們的三列槳座戰船（triremes）船身修長且掛滿盾牌，機動性極強，構成了薛西斯艦隊中的核心打擊力量。操縱他們的是世界上公認最優秀的水手，一如猶太先知以西結（Ezekiel）所說：「你們的國界在海中央。」[46]他談的是推羅（Tyre）這座城市，但同樣適用於比推羅更富有的鄰邦西頓（Sidon）或朱拜勒（Byblos），也適用於在今天黎巴嫩海岸的任何強大商業城市或與之相應的雙倍港口。這些城邦彼此獨立，但彼此的差別在許多外人眼中卻極不明顯。希臘人以單一一個稱呼——腓尼基人（Phoinikes）——來涵蓋他們。

可以肯定，Phoinikes一詞衍生自希臘文單字「紫色」（phoinix），反映了希臘人對任何有威脅性的民族既仰慕又鄙夷的矛盾心理。說是仰慕，是因為腓尼基人以貝類提煉的紫色染料既高雅又特別，是國際搶手的奢侈品，讓推羅與西頓賺翻了。而鄙夷，是因為一個民族竟要倚靠一種商品來定義，實在庸俗得無可救藥！「大可說，愛財如命是腓尼基人的一大特徵。」雅典貴族喜歡這樣說。[47]這是所有希臘人的共同偏見，除了容易引起鄙視外，也容易引起仇視。推羅與西頓的商人不是唯一愛賺錢的人，很多希臘人也如此，他們對腓尼基人的競爭憤恨不已。不論他們走到多遠，或尋找新市場、原料、或作為貿易據點的土地，「這些海上流浪者，這些狡猾的掮客，他們的黑色船隻載滿各種庸俗華麗的小玩意兒」，似乎總是搶先了一步。[48]

雙方的競爭可以回溯好幾世紀前，範圍及於已知世界的盡頭。腓尼基人的城市就像希臘人那樣置身於群山環抱之中，但他們的眼光總望向開闊的海平面。據說早在西元前八一四年，推羅的公主伊莉薩（Elissa）離開故鄉，帶著一批龐大的殖民隊伍，沿著非洲北部海岸航行，然後抵達西西里島對岸，在那裡建立了「新城市」（qart hadasht/ new city）迦太基（Carthage，迦太基即「新城市」之意）。抵達尤比亞島的希臘殖民者在幾十年後開始向西探索時，腓尼基人的貿易觸鬚已伸到了西班牙。沒多久，他們又進一步進入大西洋並抵達赤道一帶，在叢林邊緣的沙灘上以便宜的小玩意換取當地土著的黃金。

希臘人聽著腓尼基旅人的傳奇故事，眼中流露出嫉妒，大概是意識到自己來得太晚，無法打入非洲市場。雖然他們被對手的商業網絡阻止在非洲和西班牙之外，但仍在西方發現了一個充滿發財機會的前沿地帶。雖然他們在拿坡里灣的伊斯基亞島（Ischia）建立的第一個殖民地，最初吸引腓尼基人前來投資，但兩個宿敵並未自然地發展出夥伴關係。不久後，雙方就在整個義大利和西西里公開競爭。隨著越來越多希臘屯墾者前來建立新的人生，希臘人的數量上開始超過腓尼基人。這些新移民從尤比亞島、科林斯、梅拉加和愛奧尼亞不斷湧入，然後到處建立殖民地，其數量之多，要到兩千多年後發現美洲新大陸才被超過。到了西元前八世紀之交，幾乎每年都有一座新城市在義大利或西西里建立，甚至土著口中也開始出現「大希臘」（Great Greece）的稱呼。

顯然到了西元前六世紀中葉大規模移民潮停止時，西大荒大半已被馴服。為了震懾那些他們無法奴役的土著，殖民者刻意虛張聲勢。他們所做的事都規模巨大：這裡的城牆比希臘的舊大陸高大許多，廟宇更為宏偉，色彩更加悅目豐富。就連希臘人在西方的享樂生活，都帶有威嚇的意味。義大利南部的腳背城市錫巴里斯（Sybaris），即使相較於其鄰居，都是魅惑力十足的目標，這裡的花花公子懶洋洋地躺在鋪滿玫瑰花瓣的床上，病懨懨地抱怨自己長了一顆水泡。作戰時，他們的戰馬一聽到敵人方陣的吹笛聲，就會整齊地邁開舞步。就連錫巴里斯的毀滅都讓人歎為觀止；西元前五一〇年，這座城市的敵人聯合起來將它夷為平地，而且不留半點痕跡。在西方，成與敗充滿了同樣聳人聽聞的誇張色彩。

無怪「希臘廳」的會議在決定向東方派出三名間諜時，也朝反方向派出一個使節團。西方的希臘人雖熱中於玫瑰花瓣及午夜的舞蹈，但凶狠起來也是個可怕的士兵。四年前，格隆（Gelon）這名殘暴且精力充沛的冒險家攫取權力，成為西西里大港敘拉古（Syracuse）的僭主，看來他特別勝任希臘救星的角色。他的幹勁令人刮目相看；在消滅了三個鄰邦後，他把他們的人口擄到敘拉古去，但不像亞述人把他們賣為奴隸，而是將其組成規模堪與東方相比的敘拉古艦隊和陸軍。在黷武一事上，他也許可和萬王之王並駕齊驅。

問題在於，西元前四八一年的冬天，敘拉古也面臨了一些危機。事情的緣起是，當格隆大張旗鼓向西擴

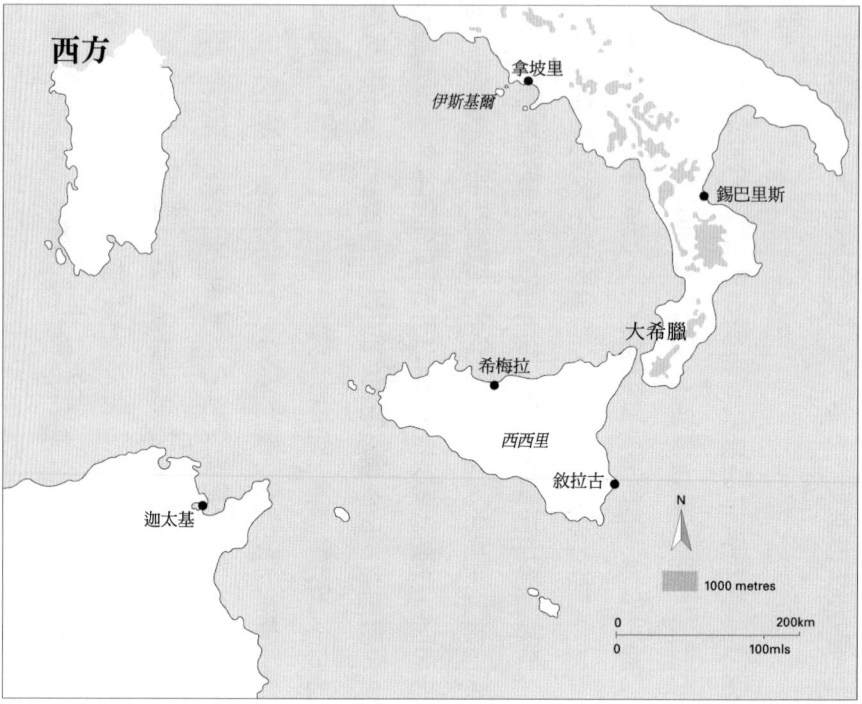
西方
拿坡里
伊斯基爾
錫巴里斯
大希臘
希梅拉
西西里
敘拉古
迦太基
N
1000 metres
0
200km
0
100mls

張想稱霸整個西西里島時，他與島嶼另一邊的一個權力集團發生了碰撞。該集團主要由腓尼基人的聚落所組成，而當它左顧右盼，急於尋找一個盟友時，很自然地把目光投向勢力最大的腓尼基人聚落——迦太基。迦太基的商人／親王們精打細算，一直以惴惴不安的心情看著格隆的勢力坐大；這時他們當然張開雙臂，熱烈歡迎西西里島的族人同胞，一起推翻惹事生非的敘拉古僭主，並可擴張自己的勢力，這麼好的機會不容錯失。所以西元前四八一年秋天，當推羅與西頓的三列槳座戰船向北航向愛琴海時，迦太基人已開始裝備一支艦隊並招募一支可怕的僱傭兵部隊，準備在來年春天和格隆攤牌。在在看來，東、西兩方的腓尼基人都在集結，不論在東方或西方，首當其衝的都是希臘人。

這是巧合嗎？希臘人可不這麼認為。即使迦太基人和萬王之王之間真有聯繫，希臘人派出的三名間諜也會無從查出。不過，大部分希臘人自然會認為這是腓尼基人在搞鬼。如果迦太基指揮部和薛西斯確實有聯繫，企圖讓雙方的入侵同步化，那麼最有可能的中間人就是腓尼基人的母城推羅。但有些陰謀論者甚至認為，腓尼基人的惡毒不止於此。萬王之王整個入侵行動是否為古老許多的宿怨之產物？戰後有人就大膽宣稱：「知道內情的波斯人把引起爭端的責任歸咎於腓尼基人的頭上。」[49]根據這個理論，東西方之間的仇恨、歐亞之間的仇恨、蠻族和希臘人之間的仇恨，全都自同一個源頭湧出。

想像薛西斯只是推羅全球化陰謀集團的工具，其實是一種極致的疑心病。萬王之王只會為了自己發動戰爭，而腓尼基人就像其他屬民一樣是他的奴隸。他們需要向他進貢，聽命於太守，甚至在出海作戰時接受毫無經驗的波斯大臣的指揮。但這並不是說，腓尼基人對波斯最高指揮部毫無影響力。除了米底人之外，波斯帝國全境大概沒有任何屬民比腓尼基人更能在國王耳邊說話。推羅與西頓的國王都清楚，如果他們的艦隊沒有積極參與，萬王之王的遠征將存在隱憂。情況向來如此，例如岡比西斯建立帝國海軍後便很快地發現，這款新玩具無法任由自己去玩：當他下令準備出征迦太基時，他驚覺自己的計畫遭到腓尼基人否決。腓尼基人所持的理由是，「與自家的孩子兵戎相見太不正常。」[50]波斯戰略家從此次犯顏直諫的驚人演出，很快就汲取到教訓。雖然波斯可以把其他屬民強行拖到戰爭中，但以較圓滑的手段處理腓尼基人才較明智。他們雖為奴隸，但強行牽著他們的鼻子走有時適得其反，最好是讓他們以積極參與者而非被征召者的身分，參與萬王之王的行動。換言之，更好的方法是讓他們相信，事情攸關他們的利益。

討伐希臘當然攸關他們的利益。腓尼基人曾經在拉德島提供波斯人許多艦隊，並從米利都的毀滅中獲得巨大的利益，因為米利都原為與西頓或推羅規模相當的貿易樞紐。若以同樣的方式夷平雅典，並壓制科林斯和埃伊納，腓尼基人的商業前景將無比光明。所以，推羅與西頓對萬王之王的遠征邀請興致高昂。腓尼基人派出三百艘船前往愛琴海，數量比整支雅典艦隊還多。這些戰船並不是匆忙拼湊出來的：西頓一直和科林斯爭奪三列槳座戰船誕生地的頭銜，幾世紀來在海軍技術的創新上走在前端。雅典的槳夫受訓僅數個月，他們在初上戰場時便碰上世界最強的對手。

而且是碰上人數比自己多很多的對手。腓尼基人絕非唯一響應萬王之王號召而派出艦隊作戰的屬民，埃及人與愛奧尼亞人派出的槳夫人數幾乎與西頓人相當。這兩個總督轄地都有過背叛的前科，當三名希臘間諜在港口刺探情報時，也許也對此寄予希望。但如果他們真的這樣想，那麼他們其實是抓救命稻草。由於波斯海軍部在愛奧尼亞人造反初期曾吃過虧，現在明白要防著自己的背後。所以，埃及和愛奧尼亞的艦隊都由薛西斯兩個兄弟直接指揮，而且每艘戰船都配備絕對忠誠的水手。在這種情況下，萬王之王的艦隊中，怎會有注定完蛋的雅典人冒著生命危險發動兵變呢？那個冬天，所有擠在愛奧尼亞各港口的人都毫不懷疑雅典人注定完蛋。龐大的艦隊很快就向愛琴海的海岸浩浩蕩蕩地開去，所有敢阻攔的人都要被摧毀。三名希臘間諜計算出，共有一千兩百零七艘戰船，而這個數字應該相當正確。[51]這麼多的戰船是否全都駛向希臘？如果是，全都能在夏季風暴中毫髮無傷嗎？這個問題有待戰爭開打後才能回答。不過，即使萬王之王在風暴中失去四分之一、甚至一半的艦隊，他的戰船數目仍佔絕對的優勢。對三名希臘間諜來說，這個簡單且殘酷的事實再明白不過。希臘聯軍將在夏天迎戰的海上敵人，其規模是歷來所未見。

那麼，陸上兵力的規模又如何呢？這個問題只有到薩第斯走走才會揭曉。三名希臘間諜匆忙趕路，他們從海岸往內陸走了三天，看見東邊的銀色山脈籠罩著一團煙雲，若隱若現。很快地，他們在走近目的地時，便開始看見一些巨大的土丘——那是古代呂底亞國王的墳墓。逐漸地，薩第斯衛城的紅色峭壁自薄霧中顯現，四周為高聳的城牆，頂上是克里瑟斯的巨大宮殿。城垛上旗幟搖曳，一面旗上繡著「鑲嵌於水晶裡的太陽」，另一面旗幟則繡著金鵰，[52]而這些圖案都象徵那位權力遠勝於克里瑟斯的君王。軍營在平原上連綿數英里，可視為這位君主勢力壯盛的證據，三名間諜都看得目瞪口呆。先前他們在遠處所見到的煙雲，原來是營火的煙霧所構成的：這些營火不可勝數。不論是窩在帳篷裡操練古怪的外國武器，或七嘴八舌地說著難懂的外國話，看來萬王之王的這支多民族部隊是從自一個遠遠超出希臘人想像的世界召喚來的，而三名間諜最不祥的預感已獲得證實：亞細亞和非洲最遙遠的地區都傾巢而出，不用幾個月，數百萬人就會湧入希臘。

至少情況看起來是如此。事實上，要點算或大致統計這樣龐大部隊的人數，著實不易，而三名間諜在進行統計之前就被發現並遭到逮捕。逮捕他們的是士兵而非情報官員，所以從沒想過不要刑求俘虜，然後處決他們。不過，就在他們即將被處決時，萬王之王貼身侍衛的一名隊長趕到，下令饒了俘虜的命。三名間諜被帶上衛城，並領進宮殿深處。他們驚訝地發現，審問他們的竟是萬王之王本人。然後，他們被帶去軍營繞了一圈，他們寫下一大堆筆記後，才將他們遣返希臘。

他們提出的報告就像萬王之王期望的那樣，極盡誠惶誠恐之能事。他們先前所見的一切，不啻是萬王之王統治世界的全景圖。在這幅圖畫的正中央，是萬王之王和他精銳的貼身衛隊：其中一千人手持長矛，矛柄末端裝飾著金蘋果；這些人之外還有九千人，全都是百中挑一的勇士，手中長矛的矛柄末端裝飾著銀蘋果。這支勇士部隊又稱為「不朽者」，「只要他們當中有一人戰死或生病，便立即有替代者走上前去，取代其陣列中的位置。」[53]圖畫中的第二圈是騎兵隊，有波斯騎兵，也有來自米底、大夏、印度和斯基泰人大草原的騎兵。最後，由於萬王之王沒有能與斯巴達或雅典身著青銅鎧甲之重裝甲步兵匹敵的步兵團，只有作為炮灰的各民族所組成的輕步兵。在正常情況下，這些外國武裝人員也許會讓希臘人看不上眼，不過他們仗著數量驚人且來勢洶洶，也許可以掃平任何擋在前進道路上的盾牆。這就是三名間諜返回希臘後所報告的內容，他們倚靠自己眼花撩亂的觀察，並參考波斯人所提供的記錄，指出波斯遠征軍的兵力共有一百萬——精確來說是一百七十萬，這還不包括萬王之王計劃在路過色雷斯與進入希臘後招募的軍隊。

這樣的數字一定是極盡誇張之能事，大部分做過估算的歷史學家認為，薛西斯指揮的軍隊人數接近二十五萬。[54]即使如此，這個數量的侵略軍仍遠超過此前任何一支軍隊。無疑地，波斯宣傳機關為了讓希臘人聞風喪膽甚至徹底投降，故意提供他們假情報。不過，在萬王之王的思考模式裡，這種統計花招算不上欺騙，因為它只道出了一個簡單的真理：全世界都站在他的旗幟後面，只有最冥頑不靈的恐怖主義國家才會桀傲不遜。

寶座上的薛西斯所要捍衛的當然是真理，除了地緣政治考量、對父親的責任感與自己的個人野心外，他必須消滅雅典和征服希臘，還有更深一層的理由。薛西斯一如大流士喜歡宣稱：「朕所做的一切都是討阿胡拉．馬茲達的歡心。每逢有任務擺在朕的面前，阿胡拉．馬茲達都會幫助朕，直到完成任務為止。」[55]當帝國軍隊出發迎向主人的最大挑戰時，他們的頭上都頂著神聖的光環。人們認為，光明之神總會出現在戰場上。波斯人當然不能像其他民族那樣，以庸俗的木偶或畫像來表徵阿胡拉．馬茲達；然而，空白一樣可以表達神明的神祕和值得敬畏。於是，在一名徒步駕馭戰車者的引領下，一輛裝飾精美的戰車隨著軍隊進入希臘。車上空無一人，「因為有資格坐在馬車寶座上的凡人並不存在。」[56]戰車由八匹高大俊美的白馬拉著，為此它們特別被帶到薩第斯。還有一些駿馬在軍隊開向希臘時擔任前驅，其他則為薛西斯本人拉車。這些馬匹恰如其分地受到神聖感召，它們正是來自尼賽亞平原（Nisaea）。而大流士至關重要的第一天就從那裡開始：他在那裡刺殺了篡位的「法師」，手中高舉血跡斑斑的匕首，走出西基阿沃提什要塞，宣布波斯及所有的疆域已從「謊言」的統治下解放出來。如今在遠離尼賽亞的地方，同一品種的駿馬為大流士的兒子拉車，準備見證飽受魔鬼折磨的雅典與整個希臘重回「真理」的懷抱。

薛西斯從小就相信，自己除了將征服整個世界，還要修補世界。因為熱中於園藝，他知道一個天堂要完備，必須先清除其中的雜草，整理出秩序並加以美化。饒富意義地，即使是展開一場致力於摧毀的殘酷戰爭，薛西斯對自然界的愛不曾片刻遠離。例如在薩第斯附近，當他經過一棵無比漂亮的懸鈴木時，便下令軍隊停止前進，駐足欣賞。然後又派出一個「不朽者」加以保護。他還從遠征軍移動的金庫中取出黃金珠寶，粧點這棵樹的繁茂枝條。無庸置疑，萬王之王拿走了一些東西，但也不吝於付出。

他不僅對樹木慷慨，還把自己龐大的帝國當成花園來照顧，凡是忠心服務他的僕人，都將獲得和懸鈴木一樣豐厚的賞賜。「有什麼袍子比國王送給朋友的袍子還漂亮？還有誰的禮物——不論是手鐲、項鍊或套上黃金馬具的駿馬——如此獨一無二？」[57]萬王之王的歐洲遠征行動，除了向那些不尊重國王的傻瓜展示力量外，還有另一個目的：讓那些因地處偏僻而無緣得見萬王之王真容的太守轄地，獲得親自向他致敬的最高殊榮。當他行經他們的城鎮時，他們會夾道歡迎，向著尼賽亞駿馬噠噠馬蹄前方拋灑鮮花，然後匍匐於地上致敬。跟隨在主人後面的侍從會接過禮物與請願書，衛兵們則以鞭子抽打呻吟、啜泣的群眾，以確保他們在狂喜中仍知道分寸。當然，沒有哪個萬王之王的屬民——不論是農民或富豪——把不是自己的東西當成禮物獻給主人，不過薛西斯喜歡對那些在他面前謙卑的人們寬宏慷慨。他誇口說：「我將慷慨回報每一位對我好的人。」[58]即使是希臘人，只要他們願意臣服於萬王之王的莊嚴之下，一樣可望獲得榮耀和賞賜。即使是薛西斯，除了收割，一樣要播種。

為了花園的好，有時園子裡的花需要加以修剪。但僕人不同於植物，偶爾會長得過於放肆。在路過一棵美麗得令他驚艷的懸鈴木後不久，他就受到有世界上最富有平民之稱的呂底亞人披提歐斯的招待。大約在三十年前，這位財主因得知波斯主人的品味，曾把一棵黃金打造的懸鈴木獻給大流士。現在他招待薛西斯時，不僅為萬王之王整支軍隊提供飲食，還發誓資助遠征行動的軍費。薛西斯雖回絕他的好意，但深深感動。整個冬天，披提歐斯和五個兒子都深蒙皇恩。他自己獲贈大量奢華的禮物，幾個兒子則個別獲派軍事要職。然後，隨著春天降臨薩第斯，薛西斯的大軍終於要出發，一件令人驚呆的大事突然發生了。天空出現日蝕，大地陷入黑暗。雖然「法師」們迅速安慰焦慮的主人，這個預兆不是關於他的遠征軍，而是關於反叛的希臘人，但薩第斯仍籠罩著一種不祥之感。年老的披提歐斯就像任何人一樣，「對來自上天的警示感到震驚」[59]，跑去乞求萬王之王允許他的長子不必出征希臘。這是天大且致命的錯誤，當時薛西斯已準備和「所有的兒子、兄弟、親戚、朋友」迎向任何危險，[60]在這樣的情況下，沒有什麼比披提歐斯的請求更讓人無法忍受。兼具仁慈與公正嚴厲品性的萬王之王，雖然饒了這名過往寵兒的性命，卻不能完全原諒這個呂底亞人的冒犯。披提歐斯的珍愛長子因而被捕，遭到處決並鋸為兩截。最後，大軍向北開拔前往赫勒斯滂時，兩截屍體分別被放在大道兩旁。「因此，軍隊裡每個人都從這名年輕人的兩段身體中間穿過。」[61]

也許有人認為，這種告別的儀式實在不令人愉快。然而，這種血祭雖恐怖（也有越來越多蒼蠅附著於上頭），但可讓戰戰兢兢走過的軍隊得到安心的保證。對儀式與公正的要求都已注定，披提歐斯的兒子非死不可。以人命獻祭之舉具有可怕的魔力，薛西斯希望以這種魔力淨化他的軍隊。萬王之王本人聽信「法師」的判斷，相信日蝕是一個吉兆，但仍不免私下懷疑，是否存在著必須阻擋的邪惡。況且他知道，在薩第斯人人都被一層陰影籠罩著，所以最好買個保險。如此一來，當他的部隊準備冒險闖入一個新大陸的荒野時，他們將充滿信心，知道沒有什麼是他們的國王對付不了的。

接近歐洲時，萬王之王也未忽略以敵人的迷信大作文章。他敬拜阿胡拉・馬茲達，但薛西斯有傳統波斯國王的智慧，懂得利用外國人的宗教情感來達到自己的目的。這就是為何當他靠近赫勒斯滂時，繞道去了一個看似青青小土丘之地。他去的是對希臘人來說具有濃厚意義的所在——特洛伊。藉由命令「法師」向特洛伊奠酒，薛西斯刻意扮演一個希臘人派給他的角色——作為阿伽門農發起大屠殺的復仇者。萬王之王將親自為在特洛伊漫天塵埃中被屠殺的亞細亞人復仇。就像特洛伊曾遭遇過的那樣，雅典和斯巴達很快就會被焚毀。

然後，想必是受到庇西特拉圖家族的慫恿，薛西斯下令將一千頭牛驅趕到小山上，作為焚燒給雅典娜的祭品。這位女神一向以厭惡特洛伊人著稱，此舉也許會讓人覺得十足愚蠢。然而，薛西斯以如此鋪張的方法向雅典的守護神致敬，可謂向雅典人發出一個非常公開的訊息：在他們的城市裡受到膜拜的雅典娜並非一個奧林帕斯神明，而是一個假扮成她的魔鬼，一個「謊言」的僕人。萬王之王雖曾發誓要一把火燒毀衛城，但他不是真實雅典娜女神的敵人。在庇西特拉圖家族的主持下，對她的祭拜很快就會恢復。只有波斯統治下的雅典，才能讓雅典娜回到自己的家。在西元前四八〇年春天，那一刻越來越近了。

萬王之王站在特洛伊的山頂上，終於可越過當年無數希臘人與特洛伊人互相廝殺的平原，看見閃爍微光、命中注定的赫勒斯滂。在這個分隔亞細亞和歐洲僅兩、三英里寬的海峽上，兩座浮橋正等待他的駕臨，它們巨大的纜索連結兩個大洲，在海流和風浪衝擊下不動如山。那年冬天，先前架好的兩座浮橋的確曾被狂風吹斷，在波斯最高指揮部砍掉了幾個工程師的腦袋以儆效尤，又動用了大量剩餘的船隻和人力，很快就修復了浮橋。就連赫勒斯滂在受教後也變乖了：波斯人象徵性地鞭打了水面，又把一副腳鐐投入水中，海面從此變得風平浪靜。現在，隨著薛西斯從綠草青青的特洛伊山丘下山，萬事已經俱備。他的軍隊集結在阿比多斯（Abydos）的海岸和平原上（阿比多斯是最接近橋頭的城市）。他的艦隊正駛出海峽，船槳大量拍動，弄得魚蝦不寧。當地人正確猜到了，怎樣的禮物可以讓世界主宰高興：他們在一個岬角上設立一張白色大理石寶座，供萬王之王把海峽中的景色盡收眼底。

「從他所在的地方遠眺海灣，可一覽無遺全部的陸軍和海軍……。當他看到整個赫勒斯滂布滿船隻，還有阿比多斯的灘頭與平原到處是人，薛西斯認為自己深受上天的眷顧。」[62]整個世界就在他眼前：那是一幅真正統治世界的景象，從來沒有一位國王如此搬演過。那也是一幅可怕的景象，這支從世界各地刻意徵調而來的兵員所組成的軍隊雖浮誇，卻也袒露出可怕的尖牙利齒。萬王之王陶醉在壯盛的軍容中，仍不忘證明自己重量也重質，於是派遣使者到不同的海軍支隊，通知他們進行划船比賽。不用說，勝利者是西頓人。比賽結束後，渡海行動的準備工作便告展開。

準備工作花了一整個下午和晚上，最後隨著第一線曙光出現在右側地平線，頭戴花冠與倒持長矛的「不朽者」於東側浮橋旁列隊；自遠處另一條橋那裡，傳來了陣陣馱畜的聲音，有驢嘶和駝鳴。在它們當中，無數火盆燃燒著焚香，裊裊煙氣升向天空，迎接黎明。萬王之王穿過「不朽者」的隊伍，踩在桃金孃枝條上走到橋頭。現在，歐洲的輪廓在海峽對岸逐漸清晰起來。然後，當東方第一束曙光照射到赫勒斯滂，薛西斯便將黃金酒杯中的葡萄酒倒入大海，他喃喃禱告，祈求遠征成功。禱告完畢後，他把酒杯投入黑色的海水中，然後再投入了一個金碗和一把劍。儀式結束後，軍隊開始過橋渡海。當「不朽者」在吱吱作響的浮橋上前進時，太陽光反射在長矛上的金蘋果和銀蘋果上，讓他們看起來就像一顆顆前進的光點。[63]

大軍共花了七天才從亞細亞走到歐洲。軍隊走東側浮橋，輜重部隊走西側浮橋。沒有人準確知道，薛西斯本人何時過橋。有人說是在第二天，也有人認為他是最後一個過橋。無論如何，可以確定的是，全體遠征軍在過橋的過程中沒有出現任何差錯。目擊過程的人都覺得，只有神明才能夠達到這種成就。一名當地人在看到萬王之王經過時驚呼：「宙斯，你為何要費事地假裝成一個來自波斯的凡人，還為自己取名薛西斯，並號召整個世界跟隨你？你不過是想消滅希臘吧，你明明可以靠自己的力量就簡單辦到的啊！」[64]

劃清界線

大約在薛西斯離開薩第斯同一時間，一個斯巴達代表團北上到「地峽」參加聯軍的會議。它的心情絕不像萬王之王一樣愉快，斯巴達人即使在好年頭也不喜歡旅行，更何況西元前四八〇年春天絕對不是好年頭，近兩百萬蠻族人衝著他們的城市而來的消息，也許就夠讓他們高興不起來了。然而，連這個消息也沒讓他們更傳統的憂慮失色。一如既往地，他們最害怕的是自家後院失火。「黑勞士」懵懂無知，即使在那年春天，他們也對波斯國王步步逼近毫無所知，但很少人像他們這樣渾渾噩噩。一些長期被斯巴達壓制且對斯巴達滿懷怨恨的城邦敏銳地發現，它們可利用一個全球性的超級強權趕走一個地方強權。甚至連斯巴達代表團在前往科林斯地峽參加會議途中，一樣會經過一些據說充滿通敵者的城邦。其中一個是卡律埃（Caryae），它和泰格亞接壤，與拉刻代蒙其他地方的關係極為密切，以至於斯巴達女孩經常到那裡參加舞會。近幾年，泰格亞也表現出令人擔憂不臣服的傾向，甚至有時會和斯巴達公開爭執。[65]然而，這不過是小麻煩。相較之下，斯巴達有一個更難纏且勢不兩立的敵人，哪怕對方的力量在西皮厄大屠殺後大為削弱，但仍渴望報仇並恢復古老的權利：稱霸伯羅奔尼撒半島。當斯巴達代表團前往科林斯時，他們很難不向阿爾戈斯的方向投以不安的一瞥。

當然，阿爾戈斯人還未公然投入萬王之王的懷抱，但斯巴達人痛苦地意識到，他們也未加入希臘聯軍。

斯巴達的代表團曾經在冬天到過阿爾戈斯，邀請他們加入聯軍，但對方卻提出一個明知斯巴達不可能答應的條件：雙方簽署一紙三十年的和約，並分享指揮權。會談不歡而散，斯巴達使者被押送至邊界，並遭到警告：如果他們膽敢再來，就會被認為懷有敵意。「因為阿爾戈斯人寧可被蠻族統治，也不願絲毫讓步。」[66]

對斯巴達來說，阿爾戈斯的中立就像威脅一樣險惡。聯軍在「希臘廳」開第一次大會時，就對阿爾戈斯有了最壞的懷疑——也有很好的理由如此懷疑。當時，阿爾戈斯人祭出德爾斐神諭來為自己可恥騎牆的政策辯解，說是按照阿波羅的吩咐，他們應該「照顧好自己，把刀槍入庫」[67]。斯巴達人在有入侵風聲之初，同樣向阿波羅尋求長程的預言。使者從神諭所回來帶給兩位國王李奧尼達和利俄提基德的，則是一則最驚人的訊息：

> 斯巴達遼闊土地上的居民啊，你們注定
> 要看著你們偉大且著名的城市毀於波修斯子孫之手。
> 要不就是，拉刻代蒙邊界內的每個人
> 都必須為一位國王之死哀悼——他是赫丘力士的苗裔。[68]

這番話的確耐人尋味，它不但判了李奧尼達或利俄提基德其中一人死刑，還提到若非如此，斯巴達就會覆滅；這是德爾斐神諭典型的模稜兩可特徵。「波修斯的子孫」究竟指誰？波斯人、阿爾戈斯人或兩者都是？聯軍的春季會議在「地峽」舉行，此處位於伯羅奔尼撒半島與北希臘的中間地帶，讓「波修斯的子孫」是誰的問題變得更加急迫：在使者們的前方，集結在亞細亞前沿的波斯人正逐漸逼近；在使者們後面，阿爾戈斯人的眼睛似乎正盯著他們的背部。兩者都是「波修斯的子孫」，無怪斯巴達的代表們會坐立難安。

李奧尼達和利俄提基德是否為斯巴達代表團的一員，我們不得而知。一般來說，斯巴達國王不會擔任自己國家的使者，但李奧尼達是資深皇族的代表，所以是聯軍的最高指揮官，他也許會想親自了解最新的情報。假如他確實在「地峽」聽取簡報，將發現它特別讓人感到氣餒。雖然去年秋天曾寄予厚望，但聯軍並未網羅到新成員。接觸過的許多城邦就像阿爾戈斯那樣，都推說阿波羅交代他們別管閒事。最大的失望來自聯軍最寄予厚望的敘拉古的僭主格隆。由於格隆即將與迦太基開打，故抽調不出一兵一卒，但又因為怕沒面子而不承認，於是用了比阿爾戈斯更忝不知恥的方法脫身。首先，他要求擁有希臘聯軍全部的指揮權，然後又假意說願意妥協，表示只要擁有陸軍或海軍的指揮權即可。當聯軍的使者如格隆所料那樣拒絕要求後，他便輕藐地取笑：「我的朋友，看來你們不缺領袖。你們需要的只是找一些人來給領袖們領導。」69

這個打擊似乎摧毀了希臘人想同時進行海陸兩線作戰的希望。如果陸軍的重裝甲步兵找得到適合的關隘進行封鎖，仍有希望把蠻族大軍阻擋在外，但如果少了格隆的兩百艘戰船，就沒有任何在海上與波斯人抗衡的可能。地米斯托克利當然不同意這種看法；但在那個春天，他甚至說服不了自己的國人同胞上船作戰。不只斯巴達人在冬天歷經了一次心理轉折，雅典人在花了一大筆錢、時間和努力來建造艦隊後，一樣開始重新檢討他們的整個戰略。許多人重新緬懷馬拉松的大捷，隨著萬王之王的腳步逼近，經歷過那次著名勝利的老兵——都是一些勇敢、堅毅且保守的重裝甲步兵階級——就越想把自己手中的船槳砸碎在地米斯托克利的頭上，然後在陸地上再次重創蠻族。地米斯托克利在妄想這個煩惱也能像阿里斯提德一樣被陶片放逐法放逐時，他自己也幾乎快被解除指揮權了，只有靠著賄賂對手退選才勉強湊足票數，並通過年度選舉，繼續擔任將軍。他的威望正逐漸消褪，而他雅典的敵人以及在「地峽」的代表同仁也知道。就目前看來，地米斯托克利沒有大聲說話的本錢。

這時，就在軍心一片動搖、沮喪無望的情緒中，一群來自色薩利的牧牛大王抓住機會發表意見。這些不速之客呼籲士氣低落的聯軍望向北方，雖然色薩利地勢平坦且開闊，非常適合波斯騎兵馳騁，但這片土地的四周為群山環繞，是絕佳的天然屏障。其中，氣勢最雄偉的山脈位於北方，庇鄰波斯所控制的馬其頓。色薩利的牧牛大王建議聯軍駐守於此。與會代表們深受吸引，他們就像大多數希臘人一樣生活範圍狹窄，而色薩利之於他們則是一片未知之地，不但遙遠，而且邪惡；除了盛產家畜與玉米，還以出產女巫聞名。顯然每個人都聽過奧林帕斯山（Mount Olympus）與旁邊的奧薩山（Mount Ossa），這兩座山構成了色薩利的北界。許多代表也應該都聽說過坦佩（Tempe）這個位於奧林帕斯山和奧薩山之間的峽谷，它只有五英里長，兩旁壁立千仞；人們猜想，只有波塞冬的三叉戟才能劈出這樣的峭壁。色薩利人向聯軍保證，所有南下的軍隊都須穿過坦佩峽谷，希臘人只要派兵前往色薩利堵住坦佩峽谷，就可阻止萬王之王挺進。這個構想聽起來簡單可行，連斯巴達人都被說服了，哪怕這意味著，他們必須把軍隊派到遠離伯羅奔尼撒半島舒適圈的範圍之外。於是，各城邦集合了一萬名重裝甲步兵，準備遠征——這個數目與在馬拉松對抗蠻族的部隊相當。被任命為全軍主帥的自然是斯巴達人，名叫烏艾涅托斯（Euainetus）；雅典支隊則由地米斯托克利率領。

幾週後，遠征行動不光彩地流產了。事實上，當初侃侃而談說服聯軍的色薩利人未提及一些不利的因素。首先，色薩利內部有一個派系已決定和波斯人靠邊站。其次，坦佩峽谷並非穿越希臘北部山區的唯一通道。第三，整個地區布滿波斯人的間諜：幾年前，色薩利的主要派系打算一次消滅對手，於是主動找上薛西斯的間諜頭子，建議他們的主子發動侵略。所以，聯軍不僅找不到牢不可破的陣地，反而落入了陷阱。因為看見一場內戰就在自己背後醞釀著，又不可能同時防守進入色薩利的所有關隘，烏艾涅托斯和地米斯托克利決定匆匆撤軍。毫無疑問地，這是正確的決定，可讓一萬人不致送死，但撤軍仍是個恥辱，還讓整個希臘不寒而慄。現在，眼看著色薩利被聯軍拋棄，它所有的派系開始搶著向波斯人靠攏。這也讓更南邊城邦的投降派更振振有辭，主戰派則陷入無助的絕望當中。面對不斷增強的威脅日益逼近，聯軍似乎只剩下最後一個策略——撤退。關於不可能戰勝波斯人的聲音越來越響亮，甚至在主張抵抗的城邦中，也可聽聞這樣的說法。然後在五月底，萬王之王的大軍安全渡過赫勒斯滂的消息，如晴天霹靂般震撼了整個希臘。[70]

最受震驚的是雅典人，面對如此不吉利而致命的僵局，他們對於要採取什麼對策舉棋不定。他們不僅像其他城邦一樣可能被打敗，還可能被徹底消滅。於是，他們在不知所措中向阿波羅尋求指引。[71]雅典使者離開阿提卡，越過帕那索斯山（Mount Parnassus）的山麓，很快踏上通向德爾斐盤旋曲折的道路，沿途是犬牙交錯的山岩。到達德爾斐後，使者先是被帶到卡斯塔利亞聖泉（Castalian spring），在沐浴於冰冷的泉水並向永恆的聖火獻祭後，才回到聖所。女先知（Pythia）在神廟深處等著他們，她的小房間塞滿各種寶貝，包括罩在網子裡的「肚臍石」、神聖的月桂樹和阿波羅的七弦琴。女先知是一名年老的女人，卻穿著年輕女人的服裝，看來十足古怪，而且和阿波羅代言人的身分毫不相稱。雅典使者在祭司指引下，就座於門邊的椅子上。女先知的大腿暫歇於一個大鍋上，當鍋中冒出的蒸氣穿過這名未婚女子的短袖束腰外衣與裙下時，她沒等他們提出問題，就因神靈附體而開始抽搐。然後，她忽然用可怕的聲音喊道：「倒楣的人啊，你們為什麼坐下？趕緊離開這裡逃走吧。逃走吧，逃到天涯海角去吧！」接著，屠殺、焚燒與滅絕等意象從分貝越來越高亢且戰慄的聲音中傾瀉而出：戰神來了，他的敘利亞戰車輪聲轆轆，所到之處高樓傾塌。雅典的神廟將被焚毀，黑血將淹沒整座城市。「走吧，趕緊離開聖所，盡情地悲傷吧！」[72]

雅典使者跌跌撞撞地走回陽光下，不知所措，只能依女先知指示的那樣沉浸於絕望的情緒中。這麼說來，事情已經定調了，雅典被毀滅的時刻即將到來。但情況真的如此嗎？一名祭司看來就像雅典人一樣，對女先知的預言深感震撼。他追上使者，勸他們再求一次神諭。在一個抱持懷疑態度的人眼中，這種做法也許像是兩面下注。或許真是如此，祭司們畢竟也要考慮自己的未來。他們當然不想和萬王之王作對，但也不能把全部籌碼押在賭波斯人輕易取勝。每種可能的結局——甚至包括希臘人得勝這種幾乎不可能的事——都必須照顧。所以，祭司允許他們的雅典客人至少還有一線希望。

不過，就像克里昂米尼的致命例子所證明的，不信任的態度有時會被推得太過頭。神諭所每句模稜兩可的話語，並非都能解釋為一種算計，進而不予以重視。輕視德爾斐就是輕視神明，那名祭司勸雅典使者再求一次神諭，便是根據以下這樣的假設：阿波羅在做過一個全然悲觀的預言後，有可能被說服，以一個較樂觀的預言進行調節。這個假設不盡然太牽強，就定義來說，一個神明的智慧是神祕而無限的。就阿波羅的情況來說，事情極少與其表面看起來的一樣。如果德爾斐真的就像大多數希臘人認定的那樣，通向超自然能力的大門，那麼通過它所窺探到的未來，也可能忽明忽暗、搖曳不定。

所以，當雅典使者接受祭司的建議，第二次詢問女先知，看見她重新進入出神恍惚的狀態並說出新的預言時，不會感到沒有太意外。一開始，她的話還是一樣令人沮喪：「雅典娜用盡一切雄辯與機敏的方式祈求，仍不能撫平奧林帕斯宙斯的怒氣。」然後，一線希望卻閃現於她接下來的話中：

然而，我要給你們一個堅定的承諾：
阿提卡境內的所有事物都將倒下，
包括神聖的山谷與附近的群山。
但唯獨木牆例外——木牆將保持挺立。
這是宙斯給雅典娜的保證，也是給你們和孩子的幫助。
騎馬的人與徒步的人，正從亞細亞席捲而來。
撤退吧，因為你們很快就會和他們面對面。
神聖的薩拉米斯啊，在播種或收割之時，
你將讓許多母親哀悼兒子。[73]

說完這段謎樣的話語後，女先知突然自出神恍惚的狀態中清醒過來，於是阿波羅聖所又重新陷入靜默。她的話到底是什麼意思？對此，雅典使者全無頭緒。不過第二個神諭明顯比第一個神諭樂觀，這讓他們鬆了一口氣，因此高興地把它記下來帶回雅典。雅典人反覆對神諭進行推敲，爭論不休卻茫然如故。「木牆」一語特別引起對立的意見。地米斯托克利的對手表現出按字面思考的出色能力，主張「木牆」指的是厄瑞克透斯時代，圍繞衛城山頂所建的一圈藤條籬笆。地米斯托克利則更加善辯地主張，那指的是船隻，不然神諭怎麼會提到薩拉米斯島呢？他的對手反駁說：是的，不過女先知沒有提，哀悼兒子的母親是希臘人或蠻族人的母親。地米斯托克利則回說：話是沒錯，但神諭不是把薩拉米斯島稱為「神聖的」嗎？爭論一直持續著。

只有公民大會的投票才能作為最後的仲裁，這就是阿波羅的智慧：不僅給雅典人一個可反映其內心最深處疑惑的神諭，還迫使他們自行解決疑惑。作為民主政體的公民，雅典人面對著他們的最高考驗，也是作為民主政體的公民，決定他們該如何對付這樣的考驗。對於神諭意義的正式辯論，日期訂在六月初，這個辯論也將決定他們如何打這場即將到來的戰爭。此時萬王之王距離他們的城市只有幾週的路程，雅典人無法繼續當一隻鴕鳥。在長久的延宕後，他們最後被迫做出決定：支持地米斯托克利與他的戰略，或永遠反對這兩者。

舉行這場重大辯論的場地是在雅典民主為自己建立第一座、也是最堂皇的紀念碑——二十五年前在普尼克斯丘（Pnyx）挖出的會議場。人們在塵土與百里香的香味中就座，整座城市的全景敞開在投票者眼前，風景無可匹敵。遠處是近乎褪色的雅典之光——彭代利孔山與兩條通往馬拉松道路的輪廓。前景處是阿戈拉與刺殺僭主英雄的兩尊銅像，右手邊則是最壯觀的、神聖的衛城，山頂上還保留著各種貴族政治的遺物——家祠、人像、還願盾牌和青銅器。然而，即使在這個最神聖的地點，同樣有新秩序的堂皇標誌。例如：那座古老、寒酸的「城邦守護神雅典娜」神廟——曾經是布忒斯家族的標誌——早已拆除，並以在民主頭十年所興建的一棟堂皇建築取代之；它更能體現女神與雅典人民的尊嚴。上世紀中葉，阿爾克馬埃翁家族修建的浮華神廟也被拆除——該家族的政治根基逐漸被陶片放逐法摧毀。在它原有的位置上，一座華美的新神廟正在動工，用以紀念馬拉松的輝煌勝利，並表達對雅典娜的感激之情。從普尼克斯丘望去，可看見它覆蓋著鷹架半完工的外殼。如此充滿愛的工程，如此意義重大的地點，如此一座城市：一切都絕不容許拋棄，對吧？

不過，在展開希臘史上（大概也是歐洲史上）最重要一場辯論當天，地米斯托克利建議拋棄雅典城，他再也無法掩飾其海軍政策的意涵。即使每個身強體壯的公民都坐在划槳板凳上，雅典艦隊配備的人員仍嚴重不足。因此沒有任何有戰鬥能力的男人可守衛城上的「木牆」，或雅典其他任何地方。老弱婦孺必須全部疏散，城市本身必須交託給「雅典的女主人雅典娜和其他神明」[74]。當然，地米斯托克利無疑主張，在阿提卡北部仍有可能把蠻族攔住，但因為所有的雅典人都在艦隊服役，陸上的防線只能靠斯巴達人和他們的盟友守住，而這些伯羅奔尼撒人是否願意再次從他們的城市冒險出兵到「地峽」之外，只有時間能夠揭曉。然而，雅典人若希望說服斯巴達人別放棄阿提卡，那就別無選擇，只能表現出自己準備好放棄阿提卡。放棄雅典，但發誓永不投降——這個大膽且弔詭的政策，就是地米斯托克利呼籲雅典人採取的策略。

他的演講雄辯到怎樣的程度？他說過如何激動人心的語句？我們無從得知，因為演講內容沒有流傳下來。不過，根據它對公民大會產生的效果來判斷，我們有理由猜想，這次演講具有電流般的特質，因為地米斯托克利的建議在表決時獲得通過。雅典人民在面臨其歷史上最巨大的危機時，決定把自己的命運交付給海洋，以及他們始終害怕其野心的人手中。看來，再也沒有幾個雅典人懷疑地米斯托克利擁有「在對的時機用對的辦法來解決危機的無上才能」[75]。或許只有在災難邊緣，他們才願意承認，他擁有異乎尋常的洞見。在一般環境下，民主無法寬容天才，但在那個夏天，環境卻絕然與一般不同。所以，雅典人沒有因為地米斯托克利持續說中波斯的威脅而懲罰他，反而決定讓他隨心所欲。在危險時刻，雅典再也負擔不起不信任天才的後果。因此在地米斯托克利堅持下，公民大會同意緊急召回各個被陶片放逐法放逐的人，「以便全體雅典人萬眾一心對抗蠻族」[76]。米太亞德的兒子客蒙（Cimon）大概比任何人更堪稱為馬拉松傳統的繼承人；他帶著一支由富少組成的遊行隊伍穿過「陶器區」並前往衛城，然後在那裡把自己的馬轡獻給雅典娜。接著他拿起一面盾牌，與同伴們一起往比雷埃夫斯走去。「他要以此向整座城市宣布一個簡單的訊息：現在需要的不是馬上功夫，而是海上戰鬥。」[77]

在雅典人終於團結一起，剩下的是說服盟友扮演好自己的角色。地米斯托克利回到「地峽」做這個工作，他身上的本錢比原先多出無數倍。他發現，在經歷過坦佩峽谷丟臉的撤退，伯羅奔尼撒人並不完全排斥第二次出擊。畢竟雅典艦隊已承諾會保護他們的海岸線以及阿提卡的海岸線，而地米斯托克利也已物色攔截波斯艦隊的絕佳地點。他在遠征色薩利時注意到，在尤比亞島北端和希臘大陸之間，有條寬度僅六英里的海峽，非常適合封鎖；另外，這個海峽位於另一個更狹窄的關隘——溫泉關——東邊僅約四十英里。如果艦隊和陸軍互相呼應，即使面對數量龐大的敵人，仍有希望守住海峽和關隘。在地米斯托克利的鼓吹下，雅典人先前已投票通過派出一百艘船前往尤比亞島。現在，在「地峽」的各國代表——毫無疑問地是在地米斯托克利遊說下——也投票支持這個策略。科林斯、埃伊納、梅加拉和其他較小的海權城邦，全都答應派船艦支持雅典人的艦隊，斯巴達人會帶領一支特遣部隊前往溫泉關。至此，雖然先前有種種不順利，但一個計畫終於底定了。現在，在暴風雨來臨前的寧靜中，除了耐心等待蠻族來到，聯軍已無其他事情可做。

他們等了又等，時序自六月邁入七月，但仍不見萬王之王的蹤影。坊間流傳著許多關於其大軍的誇張傳說，例如這支軍隊會喝光整條河流的水；人們在大軍路過之處，如何搶著向萬王之王獻上土和水；他所舉行的賽舟會、飲宴和娛樂何等豪華等。就目前來看，他在歐洲的前進更像悠閒地遊行而非入侵。未幾，七月也過了，最適合作戰的時日正快速流逝。過不了多久，隨著愛琴海被加熱、烤炙程度愈甚，以及北方較冷的空氣變得不穩定，夏季的狂風就會刮起——希臘人稱為「赫勒斯滂風」（Hellesponters）。德爾斐的祭司在給聯軍最後的忠告時曾說：「向風禱告吧，因為風會成為希臘的好朋友。」[78]每個準備好跟隨希臘艦隊出海的，人都將這個忠告銘記於心。

然而，有個城邦的人民已由於萬王之王的行動遲緩，而開始失去熱情。對斯巴達人來說，他們一想到要在八月防衛溫泉關，就感到難以忍受。距離上次奧運會已過了四年，月亮正逐漸變圓；等到滿月，就是新一屆奧運會開幕之時。讓斯巴達人更苦惱的是，卡尼亞節也即將到來。這兩個大日子的結合，意味著一段異乎尋常的偃兵期。斯巴達人怎能破壞偃兵的規定呢？謀殺波斯使者的事已讓他們非常內疚，所以絕不願意以更大的不敬冒犯神明。伯羅奔尼撒半島充滿潛在的通敵者，阿爾戈斯只是其中的表表者，而萬王之王完全不是諸神用來執行懲罰的唯一代理人。斯巴達人絕不可以在八月北上，那樣做不僅是犯罪，還是失心瘋。卡尼亞節的偃兵規定神聖且不可侵犯。

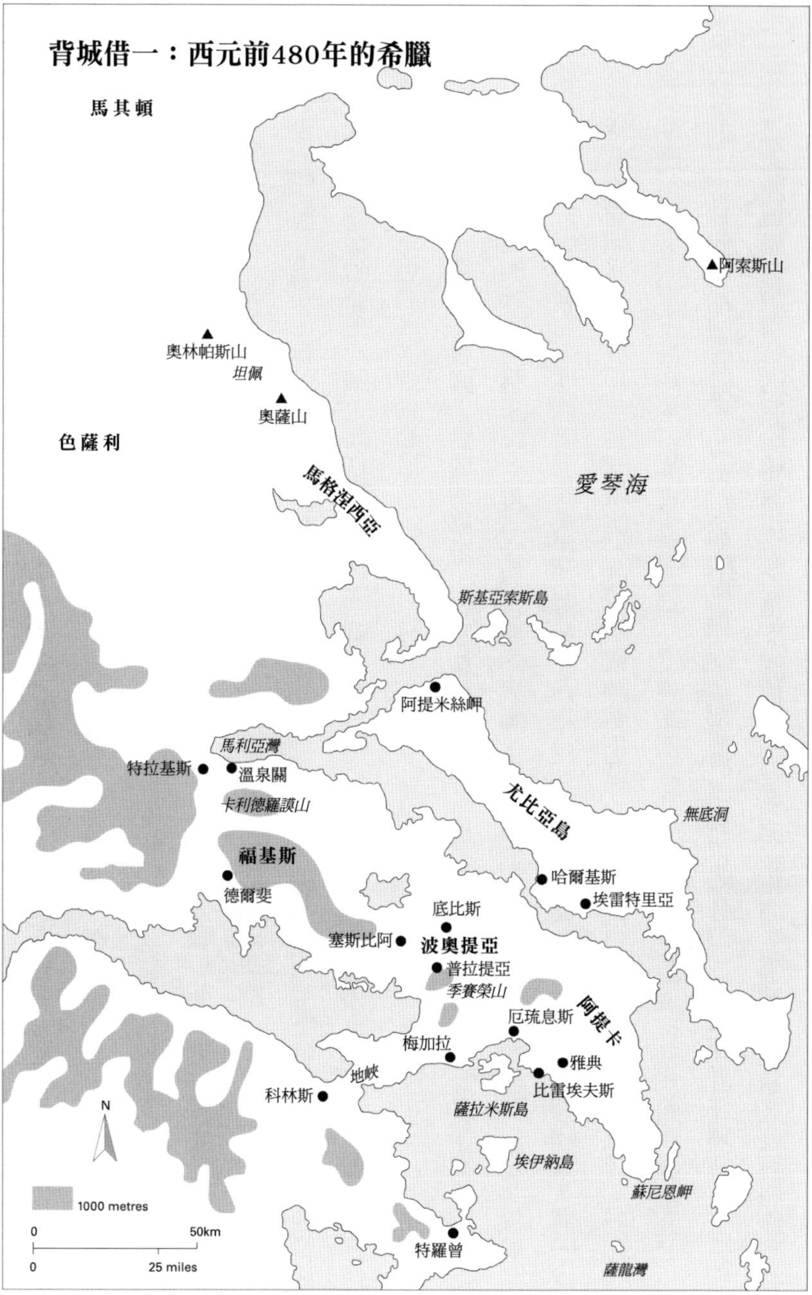
背城借一：西元前480年的希臘
馬其頓
色薩利
奧林帕斯山
坦佩
奧薩山
馬格涅西亞
阿索斯山
愛琴海
斯基亞索斯島
阿提米絲岬
馬利亞灣
特拉基斯
溫泉關
卡利德羅謨山
尤比亞島
無底洞
福基斯
德爾斐
哈爾基斯
埃雷特里亞
底比斯
塞斯比阿
波奧提亞
普拉提亞
季賽榮山
阿提卡
厄琉息斯
梅加拉
雅典
比雷埃夫斯
地峽
科林斯
薩拉米斯島
埃伊納島
蘇尼恩岬
特羅曾
薩龍灣
N
1000 metres
0
50km
0
25 miles

但蠻族沒有這種顧忌。八月一到，那個讓全希臘害怕又意料中的消息傳到了「地峽」：波斯人開始在奧林帕斯山的山腳開闢道路。聯軍會議立即破局。在雅典，其碼頭已經因撤離的要求而亂成一團，人們完全不會考慮傭兵的問題。相反地，全體能戰鬥的人員都遭到動員。因為人手不夠，有些船——最可有可無的那些——甚至交給來自普拉提亞的自願者操控：「人們希望，他們以自己的勇氣和精神來彌補其對海洋的完全無知。」[79]雖然雅典人留有夠多的戰艦來保護自己的水域，但仍可派出戰船前往尤比亞島，而且數量比原來說好的一百艘還多——共一百二十七艘。其他城邦，特別是科林斯和埃伊納，派出了它們所能派出的所有船隻。任何人只要在聯軍艦隊繞過蘇尼恩岬向北行進時，看到一艘艘三列槳座戰船攪動出的四濺浪花，都會感到一股悸動襲上心頭。前往尤比亞島的戰船共有兩百七十一艘，雖然和萬王之王的艦隊相比只是零頭，但仍然勇氣可嘉，振奮人心。

按照前一年在「希臘廳」會議上達成的協議，聯軍艦隊司令由一位名叫歐律比亞德斯（Eurybiades）的斯巴達貴族擔任。對他的國人同胞來說，這是一個苦澀的諷刺。雖然害怕違反卡尼亞節的傴兵規定，但看到其他城邦為戰爭付出的努力，他們自己的榮譽感難免受到刺激。像其他人保護海路一樣保護陸路，斯巴達人責無旁貸。無論如何都要找到折衷的辦法，既不招致神明生氣，也可讓自己信守會議上的承諾。既然在奧運傴兵期派出一支大軍沒得商量，那麼可否改派一支先頭部隊守衛溫泉關？若從拉刻代蒙到溫泉關二百英里的路上，有其他城邦願意派兵助戰，那麼斯巴達人即使派出很少的兵力，也可望守住陣地——特別是，如果這支隊伍是從最精悍的將士中選出，而這支隊伍又由一名國王率領，那麼斯巴達人便可將作戰到底的決心昭告天下。

承擔這個艱鉅任務的人是李奧尼達，身為資深皇室世系的代表的他，應該會覺得這是自己必須承擔的責任，但他未嘗沒有個人動機。那年夏天，被謀殺的波斯使者鬼魂也許不是唯一在拉刻代蒙作祟的陰影。十多年前，人們發現克里昂米尼的大腿和腹部被一把刀切開，痛苦地死在乾草堆上。他是死於自己之手——作為收買神諭、對神明不敬的懲罰，或死於一個殘忍的陰謀（一個可能是，斯巴達最高指揮部導演的陰謀），至今仍是個謎。不論答案是這兩個原因中之一，李奧尼達必然感覺到，自己和前任國王的可怕結局有著撇不清的關係，畢竟克里昂米尼是他的親兄弟。雖然血漬早被清洗乾淨，但被詛咒的感覺就像八月的酷暑那樣，仍充滿威脅地壓在斯巴達身上。李奧尼達在為出征打包行李時，應該不會忘記德爾斐神諭中不祥的預言：要麼是斯巴達被鏟平，要麼是「拉刻代蒙邊界內的每個人，都必須為一位國王之死哀悼——他是赫丘力士的苗裔。」他也一定也注意到，赫丘力士是死在溫泉關上方一座山峰上：在那裡，他以火燒盡自己的血肉，以便升天加入諸神的行列。無怪李奧尼達在挑選部下時沒有挑「勁騎旅」（由三百名年輕人組成的精銳部隊），而專挑些久經沙場的老兵——「全都是一些有兒子的人」[80]。這是一個響亮的意圖聲明，不論是輝煌的勝利或徹底的敗北，李奧尼達都將忠於自己的使命。不論勝利或敗北，他都將確保自己的城邦得到救贖。沒有從溫泉關撤退這回事。

AT
BAY

第七章

背城借一

CHAPTER 7

浩大的準備工作

人們認為，西元前五一四年花花公子僭主喜帕克斯因感情事件遇刺，是雅典人民為爭取自由的奮力一擊。這位僭主在位期間，總是非常喜歡創新。他除了像許多王公貴人一樣積極獎勵建築，也對文學也抱持罕有的熱情。至今，旅人可在作為阿提卡路標的巨大陽具上，讀到這位潛主所寫的扼要有力的詩句。雅典人還在其他方面受惠於喜帕克斯好學品牌的僭主統治，例如：拜他熱心支持，曾被譏為鄉下地方的雅典才搖身一變成為文化中心，吸引文學菁英紛紛來此定居。喜帕克斯是如此堅決地把著名詩人延攬到他的宮廷，不惜為他們提供奢侈的計程車服務，並以擁有五十支船槳的遊船載他們出遊。

雖然喜帕克斯對現代文學感興趣，但他就像希臘世界絕大多數的人一樣，都對於兩部傲視群倫的史詩具有真正的熱忱：《伊利亞特》（*Iliad*）和《奧德賽》（*Odyssey*）。它們都是幾世紀前寫成，場景設在特洛伊戰爭的時代，作者是一位名叫荷馬（Homer）的詩人。關於荷馬，我們所知甚少，但在希臘人看來，他的豐富性無窮無盡，成為他們最堅定的假設與理念的源頭，只有環繞世界的海洋才能與之比擬。怪不得一心想讓自己的城邦在文學地圖上佔有一席之位的喜帕克斯，會設法把荷馬說成雅典人——不過，令他沮喪的是，根據一般的認定，荷馬是愛琴海東部人。據說喜帕克斯的父親庇西特拉圖曾在兩大史詩中偷偷加入自己的詩句，用來歌頌雅典及其古代的英雄。喜帕克斯沒這麼庸俗，他把史詩朗誦比賽引入泛雅典節。這種比賽不是以愛好純文學的精神展開，而是競爭得你死我活，務求「總是當最勇敢的人，當最優秀的人」，這兩句格言無疑出自《伊利亞特》。

儘管喜帕克斯費煞苦心認親，但希臘各地的人莫不把荷馬史詩看成自家的祖產。例如，斯巴達人——海倫和墨涅拉俄斯的同胞——用不著搞史詩朗誦比賽來突顯他們與荷馬式價值觀念的密切關係。若說他們的軍事準則出於呂庫古，那麼他們不畏死與追求「永不磨滅榮譽」的英勇決心便生動體現於荷馬歌頌的英雄身上。[1]其中又以一個英雄為最，即阿基里斯（Achilles）。這位歷來最偉大、最致命的戰士曾經在特洛伊發出耀眼的光芒，深知自己所博得的萬千榮耀只會導致自己早逝。雖然阿基里斯有些自我縱容，例如：他在為一個女奴與阿伽門農發生爭執後，躲在營帳裡生悶氣，因而坐視自己的戰友被屠殺，直到自己的表兄弟被砍倒後才回到戰場，但這種事就絕不容許出現在一個斯巴達士兵身上。不過長久以來，那些始終與阿基里斯相連的觀念——死在戰場上可以很美，戰死沙場可讓一個戰士贏得不朽盛名，以致當他的靈魂在地底世界的灰窗內嘰哩咕嚕時，仍可見其頭戴明亮的金色光環——都被希臘人認為深具斯巴達色彩。其他人也許會嚮往這些理想，但只有斯巴達人自小就浸淫在這種價值觀中。

所以，當李奧尼達率領小批軍隊於八月初到達溫泉關時，幾世紀前曾在歐亞兩洲第一場大戰裡戰鬥的英雄，很難不在他的心眼中閃閃發光。他從荷馬那裡得知，諸神「就像喜歡腐肉的鳥類或禿鷹一樣」，很快就會在他的士兵身上投下看不見的陰影，因為無論何時，只要凡人鼓起全部的勇氣準備作戰，他們就知道自己走進了神域。[2]我們很難想像還有比溫泉關更古怪的神域大門，這個地點是因流淌冒蒸氣的泉水而得名。嘶嘶沸騰的熱水流過扭曲變形的岩石，如同融化的蠟，使得八月炎熱潮濕的空氣中飄浮著濃重的硫磺味。這裡的一切滾燙、塵土飛揚且令人窒息。溫泉關非常狹窄，首尾兩端分別稱為「東關」和「西關」，都僅容一輛馬車通行。道路的一旁是馬利亞灣（Malian Gulf），另一旁是「陡峭、不可攀越」的卡利德羅謨山（Mount Callidromus）。[3]卡利德羅謨山的懸崖下半部樹木叢生，上半部則灰濛濛、赤裸裸地直指蒼穹。這裡是怪異與不食人間煙火之地，看來是專供人們防衛而存在。

當地人早就認識到，福基斯（Phocis）是溫泉關和德爾斐之間的一個山谷小國，該國人民在此修建了一道防禦牆，但不是築在首尾兩個瓶頸點，而是築在一個約六十英尺寬，稱為「中關」(Middle Gate)的段落。這裡的峭壁最為陡峭、最難包抄。李奧尼達在此紮營後，立即下令修葺福基斯人的防禦牆。這並非難事，因為除了貼身侍衛，他還帶了三百個「黑勞士」和五千人的部隊。[4]這些部隊是以威逼利誘的手段募集而來，大部分來自伯羅奔尼撒半島，但不是全部，其中有七百人來自塞斯比阿（Thespiae）的志願軍。塞斯比阿是位於波奧提亞（Botoeia）的小城邦，就像普拉提亞，長久以來都痛恨底比斯仗勢欺人，因此願意為聯軍提供人力支援。聯軍隊伍中還有四百名士兵來自底比斯；令李奧尼達深知並感到棘手的是，希臘中部已經被投降派腐蝕，因此在前往溫泉關途中，他刻意要求底比斯的支持。底比斯的統治階層不敢斷然拒絕這位斯巴達國王的要求，而以閃避的方式回應，又因為深信李奧尼達執行的無異於自殺式任務，於是批准「敵對派系的人」跟隨他去。[5]李奧尼達用得著任何增援，所以欣然接受這批前來效忠的人馬。儘管如此，當他望著溫泉關前方空曠遼闊的平原，等待萬王之王龐大的部隊來臨時，他毫不懷疑後方有許多人樂見他一敗塗地。

他焦慮的不只這件事。當他的手下忙著修葺防禦工事時，附近城市特拉基斯（Trachis）派來一個代表團——溫泉關位於特拉基斯境內——帶來了最令人不想聽見的消息：溫泉關不像地峽會議上的戰略專家所相信的那樣固若金湯，有條小路可以通過溫泉關背後的高山。雖然這條小路不適合騎兵或重步兵通行，但任何輕武裝者可以通行自如。如果蠻族發現了這條路線，一定會加以利用。因此，溫泉關的守軍別無選擇，只能分兵把守。這聽來沒什麼困難，只不過面對將以雷霆之勢襲來的萬王之王，李奧尼達實在抽不出一兵一卒。最後他別無選擇，只能採取折衷的辦法：讓一千名自告奮勇的福基斯人守衛小路。李奧尼達因聽聞本地人說，只有輕武裝部隊才能取道小路，因而接受福基斯人的請求；但他連一個斯巴達軍官都沒有派給這群毫無作戰經驗的人。為了迎接即將到來的風暴，李奧尼達想把所有菁英力量都留在身邊。這樣的選擇不難理解，但仍是一場豪賭。

這位斯巴達國王並非唯一對此感到棘手的指揮官。在溫泉關以東四十英里處，橫跨馬利亞灣、分隔尤比亞島與希臘大陸的狹窄海峽上，聯軍的海軍將領們也在為自家的側翼發愁。他們選擇據守的地點，看來像溫泉關一樣堅固。不同於大海對面的嚴峻海岸線——那裡叢生的灌木彷彿自裸露岩石長出來的黃綠色牙齒，尤比亞島北端主要由鵝卵石和骯髒的沙子所構成。這片沙灘長而平坦，讓希臘人可輕易把他們幾百艘又幾百艘的戰船拉到岸上。另外，由於岸邊沒有淺海或礁石，一旦他們看到波斯艦隊，要重新發動艦隊也很輕易。然而，蠻族會往哪個方向開去？這個問題蠶食著希臘人的自信，如果波斯艦隊往西前往通向溫泉關的海峽，聯軍艦隊就可以像關起大門那樣擋住他們前進的路。但如果他們朝東走，沿著尤比亞島的外側航行，不論他們直接進攻阿提卡和「地峽」，或迂迴繞到希臘艦隊後方進行攻擊，情勢都會相當危險。萬王之王因指揮無數艘三列槳座戰船，完全可兵分兩路。屆時聯軍的艦隊不僅無法封鎖海峽，反而會腹背受敵。無論在陸地或海上，進取性防守都伴隨著被殲滅的風險。

八月頭兩週悄悄溜走了，但北方的航路仍空空蕩蕩的。身處尤比亞島北端的聯軍艦隊日益焦躁不安。他們的對面是一座名叫馬格涅西亞（Magnesia）的多山半島；這裡林木茂密，有野獸出沒。人人都知道，入侵者一定會是沿著這個半島的荒涼海岸無聲無息地開來，避開自尤比亞島看過去的視野，直到經過半島最南端外海的斯基亞索斯島（Sciathos）才被看見。為了提早得知他們到來的消息，三艘巡邏船被派駐該島，並在島上山丘設置了烽火台。不過，海面上仍空蕩蕩的，艦隊水手持續往返於海灘的鵝卵石上，不斷抹去額上的汗水，焦急盯著斯基亞索斯島上烽火台的動靜。直到黃昏，太陽落入遠處的卡利德羅謨山背後，他們才能放鬆繃緊的神經。因為在愛琴海地區，沒人有本領在夜間航行橫越開放的海域。然後，希臘人大概會感覺自己被帶到了另一個時代。那時，他們的祖先輩也是紮營在自己的船邊，紮營在孤獨的海灘上。雖然他們背後的矮丘上佇立著阿提米絲神廟——這裡的岬角因而被命名為阿提米絲岬（Artemisium）[6]——但海灘上，除了他們別無他人。

這些人精神飽滿，
整夜坐在戰場的走道上，
一圈圈圍繞著熊熊營火。
營火數以百計，宛如天上繁星
在光芒的月亮四周閃耀著，
空氣突然寂靜下來，沒有一絲風聲……[7]

然後，在八月中的一天早晨，一個在最意想不到的時刻——天剛破曉，斯基亞索斯島上的烽火台突然發出信號。發現敵軍了，雙方已交過第一次手，結果希臘巡邏船大敗。當星星仍閃爍於空中，十艘不知從何而來的西頓三列槳座戰船直撲斯基亞索斯島。原來腓尼基人不同於他們的敵人，已學會在夜間開闊的海面上航行。[8]希臘巡邏船完全措手不及，其中一艘船差點就立即投降。長得最英俊最好看的戰俘在船首遭到割喉，獻祭給諸神。相較之下，第二艘船經過激烈的戰鬥才被俘虜。敵人特別懾服於其中一位英勇的希臘水手，俘虜之後以沒藥為他療傷，以對待戰爭英雄的方式款待他。第三艘船是一艘雅典的三列槳座戰船，它成功地擺脫追擊，接著擱淺在一處泥濘的河口。保衛希臘自由的開幕戰不太光彩。

此時，阿提米絲岬陷入一片惶恐。由於不清楚斯基亞索斯島點燃的烽火是否表示整支蠻族艦隊都已開到，水手們把全部船隻推入了海中。幾小時過後，沒有其他敵艦出現，可見那幾艘西頓戰船不是先頭部隊，只是執行偵察任務而已。西頓人的戰船雖旗開得勝，但後來碰上了麻煩：巡邏於斯基亞索斯島和希臘大陸間海域的希臘船發現，三艘敵船誤觸暗礁沉沒了。不過希臘人繼續把戰船拖到水中，船一入海，就立刻逃命似地快速駛向尤比亞島和大陸之間的海峽。更令人覺得他們膽小懦弱之處在於，他們完全沒有試圖俘虜落水的西頓人——就連為暗礁建立標示時也沒這樣做。彷彿希臘人在炫耀自己的士氣低落時，還想讓這件事情被回報給波斯最高指揮部。

他們大概真的這樣想，有鑑於他們即將受到波斯大軍的全面衝擊，表現出某種程度的焦躁不安在所難免。這樣的心理甚至擴散到艦隊的最高層級。最高指揮官歐律比亞德斯（Eurybiades）算不上最能鼓勵士氣的領袖。身為斯巴達人的他，對於身在船上、遠離伯羅奔尼撒半島感到十分不自在。他對聯軍艦隊士氣的最大貢獻在於一直強調「波斯人不可能在海上戰勝」[9]。雖然歐律比亞德斯身為最高指揮官，卻幾乎沒在指揮。聯軍艦隊的指揮實權落在地米斯托克利手中，他一直主張堅守陣地。他為何會批准從阿提米絲岬撤退呢？地米斯托克利的勇氣在任何方面都無庸置疑：他曾在馬拉松作戰，知道什麼是面對蠻族不逃跑。他一定也記得，那場著名的勝利是如何贏得。當時，他和他的同袍正堅守脆弱的中軍，遭到敵人步步進逼，但盡力頂住，拖延時間讓希臘軍隊兩翼可以回師並合圍敵人，然後徹底打敗敵人。若敵人自詡不可戰勝，那就狡猾擺布這種狂傲，便可能把看似壓倒性的人數優勢轉化為不利條件——這就是上次地米斯托克利和敵人交手時學到的經驗。這可能是他選擇從阿提米絲岬撤退的原因——故意示弱，把波斯艦隊誘進尤比亞島對開的海峽中，讓它無法施展開來，然後再攻擊它，也許就可以了結它。這招不易成功，但曾經成功對抗米底人。

然而，這一次並不管用。陷阱已經佈下，但卻沒有人上鉤。一整天過去了，尤比亞島高處的瞭望員仍報告，馬格涅西亞方向的海域看不到敵艦。希臘艦隊沒有返回阿提米絲岬，反而進一步撤退到更南邊的地點。最後，在尤比亞島西海岸的中途點卡爾基斯（Chalcis），疲備的槳手終於能停下來休息。現在希臘人所處的位置非常理想，不論是開赴相對安全的阿提卡海岸，或回防李奧尼達的側翼，都一樣方便——如何選擇，將視瞭望員對波斯艦隊動向的報告而定。現在，槳夫們有尤比亞島的巨大山脊為他們屏障開闊的大海與日益升高的酷熱，不用再暴露於阿提米絲岬的沙灘上，想必鬆了一口氣，因為夏秒的極度悶熱往往是「赫勒斯滂風」的前兆。愛琴海一帶的水手都知道，在八月十二日以後天氣將迅速變化——八月十二日已經過了，日子一天天溜走，仍未見波斯艦隊的蹤影。酷熱依然持續著，盤據在卡爾基斯的希臘人絲毫不敢鬆懈，他們的雙眼緊盯著尤比亞島上的烽火台，腳趾浸在清涼的海水中，心裡按照阿波羅的指示向風禱告。

若說率領孤軍把守溫泉關的李奧尼達已準備好隨時赴死，那麼地米斯托克利則是下定決心求生。在希臘的傳統中，英勇戰死遙遠的沙場固然光榮，但能保全生命的人也不會被認為少了英雄氣概。阿基里斯在母親所提的兩個選項——長命卻沒沒無聞地老死，或帶著不朽的名聲早逝——中毫不猶豫地做了選擇，但荷馬在其第二部大史詩作品中，卻歌頌了奧德修斯（Odysseus）這位做出截然不同選擇的人。奧德修斯就像地米斯托克利一樣，肩膀寬闊且「心思九彎十八拐」（a man of twists and turns），他在洗劫了特洛伊之後別無所求，只想回家與妻子團聚。為達這個目的，他使盡一切詭計和手段。雅典娜之所以最欣賞他，原因也在於此。她對奧德修斯說：「在凡人之中，你最擅長運用計謀與編造故事，而我在諸神之中，以智慧和狡猾著稱。」[10]這也是她愛雅典人的原因，因為雅典人被認為是希臘人當中最聰慧的。也因為這個原因，每當不可能的事突然變成可能，或看似無解的難題突然變得可解時，一個凡人就會知道，雅典娜站到了自己身邊。既然如此，地米斯托克利在衡量事情的利弊得失後心中已有打算，而他自非只能向北風禱告。

諺語有云：「和雅典娜結盟，會讓你自己的手開始工作。」[11]但目前來看，主動權已從地米斯托克利的手中溜走了。他的下一步將取決於他人——波斯人，還有風神。然而，至今仍無波斯人的消息，氣溫也持續升高。接著，在希臘艦隊放棄阿提米絲岬約十天後，起床號突然吹起。一艘三十對槳的小船在地米斯托克利的密友阿布羅尼庫斯（Abronichus）指揮下，南下來到卡爾基斯。當戰役開始時，他被任命為李奧尼達和希臘艦隊之間的聯絡官。現在，他給他的朋友捎來了緊急的消息。「假戰」看來已結束，萬王之王的大軍正逼近溫泉關，米底人已來到門前。

暴風颳起

萬王之王逼近的消息，幾乎用不著瞭望員前來報告。早在第一批波斯偵察部隊出現在馬利亞灣沿岸的平原時，李奧尼達就已經知道，不可勝數的軍隊正向他開來。八月的天空萬里無雲，北方的地平線卻消失於漫天灰塵之中。灰塵日益濃濁，大地也在成千上萬雙腳的踐踏下開始顫抖。這就是萬王之王的力量：他可以讓世界震動。多年來，他的間諜一直在希臘製造一種悄無聲息的恐怖。如今，恐怖終於來到希臘人的門前。

溫泉關的守軍看著海灣對面可怕的景象，曉得萬王之王的大軍比他們最黑暗的想像還要駭人。蠻族部隊不斷逼近，喧囂聲有如雷鳴，激起令人窒息的塵土。希臘人不斷擦去眼中的沙土，感覺大地在他們腳下震動了數小時又數小時，這時三名希臘間諜從薩第斯帶回來的報告——整個亞細亞都傾巢而出，動員了上百萬人——想必已獲得證實。恐慌的情緒開始在這支小軍隊裡擴散，只有斯巴達人保持一貫的鎮靜。李奧尼達為了穩定軍心，命令自己的親兵把守防禦牆外的崗位。很快地，「西關」外傳來馬蹄聲，一支波斯先頭部隊已經抵達。三百名斯巴達士兵對他們視而不見，有些在梳理自己的長髮——這是斯巴達人準備展開殊死戰之前的習慣。有些人赤身露體、塗滿油脂，彼此進行賽跑或格鬥，氣氛絲毫不緊張：「戰場對斯巴達人的操練要求總是比平常還輕……所以斯巴達人是世界上唯一可藉由戰爭來放鬆的一群人。」[12] 此情此景讓波斯的偵察兵感到震驚。他們火速掉頭跑掉，斯巴達人也沒有企圖追擊他們。

當天稍晚，薛西斯的使者來到溫泉關。李奧尼達肯定在防禦牆外接見了他們，以免他們看見他所率領的守軍少得可憐。使者說出萬王之王開出的條件：守軍若放下武器，就可以平安回家，並獲得「波斯人民之友」的頭銜。「薛西斯會送給每個接受他友誼的人比原本擁有的更多與更好的土地。」[13]許多伯羅奔尼撒人本來就巴不得馬上撤退，波斯這番承諾更堅定了他們撤退的決心。但福基斯人——對他們來說，「地峽」就像埃及一樣遙遠——強烈反對放棄溫泉關。不令人意外的是，李達尼奧的態度也一樣。由於他既是主帥又是斯巴達國王，他的決心足以穩住動搖者的立場。聯軍將堅守關隘。當萬王之王的使者再次回到溫泉關，要求希臘人交出武器時，李奧尼達以斯巴達式的寡言回覆：「自己來拿吧。」[14]

他的國人同胞一向對這樣的冷峻風格感到自豪，斯巴達人所受的訓練讓他們在面對越不利的環境時，表現得越沉著冷靜，而且李奧尼達非常清楚，唯有泰然自若，才能穩住盟友動搖的軍心。他自然會希望他的親兵也表現出一副滿不在乎的態度，而他們也沒讓他失望。當蠻族開始放箭時，一個當地人驚恐地指出，波斯人的箭矢多得足以遮蔽太陽。斯巴達人一向把放箭看作缺乏男子氣概的懦弱行為，因而對此毫不驚惶。他們其中一人還裝腔作勢地說：「真是個好消息。如果米底人遮住了太陽，我們就可以在陰涼中戰鬥。」[15]

雖然這種俏皮話十分振奮人心，但李奧尼達一定感受到，這近似於被砍頭前的強顏歡笑。他知道他的人馬所面臨的處境，比他們大部分人所了解的更危險。留在卡爾基斯的地米斯托克利與希臘艦隊，仍祈求著風暴來臨。隨著阿提米絲岬被棄守，再也沒有能阻止抵達尤比亞島外海的波斯艦隊直接開向溫泉關對開的淺海。由於萬王之王已在溫泉關前紮營，這樣的時刻為期不遠。李奧尼達掃視東方的海平面，搜尋著遙遠的桅杆，但除了燃燒的營火，什麼都沒看見。隨著暮色愈深，他鬆了一口氣。夜晚已經來臨，而波斯艦隊仍未抵達。聯軍仍然守住了溫泉關，但能守住多久？人們緊張地仰望天空。今晚近乎滿月的月亮，在無風無雲的天空中閃爍著。當然，它也閃爍於奧林匹亞與拉刻代蒙的天空。當天下午李奧尼達派出使者趕往「地峽」請求增援，但他知道幾乎不可能有答覆，因為奧運會和卡尼亞節至少還要一週才會結束，那時就來不及了。

破曉時分，仍無馬上攻擊關隘的跡象。萬王之王的各支軍隊與輜重隊部隊，陸續沿著海岸道路行至紮營地。在馬利亞海灣對開的海峽上，仍不見波斯艦艇的蹤影。帝國艦隊一定就在不遠處，正從北方開過來，與萬王之王會合。但它們到底在哪裡？或許今天之內就會揭曉。在清晨陽光的照耀下，大海顯得平靜清澈，勾勒出尤比亞島的藍色輪廓。在東北方向的更遠處，矗立著馬格涅西亞半島的山峰。一切無比寂靜，一種奇怪、明亮且充滿威脅性的寂靜瀰漫於空氣中。懂得辨識愛琴海情緒的水手，也許可以讀出此刻的預兆，但溫泉關沒幾個水手。然後，天氣突然發生劇變，怒號的狂風颳起。風來得十分詭異，不像凡間事物而猶似諸神的鼻息。不知從何而來的大風突然自海灣上颳起，掀起滔天巨浪，浪花直撲溫泉關的守軍。黎明的光線即刻消失，一切都籠罩於幽暗之中。愛琴海的上空響起隱隱雷聲，[16]人們期盼和祈求已久的「赫勒斯滂風」終於來到，「整個大海像鍋子裡的水一樣開始翻騰。」[17]

暴風怒號了兩天。整整兩天，當大風從海上吹來，聯軍都瑟縮於「中關」，斯巴達人以猩紅色的斗篷把自己緊緊裹住。這兩天蠻族不急不忙，沒有攻打溫泉關。雙方都密切關注天氣的變化，並掃視東方海面，焦急等待著失散艦隊的消息。到了第三天早上，風勢終於減弱，漸漸地，許多船隻的碎片自尤比亞島對開的海峽飄來，布滿了馬利亞灣（Malian Gulf），在水面上隨著波浪上下起伏。隨後，在灰暗的遠方海面上，一隊船隻駛入視線，費力地向北迎風航行而來。那是挺過風暴的希臘艦隊。看到艦隊回到阿提米絲岬，溫泉關的守軍大感寬慰。鏈索的環節又扣了起來。至少目前來看，戰線可以守住。敵人的艦隊仍無蹤影。

當天傍晚，在阿提米絲岬駐守的聯絡官捎來了報告，並說明原因。蠻族艦隊在開往斯基亞索斯島途中遭遇暴風，馬格涅西亞半島被狂風吹襲，海岸遍布屍體、桅杆和黃金。究竟有多少船隻在暴風裡沉沒，目前只能用猜的，不過希臘艦隊中有人大膽主張，「對抗他們的船剩下不多。」[18]這當然是李奧尼達難以呼應的猜測，因為在「西關」外的平原上，仍有無數蠻族的營火燃燒著。萬王之王也收到艦隊在馬格涅西亞海岸折損的報告，從海路包抄溫泉關的計畫泡湯了，但還是波斯承受得起的損失。萬王之王將很快制定好新的計畫，因為他有成千上萬張嘴巴要餵飽，而且不容他磨蹭。這究竟意味著什麼？對李奧尼達與他的小部隊來說再明白不過。他們等待萬王之王的正面攻擊等了四天，到了隔天早上，形形色色的亞細亞人一定會向他們撲來，他們的決心和勇氣將受到空前的考驗——這個考驗嚴峻的程度更甚於特洛伊的戰場。斯巴達人梳理頭髮，磨利武器並擦亮盾牌，為黎明做好準備，等著做一件他們為此受訓一輩子的事，即展示殺戮的藝術。

太陽升起了，蠻族也抵達了。被派出來打頭陣的是米底人，這些人善於山區作戰所需的各種技巧，他們的鎧甲也十分精良，鎖子甲（mail coats）上的鱗片如鐵魚的魚鱗般一閃一閃，長久以來就讓希臘人感到害怕。不過，李奧尼達選擇陣地時很謹慎，米底人雖擅長攀爬札格洛斯山脈的隘路，卻發現自己爬不上「中關」的峭壁，無法包抄守軍的防線。由於距離關隘太近，他們一項致命的戰法也無法派上用場——向敵軍發射遮天蔽日的火箭雨。因為急於進攻，米底人在別無他法之下，只好直接衝擊盾牆，試圖將其突破。不過，這種戰法正是所有重裝甲步兵最訓練有素的部分。另外，米底人的盾牌以藤條編成，他們的長矛也比希臘人的短很多。

雖然米底人的人數佔壓倒性的優勢，他們卻無法取勝。斯巴達人此前從未和蠻族交手過，在首次相互碰撞幾秒鐘後，他們就有了對付敵人的辦法。毫無疑問地，米底人非常勇敢，隨時準備直撲敵人林立的矛和盾，但他們這樣做，只是成為披著銅甲的職業殺手的刀下亡魂。幾分鐘之內，交戰線就成了屠宰場。斯巴達人以其矛和劍開膛破肚，這些人擅長的「近身肉搏戰」，對其他希臘人來說也非常可怕。[19]現在，在溫泉關外附近的近身肉搏戰中，米底人也領教了其可怕之處。那些倒下的人身負斗大的致命傷，還站著的人渾身流血，滑行於腸臟之上，他們跌跌撞撞地走在越堆越高的死人堆裡。

為了頂住洪水般湧來的敵人，希臘人也使出吃奶之力。他們需要舉起沉重的盾牌抵擋攻擊者，揮刀猛劈或挺矛猛刺。他們也得忍受太陽對銅甲的無情炙烤，同時浸泡於血汗之中，實在很難指望他們能守住崗位一整天。不過，他們也無需守住一整天。李奧尼達非常有效率，他不斷派出生力軍規律輪調。撤下來的人可以脫去盔甲，喝點東西並包紮傷口。即使是斯巴達人，有時也需要喘口氣。

李奧尼達特別需要讓他的精銳部隊喘口氣，因為他不知道萬王之王還會採取什麼戰術，因此需要有應付突發狀況的餘裕。戰鬥持續了一整天，米底人在日影拉長時才退卻，當他們一退卻，來自蘇撒的增援部隊馬上就填補上來。這一次，朝關隘而來的敵人武器上鑲有閃閃發光的珠寶，他們的衣著鮮艷華麗，正是波斯大軍中最精銳的部隊「不朽者」。他們在波斯人當中的地位猶如斯巴達人之於希臘人。為了迎戰這些人，李奧尼達命令他所有的親兵回到交戰線——「在那裡，拉刻代蒙人以一種令人永難忘懷的方式進行戰鬥。」[20]他們表現出來的勇氣、力氣和決心不令人意外，但戰術的狡猾卻讓人跌破眼鏡。一聲令下，他們會突然轉身假裝逃走。當敵軍以為勝券在握而加以追擊時，斯巴達人會突然回轉，以盾牌重新構成隊形，大肆砍殺得意忘形而隊形亂掉的追擊者。這種戰術讓敵人加倍洩氣，它除了導致大量死傷外，還表明斯巴達人經過一整天的交戰，飽受酷熱、惡臭和蚊蠅的折磨後，仍繼續保持戰力。萬王之王不想繼續白白浪費自己最精銳的部隊，最後只好下令撤退。整個關隘徒留暗影、屍體和希臘人。

這天晚上，自遙遠的馬格涅西亞傳來滾滾雷聲，戰場上暴雨如注，血汙與爛泥攪和成一片。枕藉的屍體中，薛西斯被殺侍衛相頸間的珠寶，在哨兵搖曳的火炬中閃爍著，像是在取笑屠戮的髒汙。它也是對萬王之王大言不慚的取笑嗎？李奧尼達巴不得如此相信。只不過，他對現實的了解無法讓他沾沾自喜。雖已證明他的陣地並非正面攻擊可以攻破，但側翼的防守力仍是疑問。紮營於山坡上的福基斯人曾派人來報告，山路上始終不見敵人。由於當晚天氣惡劣，溫泉關無法與駐紮在阿提米絲岬的艦隊取得聯絡。就像上一場暴風，只聞風聲怒號的李奧尼達以紅色斗篷將自己緊緊裹住，盡量往好處想。

這對於他保持心靈平靜大概有好處，雖然這天可被溫泉關守軍視為得勝之日，但駐守於阿提米絲岬的海軍將領的心情卻非常不同。[21]他們遇到一次又一次不令人愉快的驚奇。首先他們發現，波斯艦隊並不如希臘人樂觀派的猜想，被暴風雨徹底摧毀，而是離完蛋還很遠。它雖飽受風暴打擊，但一整個下午，一支又一支隊伍的波斯戰船一拐拐地駛過斯基亞索斯島，並繞過馬格涅西亞半島的岬角，開始集結於阿提米絲岬對岸，讓希臘人越看越心情沉重。他們從未看過海面上如此黑壓壓地布滿船隻。即使被暴風雨重創，波斯人仍保有約八百艘三列槳座戰船，幾乎是聯軍艦隊的三倍。雖然希臘人俘虜了十五艘誤闖基地的敵艦，卻高興不起來。現在，波斯艦隊就在他們眼前僅十英里外的開闊海面上。許多人開始主張，要趕在蠻族修好船隻前再次撤退。這樣的聲音日益飆高，讓本地人驚恐萬分，害怕自己被聯軍拋棄，落入米底人的手中。於是，他們立刻組成代表團，首先向歐律比亞德斯要求聯軍留下，被拒絕後又轉向地米斯托克利。地米斯托克利如同尤比亞人一樣不樂見艦隊撤離，卻愉快地利用這個機會索賄。他把大部分賄款放入自己的口袋後，用剩下的匯款打點歐律比亞德斯。這當然不是李奧尼達欣賞的硬脊樑作風，但十分奏效。歐律比亞德斯和其他海軍將領都同意繼續留在阿提米絲岬堅守陣線。

不過，就在最高指揮部做出這個決定不久後，又陷入了另一個恐慌。下午稍晚時，大約在「不朽者」進攻溫泉關，以及對面海岸的波斯分遣艦隊正搬演饒富恫嚇意味的召集時，聯軍將一名自敵人艦隊叛逃的希臘人拉出水面。此人名叫司苦里亞斯（Scyllias），是一位專業潛水員，聲稱自己在水下游了十英里才游到阿提米絲岬。不過，他帶來的消息卻具有這項吹噓所缺乏的可信度。事實上，這個消息讓在場的聯軍海軍將領心驚膽顫。根據司苦里亞斯的說法，雖然敵人艦隊的主要部分正在整修，卻派出了兩百艘能航行的戰船沿著尤比亞島東海岸南下，繞過它的南端後折返西行。這正是希臘人最擔心的——被敵人前後夾擊，甕中捉鱉。司苦里亞斯的一番話自然引起一陣恐慌，但正如地米斯托克利立刻指出的，希臘艦隊面對的既是危險，也是轉機。因為他們可以派出一支具有相當規模的分遣隊，開過尤比亞島和希臘大陸之間的海峽，追擊那兩百艘波斯戰船。如此一來，蠻族就會發現自己落入夾擊之中。

這當然是一場豪賭，希臘人若想阻止波斯挺進，除此之外別無選擇，只能偶爾相信無畏和運氣。決議通過了——立即出海迎擊繞行尤比亞島的敵艦。[22]分遣隊當然不能驚動對面海岸的蠻族，只能在夜幕低垂後出發，而且希臘人最好先設法向敵人證明，自己沒有分兵或逃跑的打算。於是他們大膽把艦隊開出海面，向波斯人挑釁。波斯人因佔有數量上的優勢，海員技術也較佳，因此馬上回應了。雖然太陽已開始落向海峽西岸的群山背後，波斯人還是立即起錨，穿過海峽直撲過來，想包圍希臘艦隊的陣線並殲滅之，畢其功於一役。不過希臘人早料到這一招，已準備好對付這招的策略：他們讓船隊圍成一圈，每艘船的撞角（rams）朝外，就像一隻緊緊團成一球的刺蝟，然後突然展開攻擊。在接下來的近距離戰鬥中，波斯人發現自己船隻的速度和靈活性完全失去作用，大約三十艘船遭到俘虜。當黃昏降臨，愛琴海上的戰鬥也結束了，希臘人驚人且愉快地獲得勝利。由此看來，蠻族的海軍有可能被反擊甚至被打敗。對準備面對夜間航行危險的水手來說，當然是一大激勵。

不過，後來狂風大作，暴雨傾盆。隨著呼嘯而過的東南風橫掃阿提米絲岬的荒涼沙灘，希臘艦隊不得不放棄在午夜派出分遣隊。不過，對聯軍艦隊來說幸運的是，他們的計畫擱淺，並非風暴帶來的唯一損害，因為黃昏戰鬥留下的殘骸很快就被吹過海峽，漂向敵人的陣地，讓巡邏船隻的船槳糾纏住，並讓港口海面布滿桅杆與屍體。由於遭到另一次暴風雨猛攻，而且仍在舔拭被希臘人粗暴毆打的傷口，現在輪到波斯人陷入恐慌；因為「他們想像，自己的末日已經來臨。」[23]事實證明他們的想像錯誤，因為自己艦隊前一天停泊於港口，其提供的保護讓他們逃過了狂風的正面吹襲。然而，那兩百艘被派去繞行尤比亞島的船隻卻沒有這樣的好運氣。該島東岸滿是陡峭嶙峋的岩石和峭壁，若在那裡遇到風暴，情況會變得淒慘無比。據說，波斯分遣隊「在風雨的吹襲中不辨東西」，紛紛在一個名為「無底洞」（Hollows）的險惡地點觸礁。無論他們是否像後來希臘人所說的那樣全軍覆沒，風暴都讓他們無法繼續執行任務。[24]

第二天下午，聯軍海軍將領聽聞波斯分遣隊遇劫的消息後都大大鬆了一口氣，這樣一來，他們就不用再擔心撤退路線會受到威脅。不過，他們也不打算放棄目前的陣地。在阿提米絲岬堅守的前景本來一片黯淡，現在卻突然明亮了起來。好消息自四面八方傳來：有五十三艘戰船從雅典前來增援；在一次夜間突襲的戰鬥中，一支奇里乞亞船隊被消滅了；聯絡官阿布羅尼科斯（Abronichus）來報，李奧尼達和他的戰士在溫泉關守住了第二天的猛攻。如果萬王之王無法很快突破，他的軍隊將要開始捱餓。戰爭季節已接近尾聲，蠻族又遠離家園，希臘人只要避免被打敗，把米底人困在原地，就堪稱勝利。

不過，聯軍艦隊是否守得住敵人，真正的考驗才剛開始。波斯人因全力修理船隻，還沒企圖打通尤比亞島和大陸之間的海峽。如果打通了，波斯艦隊將可直達溫泉關。第三天破曉，當希臘人自阿提米絲岬向外望去，知道見真章的時刻已來臨了。一支又一支的船艦隊伍——腓尼基人的、埃及人的、愛奧尼亞人的——開始在開闊的海面上集結。現在，經過許多小衝突後，萬王之王的海軍終於要對希臘人的陣地發起全面性的正面攻擊。學習划槳才幾個月的人——普拉提亞人更只學了幾週——把船划到海峽中央，繃緊神經準備迎戰。

由於機動性不如敵人，希臘艦隊堵住海峽後，選擇等待波斯人發起攻擊。槳夫們緊緊握住船槳，導致指關節發白；他們的鼻子皺起，對抗著令人難以忍受的臭汗與鬆弛的肚腸；他們蹲伏於木頭凳上，緊張地聽著木頭的吱嘎聲、海水拍打聲以及水手彼此間對即將到來戰鬥的緊張交談聲。不久之後，甲板上的水手叫喊了起來：蠻族接近了。「數量驚人的戰船，華麗的船首人像，響亮的衝鋒聲，粗野的叫喊聲」[25]，這就是波斯艦隊傾巢而出的景象和聲音，將造成毀滅性的後果。整整一天，希臘人拚命擋住敵人，彼此吆喝著：「不要讓蠻族突破，哪怕波斯人只是想清出一條通道，也要設法消滅他們。」[26]雖然希臘人受到可怕的攻擊，但成功守住了海峽——僅止於守住。許多船隻被擊沉或俘虜。這些損失是數量不多的聯軍艦隊難以承受的。還有不少船隻失去了戰鬥力，在敵人的攻擊中，首當其衝的雅典人遭受的打擊最重，有一半的艦艇失去戰鬥力，導致第二天可以守住海峽的前景黯淡了下來。鬱鬱不樂的希臘人打撈起船隻碎片，堆在沙灘上，用作火化死者的木柴；在葬禮的火光中，可見他們的將領滿臉焦慮，爭論著下一步該怎樣做。當地人看到希臘艦隊受到如此重創，對未來也不抱希望，於是紛紛將牲口趕到海邊，希望這些牲口被納入撤離計畫裡。這時地米斯托克利意識到，必須放棄阿提米絲岬了，但又不願讓疲憊不堪的槳夫在夜裡餓著肚子划船，因此下令舉行牛肉燒烤會。

這天晚上，在篝火點點的沙灘上，每個人都感到疲憊和失望，但情緒還不至於完全絕望。他們和萬王之王的艦隊交過手，也挺了過來。他們在阿提米絲岬取得一些重大成果——並非所有的成果都歸功於風。聯軍艦隊持續保有戰鬥力，如果撤退，也是出於戰略考量，並保持井然的秩序。不過，在獲得溫泉關最新的消息之前，他們無法做出最後的決定，因為和李奧尼達的軍隊同步作戰仍是整場戰役的關鍵。海軍當中，沒有人知道溫泉關的情況。隨著夜幕低垂，海軍將領們只能耐心等待。他們在海灘上走來走去，聞著烤牛肉與焚燒人類屍體的混合氣味，一邊不時遙望海峽對岸波斯陣地的遙遠火光，等著阿布羅尼科斯從溫泉關來的每天簡報。

這天晚上，他的小船比平常早到阿提米絲岬。水手們仍圍著篝火吃晚餐。艦隊還沒準備離開，營地沒有絲毫緊張的氣氛。不過，當阿布羅尼科斯從淺灘上跌跌撞撞走來時，所有看到他臉上表情的人都心中一凜。他還沒開口，但臉上已明顯寫上：溫泉關有禍事發生了。

國王的晚餐和斯巴達人的早餐

雖然萬王之王薛西斯身處於「苦海」旁偏遠的蠻荒之地，但他仍是其世界帝國賴以旋轉的軸心。因為他無法從波斯波利斯指揮對希臘的入侵，他乾脆命令波斯波利斯隨著他遠征希臘。每一天晚上，不論萬王之王駐蹕何處，僕人們都會急忙地從騾子與駱駝隊伍卸下無數行李，在地上清出一片空地，然後搭起一座比得上宮殿的豪華營帳。由於波斯國王習於馬不停蹄地隨著季節，從一個首都遷徙到另一個首都，他手下的工程師對於準備奢侈行宮的預鑄組件非常內行。即使在溫泉關如此荒涼的環境中，國王的各種奢華享受一樣都不少，這體現於地毯、靠墊、皮革華蓋與彩色掛飾上。在為萬王之王準備一間間房門外面，都有「不朽者」把守，嚴防任何人意圖行刺。[27]這和溫泉關的環境判若雲泥：李奧尼達必須在惡臭腐爛的屍體中紮營，而萬王之王指揮作戰時，則是端坐於香氣繚繞的會議廳。到了晚上，國王為了保持體力，會在一張有著銀凳腳的躺椅上躺下，鑽入一名床鋪專家為他準備好的被鋪中：「該名奴隸受過訓練，懂得如何把亞麻布織得又漂亮又柔軟，因為波斯人是世界上第一個將這項本領視為藝術的民族。」[28]

這種戰場上的奢侈派頭，被希臘人譏為娘娘腔的表現，但這只是可悲地說明了他們缺乏文明的優雅修養。薛西斯在年輕時代已充分證明自己的勇氣，現在並無意親自上陣——尤其是他要負責領導一支龐大的陸海軍，打一場空前複雜的戰爭。國王的營帳非常巨大，它若要完全承擔起一個全球性超級強權神經中樞的作用，非如此不可。不論在波斯波利斯或通向溫泉關的道路旁，萬王之王都不會看不起忠告，反而需之甚殷。因為他明白一個道理：最有智慧的主人就是那些能夠把奴隸做最佳利用的主人，無怪他名字的字面意義就是「統治英雄的人」。

萬王之王的追隨者像斯巴達人一樣非常嚴守紀律，即使在戰場上，對英雄來說禮儀仍是嚴格與神性的。不論營帳外的狂風有多激烈，也不論前線傳來的消息有多駭人，萬王之王仍會像人在波斯波利斯一樣，坐在實心黃金的寶座上主持作戰會議。雖然軍方最高層大都是皇親國戚，但蒙其召見者並非全是波斯人。例如：達提斯有兩個兒子負責指揮騎兵；其次，當然還有希臘事務的關鍵顧問狄馬拉圖斯。萬王之王除了不斷派兵攻打溫泉關，還持續研究守軍是否有任何心理上的弱點，也為此向狄馬拉圖斯打聽斯巴達心理學。擁有壓倒性的兵力及掌握各種數據，兩者始終是波斯人作戰時所依賴的。綜合各種信息之後，才能解決類似目前溫泉關守軍所構成的問題。這個挑戰只有在萬王之王的營帳裡才可能克服。在這裡，皇家貴胄、情報人員、後勤主管和希臘叛徒全都可能被召見，所有的意見都會被彙整起來。

薛西斯被溫泉關的堅守激怒了，卻沒有因此亂了方寸，繼續認真分析各種情報，並冷靜地布置任務與保持耐性。既然他是一群山民的國王，自然不會不知道，一道狹窄的關隘可能是正面攻擊無法攻取的。「敘利亞關」（Syrian Gates）——達提斯率軍前往馬拉松時，曾從這個關隘通過，就是一個例子。它的防禦工事比溫泉關還可觀，在發生緊急事故時可成為皇家大道的止血帶。它是「天然形成的門道，機巧性不輸任何人工設計的防禦措施」[29]。即使如此，誠如波斯軍隊清楚知道的，它仍然包含致命的弱點；因為沒有幾個峽谷無法被一條穿過高峰的小道繞過。不論「敘利亞關」、「奇里乞亞關」（Cilician Gates）還是「波斯關」

（Persian Gates），皆可透過山路加以包抄。但為什麼溫泉關是例外？

隨著希臘守軍一次次頂住正面進攻，這個問題也越來越有緊迫性。毫無疑問地，即使在萬王之王抵達前，波斯間諜便已大舉出動，到歐伊鐵山（Oeta）和卡利德羅謨山（Callidromus）的山麓觀察地形，並試圖以黃金收買農民充當嚮導。但沒什麼收穫。大部分本地人不是逃進山區，就是投向李奧尼達。不過，還是有些人留了下來。所以僅僅所需的，只是一名希臘人被萬王之王的威儀震懾，並將一切和盤托出。

薛西斯的威儀特別彰顯於遼闊軍營正中央的巨大營帳，上方的旗幟裝飾著威嚴振翅的老鷹。這裡不僅是作戰的指揮總部，而且是王權的雄辯展示——拜它對波斯波利斯宮殿的精確複製所賜。希臘人因身處世界邊緣，對這一切毫無概念，當一看到這樣的場面，就只有目瞪口呆和不勝驚恐的份。狄馬拉圖斯嘗試向萬王之王解釋呂庫古律令（Lycurgan code）的重要性，不知分寸地指出，斯巴達人對這個律令的害怕「尤甚於陛下屬民對陛下的害怕」[30]。對此，萬王之王並沒有「慍怒之色」，只笑了笑，「然後非常溫和地將他摒退。」[31]這大概是因為患上思鄉病的流亡者其井蛙之見不值得世界帝國的主宰對他生氣。不過，薛西斯應該不會不相信斯巴達人傲慢無比——不然，他們怎敢殺死他父親的使者，又只派三百人來抵抗他的大軍？在多方觀察希臘人後，波斯最高指揮部得出以下自認高人一等又非不正確的結論：「典型的希臘人會嫉妒別人的好運氣，仇視勢力比他大的人。」[32]這樣的說法也曾適用於米底人、巴比倫人和埃及人，所有這些古老民族都已經得到嚴厲的教訓，知道自己的想法有誤。

萬王之王自覺有責任讓歐洲人睜開雙眼，看見自己在世界新秩序中的位置。這反映於萬王之王離開赫勒斯滂後從容的步伐。正因為如此，他要到戰爭季節快結束時才到達溫泉關。不過薛西斯認為，有必要明確地教會他的新屬民，他們所虧欠他的順服之本質為何。當一連串遊行、賽船大會與賽馬持續用來誇耀萬王之王所擁有的資源之全球規模時，各地土著也為這些盛事奔忙；土著們被明確告知，大王仁慈地允許他們向主人展示自己。整個冬天，征途上路過的每個城市都被交代，要為萬王之王舉行盛宴。一連數月，所有當地人都為這頓大餐傷透腦筋，而無暇他顧。對任何主人來說，要依照波斯波利斯的標準辦一席晚宴已夠令人頭痛了，但這還是各種責任中最不棘手的一項。其他責任包括餵飽萬王之王的將士、馬匹、騾子和駱駝，為御廚提供大量木柴，為萬王之王的餐桌準備金、銀製的餐具等。桌布要用最細的亞麻布，還要以可憐的公民所能負擔最奢侈的材料來製作各種地毯和靠墊。不要指望這些東西用完後還可變賣換現金，因為波斯人是最差勁的客人，離開時「會把一切打包，不留任何東西在後頭」[33]。無怪一名「有幸」接待波斯軍隊而大失血的人事後開玩笑說，市民同胞應該感謝諸神，薛西斯「並沒有要別人也為他準備早餐的習慣」[34]。

這也難怪，當馬其頓的亞歷山大國王在五月時得知，希臘聯軍準備在其王國南部邊界附近坦佩峽谷佈防，便急忙派人提醒聯軍坦佩峽谷守不住。當然，這種說法絕對正確，聯軍自己也得到同樣的結論。不過，亞歷山大之所以提出警告，並非關心聯軍特遣部隊的安危，是為了確保波斯軍隊留在馬其頓的時間盡可能地少。身為萬王之王的附庸，亞歷山大痛苦地認識到，他的主子把整個帝國視為自己的食品儲藏室。「各地不同的美食，千挑萬選最好的水果」，無不專門奉獻到國王的餐桌上。[35]這些耗費巨資並極盡辛苦準備的飲宴被形塑為一份禮物，但不是準備的人送給萬王之王的禮物，而是薛西斯慷慨送給追隨者的禮物，是「國王的賜宴」。據說萬王之王拒絕品嚐任何希臘特產，只要看見它們出現在餐桌上，就會下令撤掉，他只吃自己屬民土地出產的甘肥。佔領雅典後，他便可把阿提卡的無花果吃個夠。

所以，他的軍隊可能會挨餓，甚至國王自己的餐桌也可能空空如也，這絕不只是後勤供應的危機，還會動搖帝國威信的根本。當萬王之王沒有布丁可吃，軍隊的士氣也許會驟降。然而，這並非波斯官僚系統容易陷入的困境，因為這個官僚系統一向非常注重細節——以至於會為鴨子制定旅行配給品的數量。他們為預防類似醞釀於溫泉關的危機，已做了大量準備。皇家輜重車隊當然會帶著水禽，但也包括國王喜歡的其他大量佳餚——卡爾曼尼亞的莨菪油、巴比倫的椰棗、衣索匹亞的小茴香。就連萬王之王的飲用水都是打自蘇撒附近一條河流，裝在大罈子裡帶來。

然而，不論波斯的後勤人員多麼無與倫比，食材供應——特別是新鮮食材的供應——總有限度。到了在溫泉關受阻的第六天，除了國王營帳的範圍內，各支戰鬥隊伍的飲食供應開始吃緊。大胃口的伊朗人特別無法忍受勒緊褲帶。在肉食食量上，希臘人傾向只吃掉首次獻祭給諸神的獸肉這樣的數量而已，而當他們談到敵人的肉食食量時，也為此感到震驚。據說，一個波斯人為了慶祝生日，會毫不猶豫地把整頭驢子拿來烤——手頭特別寬裕的人更會把整頭駱駝烤來吃。作戰的士兵每天會固定獲得「閹牛、驢子、鹿、各種較小動物、鴕鳥、鵝和雞」的供應。[36]不過，在通往溫泉關的道路上，鴕鳥本來就不多，其他家畜與家禽也因為戰爭拖長而逐漸缺貨。波斯廚子雖以頭腦靈活而具有巧思著稱，但面對赤裸裸的田畝時，也只能大嘆巧婦難為無米之炊。

雖然薛西斯也為軍隊咕嚕咕嚕響的肚子感到擔心，但他知道有人的情況比自己困難。波斯軍隊出現在自家門前，讓當地地主面臨破產的危險。由於這樣可悲的事態顯然是李奧尼達和他的一小撮軍隊所造成的，而當地人讓自己免於破產的唯一辦法就是幫萬王之王打通溫泉關的障礙。雖然波斯軍隊戰無不勝的威名仍未為薛西斯吸引到一名嚮導，但在地人自利的心態下就可為他找到。

結果，情況果真如此。當波斯大軍歷經第二天令人失望的戰鬥後，希臘人窩裡反的天性帶給波斯最高指揮部一絲希望。帝國軍隊在溫泉關前面紮營了將近一週後，終於來了一個告密者。他名叫厄菲阿爾特（Ephialtes），是波斯軍隊紮營所在平原的在地人。他告訴盤問者，卡利德羅謨山確實有個祕密。「為了得到豐厚獎賞，他告訴國王，那條翻山越嶺、通向溫泉關的小路。」[37]更要命的是，他竟然自告奮勇充當入侵者的嚮導。

雖然天色已晚，但事不宜遲。當晚最高指揮部發出攀登卡利德羅謨山的命令，而獲派這個任務的不是輕步兵——李奧尼達一直認定，只有輕步兵能通過山上的小路。在伊朗崎嶇山地長大的「不朽者」，是承擔這次任務的不二人選。由於當天在溫泉關的戰鬥中損失慘重，他們都急著利用這個機會報仇。對他們的指揮官來說，這個任務特別令人感到痛快。他名叫敘達爾涅斯（Hydarnes），四十一年前，他父親——名字也是敘達爾涅斯——曾經把守呼羅珊大道，為大流士抵抗造反的米底人。現在，小敘達爾涅斯有了為家族增添戰功的絕佳機會，但這次不是要堅守要道，而是打通重要關隘。

他帶著一萬人在薄暮時分出發。山路的起點位於溫泉關以西幾英里，也位於特拉基斯及其下方的阿索波斯峽谷（Asopus gorge）西邊。[38]當他們開始攀登時，星星營火開始出現在下方平原上，但很快地軍營就從他們的視線消失。如同厄菲阿爾特所言，小路很好走。天空萬里無雲，一輪滿月甚至比八月的星星還要亮。「不朽者」在銀色的光影中走了數小時，向左穿過特拉基斯峭壁上的廣闊平原，進入一座山谷，然後渡過阿索波斯河（River Asopus）。在河的對岸，路終於變陡了。即使此時，他們都沒有被盾牌和鎧甲的重量所拖累，攀登的隊形仍然整齊劃一。一小時後，他們走出一片櫟樹與松樹樹林的邊緣，到達另一座寬闊台地的邊緣。前頭是更多樹林，偶爾有一片開闊的綠草地，然後是上坡路，但地勢比較平緩，以至於「不朽者」可以加快腳步，開始繞過一個介於他們和溫泉關之間的山峰。這座山峰也擋住了他們對東方地平線的視線。星星逐漸黯淡下來，清晨即將來臨；很快地，照射著阿胡拉·馬茲達永恆光輝的太陽在溫泉關上升起。道路逐漸變得平坦。「不朽者」走進了一座櫟樹林，雖然走在樹林中間，前方的道路仍然清晰可見，不只是因為天色越來越亮，也因為最近幾場大風，將樹頂上的枝葉吹落不少。乾枯的落葉在腳底下嘎吱作響，然後一陣清脆的聲音突然蓋過一萬雙前進腳步的沙沙聲：那是金屬的聲音。

向樹林的邊緣走去時，「不朽者」的指揮官驚見，一批重裝甲步兵堵住了他的去路。對方顯然也嚇了一跳，因為希臘人還在忙著穿戴鎧甲。敘達爾涅斯以為他們是斯巴達人——他見識過斯巴達人的厲害，原本打算在溫泉關才和他們再次交手，沒想到在山路上就相遇了。不過厄菲阿爾特指出，這批敵軍沒有披猩紅色斗篷，不是斯巴達人，應該是其他城邦的戰士——很可能是福基斯人。敘達爾涅斯立刻下令進攻。「不朽者」向沒有完全擺好的方陣萬箭齊發。福基斯人也許因為沒有斯巴達軍官指揮，缺乏戰略意識，又想當然地以為蠻族夜間發動進攻就是為了要消滅他們，故立即作鳥獸散，逃到附近的山上。在那裡，他們重新鼓起作戰的決心，但卻看見「不朽者」沒理會他們，繼續沿著山路往下走。

下山往溫泉關走去時，敘達爾涅斯猜想，應該有一名福基斯人跑在前頭，去向李奧尼達通風報信。不過他不擔心這件事。讓希臘人預知自己即將滅頂，也許正是波斯最高指揮部的策略。日出不久前，也就是

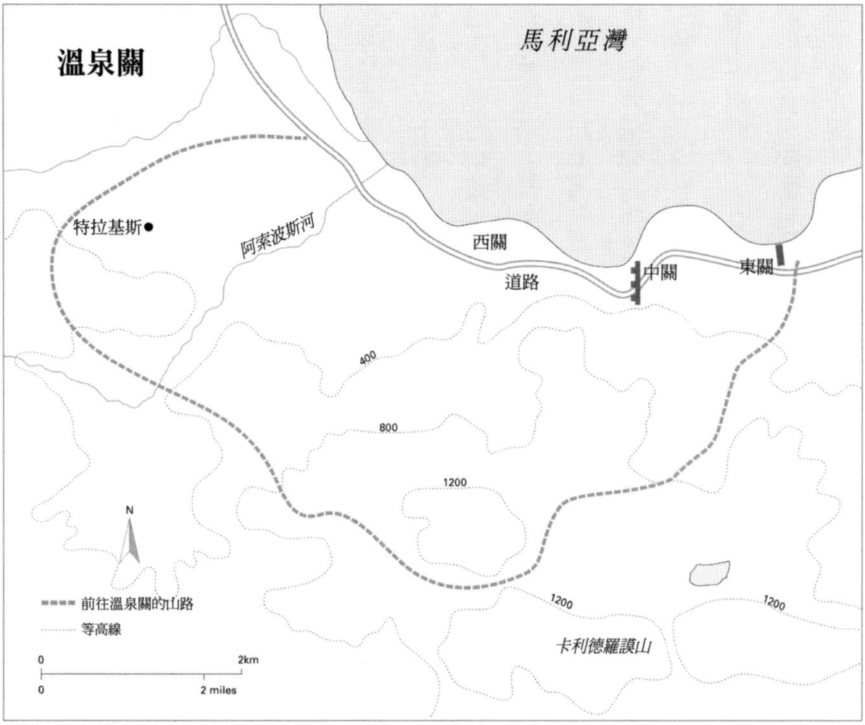
溫泉關
馬利亞灣
特拉基斯
阿索波斯河
西關
道路
中關
東關
400
800
1200
1200
1200
N
卡利德羅謨山
前往溫泉關的山路
等高線
0
2km
0
2 miles

「不朽者」遇上福基斯人時，一名波斯陣地的叛逃者溜進了溫泉關，帶去「不朽者」包抄溫泉關的消息。他是一名愛奧尼亞人，名叫堤爾塔斯提阿德斯（Tyrrhastiades），自言其動機完全出於對希臘同胞的關愛之心，只不過這件事極富波斯搞詭計部門的色彩。先不說有隻老鼠會上一艘即將沉沒的船太不尋常，從各方面來看，堤爾塔斯提阿德斯跑到希臘陣地的時間點都經過精心計算。以這個時間點來說，李奧尼達要增援福斯基人已經太遲，但仍來得及撤退，這當然是萬王之王要他相信的。如果希臘人繼續堅守溫泉關，那麼即使腹背受敵，或許還可以撐上幾天，但如果希臘人選擇撤退，波斯騎兵則可輕易追上他們，把他們大卸八塊。如此一來既可暢通溫泉關，又可報銷五千名希臘重裝甲步兵，萬王之王的勝利堪稱徹底。

但李奧尼達會上鉤嗎？身為聯軍總司令，他絕不想看到自己的部隊全軍覆沒，但身為斯巴達國王，他又曾經發誓不棄守溫泉關。不過在這兩難之外，他還有第三個選擇。自獻祭公羊的內臟占卜出，災難即將降臨後，他召集各分隊睡眼惺忪的指揮官舉行作戰會議。會議的氣氛混亂而驚恐，少部分人反對撤退，但大部分要求馬上轉進。李奧尼達在讓大家安靜下來後宣布，不論情勢有多兇險，他和他的親兵都會繼續抗敵，但他鼓勵其餘部隊盡快離開，越快越好，以保存實力伺機再戰。以固執出名的塞斯比阿人拒絕離開崗位，忠於希臘的底比斯人也一樣，因為他們的城邦已被投降派控制，如今無家可歸了。[39]李奧尼達命令「黑勞士」也留在溫泉關幫助斯巴達人準備作戰，並充當輕步兵，為主人爭取自由的大業而死。這些「黑勞士」約有一千五百人。他們以汗津津的手抓住破損的武器，感到最初的曙光照射在臉上，努力不看別人收拾行囊、向南撤退時所流露出鄙夷、放棄或嫉妒等情緒。[40]等軍隊撤走的腳步聲漸漸消失，飛揚的塵土被清晨的微風吹散，只剩一小支守軍獨留在臭氣熏天與侷促的溫泉關內。卡利德羅謨山的西坡一片寧靜，哪怕敘達爾涅斯和他的「不朽者」戰士正從這裡下山。「西關」也沒有任何動靜。李奧尼達對他的人馬說：「我們好好吃一頓早餐吧，因為到了今晚，我們只能在陰曹地府裡吃飯。」[41]

這時，在萬王之王的營帳內，人們也在用早餐，但氣氛愉快得多，也比較不急不忙。雖然薛西斯早早就起床給太陽奠酒，卻打算等敘達爾涅斯到了溫泉關後再發起攻擊。終於在九點左右，他向將領們點點頭，龐大的軍隊便向前推進。甚至在他們抵達溫泉關以前，屍體的腐臭味就已經隨著食腐屍蒼蠅的嗡嗡聲撲鼻而來；待他們進入關隘後，將看見堆積如山死去的同袍：有的腹部腫脹，有的被開膛剖腹，各種內臟器官遍地橫流。這一次，斯巴達人不像前兩天那樣躲在防禦牆後面，而是站在開闊的地面上迎敵；他們也沒有採取接力的方式作戰，而是構成一個長矛四豎的單一集體。某個剎那，萬王之王的部隊被這樣一支鐵血戰士嚇倒了，紛紛向後退縮。不過，他們的軍官卻揮舞皮鞭，迫使他們前進。雖然波斯的人海戰術的戰法後來被希臘人取笑，但它卻無疑有效。波斯最高指揮部精算後，認定至少利用大批未受過訓練的新兵打頭陣，才是抵消希臘人長矛作用最划算的方法。這些倒楣的新兵被夾在自家憲兵與令人生畏、身著青銅鎧甲的希臘方陣之間，只能別無選擇地硬著頭皮向前衝，結果他們不是死在盾牆上就是溺斃在淺灘上，而且是成百上千地倒下。饒是如此，希臘人的長矛也逐漸裂為碎片。

當所有長矛都折斷後，波斯的精銳部隊終於出場。接著，一場如《伊利亞特》所描述的戰鬥發生了：孔武有力的戰士彼此砍殺，「尖叫聲與勝利的歡呼混合在一起」[42]。戰死的人當中，包括大流士的兩個兒子和一個弟弟，還有李奧尼達本人。雙方為了爭奪國王的屍體，展開一場殊死戰，直到斯巴達人用盡一切方法，將屍體拖到一個暫時安全的地方。但很快地，就在他們背後，溫泉關東面出口上方一點點，山坡的灌木叢中閃現著矛尖的反光：「不朽者」已經抵達。陷入四面包圍的希臘人退守到防禦牆更後面、中關陰影下的小山丘上，在那裡，斯巴達人和塞斯比阿人做出最後一搏——底比斯人被衝散了，再也沒有回來過。雖然人人身中多箭且渾身是傷，但他們仍然抵抗到底。要是手上的寶劍折斷了，他們就以劍柄為武器，甚至用牙齒、拳頭和指甲攻擊敵人。直到最後一個斯巴達人與塞斯比阿人死去，大地浸滿鮮血，屍體堆積如山，戰鬥才終於結束，溫泉關才終歸萬王之王所有。

薛西斯在中午時分進入溫泉關，一方面為波斯旗幟終於飄揚戰場而高興，一方面對大屠殺的場面感到反胃。他有責任安葬為他犧牲的人們，因此下令挖掘溝渠，將士兵的屍體掩埋其中，然後鋪上泥土和樹葉。希臘人的屍體則棄置一旁，任其腐爛。選擇投降的少數底比斯人被鎖上鎖鏈並打上烙印。這時，萬王之王沒心情表示寬宏大量，一點也不令人驚訝。雖然他只花了兩天半就成功摧毀希臘人看似牢不可破的陣地，但那麼多守軍逃過被殲滅的命運，卻不在他的計畫當中。然後，另一件小憾事接踵而至。第二天下午他收到報告，希臘艦隊成功撤退了，靠著夜色掩護逃到了安全的水域。早上，波斯艦隊行駛到阿提米絲岬後，除了一堆堆仍在冒煙的營火灰燼與被啃得一乾二淨的牛骨頭，沒有任何敵人的蹤跡。希臘人在陸上和海上都不光彩地逃走了，但看來他們仍決心繼續戰鬥。

當然，他們很快就會像小雞那樣被扭斷脖子。那天下午，萬王之王讀著送來的溫泉關後續情報時，不禁對於敵人狗急跳牆的心理戰啞然失笑。例如，根據報告說，希臘海軍在沿著尤比亞海岸逃走時，一名希臘海軍將領還在各處海灘上留下信息，呼籲愛奧尼亞人開小差——至少是消極怠戰。這是多麼可笑的做法。當波斯大軍剛取得兩場重大勝利，波奧提亞的城邦忙不迭地打開城門投降，當歐洲指日就要落入萬王之王的股掌，他的屬民如何膽敢兵變？雖然他的艦隊受到暴風雨的打擊，甚至因為希臘人從手心溜走而悶悶不樂，但一個可以振奮他們精神的方法近在眼前。艦隊收到一份正式邀請：「來看看我王薛西斯，如何處理那些自以為可以打敗他的瘋子。」[43]據說因為太多人想要前往，以致沒有足夠的船載他們到溫泉關。

尤甚於希臘人的屍體、堆積如山的馬鬃冠羽頭盔，以及斯巴達人引以自豪的猩紅色斗篷與短上衣，同樣衣衫襤褸、兼具威望且令人驚駭的戰利品，格外讓愛奧尼亞水手意識到他們主人的權勢。路旁豎立著一根尖樁，樁上插著一個人頭。雖然波斯人「比世界上任何民族更習於尊崇在戰爭中表現傑出的人」[44]，但他們對李奧尼達卻沒有表示出任何尊崇。對於一個受詛咒城邦的國王，還有什麼比現在這個下場更恰如其分？這是萬王之王對待所有「謊言」僕人的方式。

聯軍總司令那雙看不見任何東西的眼睛已然縮小並爬滿蒼蠅，直勾勾地盯著通向雅典的道路。現在，這條道路已經洞開，而且毫無防衛。

鬼城

每年冬去春來、冰雪開始融化的那一天，雅典人都會成為自己城邦的陌生人。他們的神廟會被繩子圍起來，並嚴禁入內。他們的家門塗上厚厚一層瀝青，他們的親戚、孩子甚至奴隸都會被禁止上街。在每家每戶的房子裡，人們坐在各自的桌子前面，競相喝光罐子裡的酒，喝完前禁止說話。雅典人就是以這種方法慶祝新酒節（Anthesteria）。這一天是雅典家庭最歡鬧的日子，小至三歲孩童都可以頭戴花冠，手拿小酒壺，加入喝酒比賽的行列。「躺椅、餐桌、枕頭、餐具、花環、香水、妓女、開胃菜，全包含在內。還有海綿、煎餅、油酥點心、舞者和所有最受歡迎的歌曲。」[45]除了紅燈區這項傳統，雅典大概沒有任何節日的氣氛比新酒節更接近今日的聖誕節。

然而，當黑漆漆的門後傳出模糊的嬉戲聲時，街道上並非空蕩蕩的。人們認為，諭示災難的魔鬼惡靈「克蕾絲」（Keres）正四處遊走，那是來自城牆之外的幽靈。直到日落，雅典人才放心大喊：「走吧，克蕾絲，新酒節已結束了！」[46]塗上瀝青的大門會重新開啟，男人們湧到街上，圍著神廟的繩子被解開了，日常生活的韻律也會回到雅典。

萬一這個韻律一去不返，該怎麼辦呢？自從夏天地米斯托克利勸說雅典人撤離家園時，這個問題就一直縈繞著這座城市。或許有些異邦人比「克蕾絲」還可怕。由於阿提卡方言裡令人不安的發音特點，「克蕾絲」可容易被唸成「卡里斯」（Kares），讓人聯想到「卡里亞人」（Carians）。卡里亞人與愛奧尼亞人為鄰，住在今日土耳其西南的角落，是最早闖入希臘人意識的蠻族之一，而且多個世紀以來都作為異類與亞細亞的象徵。據說他們曾參加東、西方的第一場大戰，並站在特洛伊人的那一邊作戰。他們不同於自己在愛奧尼亞的族人，從未臣服於希臘屯墾者。當初卡里亞的大都會哈利卡那索斯（Halicarnassus）是由來自伯羅奔尼撒半島的殖民者所建，但接下來幾個世紀，希臘人只是這個民族大熔爐的城市的一部分。在雅典人眼中，這座城市是個令人困擾的混血兒。奇風異俗盛行，甚至由一個女人——女王阿提米西婭（Artemisia）——統治。這位令人望而生畏的女人像男人一樣「充滿冒險精神」[47]，她也報名參加了波斯帝國艦隊。雖然她佩戴著金銀珠寶，身穿紫色長袍，渾身噴灑昂貴的香水，但她作為海軍將領的指揮能力卻無庸置疑。事實上，她的三列槳座戰船船隊在波斯帝國海軍各支隊中的名氣僅次於西頓。若不能在蠻族艦隊進入阿提卡前加以攔截，那麼阿提米西婭和她的艦隊也許很快就會駛進比雷埃夫斯港。屆時，「克蕾絲」和「卡里斯」這兩個字將變得無所差別，因為異族將遊走於雅典的大街小巷，而且不會在太陽下山時消失。

也許不令人意外的是，雖然有些國人同胞在阿提米絲岬為他們撤離阿提卡爭取時間而戰，但許多雅典人仍裹足不前。這反映出來的，顯然不是在流亡期間他們能得到的物資供應品質欠佳。例如：從危機一開始，特羅曾（Troezen）就為雅典難民敞開大門——這個城邦隔著薩龍灣（Saronic Gulf），與比雷埃夫斯（Piraeus）相隔三十英里，安然座落於伯羅奔尼撒半島內。無家可歸雖可憐——對地生的雅典人來說特別如此，但特羅曾人已證明他們是異常慷慨的東道主。每個來到他們城市的緊張母親都會得到社會福利，每個孩子都可獲得免費的教育，甚至可以任意摘取小樹林和果園中的新鮮水果。不過在雅典，疏散成功卻引起了新一輪的厭惡情緒。看著越來越多的家庭將自己的房子窗戶釘上木板，把堆著行李的手推車推到海灘和碼頭，那些不願加入他們行列的人就更加苦悶或憤怒，感覺世界就這樣翻了過來。

看到人妻和人母出現在街頭，是多麼不吉利的預兆！至少自特洛伊戰爭的年代起，希臘的人夫就對於女人可能會趁國際危機之際胡搞瞎搞感到憂心忡忡。這種焦慮在雅典所造成的迴響特別大。雅典女性在生活環境上的隔離，並非希臘任何其他地方可相比擬。她們「自小受到各種最嚴格規矩的規範，不准多看多聽，只被容許詢問最少的問題」[48]，而民主制度的出現也未帶來多少改變。在西元前五〇七年的革命以前，有思想的改革家一直對女性製造混亂的能力相當警惕。為了培養菁英階層自我節制的美德，梭倫認為女性的愛現特別讓人受不了，因而投入極大的努力加以約束。為防止貴族之家的千金公開炫耀自己的財富和品味，他曾發出一個簡單但激烈的命令，規定凡是「在大街上行走的女人」都應該被視為妓女。[49]雅典的人夫——或至少那些擁有足夠樓層，將太太安置在不同居住空間的人們——對這條法律拍手叫好。幾十年來，在法律的推波助瀾下，人們開始認為，只有那些外人看不見的女人才算得體，這當然也讓性交易變得門庭若市。

這正是梭倫在死後的一百年後，仍受到雅典人民感念的原因。基於平等主義的原則，他下令以國庫補貼妓院，讓每個人都能享受到妓女的服務。這項傳統——正因為這位偉大的改革者對女性如此嚴苛且不在乎她們的處境——這無異是一種扭曲；但就像廣場上兩個僭主刺客銅像或普尼克斯丘鑿出的一排排座位那樣，雅典的紅燈區是新秩序的無上紀念碑。「陶器區」裡處處可見妓女，有的赤裸上身在妓院外頭曬太陽，有的在後巷打架，或在城市邊緣的墳墓拉客。在受到這種招搖能見度的威脅下，她們體面的姊妹更不敢拋頭露面。久而久之，人們甚至不會公開提及已婚婦女的姓名。的確，基於雅典政治弱肉強食的性格，即使德行最好的妻子，對丈夫的事業也是一種負債。對政治人物來說，比自己不被人談論還糟的只有一件事，就是自己的家人被提到。許多公民因為看見主婦和妓女互相推擠著走向海灘而大驚失色，於是乾脆禁止自己的妻子參加撤離行動。

當地米斯托克利率領受創的艦隊自阿提米絲岬安全返航，一拐拐地開進比雷埃夫斯後，他驚恐地發現，雅典市民離完全撤離還很遠。當然，他一向是個「心思九彎十八拐的人」，例如：雖然他張貼呼籲愛奧尼亞人海軍支隊兵變的傳單，卻深知不能指望帝國艦隊發生內爆。而這一次，他也知道不能指望伯羅奔尼撒人前來拯救雅典。雅典社會中有許多上層人士不肯撤離，因為他們對斯巴達人會前來防衛雅典寄予希望。然而，地米斯托克利卻不這樣想。在一個遠離伯羅奔尼撒半島的關隘中，一位斯巴達國王和他的所有親兵全都死了，現在雅典人將沒有其他辦法可勸說斯巴達人派出更多的部隊來守護一片外國土地。從各國代表在科林斯聽到溫泉關消息後的反應來看，這顯然再清楚不過了。伯羅奔尼撒人一致投票同意，看好自己的家門就好。即使萬王之王的前鋒部隊已逼近阿提卡，李奧尼達的弟弟克里昂布魯圖斯所率領的一隊工人仍忙著在「地峽」修築一道五英里長的防禦牆。他們「運來大量石塊、磚頭、木材和沙袋，一刻不停地日夜趕工」[50]。其他工人已動手破壞通向梅加拉的道路，而這條沿著海岸峭壁鑿出的狹窄道路是軍隊進出「地峽」的必經之路。隨著這條路一段段在底下的小灣中垮落，伯羅奔尼撒人任由阿提卡自生自滅的意圖也益發明顯。

現在，就連諸神都似乎離棄了雅典。地米斯克托尼在公民大會上緊張忙亂地重申，撤離命令發布不久後，衛城上就傳來了奇怪的消息。看守人報告，那條生活在厄瑞克透斯墳墓旁的聖蛇——它被雅典人視為其城市不會陷落的保證——突然丟下蜂蜜餅不吃，消失不見了。有種說法迅速散播於恐慌的人群中：「雅典娜本人已經遺棄了這座城市，指示市民向大海逃命。」[51]這種說法當然幫了地米斯托克利大忙。另一件同樣可疑的事，也驅策雅典市民帶著行李湧向海岸——不僅聖蛇不見了，就連「城邦守護神」雅典娜神像脖子上的蛇髮女妖黃金頭像也不見蹤影。地米斯托克利大聲譴責這種褻瀆神明的行為，下令搜查那些特別富有公民的行李。如果發現行李中有黃金，就會馬上充公。這些被沒收的黃金加上當過執政官的人的捐獻，讓地米斯托克利籌到很大一筆錢；雅典人民即將離鄉背井，他們也許很快就別無選擇，只能靠政府救濟。

時間快速流逝，自溫泉關被攻佔後已過了六天。隨著雅典日益變成一座鬼城，擠在海灘上的人們也愈焦慮地回頭打量地平線，看著是否有塵頭、金屬閃光或火星的跡象，但仍然什麼沒有動靜。到了晚上，雅典終於撤離一空，偌大的城市只有狗在走動，突如其來的寂靜讓它們困惑不已。許多忠心的狗追蹤主人的足跡到海灘，跑過沙地對著漸行漸遠的船隻吠叫。據說，克桑提普斯——他是被召回雅典其中一名陶片放逐法受害者——撤離時從船上回望，只見自己的狗跟在船後拍水。這隻小動物最後筋疲力盡地爬到岩石上，哀嚎一聲後便斷氣了。[52]

克桑提普斯與其他公民同胞的目的地都是薩米斯島。在這座與阿哥雷歐斯山隔著狹窄海峽對望的島嶼，雅典人民營造出一個雅典城的假象，即使那座他們剛遺棄的城市已經變得貧窮無比，而且鬼影幢幢。一些婦女和小孩就地紮營——前往特羅曾的道路，對這些落後於大隊的人們來說，已變得太危險了。對那些憲法的象徵和守護者——民主政府的行政官員——來說也是如此。此時，那些擁有應付危機智慧的老年人是無價的資源，他們打從撤離開始，就被安置於此。同時落腳此地的還有城邦的金庫和穀物儲備。現在最激勵人心的是，停在薩拉米斯港灣裡一百八十艘三列槳座戰船，這確實堪稱一道「木牆」。無怪地米斯托克利指著這些船告訴國人同胞：即使他們離鄉背井，仍是「全希臘最偉大城邦的公民」[53]。

這項宣稱是他抵達薩拉米斯島後的幾小時所必須堅持的，有如救生筏一樣重要。從島上望去可見雅典人的船隻，過去兩天隨著地米斯托克利和阿提卡的難民們渡海來到，其他盟友的艦隊也紛紛來到海峽。伯羅奔尼撒的海軍將領願意在這裡待到撤離行動結束，就可說明他們在阿提米絲岬與雅典人建立了匪淺的交情。其實，不論從收到的命令或個人意願來說，他們都寧願立即趕往「地峽」。自薩拉米斯越過藍色的海灣遙望陸地，不難看見在天空的襯托下，一座孤零零的巨巖矗立遠處，這個明顯的地標就是科林斯的衛城，也是整個伯羅奔尼撒半島的瞭望塔，位於「地峽」防禦牆僅五英里外的南邊。也許不難預見，地米斯托克利回到聯軍艦隊後，主持作戰會議的是一名年輕且脾氣火爆的科林斯指揮官，名叫阿德曼托斯（Adeimantus）。他要求歐律比亞德斯和其他海軍將領馬上啟航前往「地峽」，與那裡的陸軍會合，如此才能把海、陸軍的資源集中起來。科林斯有足夠的海灣可以掩護戰列線的側翼。即使艦隊不幸被消滅，伯羅奔尼撒人「仍可望在自己的同胞中找到避難所」[54]。

雅典的海軍將領當然不會對這種主張感到愉快，埃伊納和梅加拉的海軍將領也是如此。也許有人認為，既然這三個城邦大約掌握了聯軍艦隊三百一十艘三列槳座戰船的四分之三，他們的反對意見將是決定性的。[55]其實情況並非如此。地米斯托克利和他兩位同僚面臨著從戰事開始便一直存在的風險——聯軍可能會分裂和瓦解。現在，希臘艦隊仍處於以一敵二的劣勢下，雅典人不可能單獨對抗敵人，任何自聯軍中分裂出去的做法，都可能讓勝利的希望破滅。

地米斯托克利要爭取勝利，不只是像阿德曼托斯設想的那樣守住陣地而已，還要決定性地把萬王之王的海軍力量打成殘廢。他想說服同僚相信，這種野心不只是走投無路流亡者的狂想，他還祭出了大家對阿提米絲岬之戰的共同回憶。地米斯托克利知道，在開闊海面上交戰對敵人有利——如果希臘人把陣地設在「地峽」外海，情況就會如此。「但如果是在密閉的環境作戰，就對我們有利。」[56]他說。這是聯軍艦隊在尤比亞島對開海峽——歷經最猛烈的戰鬥並在被追擊後——成功抵抗全部蠻族艦隊那天所得到的經驗。那一天，充當戰場的海峽約為二或三英里寬，但如果把蠻族引誘到薩拉米斯，此地海峽的最大寬度不過半英里。「如果一切順利，沒有發生任何不合情理的事，我們應該能夠取勝。」[57]

地米斯托克利本人非常清楚，自己的說服力無人可及，因為他就是靠著說服力打造出自己的政治事業。民主制度在起初頭幾十年，被證明是一所嚴苛的學校。現在，沒有人比一個成功的雅典政治人物有更多練習三寸不爛之舌與貫徹自己意志的機會。從一件事可以看出地米斯托克利的說服力。作戰會議開到一半時，探子前來報告一則可怕的消息：有人看見蠻族進入了阿提卡，「對整個鄉村地區放火」[58]。會議並沒有在恐慌中中斷，伯羅奔尼撒人也沒有因擔心波斯艦隊隨時可能開到雅典水域並截斷艦隊退路，而要求立即撤退。相反地，每個最高指揮部的人都同意，艦隊留在它目前的所在地——薩拉米斯外海。地米斯托克利成功地說服了狐疑者。

哪怕他在其他海軍將領眼中已變成了世界上最令其鄙視的生物——「一個沒有國家的人」[59]。這個標籤當然不完全正確，畢竟薩拉米斯島仍在雅典人手中。雖然波斯騎兵正衝向雅典城，這個城邦也還未完全投降——阿提卡最神聖的心臟仍固守著。就連喜歡搗毀偶像的地米斯托克利也從未建議放棄衛城。公民大會投票決定：「司庫們和女祭司們應該留在原地，保衛諸神的財產。」[60]其他因為太頑固不願出亡的雅典人，也到衛城避難。準備防守衛城的人有數週可以儲備糧食，並在斜坡道四周豎起防禦工事——木牆，深信自己挺得住長期圍困。

不過，他們的鬥志一定會在第一眼看到敵人時就大打折扣。沒有比聖巖可以更清楚地看見萬王之王抵達時的情景了。為了迎接薛西斯，阿提卡沿路的田地和小樹林都遭到縱火。衛城的守軍自西側的城垛，眼睜睜地看著波斯旗幟在他們的城市升起。萬王之王的大軍散布開來，在大街小巷破壞房屋。在衛城和普尼克斯（Pynx）之間，有工程兵在阿戈拉和戰神山（Areopagus）的山坡上打井——蠻族顯然信不過雅典人，不敢喝他們的水。其他部隊忙著把城市劫掠一空。最令衛城守軍難以忍受的是，兩座象徵雅典民主的僭主刺客青銅像被從底座上拆下，準備運走。這顯然是因為回到故土的庇西特拉圖家族，可以向主子說明過這兩尊青銅像的意義。它們完全值得成為戰利品，運回蘇撒並裝飾那裡的宮殿。

同時，在阿戈拉上方的戰神山上，萬王之王還建立了作戰指揮部。弓箭手得到命令後登上山丘，向圍繞衛城斜坡道的防禦工事發射火焰箭。木牆很快就「出賣了防守者」[61]，著火燃燒，但巖頂的人仍然堅守著。萬王之王因急於把消滅魔鬼巢穴的好消息帶回波斯，開始變得不耐煩了；因此，庇西特拉圖家族的人奉命到斜坡道與他們倔強的國人同胞展開談判，但他們的示好遭到拒絕。攻擊斜坡道的行動再次展開，箭矢漫天飛揚。抵抗者也從防禦工事邊緣推下大石頭。戰場一片混亂。

正當雅典人全力抗擊時，萬王之王的軍官到衛城的背面勘察。這裡太過陡峭，守軍甚至賴得派人駐守。不久後，敵人的精銳部隊成功爬上了峭壁。就像在溫泉關時一樣，歷經札格洛斯山脈磨練的萬王之王人馬自背後捅了希臘人一刀。衛城被攻破，很多守軍不願死在敵人刀下，紛紛從城垛上縱身往下跳。其他人則躲進雅典娜神廟尋求庇護，波斯人當然不會理會神廟內不能殺人的禁忌，在那裡大開殺戒，然後依主人的命令，縱火燒燬巖頂的一切。凡不能燒燬的，他們就推倒、砸爛。不過幾小時，累積幾世紀的回憶便化為烏有。

滾滾濃煙自此地獄般的場所翻騰而起，染黑了阿提卡的天空。站在船上或薩拉米斯山坡上的雅典人，一動也不動地看著這種情景，都為之驚呆。對他們的盟友來說也是如此，他們看著阿哥雷歐斯山（Mount Aigaleos）自黃昏到深夜，被熊熊的烈火映紅，士氣因而大大受挫。對其他人來說，雖然同樣處在夜幕中的海上，心情卻截然不同。萬王之王的海軍將領不願在確認雅典的港口絕對安全以前靠岸，所以不慌不忙地，慢慢駛向他們和陸軍預定的會合點。不過，從蘇尼恩岬到衛城的整條阿提卡海岸，如今都被燃燒神廟的火光照亮了，以致波斯人得勝的消息得以傳到海上。當晚，波斯艦隊若要駛入港口，他們的槳手完全不需要星星指引方向，光靠火光就可以辦到。

黎明時的衛城是個焦黑且冒煙的廢墟。這裡本來是魔鬼的巢穴，現在受到火焰淨化，終於可以擺脫「謊言」了。阿爾塔的原理（principles of Arta）獲得重大的勝利，馬茲達神的僕人薛西斯對真理已盡到他應盡的責任。為了見證這點，萬王之王召來庇西特拉圖家族，命令他們登上衛城，「按照本地的風俗向神明獻祭」[62]。萬王之王之所以選中他們，是因為在所有的雅典人中，只有他們堅決拒絕「謊言」的哄騙。這些回歸故國的流亡者滿懷感激地走過破碎的神像，以及被推倒的圓柱、被殺國人同胞的燒焦屍體，來到荒涼一片的巖頂，那個最神聖的地點——也是栽種著雅典娜贈送給這座城市一棵橄欖樹的地方。圍繞橄欖樹四周的神廟已被系統地夷為平地，但很快地，一截樹樁從瓦礫堆中挖出。樹根還活著，一如以往牢牢抓在岩石上。

這儼然是奇蹟。樹樁上吐出一根長長的嫩芽，迎向太陽。

NEMESIS

第八章

復仇女神

CHAPTER 8

「你將讓許多母親哀悼兒子。」隨著聯軍艦隊停泊在薩拉米斯島水域，波斯海軍駐紮於法里龍港，這句神諭的真義究竟為何，這個問題變得益發緊迫了。然而，並非只有希臘最高指揮部，才會反覆揣摩阿波羅含糊話語的意義，波斯人一樣如此。由於波斯人把情報工作做得非常周到，一定已經聽說過這個神諭。大流士曾經這樣形容弓箭手之神：「他是向我祖先揭示真理之人。」[1] 雖然波斯人總是尊敬阿波羅，對於德爾斐神諭的信仰當然不像他們的敵人那樣發自本能。許多萬王之王的幕僚想必對「神聖的薩拉米斯」（divine Salamis）一詞感到困惑，曾經爭論其真正的作者是誰。大概是站在神明身旁的人，悄悄把這話送進女先知的耳裡，譬如一名祭司。德爾斐畢竟是巨大國際事務網絡的中心，而且阿波羅的僕人對時局異常了解，很有資格預言戰爭可能的發展方向。

他們當然沒忘記上次企圖打敗波斯艦隊的希臘人下場。十四年前，約三百五十艘愛奧尼亞三列槳座戰船以一比二的劣勢在米利都外海的拉德島與波斯人作戰，結果全軍覆沒。當時的米利都就像今日的雅典一樣，是反抗波斯的中心。在阿提卡外海，唯一能對應拉德島的只有薩拉米斯島。不論波斯的戰略專家認為，德爾斐的預言真的出自神明或只是出自凡人的盤算，他們一定都相信，有一位比阿波羅偉大無數倍的神靈正指引他們的行動。毫無疑問地，阿胡拉．馬茲達以無比精準的方式推動時間的巨輪。曾有一支希臘艦隊在更強大波斯艦隊的威脅下因背叛與內訌而分崩離析，現在出於神定的歷史對稱性，歷史注定重演。

當然，一些薛西斯的隨從都勸他別太信賴這種思路。例如：狄馬拉圖斯非常了解自己的國人同胞最害怕萬王之王會採取何種行動，曾大力主張對拉刻代蒙發起海陸兩路的進攻，並指出如果這麼做，「你不用擔心斯巴達人了，當戰火燒到他們家門口，他們還有心思去拯救希臘其他地方的人嗎？」[2]這種意見非常正確，只不過帝國海軍因暴風雨與敵人的行動而大為受損，即使只從艦隊主體派出一小支分遣隊，希臘人將可能對付得了其中任何一支。因此，狄馬拉圖斯的建議被否決了，同樣被否決的還有令人望而生畏的阿提米西婭女王的建議。在萬王之王擺駕法里龍後的作戰會議上，她是唯一反對打一場翻版拉德島之戰的海軍將領。她指出，作戰是一種沒有必要的冒險。波斯既已佔領雅典，而且秋天正逼近，莫過於維持對峙之勢，才為上策，讓希臘艦隊挨餓或「作鳥獸散，各自回家去」[3]。薛西斯應該深知這是一個精明的分析，但快速流逝的時間不容許他採納這個建議。因為萬王之王不可能在偏遠的西方前線過冬，雅典已經化為廢墟，不適合作為他統治世界的地點。既已御駕親征歐洲，他必須在戰爭季節結束前為這場戰爭收尾。只有在天氣仍許可時取得勝利，萬王之王才掛得住面子。

當情報首長向他報告，敵人的陣營仍像往常一樣爭論不休時，萬王之王一定非常舒心暢意。就像在拉德島水域的愛奧尼亞艦隊曾經仇視、猜疑與懼怕彼此那樣，在薩拉米斯對開海峽的希臘艦隊看來也處於瓦解邊緣。希臘艦隊的失敗主義情緒昭然若揭。衛城被縱火那天，許多水手都驚慌地人踩人然後飛奔上船，揚帆準備逃走。據報，當天晚上希臘最高指揮部也分裂為兩派，一派是伯羅奔尼撒人，另一派是雅典人和他們的支持者。雙方互相辱罵，據說阿德曼托斯（Adeimantus）取笑地米斯托克利是「難民」，又在他說了不該說的話時警告他：「賽跑時偷吃步的運動員會被鞭打。」地米斯托克利則狠狠地回說：「沒錯，但那些落後的人永遠無法贏得桂冠。」[4]直到他威脅說，要馬上將全部雅典艦隊開向義大利，接受永遠流亡的命運，大家才願意聽他的。但不可能知道這種情形能維持多久，如果伯羅奔尼撒人因為害怕被包圍，最終在海峽中決定和地米斯托克利翻臉的話怎麼辦？屆時，雅典人和他們的艦隊還剩什麼選項？

整整六十多年，波斯情報首長利用他們對希臘人愛鬧分裂的性情的了解，深知如何才能得知問題的答案。自從法里龍的作戰會議之後，萬王之王的臣下都知道，他想讓拉德島之戰歷史重演，於是一支波斯分遣隊被派往「地峽」。而通向梅加拉的峭壁道路已被摧毀，「地峽」本身又有堅強的防禦工事，這次遠征能攻破伯羅奔尼撒半島大門的機會微乎其微——但這不是分遣隊的任務。離開雅典之後，分遣隊繞過阿哥雷歐斯山，沿著通向厄琉息斯的聖道，向阿提卡的南部海岸前進。他們手上的武器閃閃發亮，嘹亮的軍歌傳到幾英里之外，他們的雙腳——一共是三萬雙——敲擊道路，揚起萬千塵土。塵土在微風吹送下飄過海峽，直達薩拉米斯島。

一如波斯戰略專家所預期的，薩拉米斯島的人對分遣隊的出動驚恐萬分。兵變的耳語再度於伯羅奔尼撒人的海軍間流傳。一個下午過去傍晚來臨時，隨著焦慮的水手包圍他們的艦長並要求揚帆前往「地峽」，萬王之王下令進一步施壓。於是，一些帝國艦隊的支隊「兵臨薩拉米斯島，好整以暇地擺好陣勢」，直接在島嶼外海巡邏，擺出要切斷希臘艦隊撤退路線的態勢。[5] 隨著落日光芒逐漸消逝於薩拉米斯到「地峽」之間的海面上，許多伯羅奔尼撒人已處於造反的邊緣。

> 他們之所以感到恐慌，是因為他們為了防守希臘人的領土，不得不駐紮在薩拉米斯。如果被打敗，他們就會困守島上。哪怕這時他們的城邦毫無防衛能力，而蠻族連夜直向伯羅奔尼撒半島推進。[6]

打從波斯人與希臘人接觸的最早時期開始，他們就總是和希臘人玩貓捉老鼠的把戲。薩拉米斯島上發生的爭執被間諜傳到萬王之王那裡，完全印證了他對敵人性格的判斷。現在，隨著整支希臘艦隊劍拔弩張，收網的時候到了。當太陽幾乎完全落下時，在薩拉米斯外海巡邏的波斯艦艇奉命回港。[7]這個撤離行動在聯軍瞭望員的眼前演出，也明顯誘人地讓通往「地峽」的路線大開。波斯海軍部曾在阿提米絲岬發現，希臘水手在危機突然出現時，會毫不猶豫地在夜間匆忙撤退。那天晚上，伯羅奔尼撒人不知道還有沒有逃回老家的第二次機會，一定覺得自己正面臨一個危機。若是如此，不論雅典人是否同意和他們一道起航，他們都很可能把握機會逃離海峽。希臘艦隊就像過去在拉德島發生的那樣，眼見將要分裂。

不過當晚，薛西斯在衡量過自己的勝算後，仍希望獲得更多勝利的保證。伏擊只有一次機會，光靠敵人分裂是不夠的，還需要投誠者積極地自內部接應。最理想的情況是，在希臘最高指揮部內找到一個人充當雙面間諜。可喜的是，波斯情報部門有在敵人高層招募叛徒的經驗，而且成果豐碩。畢竟他們當年就是賄賂了薩摩斯人船長，才讓拉德島的愛奧尼亞艦隊覆滅。由於這個令人愉快的先例，很難想像波斯間諜攜帶的黃金與加官晉爵的承諾，在薩拉米斯島無用武之地。如果如此，他們的目標又會是誰呢？以波斯人對希臘各個派別發起心理戰的熟練手段，一定會雙管齊下。即使他們威脅伯羅奔尼撒人，迫使他們逃跑，也一定會意識到被丟下不管的埃伊納人、梅加拉人和雅典人的焦慮和怨恨。

「對於與朕合作之人，朕將不吝給予豐厚賞賜。」這句話向來是波斯君王的口頭禪。[8]然而，那名有能力背叛整支希臘艦隊、為萬王之王贏得戰爭甚至整個西方的人，究竟能得到什麼樣的賞賜？毫無疑問地，一定是璀璨得無與倫比的賞賜。雖然地米斯托克利一直生活在魔鬼控制下的「謊言」要塞，但現在這已不重要，因為這個要塞已歷經火焰的淨化。現在雅典人若能以足夠的順服匍匐於萬王之王的腳前，他們將有希望獲得原諒。如果他們能好好效勞萬王之王，甚至會獲得大大賞賜，畢竟在這個世界上沒有人有能力比他更慷慨與恩慈。「朕賜予的賞賜，視朕所獲得幫助的程度而定。」[9]

沒有史料公開提到，地米斯托克利與波斯間諜接觸的經過。背叛與間諜活動經常被一層迷霧所掩蓋，兩千五百年的距離讓這層迷霧更深不可測了。不過我們倒是知道，巡邏的波斯船艦返回法里龍後不久，當希臘各個指揮官互相指責時，一艘小船悄悄自雅典艦隊中開出，駛向海峽對岸。坐在船上的是地米斯托克利信任的奴隸，名叫西金諾斯（Sicinnus），他也是主人兒子們的老師。由於西金諾斯的名字源於弗里吉亞（Phrygia），弗里吉亞是呂底亞東部一處太守轄地，他可能會說一點波斯語。[10]那些在大陸上看到他前來的人可能也沒有太驚訝，因為西金諾斯才一上岸，就匆匆被帶到波斯最高指揮部。他帶來的訊息當然非常緊急：希臘艦隊打算在當晚逃走。他也向波斯人傳達了地米斯托克利的忠告：「只要堵住他們的逃逸路線，你們就有絕佳的取勝機會。」同時，按西金諾斯的說法，地米斯托克利出於對盟友背信棄義的憤怒，「全心全意支持國王，殷切渴望波斯人取得勝利。」[11]如果波斯情報部門真的和地米斯托克利接觸過，很難有比現在這個更好的消息。

這是一個重大的勝利。消息立馬上報給萬王之王，他早有預感今晚將取得突破性的情報，所以已制定好備用計畫。現在計畫馬上付諸實行。艦隊得到準備作戰的命令；槳夫們丟下晚餐，匆匆跑回槳座；水手們在甲板上各就各位。「自港內第一艘船到最後一艘船，歡呼聲在每艘船上輪流響起。」[12]然後，船隻一一開出法里龍，迎向等待它們的漆黑大海。接著，歡呼聲沉寂了，因為最細小的聲音都可能驚動敵人。反之，只有統一的划槳聲顯示它們不斷前進。各個支隊駛入夜晚他們的主人所指定的待命位置。兩百艘埃及戰船組成的支隊奉命繞過薩拉米斯整個南岸，向海峽最西邊的狹窄瓶頸開去，其目的是將它堵住，以防希臘艦隊從那裡逃走。其他支隊則形成三列，聚集在海峽東面的出口，準備好攻擊隨時從那裡衝出的伯羅奔尼撒人艦隊。離這個前往開放海域的出口不遠處有座小島，希臘人稱之為普斯塔利亞島（Psyttaleia），是奉獻給潘神的聖地。萬王之王以無比的效率在此部署了四百名步兵，好讓他圍殲希臘人的計畫滴水不漏。他們的任務是在午夜的戰爭打響後，「對付所有被海水沖到島上的人員和破損船隻」[13]。沒有半個希臘人被容許逃出萬王之王所布下的死亡陷阱。

同時，西金諾斯也回到了地米斯托克利身邊。他的勇氣著實驚人，他原本料想自己會受到更多盤問。事實上，很難想像他為何會被放回來——除非是波斯的情報機構需要他向主人傳達訊息。[14]我們不難猜測這個訊息的可能內容：應該是萬王之王開出的最後條件，保證未來阿提卡成為萬王之王受寵的僕人。無論具體內容為何，地米斯托克利讀後想必大大鬆了一口氣，因為他知道自己已經讓女兒免於為奴、兒子免於被閹割、國人同胞免於受屠戮的命運。即使第二天早上希臘艦隊被全部消滅，雅典人仍可得到萬王之王的開恩。

不過西金諾斯回來時所帶的第二種前景，比第一種還光輝燦爛無數倍。即使在波斯艦隊開始祕密行動時，希臘海軍將領依然在開緊急會議，據說「爭執仍然非常激烈」[15]。在午夜來臨前某個時刻，地米斯托克利站了起來，找了理由離席。他在門外看到昔日對手阿里斯提德站在陰影中等著他。「正直者」與克桑提普斯等其他陶片放逐法的被害人一起被召回國，回國後很快就恢復了在政府中的核心地位。那個晚上，

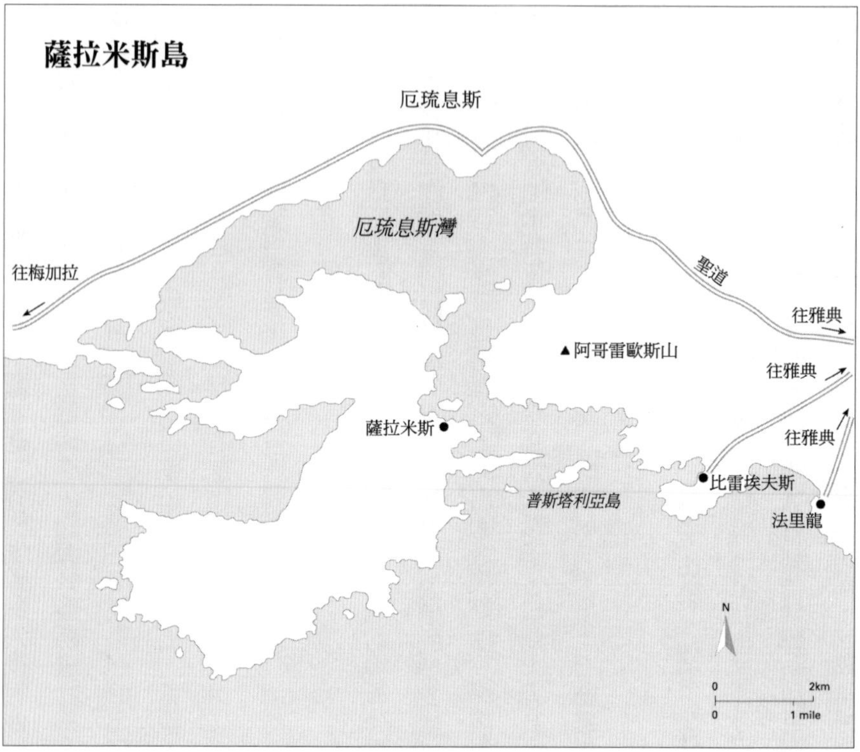
薩拉米斯島
厄琉息斯
厄琉息斯灣
往梅加拉
聖道
往雅典
阿哥雷歐斯山
往雅典
往雅典
薩拉米斯
比雷埃夫斯
普斯塔利亞島
法里龍
N
0
2km
0
1 mile

他從埃伊納（Aegina）執行任務回來，在返回薩拉米斯途中，他看到波斯艦隊已在海灣散開，堵住了海峽的兩個出口。地米斯托克利聽到這個消息當然不會感到驚訝，然後向阿里斯提德坦承，這一切都是他的傑作：「因為我們必須逼我們的盟友採取一種——若他們自己決定的話，肯定不會採取的立場。」然後他擁抱自己的對手，請對方把這個消息告訴其他海軍將領：「如果由我來說，他們會以為這是我捏造的。」[16]

當然，這一切讓伯羅奔尼撒人淪為繫線木偶。無怪多年後當雅典人說起這段往事，仍然興高采烈。然而，這其中仍有其怪異之處。雖然阿里斯提德告訴其他希臘海軍將領，他們的艦隊已被包圍，卻沒提及這是他們一個同僚所玩的把戲。有人也許會覺得，這種略而不提可以理解，但奇怪的是，即使後來斯巴達人和其他伯羅奔尼撒人全都知道事情是由地米斯托克利一手策劃的，也沒有對這位智力遠勝他們的人表現任何憤恨，反而一致稱讚他的聰明且有遠見。況且，希臘海軍將領們自阿里斯提德得知海峽被封鎖後，也沒有陷入恐慌。恰巧相反的是，他們早上的表現看來是經過最縝密地計劃。他們彷彿對艦隊遭到波斯人包圍的消息一點都不意外，彷彿從一開始便和地米斯托克利串通一氣。

也許他們真是如此。現在我們看薩拉米斯之戰時，只能透過一層迷霧觀之。它的細節不是已然佚失，就是過於混亂，讓人可以多種不同的方式加以詮釋。這當然令人覺得沮喪，然而在一片混沌與灰暗中，又隱約透出另一場隱藏的戰爭——影子戰爭。波斯人堪稱搞陰謀詭計的專家，當他們的情報首長來到阿提卡時，也一定帶著世界統治階級成員的優越感。然而，就像萬王之王的海軍將領，應該以之前希臘人在阿提米絲岬的表現，提醒自己不要過於自負，他的情報機構也該保持類似的心理警惕。聯軍業已顯示，他們善於運用假象和假情報。在薩拉米斯，一貫具有心理洞察力的地米斯托克利，不僅餵給波斯間諜的主人想聽的東西，還是他亟需信以為真之物。若不是伯羅奔尼撒的海軍將領們非常公開地招搖，已失去士氣，萬王之王一定不敢奢望招募到雅典叛徒。他們是真的發生爭執了，已成為無心戀棧的烏合之眾，或說只是裝裝樣子，對此我們永遠無法確知。唯一可以確定的是，不論伯羅奔尼撒的海軍將領們當晚是否巴望逃走，都能以異乎尋常的鎮定自若來適應艦隊在海峽內被包圍的消息。隔天黎明，人類歷史上最有決定性的黎明之一，希臘艦隊的各支隊無不鬥志昂揚，準備背水一戰。

在人們的回憶裡，當時在海峽上空突然瀰漫著一種神祕感，一種近乎伸手可及的緊張氣氛。在所有雅典水手登船前，地米斯托克利對他們發表了即將久流傳的演說，呼籲他們思索「人性和人類事務中，所有最好的部分和最壞的部分，並選擇前者」[17]。但即使是這番話，也沒有以下的異象振奮人心：整支艦隊彷彿都看見古代守衛希臘神廟、聖巖、聖樹林的神之子就在他們之間。後來有人表示，看見一條大蛇的幻影滑行水面；有人表示，聽見海峽中迴盪著非世間的喊殺聲。死去已久的古代英雄自墳墓中站起來，抵抗入侵的蠻族——這是一種受到希臘最高指揮部鼓吹的信仰。事實上，阿里斯提德之所以到埃伊納一趟，十之八九是帶來了一些埃伊納英雄的遺骨——他們都是宙斯的後嗣。這項任務無疑非常緊急，它的效力也可見於一件事：前一晚，伯羅奔尼撒人還差點發生兵變，但隔天黎明卻和別人一樣充滿信心，準備好戰鬥。

空氣中瀰漫怪異的氛圍已不是一兩天的事，就連萬王之王陣營中的希臘人都感覺到，上天似乎開始離棄他們的主人。戰爭開始前一天，狄馬拉圖斯走過厄琉息斯外頭荒廢的田疇時，看見海岸道路騰起滾滾煙塵。這股煙塵只可能是派往「地峽」的波斯分遣隊所造成的，但一名與狄馬拉圖斯同行的通敵者雅典人卻馬上聽出，「聖道」上傳來了微弱的呼喊聲：「伊阿契！」（iacche）每年九月，前往厄琉息斯（Eleusis）朝聖的信徒隊伍都會發出這種歡呼聲。雖然當時是朝聖的月份，卻不可能有任何朝聖隊伍——除非那不是活人，而是由死去已久的人組成的。通敵的雅典人走過被焚燒的家鄉土地，凝視著海岸道路的煙塵，慢慢說道：「恐怕這是國王軍隊將遇上大災的預兆。」狄馬拉圖斯聽到這個想法後感到驚愕，卻沒有反駁。他奉勸同伴：「保持緘默。若你這番話傳到國王耳裡，一定會掉腦袋。」[18]

這是一個明智的忠告，因為鐵了心取勝的薛西斯絕容不下失敗主義。在他看來，他在阿提米絲岬之所以消滅不了希臘艦隊，絕對是因為他的僕人缺乏骨氣。為了糾正這個問題，他向每個船長發出無商量餘地的警告：「如果希臘人逃過為他們設定的命運，溜出包圍網，那所有要為此負責的人都要掉腦袋。」[19]反之，英勇作戰的人重重有賞——這是一個在阿提米絲岬時所沒有的誘因。然後，當希臘槳手們正匆匆前往他們的海灘，萬王之王則在大群將領、官員和侍從的簇擁下乘坐戰車，登上阿哥雷歐斯山南嶺，前往「可以眺望薩拉米斯海域的山頭」。在一座赫丘力士神廟上方，他下令勒住他尼賽亞神馬的轠繩。自車上走下時，他先站上一張黃金腳凳——因為國王的高底鞋不容直接踩在光禿禿的地面上，僕人們匆匆鋪開紅地毯並設置寶座。萬王之王選擇了一個絕佳的觀景點。在他下方，一幅無與倫比的全景圖展開了：薩拉米斯島、海峽、再過去的海灣還有遠處的「地峽」，全都盡收眼底。不過，隨著太陽在他背後升起，薛西斯在此期盼已久的即將決戰之際，究竟看見了什麼？

至少可以肯定的是，他並沒有看到他希望看到的：希臘艦隊因為遇到伏擊而崩潰，桅杆隨波漂浮，屍體堆滿普斯塔利亞島（Psyttaleia）的岩石。萬王之王前往薩拉米斯島對岸之前已接獲通知，伯羅奔尼撒人並沒有如預期般地逃跑。當看見希臘艦隊在海峽內紀律井然的模樣，仍讓他極度失望。他自己的艦隊在哪裡？這是一個關係重大的問題。因為聯軍的戰略是在海峽中開戰，而萬王之王的海軍將領則一直打算在開闊的海域迎敵。這個僵局已維持了三週。除非相信敵人是一群烏合之眾，帝國艦隊的指揮官才有可能打破僵局，派戰船進入海峽。這個決定是戰爭史上最影響重大的決定之一，不但關係到戰爭勝負，還關係到歐洲和西方文明的未來。令人生氣的是，我們完全不知道這個命令何時下達或為何下達，只知道戰爭最後打響時，兩軍確實是處於波斯人最不希望的地點——薩拉米斯的海峽內。

歷史學家通常假定，波斯人在夜色掩護下悄悄潛入海峽內。但這不太合理。[20]萬王之王對各個艦長下達的命令非常明確：「守住通向波濤翻滾大海的出口。」[21]這些人不太可能冒著掉腦袋的危險，魯莽地在晚上突發奇想，輕敵前進。希臘人沒有掉入他們精心設下的埋伏，讓波斯的海軍將領更加不敢輕舉妄動，而且他們的槳夫也完全沒有夜間作戰的準備。這可能是因為國王在破曉時駕臨薩拉米斯海灣的上方，鼓舞了一些船長，因急於邀功而下令自己的船隻開進海峽，導致其他船隻跟進。不過，更合理的情況是，艦隊在主人注視下只會更守紀律。無論船長如何努力站在自己的船頭張望，都無法看得太清楚，海峽裡究竟發生了什麼事。他們也知道，萬王之王所處的位置可以讓他縱覽全局，又有誰比薛西斯更適合做最後的決定，更有權下令展開這場關係重大的賭局呢？

所以，波斯艦隊會在一日出就進入海峽和敵人交戰，最有可能是萬王之王直接下達命令。我們不知道他如何發出訊號，也不知道他如何向他的海軍將領傳達他突然看到、令人興奮的一幕——希臘人的陣線看似解體了。只見大約五十艘三列槳座戰船突然掉頭，開向厄琉息斯的方向，沒命地逃走，想前往薩拉米斯島西北方的海峽——而他們的指揮官有所不知，埃及人正潛伏在那裡。所以，曾經發生在拉德島的事正在重演，情況也如同地米斯托克利所說的那樣。收網的時候到了，永遠消滅希臘抵抗力量的時候到了，開入海峽的時候到了。

可怕的號角聲響起，聲音經海峽兩岸山丘放大後，更為震天價響。大批波斯戰艦加快划槳的速度，繞過薩拉米斯南面的山嶺，沿著普斯塔利亞島前進。腓尼基人在右翼，愛奧尼亞人在左翼，奇里乞亞人、卡里亞人和其他支隊則位於中路。在發起衝鋒的前十幾分鐘，他們無法看清敵人，因為海峽的角度遮蔽了他們的視線，而且初秋的霧氣瀰漫於海上。但很快地，最前排的戰船看到近在眼前的希臘陣地。他們還聽見歌聲，聲音如此嘹亮，以至於「島嶼峭壁都發出了隆隆的迴響聲」[22]。這種聲音顯然不是驚惶撤退者所發出的，但現在萬王之王的艦隊沒有回頭的餘地了——哪怕有些位於陣列前排的艦長突然感到胃部一陣抽搐，預感落入埋伏的其實正是己方。他們後面跟隨著一長串的船隻，海峽內因而船滿為患，每艘船都大費周章地運作，避免互相碰撞。現在，各個波斯艦長在背靠大陸、望向薩拉米斯島方向時，幾無懷疑萬王之王上了大當。希臘的三列槳座戰船不但未在他們逼近時逃跑，反而沿著薩拉米斯島的海灣與岬角，組成一條綿長的戰列線——雅典人在戰列線的最北端，埃伊納人則在最南端，每艘船的撞角都正對著波斯艦隊。

直到交戰前最後一刻，波斯海軍將領們仍希望敵人是軟腳蝦，只見希臘戰艦就像他們內心害怕的那樣，不斷向海岸方向後退。但就在它們看來就要擱淺之際，一艘船突然自戰列線之中猛衝出來。後來船上的人聲稱，他們被一位顯靈女人的語言所刺激。這名幽靈般的女人突然現身於希臘水手面前，以銀鈴般的聲音挖苦說：「你們這些瘋子還打算退後多久？」[23]船員們立刻以行動回答。他們奮力划動船槳，讓船高速穿過兩軍之間的水域，挺著閃閃發亮的青銅撞角，直衝一艘落單波斯戰艦的船尾。一陣箭雨落在甲板上，然

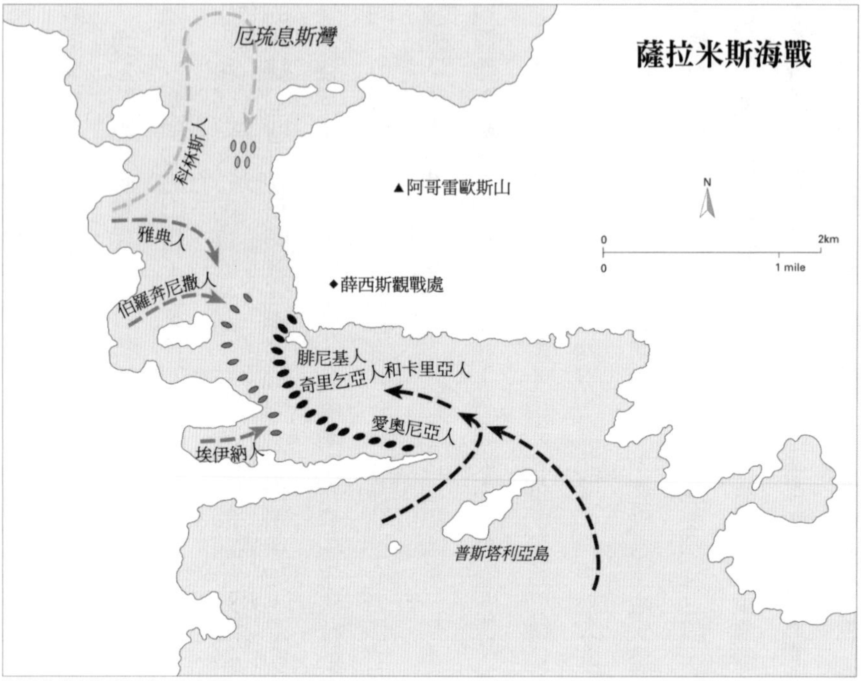
薩拉米斯海戰
厄琉息斯灣
科林斯人
阿哥雷歐斯山
N
0
2km
0
1 mile
雅典人
薛西斯觀戰處
伯羅奔尼撒人
腓尼基人
奇里乞亞人和卡里亞人
愛奧尼亞人
埃伊納人
普斯塔利亞島

後是撞擊與木頭碎裂的聲音，這是戰爭的第一響槍響。但勝負並未清楚分出，因為兩艘船的船槳很快就糾結在一起。其他船長見狀，立刻下令趕上前去支援自己的戰友。很快地，所有船都動了起來，希臘人「紀律嚴明、隊伍整齊地」往前衝，[24]高唱戰歌，迎接即將來臨的殺戮。

不久後，海峽各個位置都發生了戰鬥。戰鬥場面如此混亂，以至於人們在事後激烈爭論，是哪艘船最先對蠻族發起攻擊——埃伊納人和雅典人都將這份榮譽歸諸自己頭上。公正的仲裁並不存在。這兩支支隊分別處於連綿一英里戰列線的兩頭，沒有人可將海峽中的戰鬥全景盡收眼底。無怪人們對這嚴酷且光榮的一天的記憶，主要不是落在戰略或各支隊的表現上，而是落在個人的英雄事蹟上。在一片喧囂、血腥和混亂的背景中，這些英雄事蹟顯得更加光輝璀璨。

最為膾炙人口的事蹟，都和某些戰船的王牌戰鬥員有關。他們當中最著名的是雅典人阿墨尼亞斯（Ameinias），他來自帕勒涅村（Pallene）。戰爭開打時，他大膽攻擊腓尼基人艦隊的旗艦。那是一艘巨艦，由萬王之王的一名兄弟指揮。這位有著皇室血統的海軍將領對於攻擊者的斗膽自然勃然大怒，於是下令發射箭雨，並率領一隊人馬登上敵艦，但卻在跳過甲板時被阿墨尼亞斯一桿掃落海中。這位雅典人也攻擊了萬王之王的另一名海軍將領——阿提米西婭女王。看著阿墨尼亞斯的船向她衝來時，女王大為恐慌，卻發現退路被自己附庸國一艘戰船堵住。她別無選擇，只好親自將它撞沉。阿墨尼亞斯看到她的作為，以為女王放棄了和波斯的聯合陣線，於是沒有再追，阿提米西婭因此得以逃脫。

萬王之王居高臨下看到這一幕，非常動容。但他和阿墨尼亞斯一樣都誤會了，以為阿提米西婭撞沉的是一艘希臘船。當時的戰鬥非常激烈，以致連國王的副官也分不清敵友。要精確記錄戰爭的過程，對皇室文書官來說是巨大挑戰，但他們和其主人都對戰鬥大勢不存多少幻想。據說，當薛西斯看見阿提米西婭撞沉「敵人」的戰船後高聲說道：「我手下的男人都變成女人了，而我手下的女人都變成男人了。」[25]他這種怨恨不難理解，因為相較於那些被戰鬥纏住的船長，海峽內部發生的災難他看得更清楚。他看見腓尼基人支隊由於指揮官戰死而群龍無首，有些船被雅典人包圍，有些公然逃走。他也能看出，混亂的情勢是由於自己的艦隊試圖撤退而造成的：一排排戰船的隊形逐漸散亂，並在狹窄的水域中互相碰撞，「它們的青銅撞角插入鄰船的側面，撕下一整排槳座。」[26]他不可置信地看著希臘艦隊形成致命的楔形隊形，把波斯艦隊切成兩半，以致位於戰列線右翼的腓尼基人就像被困在網中的鮪魚，坐以待斃。這時他大概會想起來，正是自己下達向希臘人發起進攻的命令。

甚至在戰爭開打前，他就已意識到這是個錯的命令。因為那些他眼中所見、正向北方厄琉息斯開去的三列槳座戰船，在抵達薩拉米斯最東北岬角後便未繼續前進。這些人無疑是希臘陣營裡的柯林斯人；相反地，這些科林斯人在打量過厄琉息斯與薩拉米斯之間的海峽後，調轉船頭，降下船帆，回到艦隊主體中。顯然它剛才不是因為恐慌而逃跑，而是在執行一趟偵察任務，以確定埃及支隊——他們在夜間繞過薩拉米斯島——未推進到希臘艦隊的後方。當然沒有，就像薛西斯痛苦意識到的，埃及支隊離戰場還有八英里遠，潛伏在海峽的最西邊，等著伏擊逃跑的希臘戰船。

不令人意外地，萬王之王惱羞成怒，對這場慘敗的倖存者憤怒至極。當一群濕淋淋的腓尼基人船長試圖為自己失去戰船脫罪，想把失敗歸咎於其他支隊的叛變時，卻立即被當場斬首。萬王之王當然不願對這場災難負責，所以腓尼基人正好充當代罪羔羊。然而，目睹整個潰敗過程的他，想必對自己精心設計的戰略反而不利於己，日益感到不是滋味。到了下午，波斯人開始被趕出海峽。萬王之王的艦隊也許只有一半可以逃離海峽，一拐一拐地拚死命回到法里龍，而希臘人則在後面不斷騷擾追擊，穿越了一天之前，萬王之王計劃伏擊他們的那片開闊海域。

最殘忍的一幕大概是發生在即將日落時。到了當時，除了「迴盪海面上的哀哭與叫喊聲」以及隨波漂流的波斯人屍體之外，海峽內沒有其他萬王之王的人馬。在「黑眼睛的夜晚」[27]降臨前，只剩一次屠殺行動有待希臘人執行。現在，前一晚被萬王之王部署於普斯塔利亞島的四百名士兵都被困在島上，因為倉皇逃竄的帝國海軍根本無暇撤離這些人。他們本來被派來這裡處決那些被沖到岩石上的希臘人，現在反而成為了被處決的對象。投石兵、弓箭手和重裝甲水手從聯軍戰船上湧出，要為死在溫泉關的斯巴達人復仇。阿里斯提德率領的希臘人「就像一道洶湧巨浪那樣湧向敵人，他們殺聲震天，對倒楣的波斯人猛砍猛劈，直到都被殺為止。」[28]島上的岩石因染滿鮮血而變得濕滑難行，阿里斯提德的人馬跌跌撞撞地走在屍體上，以匕首從死人身上摘下耳環和手鐲，也有些人在淺灘的血色海水中搜查被海浪沖到那裡的死屍。數英里遠的海域滿布無數戰船的碎片，逐漸被變黑海灣的海浪沖散並帶走。

萬王之王攻破薩拉米斯海峽的計畫就此慘澹收場。

既遠又近

當薛西斯在西元前四八四年平定埃及叛亂，開始設計第一個征伐西方的計畫時，美索不達米亞又出人意料地發生起義。當時，距離大流士將那個他稱為「尼丁圖貝爾」的人釘死在尖樁上已過了幾十年，此人自稱「巴比倫國王」和「列國之王」（King of Lands），是最後一位如此自稱的土著。這兩個頭銜包含兩河之間那座城市的所有魅力，是篡位者能傳給兒子最璀璨的名號。不過，大流士非常清楚，這兩個頭銜本身並不足以讓人成為巴比倫國王。美索不達米亞在他在位的漫長歲月，日益成為一個波斯的大莊園。它的很多土地從倒楣的土著手上被沒收，成為萬王之王的私人財產。另一些土地則被分封給他寵愛的僕從——只要他們能從帝國影響力所及的遠方帶領一批人前往殖民即可。於是，美索不達米亞的農村就像大都會一樣，開始住滿移民。若沿著運河兩旁的橄欖樹蔭漫步，便可見整村整村的異鄉人——埃及弓箭手、呂底亞騎兵和使斧的斯基泰人。在萬王之王的統治下，這片土地預示著世界的未來：一個萬民的熔爐。

所以，當幼發拉底河沿岸爆發革命時，薛西斯迅速趕往鎮壓。征伐西方遠不及保有巴比倫這個波斯帝國最大且最富有的城市重要。這座巨大的都市仍是波斯建立世界秩序的關鍵環節。對此，不僅掌管國庫的官員可作見證。就像居魯士和大流士曾在巴比倫城找到一面反映他們最自豪抱負的鏡子一樣，薛西斯對歐洲的入侵也是很久以前，巴比倫人建立全球君主國夢想的體現。萬王之王帶往阿提卡的軍隊是由世界每個角落的士兵組成，按照預期，雅典人、伯羅奔尼撒人、全希臘的人，甚至遠方西部島嶼的人也很快地加入這個大混合體，只要能夠征服他們。

但現在，歷經薩拉米斯之戰後要怎麼讓他們臣服，突然成了一個讓人頭痛的問題。在戰後的舉行的會議上，馬鐸尼斯（Mardonius）把薩拉米斯之戰的潰敗說成一件無足輕重的小事：「我們不過是損失幾塊木板罷了。」又說：「即使事情被腓尼基人、埃及人、塞普勒斯人和奇里乞亞人搞砸了又怎樣？波斯人沒有插手其中。不，陛下，這次失敗很難說是我們的失敗。」[29]這番響亮的話道出了每個波斯貴族都有的沙文主義的思考模式。萬王之王當然也有一樣的想法：他從來不會質疑自己國人同胞的勇敢和力量。另一方面，他並非僅以波斯國王的身分征伐希臘，他是個名副其實的列國之王。被召集到他旗下各族軍隊的敗北，可說刺傷了他的自尊心。馬鐸尼斯固然可取笑帝國海軍是大雜燴，但在萬王之王心中，這正是他統治世界權力的有力體現。

雖然遭到嚴重打擊，薛西斯起初無法接受自己征服不了雅典人的事實。在波斯艦隊於海峽內潰敗後不久，他就想出一個霸道的新方法：修築一條可以連接薩拉米斯的堤道。為此，他派人在淺海填石頭，派出商船到海峽水深處充當橋墩。但希臘弓箭手終究阻止了這個企圖。他們被證明是比海峽本身更難跨越的障礙。帝國工兵在敵艦騷擾下疲於應付，成了敵人火焰箭的好箭靶，最後萬王之王迫於無奈，只好放棄這個計畫。對一個曾在赫勒斯滂架設橋樑與在阿索斯山半島開鑿運河的人來說，這是一個非常痛苦的挫折。幾天前還夢想征服一整個大洲，現在萬王之王卻不得不俯首於一英里寬的小小海峽前。

此外，還有更進一步的壞消息。希臘人在西西里取得的另一場勝利，嚴重威脅到萬王之王進一步向西擴張的前景。[30]敘拉古僭主格隆給了迦太基人致命的打擊。迦太基軍隊遭逢預料之外的血洗：在西西里北方希梅拉（Himera）的城牆下，十五萬迦太基戰士遭到屠戮。[31]倖存者被俘虜並淪為奴隸。他們的將軍收到這個消息時正在獻祭，因此大吃一驚，並投入火焰中自焚而死。當萬王之王在秋意漸濃的雅典思考下一步行動時，這個消息的意涵就如同一盤極致的冷水。他當初無比宏遠的野心突然間遭到閹割。在無法進入「地峽」且無法平定伯羅奔尼撒半島的情況下，他要把波斯帝國版圖擴大到世界盡頭的夢想宛如空想。過去被他想像為征服世界的行動，如今縮小為一場不順遂的邊界戰爭。

當然，這點小事並不值得萬王之王親自關注。馬鐸尼斯也了解，於是馬上抓住機會。他向他的表兄啟奏說：「請陛下帶著大部分軍隊先回薩第斯，留下我率領親自挑選的部隊完成對希臘的奴役，把事情搞定。」[32]這是馬鐸尼斯苦苦追求多年的任命；萬王之王則不願於希臘再過一個夏天，也沒有好理由反對他的建議。遠征軍一旦少了萬王之王為頭頭，它的龐大規模與浮誇性格也將變得極不合宜。馬鐸尼斯身為特遣部隊的新指揮官，他的功過只會有一個衡量標準：是否能讓一片新的太守轄地就範。要對付斯巴達人和他們的盟友，軍隊貴精不貴多。溫泉關的一課雖然讓波斯人鼻青臉腫，卻也讓他們學到了教訓。隨著萬王之王將仍在冒煙的阿提卡留在身後，開始率領大軍北上，穿越波奧提亞進入色薩利，馬鐸尼斯也得以放開手腳，開始為自己的部隊精挑細選適合的將士。

他的首選當然是騎兵：機動性高且鎧甲精良的騎兵，而且可以像斯基泰人那樣，在疾馳時對沉重的步兵陣線射出火焰箭。在過去數十年間，這種騎兵曾反覆讓希臘重裝甲步兵束手無策，所以現在沒理由懷疑他們不會再次發揮作用。這麼想的不只馬鐸尼斯一人。有多少人抱持同樣的想法從以下事情可見一斑：萬王之王雖然沒能征服希臘，但他的撤退過程輕輕鬆鬆且毫髮無傷。[32]聯軍編造了許多誇張的謠言，例如：萬王之王的軍隊餓到只能吃草；這支部隊渡過結冰的河流時幾乎全數落水被沖走；薛西斯一個人瑟縮在一艘漁船上渡過赫勒斯滂；但這全是謊言。任何敢於違背臣服誓言的部落或城市應該都預期得到，自己會招致即時且激烈的報復。它們大部分都選擇謹慎行事，色雷斯、馬其頓和色薩利都繼續對萬王之王表示效忠。底比斯和希臘中部也是這樣，帝國海軍雖遭受重創，但離完蛋還很遠。波斯艦隊的艦艇在薩拉米斯折損不少，但數量仍比聯軍多。從任何角度來看，馬鐸尼斯應該能在夏天「把事情搞定」。

或許，他可以省下這個麻煩。在薩拉米斯的情報失靈固然讓人臉上無光，但波斯最高指揮部仍寄望於離間分化政策。神奇的是，他們仍與地米斯托克利保持聯繫。畢竟，萬王之王決定在海峽內戰鬥並非雅典人的建議。這雖讓地米斯托克利獲利匪淺，但在薩拉米斯之戰後幾天，他還是厚著臉皮派西金諾斯再次前往海峽彼岸，給波斯人捎去第二個訊息，表示自己「仍渴望為皇家事業效力」，將對聯軍艦隊加以約束。[33]這個訊息匪夷所思，波斯情報首長並沒有處死西金諾斯，反而就像薩拉米斯之戰前夕那樣，放他回自己的主人身邊。我們不知道波斯人要他帶回什麼信息，但肯定包括萬王之王開出的議和條件。雅典人仍沉浸於戰勝的得意中，當然不可能接受這些條件，但這不是重點。地米斯托克利一直以來都只是在裝樣子，現在波斯最高指揮部也是如此。雙方之所以不翻臉，是因為考慮到有天雅典說不定會認為，投降才符合自己的利益。

但地米斯托克利為何要在這個獲得大捷的時刻，發出這種背叛的信號呢？那些擅長詮釋希臘狡猾外交手段的人很快就找到答案。在西金諾斯為主人第二次傳達訊息的幾週後，斯巴達人也向波斯軍營派遣了自己的使者。他們抵達色薩利時，萬王之王正準備出發前往赫勒斯滂。斯巴達使者要求，波斯人要對李奧尼達之死做出賠償。萬王之王先是大笑，然後突然陷入沉默，像是在盤算著什麼。最後他指了指馬鐸尼斯說：「你們會從他那裡得到應得的賠償。」[34]這句話十足幽默，但薛西斯想表達的不只是一個威脅。他應該意識得到，斯巴達人看似愚魯的要求隱含了一個耐人尋味的暗示：如果他拿得出夠多的金錢賄賂，斯巴達人得容忍既有的現狀。這當然是一個可笑的提議，因為萬王之王不會和任何人談判。儘管如此，它的意涵還是引人入勝。如此一來，斯巴達就得放棄干涉包括阿提卡在內整個希臘中部的事務，難怪萬王之王會一度皺起眉頭並若有所思。

在他們的使者碰了一鼻子灰後，斯巴達人高聲宣稱，當初他們之所以派出使者，是遵照阿波羅的吩咐。雅典人和其他希臘人都樂於相信這個說法，而聯盟的穩定關係到所有贏得薩拉米斯之戰的希臘人的利益。雖然戰爭季節隨著秋風颳起而結束，但那次著名勝利的餘暉仍照亮了緩慢變長的黑夜。為了慶祝勝利，希臘艦隊的各支隊花了數週在愛琴海打秋風，從當地島民手中榨取錢財。返航後他們聚集在「地峽」外海，這裡有座波塞冬神廟，從夏天起成為聯軍司令部，此時這裡舉行了大型狂歡聯誼活動。諸神獲得獻祭，並對將士論功行賞。每個人都放下心中那顆大石，就像地米斯托克利所說：「海上的烏雲被一掃而空。」[35]

只可惜陸地上依舊籠罩著烏雲，就像較精明的雅典人和斯巴達人所意識到的，聯軍的前景非常黯淡。「地峽」雖為主辦聯軍聯歡會的所在，但也是分裂線的所在。如果某位代表厭倦了慶祝活動，他只要到附近最明顯的另一個娛樂場所走走，就會對此了然於胸。在科林斯，高達兩千英尺陡峭衛城的山頂上，矗立著一座愛神神廟。裡頭除了大理石神像之外，還有另一些不那麼冷冰冰的還願供品——妓女。她們是為感謝神恩的奧運冠軍與其他名人所捐獻的，一向有希臘最頂級妓女的卓著聲譽。愛國而有效率，她們在薩拉米斯海戰前的幾週熱烈禱告，祈求愛神保佑聯軍。任何戰爭英雄只要從「地峽」慶祝活動中抽空造訪這裡，就有望獲得特別熱情的接待。事後，他可以坐在衛城的山岩上，一邊欣賞無與倫比的美景，一邊了解贏得薩拉米斯大戰的聯軍，為何會面臨迫在眉睫的分裂危機。

這是因為任何地方都不會比「地峽」更能讓人看見機會與兩難。它的南面是伯羅奔尼撒半島——這個半島主要因為得到雅典艦隊的保護，因此現在沒有被入侵之虞。反觀「地峽」以北，在通過弧形海岸線通向阿提卡之後，便對馬鐸尼斯門戶大開。毫無疑問地，雖然雅典人從薩拉米斯島渡海回到已成為廢墟的家園，但仍不時緊張地打量通往色薩利的道路。面對這樣不公平的地理環境，他們難以抑制對伯羅奔尼撒人的怨恨，而強烈要求聯軍在來年春天派兵北上攻打馬鐸尼斯。伯羅奔尼撒人支吾以對，雅典人越是以激將法逼迫他們採取行動，他們就越堅決躲在自己的城牆後面。

其結果是，「地峽」表面上是親善與和睦的，但私底下卻醞釀著敵意和怨恨。伯羅奔尼撒人被雅典人趾高氣昂的態度所激怒，因此設法讓埃伊納贏得「城邦戰功獎」，但又不想看到地米斯托克利戴著「個人戰功獎」的桂冠到處炫耀，於是他們提名自己城邦的人來分散選票，以致沒有人獲得這個獎項。雅典人的報復方法是大肆散布各種謠言，其中一個最惡毒的謠言是，科林斯人在薩拉米斯之戰一開始向北走，並不是為了偵察埃及人的動靜，而是出於懦弱且試圖逃跑。總之，在「地峽」的各國代表縱情於蠻族威脅遠離的心緒，但也宛如舊日，小氣、嫉妒彼此且樂於互相中傷。

雖然斯巴達也極想沉浸於互相攻擊的樂趣中，但深知這是一種他們負擔不起的奢侈，因為他們城邦的安危遠比折磨地米斯托克利更重要。雖然斯巴達不想承認雅典艦隊仍是確保伯羅奔尼撒半島安全的關鍵，但萬一馬鐸尼斯幫萬王之王贏得雅典，他就有希望突破「地峽」的防守。因此，出於實用主義考量與對人性的了解，斯巴達人選擇不再羞辱地米斯托克利，轉而拍他馬屁。

於是，自尊心在「地峽」受創且未恢復的地米斯托克利便應邀往訪拉刻代蒙。他甫踏上這片一向猜疑外人的土地，就受到熱烈的歡迎與大肆吹捧。斯巴達把他在「地峽」未能獲得的桂冠授予他，以「表彰他的能力和智慧」[36]。他還獲贈一輛精美的馬車，離開時又有三百名「勁騎旅」成員一直護送到泰格亞。從來沒有一個異邦人受到這麼隆重的禮遇，但護送他的貼身侍衛或許還肩負著其他職責。地米斯托克利回國路上會經過卡律埃（Caryae）。整個夏天，人們都嚴重懷疑這個城邦已被蠻族收買。卡律埃後面還有一個更大的威脅，也就是阿爾戈斯。這條狗一直沒吠，但它可能會突然吠起來，據說它已和馬鐸尼斯直接聯絡過，答應「會盡一切所能，阻止斯巴達人參戰」[37]。看來斯巴達人會派出三百人來保護地米斯托克利，不僅是為了提醒他，斯巴達人在溫泉關曾經做出的犧牲，還有雅典的後院潛在著威脅。到了泰格亞之後，「勁騎旅」向他們的客人敬禮，祝他一路平安。此舉的用意非常明顯，表明斯巴達人完全不打算派兵到「地峽」以北去。

然而，這種立場對地米斯托克利的政治生涯毫無幫助。當雅典人民還在他們燒焦的城市中瑟瑟發抖與飢腸轆轆時，他們的海軍將領所得到任何榮耀，並不能讓他們感到欣喜。另外，讓他們無法釋懷的是，雅典艦隊大都駐守在寸步不離家園的伯羅奔尼撒人的門口，只有少部分保護雅典本土。憤怒與怨氣漸漸在城市各處的臨時營地蔓延開來；重裝甲步兵階級本來就對地米斯托克利有所不滿，而今看到他在薩拉米斯之戰後趾高氣昂的模樣，更加怒火中燒。早在冬天時，有人便提出一種論調：屠殺普斯塔利亞島上的波斯駐軍是薩拉米斯之戰的轉捩點，因此指揮其事的阿里斯提德被捧為大英雄。現在，隨著冬去春來，西元前四七九年的競選季節逼近，各種中傷地米斯托克利的行動也變得益發惡毒。就像民主的簡短歷史一再證明的，選民的記憶有時差得要命。二月份的選舉結果表明，選民對地米斯托克利拯救城邦功勞的回報是：解除他對艦隊的指揮權。[38]這個指揮權賞給了阿爾克馬埃翁家族的養子克桑提普斯，而陸軍指揮權則歸給——用大腿想也知道的——阿里斯提德。

這些轉變對雅典政策的影響是即時而深遠的。原先致力於發展艦隊的熱情，現在被轉移到籌備第二次馬拉松之戰的工作上。當春天聯軍艦隊各支隊在埃伊納召開會議時，雅典人引人矚目地缺席了。斯巴達人派出國王利俄提基德指揮聯軍艦隊，卻發現雅典人執拗地堅持，如果斯巴達人不派出部隊從「地峽」北上，就不會派艦隊參加聯軍。但斯巴達人不吃這套，雙方僵持不下。利俄提基德手下只有一百艘三列槳座戰船，所以只敢在提洛島四周的水域活動，不敢更向東行，以免刺激波斯艦隊。而波斯艦隊對希臘人也心有餘悸，只敢在薩摩斯附近巡弋。伯羅奔尼撒人繼續躲在自己的城牆後面。馬鐸尼斯知道，若不把斯巴達人引到「地峽」以北，或者不把雅典艦隊引至色薩利，就無法為自己贏得一片太守轄地。雅典人被夾在雙方之間別無選擇，也無能為力，只好瑟縮起來。因此，僵局一直持續到五月。

最後，馬鐸尼斯打破局面。他對祕密外交感到厭倦，但又不想損害可能取得的成果，於是決定在從色薩利向南進軍前，把萬王之王開出的條件公開攤在桌上。為了儘量向雅典人展示自己的好意，他招搖地到許多希臘神諭所問卜，然後派出偽裝成騎牆派的馬其頓國王亞歷山大為使者。亞歷山大是一位波斯將軍的姻親，又是「雅典人民之友」，為人巧舌如簧，發表動聽演說的能力罕有其匹。他站到一片頹垣敗瓦的廣場前，向雅典人民發表了看似真誠的談話。他提醒雅典人民，凡是與萬王之王為敵者，都是直接站在火線上。他們面臨兩個選擇：一是眼睜睜地看著自己的國土「被敵人踐踏為一片鬼域」，二是成為萬王之王的朋友——不只是朋友，還是聖眷之隆，也是整個波斯帝國少有人可及的屬民。他們將全然獲得原諒與充分的自治，神廟也將由萬王之王出資重建，還可擴展疆土。亞歷山大激動地詢問道：「你們究竟還有什麼理由，繼續和國王兵戎相見呢？」[39]

雅典人內心一定覺得，他們完全有權接受萬王之王的慷慨條件。因為正如亞歷山大婉轉指出的，他們比希臘其他城邦都戰鬥得更久，也付出更大的代價，但伯羅奔尼撒人卻滿不在乎，樂得任他們自生自滅。當然，雅典人在讓亞歷山大道出波斯人所開出的議和條件前，刻意安排一個斯巴達高階代表團出席。但輪到斯巴達人向公民大會致詞時，他們仍選擇支吾其詞。雅典人想聽到的，不是斯巴達人願意接受難民，或者蠻族生性狡詐之類的話：「你們應該知道，他們說的話既不可靠又不可信。」[40]雅典人大可將這句格言丟回斯巴達人的臉上。

大概他們曾經可能這麼做，或者他們曾經可能選擇放棄獨立的夢想，接受所謂光榮臣服這回事，然後向萬王之王三跪九叩。但時代不一樣了，在實行民主制度三十年後，在為保衛民主做過最無勝算的戰鬥後，自由對雅典人來說變得彌足珍貴，讓他們不願以它來交換和平。他們對亞歷山大說：「不勞你來提醒，我們也知道米底人的力量是我們難望其項背。但即使如此，我們熱愛自由，永遠不會屈服。」[41]這番話實為壯語，雅典人民這麼說之後，將再次面臨自己的城市被夷為平地的可能。

斯巴達使者對此又作何感想？很難想像他們不會為這番大義凜然的話動容，甚至在他們離開雅典時，各種臨時房屋已開始被丟空，雅典市民在十個月內第二次撤離，他們用手推車把家當推到海邊。佩服雅典人的精神不必然代表，這批斯巴達人一定會對他們懷有責任感。當這些使者回國後，一定會向督政官們指出，正在阿提卡醞釀的危機會危及斯巴達。雖然雅典人的壯語激動人心，但對自由的愛未必是最大的動力。更可能是因為他們幻想斯巴達人會派兵出「地峽」保護他們，才會拒絕一切和談的建議。因此，阿里斯提德在和斯巴達使者道別時說道：「儘快拿起你們的兵器奔赴戰場，趕在馬鐸尼斯進入我國之前，與我們一起到波奧提亞迎戰他們。」[42]

當蠻族南下進入阿提卡，第二次佔領空蕩蕩的雅典時，整個伯羅奔尼撒半島都為之戰慄。仍在提洛島外海巡航的斯巴達國王利俄提基德，看見西方的海平面上點起了一道道烽火，向遙遠的薩第斯報告雅典陷落的消息。同時，在拉刻代蒙得督政官也收到一則更令人不安的消息：馬鐸尼斯再次遣使到薩拉米斯，向雅典難民重申議和條件，這一次竟有一名顯要貴族呂奇達斯（Lycidas）公然站出來表示接受。一葉知秋，哪怕他的公民同胞迅速用石頭砸死了他。他的妻子兒女也被在薩拉米斯島紮營的婦女以同樣的方式砸成肉泥。雅典的反抗似乎病入膏肓了，當它變得越殘酷越多疑時，其可能串連的風險也越大。

時序進入六月，斯巴達人又在慶祝另一個節日，這一次是雅辛托斯節（Hyacinthia）。在這個節日裡，人們舉行大型歌唱會與飲宴，來紀念阿波羅死去的情人。就像在馬拉松之戰爆發前夕那樣，一個雅典使節團抵達斯巴達尋求軍事援助，卻發現人人都在參加派對。[43]但在這番景象背後，輪子已開始轉動。雅典使者在斯巴達等了十天，到了第十一天，他們的耐性已被磨光，於是下達最後通牒，要斯巴達人立即停止節慶活動並奔赴戰場，不然雅典人將不得已接受馬鐸尼斯的議和條件。然而，五位督政官並沒有因此驚惶失措，也沒有義憤填膺，他們只是微笑，然後說出了真相，並假裝驚訝地問道：「難道幾位使者沒聽說嗎？斯巴達軍隊已上路了。」

這真是一個戲劇性的發展，不只雅典人被蒙在鼓裡，連阿爾戈斯人也沒聽說此事。他們曾信誓旦旦地，要在斯巴達遠征軍抵達「地峽」之前攔截他們，此時卻發現自己被甩在背後，只好急忙向馬鐸尼斯報告：「拉刻代蒙全部的軍隊都出動了，我們無力攔阻。」[44]仍紮營於阿提卡的馬鐸尼斯馬上放棄勸誘雅典人的打算，於是將雅典城剩餘的「城牆、房屋、神廟和一切」付之一炬。[45]然後，由於決定把伯羅奔尼撒人引致離「地峽」盡量北一點的地方，他從阿提卡撤退到波奧提亞。在那裡，熱心的底比斯聯絡官當他的嚮導，沿著最安全的道路前進，在抵達一個絕佳的騎兵戰場才停了下來。

在底比斯以南四英里，波奧提亞最寬闊的河流阿索波斯河的河畔，馬鐸尼斯下令建立寨柵。再一次，他選了一個好地點。河的對岸地勢平緩，那裡是底比斯人的死對頭普拉提亞人的領土。普拉提亞人的田疇後方是山麓小丘，更後面是高聳入雲之季賽榮山（Cithaeron）眾多的山脊與山嶺。聯軍若想和馬鐸尼斯交戰，就必須穿越重重的天然屏障；這意味著，如果聯軍戰敗，就一定會全軍覆沒，因為從普拉提亞無法輕易撤回「地峽」。當然，如果馬鐸尼斯戰敗，他也無法輕易從普拉提亞返回色薩利。最後是哪種結果？要等聯軍抵達後才能分曉。

多利安長矛

雖然伯羅奔尼撒人一再拖延，但當他們最後從自己的地洞走出時，便毫無保留。通往梅加拉的道路在上一個夏季被拆毀，在經過工兵搶修後已可通行。他們做得很好，讓道路足以承受成千上萬的雙腳踩踏——這條道路自建成以來，從未承受過如此龐大的軍隊重量。事實上，自特洛伊戰爭的時代起，希臘便不曾有過如此大規模的遠征軍。從科林斯到邁錫尼（Mycenae），從泰格亞到特羅曾，伯羅奔尼撒人組成了龐大的聯軍，來響應斯巴達人的號召。這支聯軍的中堅力量當然是斯巴達人，他們有五千人，幾乎出動了城邦四分之三的兵力。有五千重裝甲步兵來自拉刻代蒙的外圍城鎮，另外幾千名「黑勞士」充當勤務員和輕步兵。這幾乎是斯巴達派赴戰場最大的一支部隊。[46]

連懦夫也被動員了——應該說，被斯巴達人貼上懦夫標籤的人都被動員了。他們其中一個是倒楣的老兵阿里斯托得摩斯（Aristodemus），他為有此機會挽回自己的名譽感到萬分高興，這不是他第一次出戰蠻族了。不到一年之前，他是被派去溫泉關追隨李奧尼達的三百名勇士之一。當他到達關隘後，他和另一名斯巴達同伴染上眼疾，所以他們從前線撤下，等待治療康復。但就在他們的國王堅守的最後一個早晨，阿里斯托得摩斯的病友從病床上爬起來，即使他的眼疾尚未康復，但他仍在一名「黑勞士」攙扶下加入戰鬥。哈里斯托得摩斯則寧願聽從李奧尼達的命令，回家養病。回國後他卻受到憎惡，同胞們都叫他「顫抖者」——這是斯巴達字典中最羞辱性的字眼。

這相當不公平，但在一座視勇氣為最高品質的城市，公民身上流露的所有最小的懦弱跡象，都必然會為他帶來恥辱。生在斯巴達的「顫抖者」特別悲慘，他身上的斗篷上會被縫上補丁，向整個城市提醒他的不光彩。無論在集體飯堂裡用餐或參加球賽，他都會遭到昔日友人冷漠的對待。在節慶活動中，他必須全程站著，當有人要求讓座時他必須起身——即使要求者是最資淺的人也不例外。他最大的懲罰是，如果他有女兒，女兒將找不到丈夫——這來自斯巴達的優生學的措施，用來防範懦弱的基因遺傳。因為承受不了這些恥辱，溫泉關另一名倖存者——被李奧尼達派去色薩利出任務的聯絡官——最後上吊自殺。「既然懦弱會導致這麼丟臉的下場，死亡自然比不名譽與挨罵的人生更值得追求。」[47]

對於錯過死在國王身旁的阿里斯托得摩斯來說，從溫泉關回家的那幾個月特別漫長和痛苦。李奧尼達之死籠罩著一切，讓人無可遁逃。斯巴達不像雅典那樣，哀悼死者只屬於婦女們的責任。上至督政官，下到黑勞士，每個男人都有責任為死去的國王搥胸頓足、痛哭流涕。事實上，在其他希臘人看來，斯巴達人的傷逝之情過於誇張，幾近蠻族的造作。一般來說，喪禮後有十天哀悼期，但李奧尼達卻不是一個容易安息的鬼魂。他的屍體殘缺不全，被留在遙遠的關隘給貓狗食用，始終沒有獲得收殮。[48]讓斯巴達人心情更加沉重的是，繼承王位的王子只是個孩子。李奧尼達的弟弟克里昂布魯圖斯是有能力的攝政，但他同樣在冬天死去了。當斯巴達人最後決定派兵北上「地峽」時，領導這支軍隊的是一名年僅二十多歲的年輕人——克里昂布魯圖斯的兒子保薩尼亞斯（Pausanias）。這名年輕人身兼斯巴達攝政和聯軍最高指揮官二職，肩負的責任重得驚人，但他志大才高，完全可以勝任。話雖如此，他們的將軍異常年輕的事實，一定會讓斯巴達人對溫泉關和李奧尼達之死的記憶更加深刻。所以，當他們在為了解放希臘而挺進時，也是為了去復仇。對阿里斯托得摩斯來說尤其如此，因為蠻族害他披上「顫抖者」的補丁斗篷。

當然還有其他人想找波斯人算帳，這些人的損失比斯巴達人大無限倍。在厄琉息斯——此地位於出了「地峽」後三十五英里的海岸道路旁，保薩尼亞斯等著阿里斯提德和他的八千名戰士，從薩拉米斯渡海來與他會合。參加遠征軍的還有六百名來自另一座遭到波斯佔領與縱火的城市難民——普拉提亞人。他們逃離家園已經一年，現在終於到了返回故土的時候。普拉提亞人和所有決心迎擊蠻族的人，都踏上了前往波奧提亞的征途。

聯軍在離開厄琉息斯後直接北上，不久背後的大海景色被塵土飛揚的石灰岩山脊與長滿灌木叢的斜坡遮住了。隨著大軍向前推進，道路變得越來越崎嶇，山谷也變得更加寂寥。冷杉樹點綴的季賽榮山山坡顯得特別孤單，四處不見人影，只有鹿、熊和獅子——有時還有潘神出沒，而這種荒野地帶正是祂的最愛。在過去的好年頭裡，波奧提亞人習於慶祝一個奇怪的節日。那一天，他們會沿著山坡，自阿索波斯河河岸，以車子將巨大的木頭偶像一直拖到山頂，然後將偶像火化，火光可遠達數英里。走過季賽榮山的陡峭山峰底下時，普拉提亞人應該會迫不及待，因為現在他們離自己的城市僅數小時的路程。山路在蜿蜒穿過無數山嶺和峭壁後，地勢突然開闊起來，他們深愛家園的景色終於自其左手邊浮現。

但是，這個景色和他們離開時大為不同。田中長滿雜草，城市變成一個燒焦的瓦礫堆。方圓幾英里內的樹木都被砍光，剝了皮的木材被蠻族拿來建立寨柵。蠻族人多得不可勝數，遍布於平原每個角落，他們的馬匹有的腳被拴住，有的被關在馬棚中，有的則穿梭奔馳於炙熱的大地上，其速度和靈活性都令人驚嘆。當看到這一幕，希臘人無不膽顫心驚。保薩尼亞斯雖自視甚高，但並非有勇無謀之輩，他不打算輕率地直接衝下山，他要和敵人在最適合他們騎兵作戰的場地對決。他嚴格命令各路人馬留在山麓小丘上，此地距離普拉提亞以東約七英里。如此一來，六百名普拉提亞重裝甲步兵回家的願望只能延後實現了。

保薩尼亞斯行動謹慎，不論波斯軍隊的陣容多讓他震撼，但都不及馬鐸尼斯自河畔看到山麓小丘上聯軍的壯盛軍容來得令人心驚。一連幾天，波斯最高指揮部都垂頭喪氣。在一名底比斯顯貴主辦的晚宴中，一名波斯軍官轉身對鄰座的希臘人低聲說：「瞧，過不了多久，我們當中就沒幾個人能活命。」[49]馬鐸尼斯當然不會承認自己的這種失敗主義傾向，另一方面，即使在他最悲觀的時候也從未能想像，老是鬧分裂的希臘聯軍能組合出這樣一支佈防於季賽榮山山腳下的大軍。那天，不斷有新的希臘部隊從山口下來紮營布陣。當他們全部就定位後，馬鐸尼斯發現自己所面對的是，一支歷來集結於單一地點最龐大的重裝甲步兵部隊，全部加起來近四萬人。[50]

雖然他自己率領的軍隊大概是這個數目的兩倍，但他並不幻想自己的步兵——一些只配備輕武器和輕鎧甲的步兵——可能擊破希臘人的陣地。[51]他想取勝仍有希望，而他只有兩個選項：一是使用某種手段，把聯軍誘到平原上，然後等這些不習慣並肩作戰的聯合軍隊分散開來，成為騎兵的囊中物；二是使用賄賂手段，在敵人之間製造分裂，等待希臘人的聯盟自行瓦解。騎兵和間諜，二者一直是波斯軍隊最致命的武器。

打算雙管齊下的馬鐸尼斯，決定恢復對雅典人用了一整個夏天的心理戰。當初斯巴達曾經懷疑，薩拉米斯難民營有投降的傾向。這是正確的懷疑，因為被石頭砸死的呂奇達斯絕非唯一的親波斯派，還有其他顯赫的雅典公民，因家園被戰爭摧毀而痛恨民主，一直想挽回失落的命運；他們不滿足於姑息，祕密籌劃著背叛的陰謀。馬鐸尼斯撤出阿提卡後，便和這些通敵者失去了聯繫，現在他急於與他們恢復通訊，並視之為當務之急。另外，為了堅定叛徒的信念，他一直派出騎兵騷擾聯軍的陣線。

這是一種狡猾的鉗形攻勢，但未收到預期的效果。首先，騎兵騷擾戰術不但未打擊希臘人，反而讓他們士氣大振。波斯騎兵指揮官身穿搶眼的紫色上衣和魚鱗金胸甲上陣，而後坐騎中箭、死於陣中，因此被聯軍放在一輛車子上到處展示。不久後，阿里斯提德在雅典軍營揪出了叛徒。他不想牽連太廣，只逮捕了八名主謀。[52]其中兩人跑掉，剩下六人被要求在即將來臨的戰鬥中戴罪立功，沒有被起訴便釋放他們。阿里斯提德昔日曾在陶片放逐投票中被指為親波斯派，他非常了解獲得改過自新機會的重要性。自這一刻起，雅典陣營再也沒有人暗中搞陰謀。

這些挫敗不但未損害馬鐸尼斯的策略，反而給了他第二次機會。保薩尼亞斯因淺嚐勝利的滋味而變得大膽起來，把陣地推進到離阿索波斯河更近之處，距離敵人更近的地方。馬鐸尼斯希望在開闊的地點和希臘人對決，馬上匆忙陳兵對岸，等待時機進攻。然而，他始終沒等到機會。保薩尼亞斯慢慢靠近平原，但始終沿著側面進入普拉提亞地區，而這條路沒有山嘴，也沒有高地，只有普拉提亞人能夠引導聯軍前進。轉移完成後，斯巴達人佔據了陣地右方一條破碎的山脊，雅典人佔據了陣地左邊一個小丘，其他部隊——他們的指揮官為部下爭取最安全駐紮點的分量，不及保薩尼亞斯或阿里斯提德——則守在地勢較低也較暴露的位置。在阿索波斯河對岸等待機會的馬鐸尼斯，一定感到一陣興奮，雖然他不是處於發起正面攻擊的絕佳位置——普拉提亞的地形起伏很大，但如果他能把保薩尼亞斯引誘過河，波斯騎兵就可輕易戰勝對手。馬鐸尼斯與希臘人交手的經驗非常豐富，知道重裝甲步兵部隊會發自本能地求戰。因此，當老天透過無可爭議的預兆警告波斯最高指揮部不可進攻時，馬鐸尼斯欣然從命。看來現在是等待的時候，而他也等得起。在離這裡不到五英里的底比斯「糧秣豐富」[53]，波斯軍營的黃金存量也多得足以收買整支希臘部隊。他依照神明囑咐，守在北岸不渡河。

不過，保薩尼亞斯一樣沒有渡河。不同於馬鐸尼斯熟知的希臘將領作風，保薩尼亞斯堅守自己的陣地。斯巴達人守著他們的山脊，雅典人守著他們的小丘，其他人則守著二者中間的位置。雖然聯軍的不同部隊會定期爆發口角——尤其是在雅典人仗勢欺人的時候，但這些口角從未升高到威脅聯軍團結的程度。希臘陣營不但沒有瓦解，反而更加強固，因為一整個星期都有增援部隊涓涓滴滴地加入。最後，對峙到了第八天，馬鐸尼斯終於失去耐性，下令騎兵突襲季賽榮山的山路，成功伏擊了自伯羅奔尼撒半島運來給養的一大隊車隊。車伕和騾子都被殺死。「殺夠了之後」，波斯人任由屍體布滿山麓小丘，讓平原上的希臘人可清楚看見，然後把輜重車趕回自己的營地。[54]

現在，輪到馬鐸尼斯變大膽了。他的騎兵受到勝利的鼓舞，便直接越過阿索波斯河突襲敵人。每當希臘人為了取水而冒險靠近河邊，就會被波斯騎兵包圍，殺死在淺灘，讓聯軍越來越口渴。幾小時後，希臘人完全放棄靠近阿索波斯河的打算。現在希臘人的水源只剩一口泉水了。隨著太陽在空中無情地烤炙萬物，口乾舌燥的希臘人開始帶著盆盆罐罐在井邊排成長龍。對雅典人來說，取水的任務尤為辛苦，因為泉水位於斯巴達人陣地的正後方，離雅典人的陣地有三英里遠。不過有這點水可喝，至少可讓他們堅守自己的小丘。那是一個極易防衛的地點，他們不願輕易放棄。兩天後，不動如山的雅典步兵因不斷受到敵人的騷擾與折騰，而有了不同的想法。事實上，波斯騎兵越大膽，他們靜止不動的靶子就越憤怒：「因為希臘人無法抓住那些騎馬的弓箭手。」[55]來去如風的波斯騎兵持續不斷地測試自己機動性的極限；到了第三天，一小隊波斯騎兵成功突破敵人的陣線。他們繞道到斯巴達人的山脊後，來到敵人方陣的後方。那口寶貴的泉眼就在他們前方的道路上，而且無人防守。在希臘人趕來阻止之前，騎兵很快地粉碎井口，堵塞泉眼，然後揚長而去。這對保薩尼亞斯堅守陣地的願望，是致命的打擊。

在匆匆召開的作戰會議上，希臘人權衡了擺在他們面前不討喜的選項。在大白天棄守陣地將形同自殺，波斯騎兵一定會對他們亂砍亂刺。但推遲撤軍的後果同樣可怕，希臘人口渴難耐，也可能很快就要挨餓，因為蠻族繼續攻擊季賽榮山的山路，劫掠聯軍運補糧食的車隊。雖然要冒著不辨東西的風險，最顯然的解決之道就是利用夜色的掩護撤退。於是，保薩尼亞斯吩咐各隊人馬，入夜後向後撤退兩英里，到普拉提亞以東的地點重新布防。每個人都同意這個新地點易守多了。山麓小丘對騎兵構成極佳的屏障，也可確保季賽榮山的山路暢通，而且那裡還有大量水源。事實上，整個計畫就只有一個缺點，就是希臘人必須先到得了新的布防地點。

然而，這並非易事。位於全軍中央的士兵來自許多不同的城邦，他們都必須在夜間穿過毫不熟悉的地形，很快就嚴重偏離正確的路線。他們又渴又餓又緊張，難免錯過會合點，最後去到偏西一英里的地方。幾乎到了普拉提亞廢墟的正前方。在那裡，他們「四處散開，隨機搭起帳篷」[56]。同時，聯軍的兩翼更加亂糟糟。直到天亮，不論是雅典人、拉刻代蒙人或泰格亞人都還沒有開始撤退。這三支隊伍的任務是殿後，但他們卻發現自己因為其他部隊的混亂和拖延，整晚滯留在原來的位置上。現在，河流兩岸的鳥兒開始唱歌了，對岸敵人的營地也人馬喧囂。

雅典人恐慌了起來，於是派出騎手到斯巴達的營地詢問下一步行動計畫，但騎手到達後卻發現，保薩尼亞斯和幾個幕僚正發生激烈的爭執。至於他們在爭執些什麼，後人有不同說法。一個說法是，保薩尼亞斯受到一位名叫阿蒙法瑞托斯（Amompharetus）的軍官公然頂撞。阿蒙法瑞托斯認為撤退是懦弱的表現，拒絕服從撤退的軍令。不過，另一個說法卻把阿蒙法瑞托斯說成是普拉提亞作戰時最最勇敢的三名斯巴達人之一。這個榮銜不太可能授與有發動兵變汙點的人，因此阿蒙法瑞托斯應該不是拒絕接受保薩尼亞斯的軍令。看來最有可能的情況是，他要求讓自己的部下有殊榮承擔一個特別危險的任務。因為太陽已經升起，拉刻代蒙人和泰格亞人才剛開始撤退，必須留下部分隊伍，盡可能堅守山脊到最後。因此，當保薩尼亞斯下令斯巴達人和雅典人開始撤退時，阿蒙法瑞托斯和他的士兵繼續留在原地；他們全副武裝，鐵了心決定盡量拖住敵人。這時希臘人看見，波斯騎兵已在河面上踐踏出四濺的水花，並朝他們的營地飛奔而來。

波斯偵察兵仔細察看了聯軍放棄所有的陣地後，敵人撤退的消息報告到與步兵團待在一起的馬鐸尼斯那裡；隨著太陽升起，這個戲劇性的發展也由他自己雙眼所證實。目前希臘軍隊的隊伍亂七八糟——馬鐸尼斯在戰役一開始為自己設定的目標業已驚人地達成了，甚至輪不到他們和敵人開打。最讓人稱心的是，他們認為不可能戰勝、具有鋼鐵般靈魂的斯巴達人仍在撤退，而且和大部隊分開了，正處於最脆弱的狀態。當然，正面攻擊一個方陣——特別是一個斯巴達人的方陣——非常危險，但馬鐸尼斯知道，這是消滅聯軍部隊中堅力量的不二時機。機會轉瞬即逝，若不及時抓住，斯巴達人就會撤退到新的集結地。於是，馬鐸尼斯騎上一匹白色的尼賽亞駿馬，向集結於他四周的精銳步兵軍團下達進軍的命令，他們開始涉水渡過阿索波斯河。

現在，在初昇朝陽照耀下，黎明的薄霧漸漸散去；戰慄穿透拉刻代蒙人的隊伍，而「密集林立的盾牌、長矛與頭盔」讓戰士們意識到，殺戮的時刻將至，諸神也正在降臨。在神廟旁的小樹林，保薩尼亞斯命令士兵停止前進，準備戰鬥。他看見阿蒙法瑞托斯的小分隊正在撤退，雖然波斯騎兵在他們後面展開追擊，但他們仍井然有序。保薩尼亞斯聽見蠻族渡河時發出的喊殺聲，然後看見他們旌旗蔽天地渡了河。他知道過不了多久，不但騎兵來襲，馬鐸尼斯全部的精銳步兵軍團都會來攻擊他的盾牆。他急忙派人送信給雅典人，要求他們前來支援。但送信人到得太遲了。當阿里斯提德準備調轉方向，率軍橫向前往拉刻代蒙人的陣地時，卻感到大地正在震動，一回頭只見底比斯人的軍隊朝自己直撲而來。兩個方陣的衝撞發出震天巨響，讓東方一英里外的保薩尼亞斯明白，自己最擔心的事發生了。

阿蒙法瑞托斯和他的人馬及時趕上了，這讓保薩尼亞斯多少有點寬慰，但現在，不會再有更多援軍來到了，所以斯巴達人和泰格亞人必須單獨面對馬鐸尼斯，以一萬一千五百人對抗一個超級強權的精銳部隊。

說時遲那時快，來去如風的斯基泰人向他們的盾牆射出無數箭矢。自密密麻麻的箭雨中，隱約可見蠻族精銳步兵部隊正於隆隆巨響中逼近。馬鐸尼斯的騎兵撤退到後面。他的步兵停在一個方陣之外的地方，以手上的藤條盾牌構成一面盾牆。箭雨變得更加密密麻麻了。

被逼到角落的希臘人仍然維持紀律，他們手舉盾牌，在頭盔裡聆聽箭矢不停的呼嘯。開始有人中箭倒下，被箭射中的肩膀或腹股溝染滿鮮血。現在，每個拉刻代蒙人與泰格亞人心裡都想：讓方陣衝鋒的時候應該到了吧？衝撞敵人的脆弱藤條盾牆，讓他們見閻王的時刻應該到了吧？但保薩尼亞斯仍然要求將士們守在原地。原來，他必須得到阿提米絲女神明確的指示，才能發出進攻的號令。但無論他獻祭了多少隻山羊，都沒有從羊內臟看到女神表示保祐希臘人的吉兆。最終，無計可思的保薩尼亞斯直接向上天禱告，「片刻後再次獻上祭品時，終於出現了吉兆。」[57]不過，泰格亞人在保薩尼亞斯下令進攻前就發起衝鋒——跟著他們一起衝的還有一名斯巴達人。由於未受過呂庫古軍規的嚴格訓練，泰格亞人缺乏耐性也許不讓人意外，但阿里斯托得摩斯身為一名「阿戈革」的畢業生，沒理由那麼莽撞。然而，這位「顫抖者」很難因為擅離自己在斯巴達人盾牆的崗位受到讚揚，但在他單槍匹馬地衝向蠻族，如此狂暴地瘋狂殺人和被殺後，卻讓他得以在同僚間挽回聲譽。事實上過了許久，他的勇氣長久以來仍被許多其他城邦的人懷念，認為這是出類拔萃的表現。阿里斯托得摩斯總算以一名斯巴達人的身分死去了。

儘管如此，在斯巴達真正的光榮仍屬於那些不是為了個人榮譽、而以機器環節身分作戰的人。在那個可怕的早晨，方陣中的每個成員都贏得了莫大榮耀。只有「以被屠戮祭品的血液凝結普拉提亞土地的多利安長矛」，才可能獲得這種勝利；[58]因為握著這種長矛的人打從出生起，就被鍛鍊為善於戰鬥、殺戮且永不屈服的勇者。當斯巴達人冒著漫天箭雨衝下山坡，砸向敵人的前線時，他們其實是在迎接一個自己準備了一輩子的考驗。其他人在對戰波斯人這種如此人多勢眾且勇敢的敵人時，可能會發現自己士氣低落，不僅拿著盾牌的手感到疲倦，就連身體都備感疼痛，但斯巴達人卻不會如此。雖然很長一段時間，戰局看似都勢均力敵，但斯巴達人卻沒有停止向前推進。即使日益絕望的波斯人為了阻止敵人繼續前進，緊緊抓住對方的長矛並將它們折斷，但對方手中的短劍卻不易折斷，他們青銅鎧甲身軀的重量更是難以抵擋。「勇敢不下於戰場上的任何波斯人」的馬鐸尼斯，試圖把人馬重新集結起來。[59]但此時，斯巴達人已迫近他的親兵部隊，而馬鐸尼斯則因衣著華麗又騎在高大的白色駿馬上，成了十分顯眼的攻擊目標。一名斯巴達人向他扔出一塊石頭，打破了他的腦袋瓜，這名一心想成為希臘太守的人因而落馬。

看到元帥落馬，波斯人知道已經打輸了。馬鐸尼斯的親兵仍英勇地堅守崗位，但很快就被殺光。而其他部隊看見充滿魅力的領袖已死，都感到大為洩氣，於是開始奔逃，很快地波斯人在整個戰場都兵敗如山倒。有四萬士兵在一名頭腦靈光的軍官帶領下，成功向北逃到通向色薩利的道路，但大部分的人都驚惶失措地逃回寨柵中，拉刻代蒙人和泰格亞人則尾隨追擊。不久後，雅典人也來到寨柵的大門前，加入保薩尼亞斯的隊伍。他們剛和底比斯人進行一場苦戰，通敵者被打敗，已逃回自己的城市。現在，聯軍集結兵力攻破寨柵，接下來的大屠殺幾乎雞犬不留。在馬鐸尼斯的殘部裡，只有三千人逃過一死。萬王之王對西方的鴻圖就此終結。

馬鐸尼斯軍營裡的財富與奢侈品，讓希臘人看得目瞪口呆，他們再次對他為何如此渴盼征服希臘大感到不解。他本來擁有的東西不夠多嗎？一件戰利品特別能讓他們意識到自己勝利的規模，就是萬王之王的營

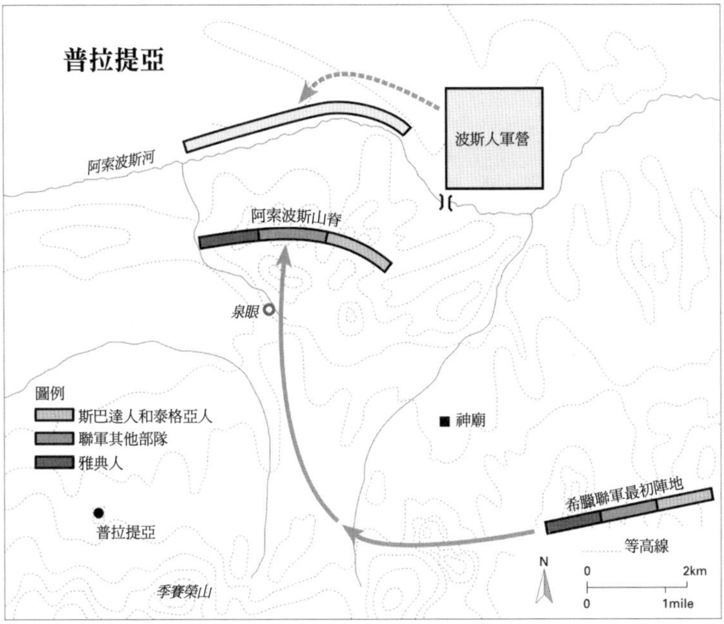
普拉提亞
波斯人軍營
阿索波斯河
阿索波斯山脊
泉眼
圖例
斯巴達人和泰格亞人
聯軍其他部隊
雅典人
神廟
希臘聯軍最初陣地
普拉提亞
等高線
N
0
2km
0
1mile
季賽榮山

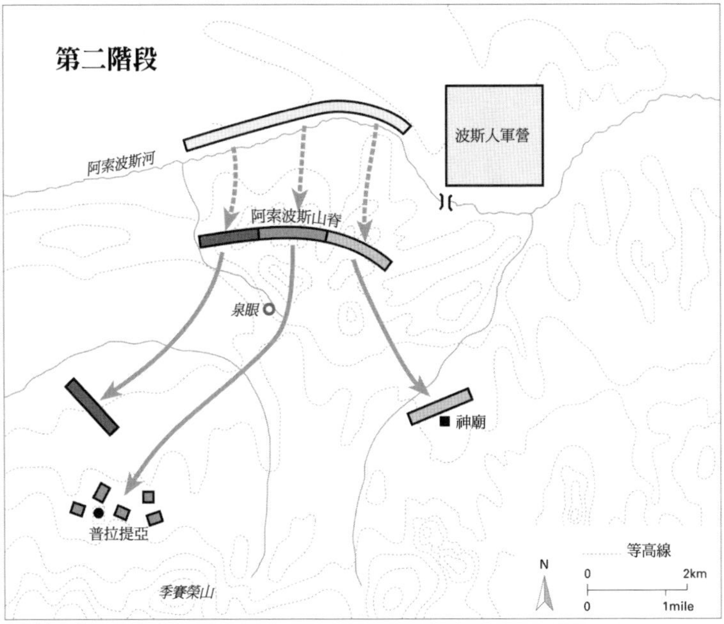
第二階段
波斯人軍營
阿索波斯河
阿索波斯山脊
泉眼
神廟
普拉提亞
等高線
N
0
2km
0
1mile
季賽榮山

帳。據說，薛西斯在上一個秋天離開希臘時，把營帳賜給了馬鐸尼斯。保薩尼亞斯推開它的帳幔，走過它噴灑了香水的地毯，佔有這個去年曾為世界神經中樞的地方。這位攝政驚訝地打量各種陳設並沉思，坐在這個策劃殺死他伯父的地方是什麼感覺。然後，他命令馬鐸尼斯的廚師為他做一席御宴。當一切都準備就緒，他把作為第二份晚餐的、黑呼呼的斯巴達肉湯擺在一旁，邀請其他指揮官來看看這個對比。他笑著說：「希臘的人們啊，我邀請你們來，是為了讓你們見識米底人的不合情理。[60]他們天天吃這樣的山珍海味，卻來這裡搶奪我們可憐兮兮的伙食。」[61]這當然是個笑話，但又不盡然是笑話，自由不可以拿來開玩笑。汗涔涔的眾希臘將領在看見萬王之王餐桌上的金炊玉饌後，又看看那碗簡單的肉湯時，都不由得明白了蠻族為何戰敗，而他們的城邦又為何戰勝。

此時，在大帳篷門外，黑勞士正辛勤地工作，他們在整個軍營展開搜索。按保薩尼亞斯的命令，他們要把傢具從各個營帳搬出來，把金盤子裝進麻布袋，然後摘下屍體手指上的戒指。他們自然不會上報一切尋獲物，一有機會就私吞一些。黑勞士希望以這些「私房錢」買回自己的自由。不過他們的愚昧無知卻讓自己成了騙子的俎上肉。一個埃伊納的財團眼見機不可失，成功騙得黑勞士相信，他們找到的黃金只是黃銅，並按照黃銅的價格買下黃金。到頭來黑勞士的自由是一場空，埃伊納人卻發了大財。

妄自尊大

美女海倫曾經引發歐亞兩洲第一場大戰，關於她的父母是誰有兩種不同的說法。最為人知的說法是，她母親是一名斯巴達王后，後來被化身為大天鵝的宙斯強暴後產下一顆蛋，從蛋裡孵出了海倫。不過根據另一個說法，同一位斯巴達王后只是一個孵蛋器，下蛋的則是另一位宙斯看上的受害者——一位女神。這名女神強大又肅穆，靜謐又致命；一手拿著一個裝著注定事物的碗，另一手拿著量尺，用以衡量凡人的踰矩程度。她會讓那些「過分驕傲自負者」自高處摔落。[62]誰都抵擋不了她——越是權大勢大的人越是如此。走路時，她習慣從屍身上走過。她的名字是復仇女神（Nemesis）。

如果刺激她的話，可能會導致天翻地覆；希臘人常以克里瑟斯為例來說明。他曾因為權勢滔天且無比富有而洋洋得意，「自認為是天底下最幸福的人」[63]。但有一天，復仇女神卻忽然改變了他的命運。不過，即使是克里瑟斯，他對復仇女神的冒犯程度仍不及萬王之王——此人的野心是成為全人類的主宰。希臘人有一個詞便是用來形容這種瘋狂的心態——妄自尊大（hubris）。「這種人以踐踏他人為樂，這麼做可以讓他們感覺自己高人一等。」[64]不過，這是所有人都容易犯下的錯，其中又以蠻族和國王特別易犯——現在，始終這麼認為的希臘人從薛西斯身上徹底看到證明。他驚人的野心、空前的勢力、強大無比的陸、海軍以及他的偉大？最後都只是讓他對復仇女神的冒犯，到達無以復加的程度。

她的報復來得迅速又確定。地米斯托克利不是謙遜的人，不過，他在薩拉米斯之戰後卻虔敬地斷言：「功勞不是我們的。」

> 諸神以及守護我們城邦的英雄，他們痛恨波斯國王的放肆：此人不滿足於只擁有亞細亞的王位，還想統治歐洲；此人把神廟當成僅是磚塊和灰泥漿的組合；此人推倒諸神的神像並將之燒毀；此人甚至膽敢鞭打大海，以鎖鏈將其綁縛。[65]

走在普拉提亞浸滿鮮血的土地上，察看萬王之王精銳部隊的屍體時，馬鐸尼斯的征服者應該會得到同樣的結論。每個人都知道要將勝利歸功於誰；女神的手跡斑斑可見。

不過她的工作尚未完成，還剩最後一個曲折。復仇女神一向喜歡把冒犯還予對她施加冒犯的人，現在遠在薩第斯的萬王之王將親自學到教訓。去年夏天，他下令焚毀雅典衛城的神廟時，膽敢點燃烽火台，把自己犯下的不堪啟齒罪行傳播越過大海。然後，馬鐸尼斯再次佔領雅典後也做了一樣的事。烽火台如今仍在，卻落入希臘人的手中。如果保薩尼亞斯下令將它們點燃，那麼在幾小時內，他得勝的消息便會傳到愛奧尼亞海岸；看來這正是他所做的事。[66]

否則，有個讓人縈懷的巧合將很難解釋。在離普拉提亞幾百英里的愛琴海另一側，與普拉提亞大捷同一天，「一個說法突然在整支希臘艦隊流傳開來：他們的國人同胞在波奧提亞打敗了馬鐸尼斯。」[67]這個讓水手們信心倍增的消息來得正是時候；因為那天下午，他們同樣面對著一支蠻族軍隊。利俄提基德在按兵不動幾個月後，幾天前終於大膽地自大本營向東航行，如今停泊在薩摩斯島的港口，正對著米卡勒山的山脊。山坡上就是愛奧尼亞人從前的聚會所——泛愛奧尼亞神廟。它的南邊是飽受摧殘的米利都，而米利都外海則靜靜坐落著拉德島。一切似曾相識，明顯帶有復仇女神的手跡。因為戰爭即將結束於開始之處。

女神的手跡也不難從以下一個事實看出。十五年前，波斯人的勝算非常高，但如今情況完全相反。曾經威震大海的帝國艦隊，如今可憐地失去昔日的盛況。它的船隻傷痕累累，士氣低落，各支隊幾乎處於譁變的邊緣。曾經是帝國艦隊中堅力量的腓尼基人，現在完全退出艦隊。反觀利俄提基德，最近得到一支龐大雅典艦隊的增援：克桑提普斯在薩拉米斯島等了半個夏天後，在得知保薩尼亞斯已率軍出「地峽」後，高興地帶著艦隊前往提洛島。因此，聯軍艦隊一反上個夏天的態勢，如今在數量上佔有優勢。波斯的海軍將領緊張地打量著海平面，一看見希臘艦隊衝著他們而來就棄船逃跑。他們直接在米卡勒山把船拖上岸，瘋狂地以大石頭和蘋果樹拼湊出臨時的營寨，然後躲在裡面。

就在普拉提亞之戰發生的同一天，利俄提基德下令攻擊這個營寨。正午時分，西方海平面上升起一縷煙霧為回應，薩摩斯島高處的烽火台很快就燃起了熊熊火焰。同時，雅典人、科林斯人和特羅曾人在波斯臨時營寨附近的海灘登陸。守軍見聯軍攻擊的部隊人數不多，心中大喜，於是出寨迎戰。希臘人立即上前對他們衝鋒，接著是一場殊死戰。波斯人勇敢地躲在一道臨時拼湊的盾牆後方戰鬥，但結果就像馬拉松和普拉提亞的情況一樣，希臘重裝甲步兵大獲全勝。這時，利俄提基德率領伯羅奔尼撒人在波斯營寨後方登陸，突然自米卡勒的山腳下衝出，快意地報了溫泉關之仇。僅有少數波斯駐軍逃回薩第斯，營寨和放在裡頭的戰船全被遺棄。利俄提基德在確認並帶走一切可掠奪之物後，當晚便將波斯艦隊付之一炬。現在，希臘人不再於自己的土地打防衛戰了，而是成功轉型為攻擊者。暮色降臨愛奧尼亞，在亞洲邊緣點燃的火焰，將燃燒一整夜。

「有許多證據可以證明，女神干預了人間事務。」[68]對希臘人來說，他們在一天之內對世界最強國家連贏兩場仗，簡直是奇蹟，連利俄提基德自己也難以置信。雖然波斯艦隊已遭焚毀，他和其他海軍將領回到薩摩斯島後仍然感到憂心忡忡，確信萬王之王隨時會興兵雪恨。但這樣的事卻沒有發生，反而他們在幾週後收到報告，薛西斯在「一陣慌張中」離開了薩第斯，[69]踏上返回蘇撒的漫漫長路。他的大多數軍隊也隨他一起回朝，只有一支突擊隊自薩第斯出發，攻擊了迪迪馬（Didyma）的神廟，再次劫走一尊阿波羅神像。

除此之外，蠻族並未採取其他行動。一年、兩年、三年過去了，萬王之王沒有再回來。

他的無所作為引起希臘人諸多猜測，人們以懦弱、缺乏男子氣概、沒有骨氣等原因作為解釋。在馬拉松之戰前，認為蠻族頹廢的看法被所有的人視為荒謬，但現在大部分的希臘人都認為這是顯而易見的事實。不僅僅波斯人沒有發動第三次入侵，增長了人們對此偏見的確信；當初薛西斯入侵時，讓希臘人驚惶無比的每項特徵——他的大軍人數龐大、可使用的資源無窮無盡，還有他的財富、精采表演、排場奢華的隊伍——自後見之明來看，這都只是他頹廢的表現。波斯人雖為亞細亞的征服者，但以生而自由、身穿銅甲的希臘人的標準來看，他們就像女人一樣弱不禁風。

有些希臘人甚至猜想，萬王之王在西方吃鱉，會讓他的帝國陷入危殆。秉持這種樂觀主義的人，其中之一是雅典人埃斯庫羅斯（Aeschylus）。許多理由讓他產生這種預期。他參加過馬拉松之戰和薩拉米斯之戰，他的一個兄弟爬上一艘停在馬拉松外海的波斯戰艦時，手腕被斧頭砍斷，無怪他會希望波斯政權崩潰。西元前四七二年，也就是薩拉米斯之戰八年後，他在城市酒神節（City Dionysia，雅典人一年一度的戲劇比賽）以戲劇形式呈現自己的樂觀願景。當觀眾在衛城的陰影下魚貫進入劇院時，不論他們望向何方，都會看到波斯人留下的傷疤與提醒。在他們背後的聖巖上，[70]仍是一片頹垣敗瓦，包括雅典人在內，各個聯軍成員國在出征馬鐸尼斯之前，都曾發誓要讓任何蠻族燒毀的神廟永遠保持廢墟狀態，「好讓未來的世代永誌不忘。」[71]幾乎可以肯定，觀眾席的露天看台是用撈回的波斯戰船木頭殘骸搭建的；也有理由猜測，舞台上佇立的正是歷來最壯觀的戰利品——萬王之王的營帳。[72]若情況真是如此，遮蔽過萬王之王的皮革現正充當酒神劇院舞台的遮雨棚，為埃斯庫羅斯這齣《波斯人》（*The Persians*）的悲劇提供了絕佳的舞台布景。

劇中場景設定在蘇撒；為了娛樂雅典人，這齣劇描寫薛西斯自薩拉米斯回蘇撒時的情景。這位當初以盛大排場離開波斯的國王，現在有如喪家之犬；本來準備迎接戰爭大英雄的朝臣，現在都傷心痛哭。對此，觀眾當然看得開心不已。埃斯庫羅斯讓觀眾相信，萬王之王真的嚇怕了；而打敗他的雅典城邦，現在成了所有民族的自由燈塔。「亞細亞的人民將不願再忍受波斯的奴役，不願再被迫向主人納貢，不願再匍匐於他腳前。國王和他所有的權力都死了。」[73]換言之，世界對雅典與民主來說，已經變得安全了；無怪埃斯庫羅斯的悲劇會奪得首獎。

不過，即使他在慶祝得獎時，他的國人同胞仍會發現，他們內心的恐懼還未全數消除。埃斯庫羅斯宣稱，薩拉米斯之戰讓萬王之王喪失了所有可保護自己的軍隊。[74]那麼為什麼還有波斯軍隊駐紮於色雷斯和赫勒斯滂附近？他們在薩第斯做什麼？為何他們會在每個太守轄地的首都，直到太陽東昇之地的盡頭？事實上，萬王之王的帝國並沒有動搖，仍然像從前一樣基礎穩固且令人望而生畏。帝國的大廈於西方立面顯然有碎片剝落，但在幅員無比遼闊的帝國境內，卻沒幾個人注意到。畢竟，萬王之王沒有大聲宣傳自己失敗的習慣。如果他的屬民聽過雅典人的話，他們只會知道，那是一個被他們主人付之一炬的城市。又如果他們聽過斯巴達人，他們只會知道，其國王在一場戰爭中被他們的主人殺死了。薛西斯習慣如此禱告：「願阿胡拉．馬茲達與所有的神明保護朕。願祂保護朕的王國。願祂保護朕辛勤建立的一切。」[75]誰又敢說，馬茲達神對他的禱告會充耳不聞呢？

然而，埃斯庫羅斯想像，「亞細亞人民在波斯牛軛底下蠢動不安」，並非完全是一廂情願。試問，萬王之王為何要匆匆離開薩第斯，自此沒再回到希臘？這個謎題的解答與希臘沒什麼關係，而是在近東的中樞——巴比倫。在薛西斯剛收到普拉提亞與米卡勒山慘痛的消息後，巴比倫爆發了新的叛亂。[76]萬王之王驚恐地發現，自己正處於兩線作戰的狀態。他連忙放棄帝國邊陲的戰役，火速趕回帝國腹地，輕易鎮壓了巴比倫的起義。這一次巴比倫終於學乖了，從此不再興風作浪。不過，薛西斯雖平亂成功，卻汲取了痛苦的教訓。不論是居魯士、岡比西斯或大流士都理所當然地認為，波斯帝國的疆域可以無限擴大。大流士尤其如此，這位虔誠的獨裁者深信，自己肩負神聖的使命，誓言剷平「謊言」的所有要塞，直到天涯海角。如同父親一樣虔信馬茲達神的薛西斯在繼承三重冕時，也繼承了大流士的全球性使命，這也是他當初西征的動機。但是，這次出征行動卻失敗了。那輛在隆重儀式中開過赫勒斯滂浮橋的馬茲達戰車，最後被一夥色雷斯強盜偷走，然後拋棄於荒郊野外。在希臘人看來，同時統治亞細亞和歐洲的願望，是萬王之王最致命的荒唐欲望。最終，看來薛西斯也在內心深處承認了。無疑地，他回蘇撒後沒有再企圖征服歐洲。在波斯諸王中，唯獨薛西斯不得不接受這個令人不快的道理：即使最強大的帝國，也會因為過度擴張而跌倒。

帝國軍隊並沒有放棄在愛琴海地區的戰鬥，不過不再是為了實現征服全球的計畫。萬王之王在西方的戰敗，給了這個高傲自大的夢想致命一擊。波斯人的野心自此縮小無限倍，只求能保住對愛奧尼亞的控制。利俄提基德在取得米卡勒大捷後，意識到這將是萬王之王的政策，自知希臘人無力制止。不過，當他建議把愛奧尼亞人從他們的城市遷移到希臘本土時，卻遭到克桑提普斯的憤怒和反對。克桑提普斯堅稱，斯巴達人無權解散那些原本由雅典人建立起來的殖民地，又承諾雅典，願意永遠保護愛奧尼亞人的自由。「當他和他的公民同胞慷慨激昂地表達過這種意見後，伯羅奔尼撒人只好放棄前議。」[77]

就這樣，把希臘人自亞細亞清出的企圖被推遲了兩千四百年——直到土耳其國父的時代才得以實現，而雅典將繼續領導對波斯作戰的意圖，也對此表明。一年後，它的這種身分獲得正式承認。一個以雅典為首的同盟成立了，金庫設於阿波羅的聖地提洛島，會員費以船隻或現金的方式繳交。愛奧尼亞人、愛琴海島民和赫勒斯滂的希臘人幾乎全都加入了。有了「提洛同盟」提供的額外支持，現在雅典人可以直接進攻蠻族。在整個西元前四七〇年代，波斯在色雷斯與周遭地區的駐軍受到了系統性的削弱。接下來十年，雅典人取得了更可觀的成功。在米太亞德勇敢的兒子客蒙的指揮下，雅典人將敵人趕出了愛琴海，又在愛奧尼亞和卡里亞各地煽動起義。最大的勝利發生於西元前四六六年，當時客蒙面對自薩拉米斯之戰後集結起來的最大一支波斯軍隊，仍獲得兩場大勝。首先，他潛入今天土耳其南部歐里梅敦河（Eurymedon）的河口，在那裡消滅了一整支腓尼基人艦隊。其次，他讓自己疲憊的海軍登陸，帶給帝國軍隊同樣大的打擊。正是這場戰鬥，徹底摧毀波斯發動第三次入侵的可能性。希臘的安全終於得以確保，大戰結束了。

然而，獲得歐里梅敦大捷的雅典對自己的成就有所畏縮，彷彿不甘心放棄持續了三十年、它賴以為自我定義的波希鬥爭。因此在公民大會的禱告中，波斯繼續被說成是國家的敵人。也因此，把波斯人趕出愛琴海之後，雅典人仍然戒不了和波斯人作戰的癮頭，於是到別的地方找他們的碴。西元前四六〇年，一支龐大的雅典艦隊被派往塞普勒斯和埃及。經過六年的戰鬥，這支艦隊被徹底消滅。雅典因害怕蠻族重回愛琴海，而匆忙把同盟的金庫自提洛搬到自己的城市。雖然波斯人後來都沒有出現在希臘海域，這個金庫卻持續留在衛城。自然地，雅典人也如同過去他們所做的那樣，繼續要求同盟成員支付全額會費。如同他們指出的，自由的代價並不便宜。不過，越來越多盟友開始對此感到不滿，抱怨雅典人保障的自由遠比臣服於萬王之王的奴役還要昂貴。

在大入侵的幾十年後，一位曾經發誓推翻波斯專制統治的希臘人會開始模仿波斯人的做法，並非全新的弔詭。例如：保薩尼亞斯變得狂妄自大，熱中於趕蠻族的時髦。他的國人同胞驚見，這位將軍打仗時喜歡穿波斯太守的褲子，因此懷疑他是否仍是當年的那位英雄；普拉提亞大捷十年後，督政官們指控他密謀顛覆國家；保薩尼亞斯逃到斯巴達衛城一座神廟的銅牆裡避難，但督政官們築牆把神廟圍起來，要把他活活餓死，直到他剩下最後一口氣時，才將他憔悴的身體拖出，以免汙染聖所。這個曾取笑萬王之王山珍海味的人，後來培養出大啖波斯高級料理的胃口，如今竟被餓死，實在不亦宜乎。

一如以往地，復仇女神證明自己既無情又風趣。而且她證明了妄自尊大不但是蠻族國王的弱點，也是希臘人的弱點。在保薩尼亞斯悲慘地死去幾週後，她也弄垮了另一位比這位攝政更偉大的英雄。在薩拉米斯之戰後，地米斯托克利長期掌握大權而遭人嫉恨，早在西元前四七〇年即被國人同胞以陶片放逐法修理過。現在他因為捲入保薩尼亞斯的陰謀，不敢逗留在希臘。接下來，他就像奧德修斯一樣東飄西蕩，最後來到蘇撒，被新的萬王之王——薛西斯的兒子——奉為上賓。這條「希臘最狡猾的蛇」[78]成了新主人的寵兒，把曾經讓波斯野心化為烏有的聰明才智改為萬王之王所用。他被派到西部前線，坐鎮離米利都不遠處的內陸地區，像太守那樣發行錢幣並率領一支軍隊。他人生最後的日子，都在薩第斯教導波斯朝臣如何抵抗雅典人對帝國領土的蠶食。西元前四五九年，地米斯托克利以國王僕從及叛徒的身分嚥下了最後一口氣。

這是一個令人不安的先例，希臘的救星到頭來竟成了自由的敵人。在許多人眼中，即使在流放途中，地米斯托克利仍是自己城邦的縮影。在整個西元前四五〇年代，越來越多擺脫蠻族統治的城邦發現，自己對雅典的感激之情日益變成嫉妒、猜疑與懼怕。他們看不出來，如今自己被迫向雅典衛城繳交的同盟會費，與之前向蘇撒繳納的進貢有何差別。早在西元前四六〇年代，就有一些城邦企圖退出同盟，卻發現自己遭到雅典艦隊的光顧。接下來十年，即使那些不屬於同盟的城邦也受到相同的對待。例如：雅典人在西元前四五七年兵臨宿敵埃伊納，在拆除其城牆、沒收其艦隊後，邀請它加入「提洛同盟」。這是倒霉的埃伊納無法拒絕的邀請——畢竟連最飛揚跋扈的東方暴君也會對此感到驕傲。人們開始回想起，雅典剛成為帝國時一個不祥之兆。據說，克桑提普斯在打完米卡勒山之戰北返途中，曾經停靠赫勒斯滂，把薛西斯浮橋的繩纜奪為戰利品，又將一個波斯俘虜活生生釘死在木板上。在人們心中，這種酷刑產生越來越大的陰影，足以將整個希臘籠罩其中。

然而，雅典人並不如此認為。雖然他們的城邦變得強盛富有，但他們從未忘記，當初自己是以何等的勇氣才贏得今天的地位。「希臘的堡壘，著名的雅典，住著神一般人物的城市」，那個被其暗影籠罩的世界，也被其榮耀所照亮。確實如此，當一個水手行經蘇尼恩岬（Cape Sunium），朝著「在歌曲中聲名遠播的閃亮城市」[79]而去時，將看見三十英里外有一道奪目的閃光。那是太陽反射於一根　亮長矛矛尖上的光亮，長矛則由一個雅典娜巨像握在手中。那座巨像高約三十五英尺，威風亮眼地站在衛城山頂，守衛聖巖的入口，她的目光安詳地望向薩拉米斯的方向。銅像由同盟全體成員共同出資，委託當時雅典最偉大的雕塑家菲迪亞斯（Phidias）製作，是為了以青銅體現民主歷史的璀璨，可謂一座自由女神像。

為何希臘城邦之間的兄弟之情卻非如此，雅典人開始想知道原因。西元前四四九年，雅典和波斯達成和解，萬王之王和他最大宿敵所有的仇恨，在大戰爆發半世紀後一筆勾銷了。[80]同年，雅典人對希臘和愛奧尼亞的城邦發出邀請，要求他們派代表到雅典衛城參加會議。[81]表面上是為了討論是否重建遭蠻族焚毀的神廟，但這個目的背後，其實有著一個高遠多了的目的。請柬上寫道：「讓每個人都來討論，該如何保證希臘的和平與繁榮。」[82]這是一種理想主義的呼籲，在雅典人與波斯言和後最初幾個月提出，當時雅典人正處於心緒最平和的狀態。回到西元前四七九年時，阿里斯提德便是如此反駁斯巴達使者懷疑雅典可能會和馬鐸尼斯站在同一邊的指控：「我們都是希臘人，分享同樣的血液、語言、神廟與同樣的神聖儀式，我們分享著同樣的生活方式。假如雅典人背棄這一切，那真是太可怕了。」[83]雅典人果然履行了阿里斯提德所說的，寧可眼睜睜地看著自己的城市付之一炬。他們做出犧牲的證據，還可見於衛城遍地的瓦礫焦土。現在雅典人追問，為何需要蠻族來提醒希臘人他們全是希臘人？他們為何不能以自己為榜樣，促進一個世界大同的時代？

以斯巴達人馬首是瞻的伯羅奔尼撒人，對此嗤之以鼻。他們取笑說：究竟是哪個城邦帶領希臘各國進入這個黃金時代的？按雅典人在請柬上的暗示，答案不言而喻：各城邦既派出使者到衛城開會，自然默認雅典是老大。斯巴達當然斷然拒絕邀請，它在伯羅奔尼撒半島的盟友也一樣。於是，會議沒開成。雅典對此挫敗不屑一顧，反而加緊控制其所能控制的城邦。與波斯的戰爭雖結束了，但雅典人卻不會因愛琴海恢復和平而解散同盟。任何成員國只要表現出些許不遜——更別說公然反抗，都會遭到雅典無情的鎮壓。每年，雅典持續向同盟國索取會費，無異於要求納貢。「盟友」一詞嚴重過時了，由「臣服於雅典人民的城市」所取代——這種措詞起碼的優點是精確。希臘不但沒有變得團結，反而分裂為兩個互相敵對的權力集團。兩個集團各有一個高高在上的首領，其他附屬城邦的地位卻異常卑下，而作為首領的城邦為了合理化自己的霸權，又大肆吹噓自己曾為保衛自由所做出的貢獻。

不單單只有雅典自稱希臘的救星，它的前盟友斯巴達同樣可以把普拉提亞和溫泉關拿出來誇耀。對其他希臘城邦來說，斯巴達人仍是勇敢和美德的無雙典範。其締造這種名聲最有力的事件是三百勇士的壯烈成仁。「路人啊，請告訴在斯巴達的人們，我們是為了遵守他們的命令而長眠於此。」[84]這幾句刻在溫泉關一塊簡單石頭紀念碑上的句子，就像李奧尼達本人的話一樣簡潔有力，也同樣不朽——因為在所有對抗萬王之王的戰爭中，溫泉關之戰是其中最極致轉化為傳奇的一戰。不過，雅典人即將把這個記憶壓過去。西元前四四九年年底，在公民大會上，一個帶有預兆意義的臨時動議被提出了。幾個月前，斯巴達才拒絕派代表到雅典開會，也不同意讓重建遭焚毀的神廟，但現在雅典人卻不參考其他希臘人的意見，而自己就這個議題進行投票。重建衛城神廟的提議獲得壓倒性通過，徹底翻修聖巖的計畫立刻付諸實行。

這項計畫籌備許久，幕後推動者為「世襲貴族」伯里克利（Pericles），他是政治遊戲的老手。西元前四七二年，當他所資助的埃斯庫羅斯著名悲劇《波斯人》上演時，首次表現出自己對吸睛文化項目的激情。在雅好「宏大建設計畫」的品味上，伯里克利具有無人可以匹敵的家學淵源。他的父親是克桑提普斯，母親是阿爾克馬埃翁家族的千金。這當然表示，他繼承了家族資助興建衛城建築物的傳統。但在他的家族中，從來沒有一個成員比現在的伯里克利有更好的機會。衛城曾經遭到波斯人徹底蹂躪，亟待重建的不只是一座神廟，而是整片巖頂。伯里克利借助最傑出雅典人的才智——包括大雕塑家菲迪亞斯，而致力打造出一些最完美的「標誌性建築物與紀念碑，好讓未來的世代就像現在的世代一樣，對自身感到驚異」[85]。

西元前四四七年，一座預定成為有史以來最奢華美麗的神廟動工了，後來的世代將稱之為帕德嫩神廟（Parthenon）。[86]

雖然衛城上所有嶄新宏偉的建築都大膽而創新，但它們的基礎卻深深根植於過去。例如：帕德嫩神廟這座新時代的紀念碑，就是建立在一座未落成神廟被焚毀的地基上——該神廟本來始建於西元前四八〇年代，是為了紀念馬拉松之戰。現在，伯里克利希望以衛城上的新建築，讓馬拉松的記憶永久留存。聖巖上到處是對這場戰爭的誌念：若不是表現於帕德嫩神廟的格局本身，就是表現在為了勝利而奉獻的戰利品上，或表現於描繪這個勝利的橫飾帶上。一切都完美地表現出，雅典不但是希臘的救星，還是它的老師和女主人。

那些在馬拉松倒下的人並未完全死去。一個人若於早晨離開衛城工地的塵埃與喧囂，也許就能在夜幕降臨時抵達馬拉松的戰場。星光映照下，他可看見一座巨大的陵墓輪廓矗立於夜色中，一旁豎立著修建於十年前以潔白大理石精心雕成的紀念碑。但這裡最有力且最怪異的紀念碑，卻是看不見、只能用聽的紀念碑。據說，每天晚上都有古怪的聲音打破午夜的寧靜，陰森響徹整個平原——金屬相交聲、箭矢飛動的嘶聲、喊殺聲、踐踏聲和尖叫聲，其他與蠻族交戰的戰場都沒有這種顯靈的現象。雖然雅典人也許會害怕這裡出沒的幻影，但他們應該也對此感到自豪。畢竟，他們曾在歷史上最偉大的一齣戲劇裡擔綱演員——當時雅典獨力保存了全希臘的自由。「他們不只是自己孩子的父親，還是自己孩子自由的父親，而且是每個住在西方大洲上人們自由的父親。」[87]一切都來自馬拉松，一切也因它而獲得正當性。

馬拉松平原再過去，沿路都是紀念碑、陵墓與鬼影，然後道路蜿蜒向北，直通海邊山上一座神廟。此地為拉姆努斯（Rhamnus），據說是宙斯穿越整個世界追逐復仇女神後，最終將她帶往人間的地點。這次強暴孵育出海倫、特洛伊戰爭與東西方的漫長仇恨，也將米底人達提斯與他龐大的艦隊帶到位於拉姆努斯以南僅五英里的馬拉松。達提斯確信，「沒有人可以阻止他奪取雅典，所以帶來了一塊大理石，準備以它來刻石紀功。」[88]他遠征失敗後，這塊大理石被丟棄在戰場上，當地人把它拖到拉姆努斯。沒有比這裡更適合人們對此進行聯想——拉姆努斯海邊山上那座神廟就是供奉復仇女神。顯然地，女神的憤怒摧毀了蠻族的入侵；人們計劃為她修建第二座神廟，藉此紀念馬拉松之戰。他們打算用波斯人留下的大理石為女神造像，而大雕塑家菲迪亞斯得到了這項委託。如此一來，一個雅典人將有如在衛城一樣，自拉姆努斯瞥見未來。如果他走到等待雕刻的大理石前面，便很容易想像，從它幽靈般白皙的表面，隱約可見雕像未來的模樣，復仇女神的臉龐。

後記

西元前四三一年，關係日益緊張的雅典和斯巴達，終於撕破臉。隨後爆發的衝突——雅典人稱為「伯羅奔尼撒戰爭」（the Peloponnesian War）——斷斷續續持續了二十七年。戰爭在西元前四〇四年結束，以雅典全面敗北告終。其帝國被支解，艦隊遭摧毀，民主政體也被擱置。雖然在接下來的世紀雅典將大復甦，但從此不再是希臘世界的要角了。

西元前三七一年後的斯巴達也一樣；在保薩尼亞斯對馬鐸尼斯贏得輝煌勝利一百零八年之後，斯巴達人距離普拉提亞五英里的留克特拉村（Leuctra）遭底比斯人大敗。底比斯人便抓住這個機會，大舉入侵拉刻代蒙。伯羅奔尼撒同盟被廢除，麥西尼亞（Messenia）獲得解放。斯巴達失去所有的黑勞士，一夜之間從希臘霸主變為二流城邦。

接下來幾十年，希臘城邦繼續互相廝殺。同時，一個北方的新勢力崛起了，準備在殘忍的廝殺後成為希臘的主人。西元前三三八年，馬其頓國王腓力二世（Philip II）沿著薛西斯走過的路線，南下進攻波奧提亞。雅典和底比斯的聯軍試圖阻擋他挺進，結果被打得七零八落。陣亡將士的墓碑上刻著這段話：「我們為了希臘的自由躺在這裡。我們享有的榮耀永不凋零。」[1]這是一句豪言壯語，只不過再怎麼激勵人心的墓誌銘，都無法掩飾希臘的獨立已然消逝的黯淡事實。四年後，腓力的兒子亞歷山大渡過赫勒斯滂攻擊波斯帝國。這次輪到萬王之王威風掃地，入侵者連續打了三場大勝仗。巴比倫淪陷，波斯波利斯付之一炬。末代萬王之王處境惡劣地被活活渴死。亞歷山大（Alexander）宣布，自己繼承了居魯士的三重冕（*kidaris*），也繼承了從亞得里亞海（Adriatic）到印度河（Indus）的遼闊帝國。

這是有史以來第一次，波斯和希臘處於同一個主人的統治之下。

而這一次，即使是復仇女神，可能也不介意微笑了。

致謝

當我還很小的時候，就希望能寫一本關於波希戰爭的書。如今非常感謝那些為我提供機會，使我能對這個題目展開三年研究的人。感謝我最好的朋友和經紀人帕特里克・沃爾什（Patrick Walsh）；感謝我的編輯里查德・貝斯威克（Richard Beswick）和史蒂夫・吉斯（Steve Guise）；感謝格里・霍華德（Gerry Howard）、丹・伊斯雷爾（Dan Israel）、里查多・阿拉托（Ricardo Artola）、霍安・埃洛伊（Joan Eloi）、羅加・馬丁內斯（Roca Martinez）等外國友人的鼓勵；感謝國內路易斯・艾倫瓊斯（Louise Allen-Jones）和伊麗莎白・范利爾（Elizabeth van Lear）等人的支持；還要感謝阿梅莉・庫特（Amélie Kuhrt）和保羅・卡特利奇（Paul Cartledge），不吝與我分享他們無可比擬的學識，並為我指出許多錯誤；感謝希臘研究促進協會圖書館（Library of the Society for the Promotion of Hellenic Studies）的工作人員，為我提供禮貌而高效率的服務；感謝邁克・博恩（Maike Bohn），為我提供與邁可・卡倫（Michael Cullen）出遊的機會，並介紹我結識對希臘瞭若指掌的旅遊作家；感謝菲利普・弗朗西斯（Philip Francis）和巴爾巴羅・諾埃－貝克（Barbaro Noel-Baker），陪我度過在尤比亞島的快樂時光；感謝強納森・泰特（Jonathan Tite），安排我乘坐快艇環遊薩拉米斯島；感謝朗曼夫婦（Nick and Sarah Longman）在雅典熱情好客的招待；感謝邁可・羅利（Michael Lowry）和丹尼茲・顧爾廷（Deniz Gurtin）在博德魯姆的熱情款待。感謝家父，陪伴我在溫泉關進行實地考察；感謝伊拉赫・

塔巴里（Elahe Tabari）在波斯波利斯提供的幫助；感謝奧德麗（Audrey Gordon）和貝基・戈登（Becky Gordon）為保護大殿內的藝術精品免遭破壞所做的一切努力；感謝卡洛琳和傑米・繆爾（Jamie Muir），如果沒有他們的友誼、支持和好脾氣，我可能至今也無法完成此書。本書也獻給他們；感謝我親愛的家人賽迪（Sadie）、凱蒂（Katy）和伊莉莎（Eliza），在我閉關象牙塔的漫長歲月中對我的寬容，並陪伴我在希臘、伊朗和土耳其每個塵封已久的遺址進行考察，過程中的快樂，是我一生中最美好的時光。希臘古諺有云：「夫妻同心持家，是世界上最美好的事。」

註釋

除非另有說明，單單舉出作者姓氏時指的是以下著作：Aelian, *Miscellany*; Aeschylus; *The Persians*; Aristides, *Aelius Aristides Orationes*, ed. W. Dindorf (Leipzig, 1829); Athenaeus, *The Learned Banquet*; Cicero, *On Divination*; Ctesias, *Fragments*; Diodorus Siculus, *The Library of History*; Diogenes Laertius, *The Lives and Doctrines of Eminent Philosophers*; Herodotus, *Histories*; Pausanias, *Description of Greece*; Polyaenus, *Stratagems*; Quintus Curtius, *The History of Alexander*; Strabo, *The Geography*; Thucydides, *History of the Peloponnesian War.*

前言

1. From bin Laden's 'Declaration of war against the Americans occupying theland of the two holy places,' quoted by Burke, p. 163.
2. Gibbon, Vol. 3, p. 1095.
3. Herodotus, 1.4.
4. Ibid., 1.5.「許多亞細亞民族」字面上的意思是「波斯人和腓尼基人」。
5. 長久以來，希羅多德都被詆毀為一名空想者，是謊言之父而非歷史之父。但過去幾十年來，則給予他精確的重新評價。考古發現一再證實他的說法可靠。一個扼要且精彩的綜覽見於 Stephanie Dalley 的文章：Why did Herodotus not mention the Hanging Gardens of Babylon?', in Derow and Parker (eds), *Herodotus and his World*。相反的主張（希羅多德的歷史著作中，有許多杜撰的內容）並未完全敗陣，見 Fehling。

6. Herodotus, 1.1.
7. J. S. Mill, p. 283.
8. G. W. F. Hegel, *The Philosophy of History*, 2.2.3.
9. Herodotus: 7.228.
10. 嚴格說來，李奧尼達帶到溫泉關的斯巴達士兵中，只有二九八人陣亡。見p.341。
11. M. de Montaigne, 'On the Cannibals', in *The Complete Essays*, p .238.
12. Lord Byron, 'The Isles of Greece', l. 7.
13. W. Golding, 'The Hot Gates', in *The Hot Gates*, p. 20.我是在易受感動的十二歲讀到這篇文章，它首次點燃我對波希戰爭的熱情。
14. 譯註：「主人種族」：指天生當主人的種族，相對於「奴隸種族」。
15. Quoted by David, p. 208.
16. Aeschylus, 104-5.
17. 他的哈里發國在兩年後的一九二四年遭到廢除。
18. Curzon, Vol. 2, pp. 195-6.
19. 譯註：指英國公校的畢業生。
20. 'The historical record of the Imperial visit to India, 1911' (London, 1914), pp. 176-7.
21. Green, p. xxiii.
22. Murdoch, p. 171.
23. Starr (1977), p. 258.
24. Ehrenberg, p. 389.
25. 更精確地說，這本書的書名是*Le Mirage Spartiate*，因為作者是法國人。
26. 見普魯塔克（Plutarch）年輕時寫的火爆文章'On the malignity of Herodotus'。
27. Davidson (2003).

第一章

1. 譯註：美索不達米亞一帶。
2. 不過希臘人認為，呼羅珊大道是敘利亞女戰神塞彌拉彌斯（Semiramis）創造。她也是巴比倫的締造者。
3. The annals of Ashurnasirpal, Column 1.53, trans. Budge and King, p. 272. 這句話指的是阿淑爾納西爾帕（Ashurnasirpal）在亞述以北山區進行的戰役。
4. Quoted by Kuhrt (1995), p. 518.
5. 雖然沒有實證，但學者幾乎一致相信，亞述人來自札格洛斯山脈以東。一個少數派的意見則主張，米底人和波斯人翻越高加索山脈，從北方進入札格洛斯山脈。
6. From the campaign records of Shalmaneser III (843 BC); see Herzfeld, p 24.
7. 西元前九世紀至西元前七世紀米底地區的精確地理範圍並不清楚。根據 Levine (*Iran* 12, p. 118)，它極可能是「侷限於呼羅珊大道的狹長地帶」。
8. Nahum, 3.3.
9. 這個對米底帝國的簡介，無可避免地強烈依賴希羅多德的記載，而他的記載寫於事件發生後的一個多世紀。看來，他的敘事大綱吻合同時代的巴比倫檔案，後者同時提到了基亞克薩雷斯（Cyaxares）和阿斯提阿格斯，但沒有一件事情是真正確定的。對於重要米底遺址的考古挖掘發現，他們的生活水準在亞述帝國被推翻後直直落——本來一直以為是大事繁榮。這種書面證據與物質證據的落差，導致一些學者——特別是 Sancisi-Weerdenburg 在 *Achaemenid History*（以下簡稱 *Ach Hist*）3, pp. 197-212 and *Ach Hist* 8, pp. 39-55——懷疑米底帝國根本不存在。當然，一個建立於較大帝國廢墟上的較小帝國經常顯得比較貧窮——從黑暗時代的歐洲史便可見一斑。但不管怎樣，即使我們接受希羅多德記載的基本史實（大部分學者也都接受），米底史的細節仍很模糊。
10. 對這兩次遠征的記述，分別見於：色諾芬（Xenophon）和克特西亞斯（Ctesias）。雖然這兩位史家都不是以精確聞名，但在這件事情上，我們沒有特別強的理由懷疑他們。雖然亞里斯多德（見 *Politics*, 1311b40）記載了一個說法，提到阿斯提阿格斯個性軟弱且自我縱容，但這與其他史料的說法相左，且在古代近東，軟弱的國王極少可以在位長久。
11. 埃克巴坦拿的建城年月已不可考，但亞述人的史料沒有提過這座城。這佐證了希羅多德所說的，這座城是米底人建造來彰顯他們的權力。

12. See Herodotus, 1.98.

13. Diogenes Laertius, 1.6.

14. 根據目前學界的共識，它們並非屬於同一個民族。

15. 波斯對安息的統治始於西元前六五〇年初，最後一個本土安息國王屬於這個時期，而第一位號稱安息國王的波斯人則屬於晚一代人。安息本身則建立於更古老的埃蘭王國（kingdom of Elam）廢墟之上。

16. 居魯士成長傳說的主要資料來源為希羅多德的記載，他自稱自己的材料得自於波斯報導人（1.95）；其他說法來自大馬士革的尼古拉（Nicolaus）和查士丁（Justin）。看來這個故事的民間傳說成份大有可能來自近東：阿卡德的薩爾貢（Sargon of Akkad）有類似的成長過程，他是西元前第三世紀的一名準萬王之王（見pp.42-3）。傳說中，只有居魯士是阿斯提阿格斯外孫的部分，被認為具有歷史真實性：色諾芬、狄奧多羅斯（Diodorus Siculus）和希羅多德都這樣說。而且，我們從巴比倫的資料來源便可得知，阿斯提阿格斯喜歡把女兒嫁給鄰近王國的王公。但無可避免地，相反意見也存在，例如：見Sancisi-Weerdenburg, *Ach Hist* 8, pp. 52-3。

17. From the so-called 'Dream of Nabonidus' (Beaulieu, p. 108). 我們從同時代另一個資料來源——*Nabonidus Chronicle*——得知，戰爭是由為阿斯提阿格斯發起的，而非如希羅多德所說是居魯士。

18. Darius, inscription at Persepolis (DPd 2).

19. Herodotus, 1.129.

20. *Nabonidus Chronicle*, II.17.幾乎可以確定，這個詞彙指的是呂底亞。這段銘文因為受損了，以致無可爭議。

21. Diodorus Siculus, 9.35.

22. Darius, inscription at Persepolis (DPg).

23. 在整個近東地區，「愛奧尼亞人」一詞的不同變體被用作稱呼「希臘人」的通用語。例如：《創世紀》提到，雅弗（Japheth）的一個兒子是雅完（Javan）。希臘人本身把希俄斯（Chios）和薩摩斯這兩個島嶼城市也算作愛奧尼亞城市，因此總計共有十二個愛奧尼亞城市。

24. Herodotus, 1.164.

25. Xenophanes, Fragment 22.

26. 我們對居魯士東征的細節幾乎一無所知。毫無疑問地，伊朗東北部雖有大片大片土地被波斯征服，但幾乎無從得知征服的日期。我們固然知道，西元前五三九年居魯士人在巴比倫，但在那之前的八年與此後的九年他人在哪裡都毫無記載。不過，雖然同時有學者主張，居魯士是於在位較早期與在位較晚期時征服東方，但前者看來比較合理。因為那較符合戰略考量——而居魯士絕對是一位大戰略家。另外，截至居魯士駕崩時，東部省份已頗成功地整合到波斯帝國內，所以我們有理由假定，這個整合已經進行了頗長一段時間。另外，雖然希羅多德對東方事務的了解無可避免地十分模糊，他卻斬釘截鐵指出：「當阿斯提阿格斯把亞細亞的西部翻過來時，居魯士在北部和東部作戰，征服了每一個民族，無有例外。」（1.117）巴比倫學者貝羅索斯（Berossus）附和了這個說法——他生活在緊接著亞歷山大大帝的時代，應該可以接觸到希臘人所不知道的巴比倫檔案。

27. *Mihr Yasht*, 14-15.
28. Ibid, 13.
29. 有些學者懷疑這河是伏爾加河。
30. 波斯文寫作Kurushkath。藥殺水今稱錫爾河（Syr Darya），其流域貫穿哈薩克。
31. Cyrus Cylinder, 11.
32. 有關居魯士之死的這個說法，來自希羅多德（1.204-14）。這看來是流傳至今的許多說法中最說得通的一個。例如：根據色諾芬的說法，居魯士甚至不是死在戰場，而是死在自己於波斯的床上。這類矛盾充斥著波斯史的史料。根據西塞羅所說，居魯士七十歲駕崩（見*Divination*, 1.23），但再一次地，此說的精確性任誰都說不準。西塞羅可能認為「古稀之年」是個圓滿壽數而用之。
33. Xenophon, *Cyropaedia*, 1.4-5.
34. 「血親婚」（*khvaetvadatha*）被瑣羅亞斯德認為是一種重要的宗教義務，而這是有可能的——甚至岡比西斯的亂倫婚姻就可能反映出這位先知的影響。不過就像大部分關於拜火教的事情一樣，這只是猜測。蘇格拉底的弟子哲學家安提西尼（Antisthenes）宣稱，波斯男人喜歡「和媽媽、姊妹與女兒上床。」也許此說只是對一項真實傳統的以訛傳訛。
35. 有些史料和這個詮釋相抵觸。根據克特西亞斯記載，巴爾迪亞兩度被兄長召見，直到第三次才不情願地進宮。根據希羅多德記載，他跟隨岡比西斯去了埃及，但只逗留了一會兒便不光彩地被遣回波斯。兩種說法都不太可能。有鑑於後來發生的事，巴爾迪亞至少大部分時間都待在帝國東半部，如果他不是一直都待在那裡，那顯然地，岡比西斯人在埃及時，他的角色也只能算是兄長的副手：任何其他角色在政治上都不被容許。顯然地，岡比西斯認為自己有足夠的理由相信巴爾迪亞，而至少有四年，他並未失望。
36. 這個故事出自波利亞努斯（Polyaenus）的《戰略學》（*Strategies*）第七卷。此說成於西元二世紀——也可能更早。
37. 這個城鎮是安提拉（Anthylla），見Herodotus, 2.98。

38. Herodotus, 3.89.

39. 根據希羅多德記載，巴爾迪亞因為拉開宮廷上一張無人能拉開的弓，才會不光彩地被從埃及遣回。

40. Herodotus, 3.20. 埃及人和波斯人把衣索比亞稱為努比亞。根據希羅多德記載，岡比西斯入侵衣索比亞以災難收場，但看來這再次反映出他對埃及資料來源的依賴。波斯檔案清楚表明，至少北努比亞被納入了波斯帝國。

41. 特別是巴比倫。

42. 準確時間並不清楚。這讓人相當挫折，因為岡比西斯可能在巴爾迪亞稱王之前便已死去。如果情況真是如此，嚴格來說篡位事件就並未發生。有些晚出的史料有所暗示，但八成可以忽略它們不提。關於岡比西斯是某次企圖政變受害者的說法十分強烈，如果王位在岡比西斯死後順利繼承，也很難解釋為何波斯帝國會陷入大混亂。還有一點：岡比西斯在位最後一份文件的日期是四月十八日，已知的最早一份提到：「國王巴爾迪亞」文件的日期是同一個月的十四日。這不是一次政變的決定性證據，但至少是很強的旁證。

43. 沒有任何史料提到，巴爾迪亞在那個夏季待在埃克巴坦拿，但由於那是波斯君主偏愛的夏季居所，而我們又很確定巴爾迪亞九月時人在米底，所以那是一個安全的假定。

44. Darius, the Bisitun inscription (DB 14).

45. Aeschylus, 1.774.

46. 還有一些微弱的證據不利於大流士。他在說明發生於西元前五二二年夏天的事件時，用了一個奇怪的累贅說法：「在那之後，岡比西斯由於自己的死而死去了。」（DB 11）誠如 Balcer 指出：「很有可能，岡比西斯並非單純地死去。正因為他的死因特殊，貝希斯敦銘文的撰寫者為了對此否定，才會強調他是『由於自己的死而死去』。所以，撰寫者也許留下了線索讓我們知道，某些特殊理由導致岡比西斯的死。」（*Herodotus and Bisitun*, p. 98）

47. 關於外國商人與銀行家在伊朗的活躍活動，見 Zadok。

48. Strabo, 11.13.7.

49. 我對巴爾迪亞之死的陳述是綜合大流士自己的和不同希臘作者的說法。儘管希羅多德弄錯了行刺的發生地點，但他對這事件的記載看來仍非常準確。歷史學家長久以來都懷疑，他的資料來源是小佐皮羅斯（Zopyros the Younger）——七個同謀者之一的梅加拜扎斯（Megabyzos）的曾孫。西元四四〇年代，佐皮羅斯流寓在雅典，當時他也許見過希羅多德，告訴他政變的詳情。有關巴爾迪亞遇刺時和一個姬妾在一起，並以凳腳自衛一節則來自克特西亞斯，此帶有典型的小報筆觸。大流士弟弟刺中巴爾迪亞要害一節則來自 Aeschylus (776)，這部分可信多了，因為阿爾塔費尼斯後來成為雅典事務的一名主要參與者，他的生平也必然廣為周知。顯然地，大部分歷史學家認為，「阿爾塔費尼斯」（Artaphernes）是「因塔費尼斯」（Intaphernes）的誤拼（希羅多德稱，因塔費尼斯為七個同謀者之一）顯然有誤，這尤其是因為，希羅多德的同代人——愛奧尼亞民族學家赫拉尼科斯（Hellanicus of Lesbos）同樣指出，阿爾塔費尼斯是讓巴爾迪亞斃命的人。刺殺發生地西基阿沃提什的所在一直無法精確認定，但應該在今日的哈爾辛（Harsin）附近，此地緊接呼羅珊大道以南。

50. DB 11.

51. DB 55.

52. Herodotus, 1.136.

53. *Mihr Yasht*, 2.

54. Herodotus, 3.84.

55. *Yasna*, 43.4.

56. Amesha 一般譯為「不朽」，但 Spenta 是個無法翻譯的字眼，兼有「強壯」、「神聖」、「擁有力量」、「仁慈」和「慷慨」多重意思。見 Boyce (1975), 1.196-7.

57. *Yasna*, 30.2.

58. 對波斯人的意見，我們需要依靠希臘人的證據：據呂底亞的贊瑟斯（Xanyhus of Lydia, 西元前五世紀）的考證，瑣羅亞斯德生活在早薛西斯六千年的時代，但這個數字幾乎肯定是反映瑣羅亞斯德的世界時代循環的觀念。第一個說瑣羅亞斯德生活在阿斯提阿格斯在位時代的希臘人是西元前四世紀的阿里斯托克塞努斯（Aristoxenus），他也說先知是畢達哥拉斯的老師。這兩種說法都不足信，雖然它們能夠並存顯示瑣羅亞斯德很大程度是個神祕和神話人物。這疑惑至今困擾著當代學者。當前共識（奠基於對最古老瑣羅亞斯德教文獻的定年）是把瑣羅亞斯德的年代定在西元前一〇〇〇年前後，但巨大分歧仍然存在：有些人（以 Boyce 為代表）認為他生活在西元前一七〇〇至一五〇〇年之間，另一些人（以 Gnoli 為代表）認為他生活在西元前七世紀尾聲。不過就像 Gnoli（p.5）幽怨地承認的，爭論瑣羅亞斯德的年代是伊朗學家「最喜歡用來打發時間的方式」。

59. 不過，米底人的城市剌伽（Ragha）——離今天的德黑蘭不遠——有朝一日將自稱是瑣羅亞斯德這位先知的出生地。

60. 「火壇」一詞出自 Boyce's *Zoroastrianism*, Vol. 2, p. 52。

61. Clemen, pp. 30-1.

62. DB 63.
63. In Old Persian, Bagastaana.
64. 位於今天巴格達以南不遠處。

第二章

1. 'Enuma Elish', 6.5-6.
2. Jeremiah, 28.14.
3. Ibid., 5.16-17.
4. Quoted by Leick, p. 96.
5. Nabonidus, inscription 15.
6. Cyrus Cylinder.
7. George, p. 41.
8. Herodotus, 1.191.
9. 'Instructions of Shuruppak', 204-6.
10. Darius, inscription at Naqsh-i-Rustam (Dna 2).
11. Cyrus Cylinder.
12. 我們無從得知「尼丁圖貝爾」究竟是何許人。但間接證據顯示，十之八九他有皇室血統。
13. Haggai, 2.6.
14. DB 25 (Babylon).
15. DB 1.
16. DB 4.
17. Byron, p. 43.
18. DB 70.

19. DB 72.
20. DB 73.
21. 這個頭銜的起源已不可考。烏拉爾圖（Urartu，位於今日亞美尼亞）的國王用過這個稱號，但波斯君主是如何接收它的則是個謎（也未必是接收自烏拉爾圖）。有時亞述諸王也會自稱「萬王之王」，但很罕見。巴比倫諸王則完全沒有這樣自稱。
22. Darius, inscription at Persepolis (DPf).
23. Herodotus, 3.89.
24. Darius, inscription at Susa (DSf 3e).
25. Ibid., 3h-i.
26. Ibid., 3f.
27. Darius, inscription at Persepolis (Dpg 2).
28. 至少，根據希羅多德是如此。但如果論及相關細節，他對岡比西斯一朝的記載則不是最可靠的。那支軍隊被認為埋骨於利比亞沙漠，但尋覓他們骨骸的企圖全告失敗。
29. 這是一個合乎邏輯的假定。我們知道：「波斯諸王擁有打自尼羅河和多瑙河的水，他們把水收藏於寶庫，以見證他們勢力和帝國幅員的龐大。」（Plutarch, *Alexander*, 36.4）這裡提到的河流，明顯反映出普魯塔克的希臘人觀點。印度河一樣可能包括在內。

第三章

1. Herodotus, 1.153.
2. Ibid., 1.4.
3. *The Iliad*, 3.171.
4. Cicero, *On Duties*, 2.22.77.Hans van Wees 在他的文章：'Tyrtaeus' *Eunomia*'中，決定性地證明了這句諺語出自古風時代，見 Hodkinson and Powell, pp. 1-41。
5. Herodotus, 1.65.
6. Phocylides, Fragment 4. 這種說法幾乎可以肯定是出現在尼尼微陷落之後，八成也反映著西元五四〇年代，對波斯實力與日俱增的恐懼。

7. 多利安人到底是什麼人？這是連古代史家都稱為「黑暗時代」時期的大謎題。就像米底人和波斯人的遷徙一樣，多利安人的入侵細節已經很難追溯。無可避免地，少數歷史學家主張多利安人不過是一則神話。
8. Plato, *Hippias Major*, 285d.
9. Tyrtaeus, 5.2-3.
10. Ibid., 5.4.
11. Ibid., 5.10.
12. Plutarch, *Lycurgus*, 2.
13. Herodotus, 1.65.
14. Plutarch, *Lycurgus*, 29.
15. Thucydides, 1.6.
16. Tyrtaeus, 7.31-2.
17. Plutarch, *Lycurgus*, 29.
18. 最佳的討論見於 Hodkinson, p. 76.
19. 例如 Ephorus 就這樣認為，見 Strabo(8.5.4)。另一個理論則把「黑勞士」等同於「俘虜」之意。這個理論在詞源學上較有說服力。
20. Tyrtaeus, 6.1.
21. 譯註：傳說中，珀羅普斯曾失去一塊肩胛骨，後來用象牙補好。
22. 譯註：指伯羅奔尼撒半島，此名稱字面上的意義是「珀羅普斯之島」。
23. Herodotus, 1.66.
24. Xenophon, *Agesilaus*, 2.7.
25. 要晚至西元前四一一年，才首次有作品提到斯巴達人的猩紅色斗篷，那是阿里斯托芬（Aristophanes）的喜劇《呂西斯特拉達》（*Lysistrata*）。我們無從得知，斯巴達人何時開始穿戴這種斗篷。不過，它可能是在西元前六世紀中葉，斯巴達軍隊日益標準化時引入。讓問題更複雜的，則是用來指涉「斗篷」的希臘文單字也可以指斯巴達的束腰上衣。
26. Lysias, *In Defence of Mantitheus*, 16.17.

27. Thucydides, 1.10.

28. *The Iliad*, 21.470. 她位於歐羅塔斯河河畔的神廟，本來是供奉一位名叫俄爾忒亞（Ortheia）的藉藉無名女神。斯巴達人把那裡用來膜拜阿提米絲，八成始自西元前六世紀，這個阿提米絲被稱為阿提米絲・俄爾忒亞。不過在羅馬時代以前，這個名字沒有被正式化。

29. 這些面具的時代為西元前七世紀和六世紀，尤其是六世紀。

30. Pindar, quoted by Plutarch, *Lycurgus*, 21.

31. 根據柏拉圖所言，只有老年人才被容許批評國家政策，見 *Laws*, 634d-e。

32. Pindar, quoted by Plutarch, *Lycurgus*, 21.

33. Xenophon, *The Constitution of the Spartans*, 10.3.

34. Plutarch, *Lycurgus*, 16.

35. Ibykos, Fragment 58.

36. Plutarch, *Lycurgus*, 14.

37. Herodotus, 6.61.

38. 這位國王是卡里拉歐斯（Charilaus），但因為他被認為應該生活在西元前八世紀，早於呂庫古改革的時代，所以這句名言應為杜撰，由普魯塔克記錄下來，見 *Sayings of the Spartans*。

39. 一個有名的故事講到，一個小男孩獵了一隻狐狸當食物，但不肯承認自己做了這件事；於是，他把狐狸藏在斗篷裡，寧願讓那隻動物咬穿自己的肚子。這個故事衍生自斯巴達人鼓勵年輕人培養狐狸性格的傳統，但這則故事本身卻說不通，因為再餓的男孩也不會獵捕一隻狐狸來當晚餐。

40. 譯註：在英語中，laconic 這個單字為寡言之意。

41. Plutarch, *Lycurgus*, 16.

42. 在此必須指出的是，這兩個細節都出自於較晚出的資料來源，分別是：Aelian 和 Athenaeus，兩人都是約西元二世紀的人士。

43. 這種風俗的起源已不可考，有些學者認為，它晚至西元前五世紀才出現。

44. Xenophon, *The Constitution of the Spartans*, 2.9.

45. 資料來源有一個矛盾。有個說法是，斯巴達人都祕密結婚，但我們並不清楚，一個剛剪短頭髮的新娘子要如何隱瞞自己的新地位。在斯巴達，只有已婚女人可以在公眾場合戴面紗。

46. Critias, 88B37 D-K.
47. Herodotus, 7.105.
48. Tyrtaeus, Fragment 2.
49. *Homeric Hymns*, 3.214-15.
50. 譯註：Pythia 是從 python〔蟒〕衍生而來。
51. 我們並不清楚，這是從何時開始。皮提亞本來是個年輕女子之說，被人一提再提，但所有古典時期的作家都理所當然地把她視作一名老女人。我們對上古希臘歷史的認識非常零碎，皮提亞完全有可能始終都是一名年老的女人。
52. *Homeric Hymns*, 3.538.
53. 傳統上，這場所謂的「神聖戰爭」被定年於西元前五九五至五九一年。不過有些歷史學家認為，相關記載的細節太古怪，整件事情有可能為杜撰。
54. Pausanias, 10.5.
55. Ibid., 10.4.
56. Heraclitus, quoted by Plutarch, *Why the Pythia No Longer Prophesies in Verse*, 404E.
57. *The Odyssey*, 17.323-4.
58. Plutarch, *Agis*, 11.
59. Thucydides, 1.70.
60. 這個年份只是近似值。但至少可以肯定的是，克里昂米尼在西元前五一九年時必然在位。
61. Herodotus, 5.42.

第四章

1. 出自伯里克利的著名國葬演說（Thucydides, 2.36）。這裡的感情衍生自西元前五世紀中葉，雅典充滿自信的黃金時代，但雅典人相信自己是「地生」卻歷史悠久，至少可回溯至荷馬的時代。

2. 出自阿卡奈石碑（Acharnes Stele），是雅典軍訓生誓言的副本。雅典年輕人必須接受兩年軍訓，為西元前四世紀的一項創新，但他們接受軍訓前的誓詞用詞卻至少可回溯至波希戰爭的年代。

3. 雅典最早英雄的真實名字是希臘古史中令人困惑的典型問題之一。西元前五世紀後期的雅典人稱他為厄里克托尼俄斯（Erichthonius），並把厄瑞克透斯（Erechtheus）視為他的孫子。但這兩個名字極為相似，加上「厄瑞克透斯」的時代更古老，凡此都意味著祖孫其實是同一個人。會引起進一步混淆的是，另一名雅典國王凱克洛普斯（Cecrops）有時會被說成厄瑞克透斯的兒子，他也為地生，並有著蛇尾巴。厄瑞克透斯長期在衛城被視為神明，並持續受到膜拜。他的傳說可以再次證明，雅典人相信自己是地生的想法由來已久。正如Shapiro(p. 102)所指出：「凡涉及傳說中阿提卡國王的神話都十足古老。」

4. *The Iliad*, 2.549-51.

5. Herodotus, 7.161.

6. 阿提卡何時正式統一的問題，也就是雅典城以外的社群何時開始以「雅典人」自居的問題，從來沒有過確定的答案。傳統上的意見認為，這個過程最晚完成於西元前七世紀之末；不過，Greg Anderson 在他精彩但具爭議性的著作中主張，這個過程要等到西元前五百年才完成，是那個有助於雅典展開民主改革的一部分。

7. 西元前七世紀時，青銅時代的宮殿殘跡仍可見於衛城山頂。

8. 西元前七世紀時期的雅典人具有眷戀過去的心態，這主要得自於考古學的證據，可參考 Morris (1987)。

9. Sappho, 58.25.

10. Ibid, 1-13.

11. Alcaeus, 360.阿爾卡埃烏斯是愛琴海上列斯伏斯島（Lesbos）的詩人。此處，他是引用斯巴達的阿里斯多德穆斯（Aristodemus of Sparta）所說的話。

12. 這是最廣為接受的日期，見 R. Wallace。有些歷史學家認為，梭倫的改革發生在他當過執政官之後。

13. Solon, 3.

14. Ibid, 36.挪走界石意味的，可能不是直接取消債務，而是改革穀物分配制度。按照原來的規定，佃農要向地主繳交六分之一的收成。

15. Ibid, 5.

16. Ibid, 4.

17. 根據柏拉圖，梭倫正是在這次旅途中經過埃及時，講了亞特蘭提斯的故事。

18. Aristotle, *Politics*, 1274a16-17.

19. *The Iliad*, 6.208.

20. Pindar, *Fifth Isthmian Ode*, 12-13. 這首詩寫於西元前四七八年，當時對貴族的描述有時仍然會讓人聯想起奧林帕斯山諸神，但通常帶有嚴厲的告誡。品達的詩在描述一個勝利者在科林斯運動會贏得的榮耀之後，嚴峻地警告他：「別企圖變成宙斯。」

21. Plutarch, *Table Talk*, 2.5.2.

22. 不過根據Thucydides (1.126) 未經證實的說法，庫倫和他弟弟跑掉了。

23. 譯註：其他傳說沒有把佩里安德說得這麼好。一說提到他非常瘋狂，曾在殺死妻子後和她的屍體做愛，並閹割了敵人城市的三百名男孩。他又是如此教導一名僭主同仁如何治國：走過田地，以拐杖敲下長最高的玉米。歷史記載中的矛盾反映出，希臘人對僭主統治這種政體的矛盾態度。

24. 有關這個年代的判定，見Rhodes (1981), p.84.

25. 至少在任何層面上，這是一個傳統故事，哪怕它在年代順序上有一點說不過去。

26. Herodotus, 6.125.

27. 不管是誰創辦泛雅典節，他都必然是大斜坡道的起造人，因為遊行前往衛城的巖頂是泛雅典節的重頭戲。雖然有其他的可能人選（見Shapiro, pp. 20-1），但有鑑於呂庫古與雅典娜神廟的密切關係，還有西元前五六〇年代他在雅典政壇的霸主地位，他都最有可能是大斜坡道的起造人。

28. 這個對雅典娜神像的描述，是參考Pausanias (1.26.7)，他似乎暗示著，神如同一塊隕石。但讓人困惑的是，狄摩斯提尼(Demosthenes)在一篇演講中（*Against Androtion*, 13）說，神像以橄欖木製作。真相則已不得而知。

29. 這座神廟是所謂的「藍鬍子神廟」（根據在三角楣牆瓦礫找到的一個人物命名）。一個有爭論的問題在於，它是蓋來取代建於西元前七世紀的「城邦守護神」神廟，或蓋來與之爭勝？若是前者，那它八成是布忒斯家族起造；若真實情況是後者，它八成是阿爾克馬埃翁家族起造。學界最早傾向於第一個假設，現在卻轉而傾向第二個假設。相關考古學證據見Dinsmoor，有關阿爾克馬埃翁家族扮演的角色，見Greg Anderson (pp.70-1)。

30. 至少根據「得益者是誰」的原則，這是「對造謠者是誰」此一殘存資料混沌不明問題的最好推測。

31. 這幾乎可以百分之百肯定，這段墓誌銘來自「克羅伊索斯青年雕像」（Anavyssos Kouros）——克羅伊索斯是一名年輕人，一般認定他是阿爾克馬埃翁家族成員，並在帕勒涅村被殺。

32. Aristotle, *The Constitution of the Athenians*, 15.5.
33. Solon, 36.
34. Aristotle, *The Constitution of the Athenians*, 16.2.
35. Ibid., 16.5.
36. Ibid., 16.7.
37. 確切日期不詳。後來阿爾克馬埃翁家族喜歡假裝他們從來沒和僭主達成妥協，始終是倔強和有原則的流亡者。直到一九三八年，發現了一份西元前五世紀晚期的執政官名單，他們的這個謊言才破功。
38. Plutarch, *Solon*, 29.據說他的這番話是對悲劇發明者忒斯皮斯（Thespis）所說。由於梭倫死於西元前五六〇年前後；據說，忒斯皮斯在西元五三五年才寫出第一部悲劇，上述說法不可信到了極點。
39. Herodotus, 5.93.
40. Thucydides, 6.54.
41. Ibid., 6.57.
42. Aristotle, *The Constitution of the Athenians*, 19.3.
43. Herodotus, 5.63.
44. Ibid.
45. Aristotle, *The Constitution of the Athenians*, 20.1.
46. 沒有資料來源明說過，克里斯提尼向公民大會建議進行民主改革，但幾乎所有學者都這樣假定。
47. 克里斯提尼是否用過「民主政體」這個字眼頗受爭論。學界共識是他沒用過，而這個詞是出現於三十多年後的西元前四七〇年代。不過在某種意義下，這種主張意義不大。後來世代的雅典人當然會認為，克里斯提尼建立的政府形式是民主政體，大部分現代的歷史學家也是如此。所以在本書中，我將稱之為民主政體。這種做法並非時代錯亂的理由請見Hansen (1986)。
48. Herodotus, 5.66.
49. Aristophanes, *Lysistrata*, 279.
50. 這至少是希羅多德（Herodotus, 5.78）一個句子的意涵。他在那句話中把民主雅典的強盛歸功於*isegoria*⊠其字面上的意義是「在阿戈拉（廣場）的平等地位」，但還有另一層附加意義：每個公民都有向人民發言的權利。有些學者主張，這種權利為後來的改革者引入雅典。

51. Plato, *Protagoras*, 9.82.
52. Herodotus, 5.74.
53. In Greek, the Eteoboutadai.
54. Herodotus, 5.78.
55. Ibid., 5.77.
56. 對舊阿戈拉的最好介紹，見 Robertson。
57. 作為這點的表徵是，我們甚至不知道克里斯提尼逝世的確切年月。不過，看來最有可能的日期是西元前五〇〇年前後。
58. Herodotus, 5.73.

第五章

1. 希臘單字 satrapes 是波斯文原文 xsachapava 的轉寫。
2. Xenophon, *Cyropaedia*, 8.2.11-12.
3. Darius, inscription at Naqsh-i-Rustam (DNb 8a).
4. 至少考古挖掘的成果是這樣顯示，見 Dusinberre, p.142。
5. Isaiah, 45.1.「基督」（Christ/ christos）是希臘文翻譯。
6. Ibid., 45.2-3.
7. Xenophanes, 3d.
8. 語出赫拉克利特（Heraclitus），見 Diogenes Laertius, 9.6。
9. Diogenes Laertius, 1.21. 也有人說此語出自蘇格拉底。
10. Hipponax, 92.
11. 這個日期並不完全肯定。

12. Herodotus, 4.137.
13. Ibid., 5.28.
14. 對 Herodotus（5.36）的這種詮釋，見 Wallinga (1984)。
15. Herodotus, 5.49.
16. Ibid., 5.51.
17. Ibid., 5.97.
18. Ibid.
19. Aelian, 2.12.
20. Plutarch, *Themistocles*, 22.除此之外，普魯塔克並沒有形容地米斯托克利的長相。不過，他提到這個偉人栩栩如生的胸像還可見於羅馬帝國的市場，這讓一尊在羅馬港口奧斯蒂亞（Ostia）出土的胸像更加引人入勝。傳統上，該胸像被判定為西元二世紀之物，大多數學者認為，這是以一尊雕刻於西元前四八〇至四五〇年之間的胸像為藍本的作品，也因此幾乎肯定是以真人為藍本。
21. Thucydides, 1.138.
22. Herodotus, 6.11.
23. 發生的確切時間並不清楚。
24. Herodotus, 6.76.
25. Ibid., 6.21.
26. Ibid., 6.104.
27. Ibid., 5.105.
28. Strabo, 15.3.18.
29. Herodotus, 5.35.
30. Ibid., 6.1.
31. Ibid., 6.42.
32. *Yasna*, 30.6.
33. Ibid., 32.3.

34. Herodotus, 7.133.

35. Ibid., 6.61.

36. Ibid., 6.95. 這次遠征共集合了六百艘三列槳座戰船，但希羅多德並沒有告訴我們，共派出多少部隊。六千四百波斯人在馬拉松被殺，大多數屬於中軍。由於一般來說，中軍佔全軍總人數的三分之一，而遠征軍又在馬拉松之戰中全數出擊，所以遠征軍的總人數為兩萬五千人，被認為是一項合理估計。

37. Ibid., 6.94.

38. Ibid., 6.97.

39. 「七月底」是從各種零散的線索中推論出來的。關鍵問題在於，馬拉松之戰是發生在八月或九月——沒有任何資料來源提到這件事。總地來說，戰爭發生在八月的機率高得多：因為如果發生在九月，達提斯渡過愛琴海的時間便長得有些不可思議。

40. Pausanias, 7.10.1.

41. Plutarch, *Spartan Sayings*. 這句箴言被認為語出狄馬拉圖斯（Demaratus）。

42. Aristotle, *Rhetoric*, 3.10.

43. Herodotus, 6.106.

44. 菲迪皮德斯匆匆自斯巴達趕回雅典的傳說，可見於二世紀隨筆家盧西安的文章〈論問候中的錯誤〉（On Mistakes in Greeting）。一般來說，他是一位理性主義者，曾大加撻伐一些對於馬拉松之戰之牽強附會的傳說（例如：他曾在另一篇文章中取笑潘神參加馬拉松之戰的說法）。這當然意味著，菲迪皮德斯匆匆趕回雅典一事被古人視為理所當然——哪怕 Lazenby (1993, p.52) 曾對此提出質疑。畢竟斯巴達人的計畫對雅典人來說攸關重要（當然，對波斯人來說也是），菲迪皮德斯也難有心情留在斯巴達享受卡尼亞節的歡樂。對這個已經筋疲力竭的人來說，趕回雅典的路程當然很嗆，可能因為體力付出過甚而產生幻覺。這也可以解釋，他為何在回程看見潘神，而非在去程。

45. 這句話如此有名，以至於後來成為希臘人的諺語。它被一部拜占庭百科全書——一般所說的 Suda 所引用，並註明起源於馬拉松之戰。雖然這部百科全書是編撰於馬拉松之戰後近一千五百年的西元十世紀，但因為它轉錄的這個諺語顯然非常古老且廣為人知，所以大部分歷史學家都認為確有其事（當然有例外情形，如 Shrimpton）。一個進一步的證據是，希羅多德在記述這場著名的戰役時，完全沒提到騎兵。顯然達提斯雖留下了一些騎兵，但人數太少，不足以影響戰局。

46. 另一個理論說，波斯騎兵是被派去徵集糧秣。這根本說不通，因為這種任務為何必要在午夜派出全部的騎兵？

47. Herodotus, 6.112.
48. 關於地米斯托克利是十將軍之一，未見任何資料來源對此明說，但普魯塔克在他的阿里斯提德傳中強烈暗示道：其中談到，兩人在馬拉松之戰以一樣的地位作戰。我們明確知道，阿里斯提德是他所屬「部落」的將軍。又因為地米斯托克利當過執政官不久，又一向強烈主張反波斯政策，我們很難想像他的「部落」會選別人為將軍。
49. Aristides, 3.566.
50. Plutarch, *Aristeides*, 18.此處所引的句子，是形容後來的普拉提亞之戰中斯巴達人的方陣。
51. Pausanias, 1.32.6.
52. 希羅多德聲稱，反光是使用盾牌來反射。但因為希臘人用的盾牌是曲面，而反射陽光需要平面，故此說似不可信。這則訊號是從彭代利孔山發出的，則是根據當地地形來推斷。
53. Herodotus, 6.116.
54. 受這次行軍啟發，法國教育家布萊爾（Michel Bréal）在一八九六年的奧運建議設立「馬拉松賽跑」的項目，賽跑路線之一是雅典戰士當年從戰場返回雅典城的路徑。至於馬拉松賽跑是為了紀念菲迪皮德斯而設之說（相傳他把馬拉松大捷的消息帶回雅典，並在上氣不接下氣地說出「我們贏了！」後死去），雖然富有詩意且十分說得通，但可惜這只是杜撰。
55. Ibid., 6.109.
56. Ibid., 8.105.
57. Pausanias, 1.29.4.
58. 直到十九世紀，才有一名德國測量師於此發現了一個大亂葬崗，波斯人墳墓的位置才被得知。

第六章

1. From Plato's epigram 'On the Eretrian Exiles in Persia.'
2. 狄馬拉圖斯從斯巴達逃走的確切時間不詳，極可能介於西元前四九〇年九月和翌年九月之間的某個時點，也可能更晚。
3. Herodotus, 1.136.
4. Plato, *Alcibiades*, 121d. 希羅多德（Herodotus, 1.136）和斯特拉博（Strabo, 15.3.18）皆主張，波斯男孩從五歲開始接受全日教育，柏拉圖

則說自七歲始。

5. Ctesias, 54.

6. 雖然希羅多德（Herodotus, 7.2-5）說，大流士直至準備征討埃及時才宣布薛西斯為繼承人，但一幅他在位較早期的橫飾帶（年代至少在西元前四九〇年之前）卻刻劃著，薛西斯以太子身分站在大流士後面。

7. Cicero, 1.41.90.

8. Strabo, 15.3.21.

9. Herodotus, 7.187.

10. Xerxes, inscription at Persepolis (XPf).

11. Plutarch, *Artaxerxes*, 3.

12. Xerxes, inscription at Persepolis (XPh).

13. Ibid. (XPf).

14. Herodotus, 7.6.

15. 一如以往，希羅多德是我們主要的資料來源。他詳細記述了這場辯論，包括：錄下薛西斯、馬鐸尼斯和薛西斯叔叔阿爾塔巴努斯（Artabanus）的發言（阿爾塔巴努斯是個大鴿派）。希羅多德聲稱，他是從波斯的來源取得這些資料。雖然他錄下的言論未必如他暗示的那樣，為一字一句的轉錄，但它們反映的立場分歧則看來具有可信度。如果考慮到後來發生的事，馬鐸尼斯的話會別有意味。

16. 這至少為希羅多德（Herodotus, 7.100）在薩拉米斯之戰後，對馬鐸尼斯評論的意涵。

17. 具體說來，這幅樓梯牆位於所謂「覲見廳階梯」的南端，上面的雕刻可追溯至薛西斯在位之初。

18. Xenophon, *Economics*, 4.8.

19. Aelian, 1.33.

20. Strabo, 25.3.18.

21. Herodotus, 7.5.

22. *paradaida* 根據希臘的外來詞重構。在波斯波利斯的書板中，找到了意思與 *paradaida* 一樣的埃蘭文單字 *partetash*，見 Briant (2002), pp. 442-3.。

23. Xenophon, *Household Management*, 4.21.

24. Athenaeus, 9.51.這個說法最初出自於蘭普庫薩斯的卡戎（Charon of Lampsacus），他和希羅多德是同時代人。

25. 語出五世紀一個不知名哲學家——大概是德謨克利特（Democritus）。Quoted by Cartledge (1997), p. 12.

26. Plutarch, *Themistocles*, 2.

27. Aristotle, *Politics*, 1302b15.

28. 亞里斯多德(*The Constitution of the Athenians*, 22.1 and 4) 特別指出，陶片放逐法是克里斯提尼創制。歷史學家有時會質疑這項法律為何放了二十年未用，但懷疑者忽略了，米太亞德受審一事的特殊環境及後果。

29. 這個稱號至西元前四七八年（波希戰爭結束一年後）才被正式化，但顯然地在此之前，便被使用了一段長時間。（參見 Plutarch, *Aristeides*, 7）

30. Plutarch, *Aristeides*, 2.

31. Pausanias, 1.26.5.

32. 最早提到雅典娜和波塞冬這場較量的是希羅多德（Herodotus, 8.55），這讓有些學者（特別是 Shapiro）認為，那是一個五世紀的創造。對此不可能絕對精確，但這個神話的各個版本多有互相衝突和不連貫之處，顯示它的起源要早得多。

33. Homer, *Odyssey*, 3.278.

34. Aeschylus, *Persians*, 238.

35. Plutarch, *Themistocles*, 4.

36. Plutarch, *Aristeides*, 7.

37. Plutarch, *Cimon*, 12.

38. Xenophon, *Household Management*, 8.8.

39. Thucydides, 142.

40. Plato, *Laws*, 4.706.

41. Herodotus, 7.239.

42. 對狄馬拉圖斯身世矛盾說法的這個解釋，見希羅多德的 Burkert(1965)。

43. Pausanias, 3.12.6.一般都假定，這次會議就像以後的會議那樣在科林斯舉行。但由於此說的最早來源是一位西元前一世紀的歷史家

（Diodorus, 9.3），而該歷史家又以希羅多德作為終極資料來源；我則認為，沒有理由像大部分歷史學家那樣，不理會 Pausanias 的說法。事實上，出於我提出的理由，第一次會議是在斯巴達舉行，這完全說得通。

44. Plutarch, *Themistocles*, 6.
45. Herodotus, 7.132.
46. Ezekiel, 27.4.
47. Plato, *The Republic*, 4.436a.
48. *The Odyssey*, 15.416-17.
49. Herodotus, 1.1.
50. Ibid., 3.19.
51. 這個數字是來自希羅多德（Herodotus, 7.89），也得到埃斯庫羅斯的悲劇《波斯人》略帶含糊的呼應。這個傳說的早出與一致性顯示，希臘人相信它是精確的數字，但其本身當然不構成一個證明。所有歷史學家都可以有把握地認為，波斯艦隊是一個龐然大物，而且它與希臘艦隊的比數八成可多至四比一——至少一開始是如此。最佳討論見 Lazenby (1993), pp. 92-4。
52. Quintus Curtius, 3.3.8.這裡描述的原是波斯末代國王大流士三世的旗幟。不過，因為崇拜太陽是整部波斯歷史的一個常數，所以似乎有理由假定，薛西斯一樣以太陽作為旗幟的圖案。色諾芬（*Anabasis* 1.10）指出，波斯帝國軍旗繡有鵰的圖案。另參見 Nylander。
53. Herodotus, 7.83.
54. 例如，Cook (1983, pp. 113-15)估計薛西斯的陸軍兵力為三十萬，Hammond (*Cambridge Ancient History*, 1988, p. 534) 估計為二十四萬兩千，Green (pp. 58-9)估計為二十一萬，Lazenby (1993, pp. 90-2) 搖擺於二十萬和三十六萬之間，最後大減為九萬。正如這種意見分歧顯示的，我們永遠不可能知道實際數字。最佳討論（但未必是最有說服力的結論）見 Lazenby。
55. Xerxes, inscription at Persepolis (XPh).
56. Herodotus, 7.40.
57. Xenophon, *Cyropaedia*, 8.2.8.
58. Xerxes, inscription at Persepolis (XPl).
59. Herodotus, 7.38.

60. Ibid., 7.39.
61. Ibid., 7.40.
62. Ibid., 7.44-5.
63. 沒有任何細節比這個更能證明，希羅多德對薛西斯渡過赫勒斯滂的記載有其可信度：「不朽者」行軍時是矛尖向下。亞述人的壁畫（不可能有希臘人看過這些壁畫）就是這樣畫的，它們同時證明了，波斯傳統和更早帝國傳統的連續性，也證明了希羅多德作為一名歷史學家的一絲不苟。
64. Ibid., 7.56.
65. Ibid., 9.37.
66. Ibid., 7.149.
67. Ibid., 7.148.
68. Ibid., 7.220.當然有可能想像，這個預言是德爾斐祭司和斯巴達人串通好，並在戰後進行偽造，但這個可能性不大。希羅多德是從當事人的生活回憶裡擷取之；而且我們有理由預期，如果真是斯巴達人造假，他們會大大誇大自己在戰爭中起的作用。正如Burn針對希羅多德記載的所有預言所說的：「我們是不能絕對排除神諭和與它們相連的故事在傳述的過程中『被改善』，但看來沒有理由不相信人們求過和得到神諭。」（pp. 347-8）
69. Herodotus, 7.162.
70. 這個五月底的日子是因為假定，薛西斯是在四月中離開薩第斯：自薩第斯到赫勒斯滂花了他一個月。
71. 希羅多德告訴我們，雅典人得到兩個神諭，但他卻沒告訴我們，他們在何時問卜。由於他有說過，斯巴達人是在前一年求得神諭（見Herodotus, 7.220.），有些學者推斷，雅典人是在同一時期問卜，但這不太可能。不錯，我們幾乎可以肯定，雅典人在西元前四八一年到過德爾斐，但一個較早的問卜記錄應該會被較晚且轟動好幾倍的神諭覆蓋住。它們的內容是如此具有爆炸性和影響力，理應和西元前四八〇年夏天雅典的政策有直接的因果關係。這樣的話，雅典使者會在西元前四八〇年初夏前往德爾斐，他們最有可能是受到薛西斯渡過赫勒斯滂的消息所驅使——而我們從希羅多德（7.147）那裡知道，希臘遠征軍自坦佩返回不久，這個消息抵達雅典。
72. Herodotus, 7.140.
73. Ibid., 7.141.

74. 出自所謂的「特羅曾敕令」（Troezen decree）的第四和第五行。「特羅曾敕令」是一九五九年發現的一塊石碑，看來是地米斯托克利的動議於西元前三世紀的副本。它的真偽一直頗受爭論。總是多疑的 Lazenby 斥之為「愛國心的虛構品」。但大部分其他研究波希戰爭的學者（包括：Green、Frost 和 Podlecki）接受其為真，認為它（用 Green 的話說）「給了我們非常接近地米斯托克利實際建議之物，雖然它也許是把在不同天提出的動議湊在一塊。」（p. 98）最佳且最細緻的討論見 Podlecki, pp. 147-67。
75. Thucydides, 1.138.
76. The Troezen decree,44-5.
77. Plutarch, *Cimon*, 5.
78. Herodotus, 7.178.
79. Ibid., 8.1.
80. Ibid., 7.205.

第七章

1. Tyrtaeus, 12.
2. *The Iliad*, 7.59-62.
3. Herodotus, 7.176.
4. 每個斯巴達人只帶一名黑勞士的意涵，見 ibid., 7.229。
5. Diodorus Siculus, 11.4.7
6. 譯註：阿提米絲岬位於尤比亞島北端，為聯軍艦隊停泊處。
7. *The Iliad*, 7.553-6.
8. 至少這似乎是斯基亞索斯島海域希臘巡邏船完全遭到伏擊的唯一合理解釋。他們的攻擊者為西頓人，這是根據希羅多德描述這些攻擊者是薛西斯艦隊中「最快的船」（Herodotus, 7.179）推斷出來。
9. Plutarch, *Themistocles*, 7.
10. *The Odyssey*, 13.296-9.

11. Quoted by Burkert (1985), p. 141.
12. Plutarch, *Lycurgus*, 22.
13. Diodorus Siculus, 11.5.4.
14. Plutarch, *Spartan Sayings*, Leonidas 11.
15. Herodotus, 7.226.
16. 最後一項天氣的細節與 Polyaenus（1.32.2.）的記載不洽。
17. Herodotus, 7.188.
18. Ibid., 7.192.
19. Plutarch, *Moralia*, 217 E.
20. Herodotus, 7.211.
21. 此處的時序先後是根據拉曾比（Lazenby）的考證。他詳細比對過希羅多德對溫泉關和阿提米絲岬兩場戰役的記載，是迄今最有說服力的。見 *The Defence of Greece*, pp. 119-23.
22. Herodotus, 8.9.
23. Ibid., 8.12.
24. Ibid., 8.13.船難發生的確切位置讓許多學者頗頭疼。希羅多德說，它發生在「無底洞」外海。許多後來的地理學家推斷，「無底洞」在尤比亞島南部。但這看來不可能，因為下午自斯基亞索斯島出發的艦隊不可能在午夜前去到那麼遠的地方。誠如 Lazenby 指出的，時至今日，仍有一個名叫「無底洞」的小島：由於它只位於前往尤比亞島的半路上，所以最有可能是災難發生的地點。
25. Plutarch, *Themistocles*, 8.
26. Herodotus, 8.15.
27. 譯註：行刺可能真的發生過。好些資料來源都聲稱，李奧尼達在斯巴達人堅守溫泉關最後一天的前夕，對萬王之王發起突襲，但卻失敗被殺。我們不知道該對這個說法作何感想，但它也許是把李奧尼達之死與一個行刺薛西斯的失敗嘗試相互混淆的結果。
28. Athenaeus, 2.48d.
29. Quintus Curtius, 3.4.2.

30. Herodotus, 7.104.
31. Ibid., 7.105.
32. Ibid., 7.236.
33. Ibid., 7.119.
34. Ibid., 7.120.
35. Athenaeus, 14.652b.
36. Ibid., 4.145e.
37. Herodotus, 7.213.
38. 這是假定（今天大部分的歷史學家都如此假定）「不朽者」是從今日的聖瓦地斯村（Ayios Vardates）出發。在各種可供選擇的路徑中，我自己在走過後發現，這是最好走的路。對這個問題的分析參見 Wallace (1980)。
39. 希羅多德（Herodotus, 7.222）說，李奧尼達把底比斯人執為人質，但這正是他的資料來源（幾乎可以肯定是雅典人）存在偏見的最具體可觸的例子之一。就像身為自豪波奧提亞人的普魯塔克所憤怒指出：如果底比斯人真是李奧尼達的人質，那為什麼他不把他們交給撤退的伯羅奔尼撤人？忠於希臘派的底比斯人在溫泉關表現出來的勇氣和原則比雅典人對他們的中傷更值得流傳後世。
40. 前往防守溫泉關的，除了三百名斯巴達人之外，也許還有三百名黑勞士、七百名塞斯比阿人和四百名底比斯人，總共一千七百人。前兩天的戰鬥必然把人數減少至接近一千五百人。
41. Diodorus Siculus, 11.9.4.
42. *The Iliad*, 4.450.
43. Herodotus, 8.24.
44. Ibid., 7.238.
45. Aristophanes, *Acharnians*, 1090-3.
46. See Burkert (1983), p. 226.
47. Herodotus, 7.99.
48. Xenophon, *Economics*, 7.5.

49. Demosthenes, *Against Neaera*, 67.
50. Herodotus, 8.71.
51. Plutarch, *Themistocles*, 10.
52. Plutarch, *Themistocles*, 10. 愛寵物的人也許會樂於相信Aelian（12.35）的說法：克桑提普斯（Xanthippus）的狗活著游到了船上。
53. Plutarch, *Themistocles*, 11.
54. Herodotus, 8.49.
55. 這是埃斯庫羅斯的數字（*Persians*, 339-40）。希羅多德（Herodotus, 8.48.）則說，希臘艦隊的總數是三百八十艘。在這件事情上幾乎可以肯定的是，埃斯庫羅斯比較精確：畢竟他曾經參與薩拉米斯之戰。
56. Herodotus, 8.60.
57. Ibid.在希羅多德的記載中，這些話出現在衛城被焚之後的辯論。但這裡不是地米斯托克利原話的逐字轉錄，只是他論點的大旨，也是他打從一開始就要求的事。
58. Ibid., 8.50.
59. Ibid., 8.61.
60. The Troezen decree, 11-12.
61. Herodotus, 8.52.
62. Ibid., 8.54.

第八章

1. 摘自大流士給加達塔斯（Gadatas）的信。See Meiggs and Lewis, p. 20.
2. Herodotus, 7.235.
3. Ibid., 8.68 β.
4. Ibid., 8.59.
5. Ibid., 8.70.

6. Ibid., 8.70-1.
7. 我們從 Herodotus (8.70)得知，波斯艦隊在下午較晚的時候出海，從 Aeschylus (374-6)得知，它在吃晚飯時返航。
8. Darius, inscription at Naqsh-i-Rustam (Dnb 8c).
9. Ibid.
10. 根據普魯塔克，他原來是一名波斯人的戰俘。
11. Herodotus, 8.75.
12. Aeschylus, 380-1.
13. Herodotus, 8.76.
14. 至少這是唯一說得通，西金諾斯為何會被釋放的解釋。有些歷史學家主張，他始終沒有離開小船，而是直接在小船上把訊息捎給波斯人。但此說除了不可信（波斯人輕易可以派船把他抓住）之外，還直接和希羅多德的記載（Herodotus, 8.75）相抵觸。
15. Herodotus, 8.78.
16. Ibid., 8.80.
17. Ibid., 8.83.
18. Ibid., 8.65.
19. Aeschylus, 369-71.
20. 由於薩拉米斯之戰不僅是有史以來最重大的戰役，也是極難自流傳下來資料重構的一場戰役，無怪關於它的文獻極其龐大。事實上，有多少名歷史學家談過它，就有多少種不同詮釋。正統的說法是，波斯艦隊趁著夜色進入海峽。對這種說法的最佳辯護參見 Lazenby（1993）和他典型鋒利的一章「神聖的薩拉米斯」。最佳的反論證則參見 Green 的 *The Greco-Persian Wars* 中的「木牆」一章。反駁波斯艦隊夜闖海峽最有力的細節證據是，如果他們在破曉前就正對著聯軍陣地，那他們在甫日出就會撲向聯軍，好讓希臘槳夫來不及就位，而地米斯托克利也不會像希羅多德記載的那樣，還有時間對將士發表演說。這個理論也和波斯艦隊設法展開祕密行動的事實不洽。
21. Aeschylus, 367.
22. Ibid., 388-90.
23. Herodotus, 8.84.

24. Aeschylus, 399-400.
25. Herodotus, 8.88.
26. Aeschylus, 415-16.
27. Ibid., 426-8.
28. Ibid., 462-4.
29. Herodotus, 8.100.
30. 這場希梅拉之戰的具體日期不詳。格隆的宣傳人員熱中於推銷他們主人為捍衛希臘人自由而戰，而非為戰而戰的觀念，所以喜歡把這場戰役說成發生在斯巴達人堅守溫泉關最後一天，或與薩拉米斯海戰的同一天。
31. Herodotus, 8.100.字面上的意義是：「留下我帶著親自挑選的三十萬部隊完成對希臘的奴役」，但這個數字明顯誇大了。
32. 根據希羅多德的記載（Herodotus, 8.115），這個撤退只花了四十五日——但幾乎可以肯定，這個數字是從色薩利撤退算起，而非一般所以為的，自雅典撤退時算起。
33. Ibid., 8.110.
34. Ibid., 8.114.
35. Ibid., 8.109.
36. Ibid., 8.124.
37. Ibid., 9.12.
38. 很難相信，地米斯托克利被完全從十將軍委員會中撤下，但這缺乏確切證據。
39. Herodotus, 8.141.
40. Ibid., 8.142.
41. Ibid., 8.143.
42. Ibid., 8.144. 阿里斯提德的這句臨別贈言為普魯塔克記載下來。
43. 再一次根據普魯塔克，這個使節團為阿里斯提德率領。但看來這有點不可能，因為阿里斯提德是雅典的陸軍總司令，而波斯人又即將佔領阿提卡。即使是普魯塔克，也對自己的說法有疑。
44. Herodotus, 9.12.

45. Ibid, 9.13.
46. Herodotus（9.29）說，每個斯巴達人帶了七名黑勞士，所以共有三萬五千名黑勞士。此說似乎有所誇大。
47. Xenophon, *The Constitution of the Spartans*, 9.6.
48. 西元前四四〇年，李奧尼達的遺體終於被運回斯巴達重新安葬。
49. Herodotus, 9.16.
50. 如果希羅多德在 Herodotus (9.29)所給的數字可靠，聯軍就有三萬八千一百名重裝甲步兵。顯然地，這個數字比他說的，聯軍有六萬九千五百名輕步兵可信。即使普拉提亞的戰場上有輕步兵，他們對戰局的影響仍微乎其微。
51. 希羅多德（Herodotus, 9.32）謂，馬鐸尼斯的軍隊除了騎兵之外，還包含三十萬輕步兵以及五萬名波奧提亞與色薩利重裝甲步兵。由於這個數字明顯誇大了，估計波斯人兵力的唯一方式是看看他們的寨柵容得下多少人馬。希羅多德告訴我們，這個寨柵的面積是兩千平方公尺。這樣看來，波斯軍隊的總數從七萬到十二萬都有可能。見 Lazenby (1993), p.228。
52. Plutarch, *Aristeides*, 13. 這件事常被斥為虛構，部分是因為希羅多德沒有記載，部分是因為普魯塔克給出的時間點明顯混亂。不過若放在脈絡中去看，它卻顯得有其可信度，且為我們提供對波斯間諜戰的難得一瞥。
53. Herodotus, 9.41. 一個相反的聲稱出現在幾段後（9.45），但那是信不過的馬其頓亞歷山大提供的一部分訊息。這位國王被說成在深夜獨自一人通過無人地帶，為的是把波斯的作戰計畫透露給阿里斯提德知道。此事極不可信，極有可能為一名惡名昭彰通敵者的脫罪之詞。
54. Ibid, 9.39.
55. Ibid, 9.49.
56. Plutarch, *Aristeides*, 17.
57. Herodotus, 9.62.
58. Aeschylus, 816-17.
59. Herodotus, 9.71.
60. 譯註：希臘人常把波斯人和米底人混為一談。
61. Ibid, 9.82.
62. Euripides, *The Phoenician Women*, 184.

63. Herodotus, 1.34.
64. Aristotle, *Rhetoric*, 2.2.6.
65. Herodotus, 8.109.
66. 正如 Green（p.281）所指出，只有這個解釋可以說得通，古代資料源於一個毫無懸念的聲稱：普拉提亞之戰和米卡勒山之戰發生在同一天。
67. Herodotus, 9.100.
68. Ibid.字面上的意義是：「許多證據可以證明，操縱事物的手是神聖的。」
69. Diodorus Siculus, 11.36.
70. 譯註：聖巖指衛城。
71. Lycurgus, *Against Leocrates*, 81.
72. See Broneer.
73. Aeschylus, 584-90.
74. Ibid., 1024.
75. Xerxes, inscription at Persepolis (XPc).
76. 也有一說表示，這場起義發生於西元前四八二年。這個時期的近東史如此莫衷一是十分典型。
77. Herodotus, 9.106.
78. Plutarch, *Themistocles*, 29.
79. Pindar, fragment 64.
80. 雖然有關的爭論沒完沒了，但這樣的和平不太可能透過正式締結合約的方式達成：萬王之王不習慣和外邦人媾和。
81. 關於這個日期與整件事情的可信度，見 Stadter, pp. 201-4.
82. Plutarch, *Pericles*, 17.
83. Herodotus, 8.144.
84. Ibid., 7.228.
85. Thucydides, 2.41.

86. 在伯里克利的時代，這座神廟的名字為何已不得而知。

87. Plato, *Menexenus*, 240e.

88. Pausanias, 1.33.2.

後記

1. *Palatine Anthology*, 7.253.

參考書目

ABSA: Annual of the British School at Athens

AJA: American Journal of Archaeology

CJ: Classical Journal

JCS: Journal of Cuneiform Studies

JHS: Journal of Hellenic Studies

TAPA: Transactions of the American Philological Association

Anderson, Greg: *The Athenian Experiment: Building an Imagined Political Community in Ancient Attica, 508–490 BC* (Ann Arbor, 2003)

Anderson, J. K.: 'The Battle of Sardis' (*California Studies in Classical Antiquity* 7, 1975)

Andrewes, A.: 'Kleisthenes' Reform Bill' (*Classic Quarterly* 27, 1977)

Austin, M. M.: 'Greek Tyrants and the Persians, 546–479 BC' (*Classic Quarterly* 40, 1990)

Badian, E.: 'Back to Kleisthenic Chronology' in *Polis and Politics: Studies in Ancient Greek History*, ed. Pernille Flensted-Jensen, Thomas Heien Nielsen and Lene Rubenstein (Copenhagen, 2000)

Bakker, Egbert J., de Jong, Irene J. F. and van Wees, Hans: *Brill's Companion to Herodotus* (Leiden, 2002)

Balcer, Jack Martin: 'Athenian Politics: The Ten Years after Marathon' in *Panathenaia:*

Studies in Athenian Life and Thought in the Classical Age, ed. T. E. Gregory and A. J. Podlecki (Lawrence, Kansas, 1979)
——'The Greeks and the Persians: The Processes of Acculturation' (*Historia* 32, 1983)
——*Sparda by the Bitter Sea: Imperial Interaction in Western Anatolia* (Chicago, 1984)
——*Herodotus and Bisitun: Problems in Ancient Persian Historiography* (Stuttgart, 1987)
——'The Persian Wars against Greece: A Reassessment' (*Historia* 38, 1989)
——*A Prosopographical Study of the Ancient Persians Royal and Noble c. 550–450 BC* (Lewiston, Wales, 1993)
Barnett, R. D.: 'Xenophon and the Wall of Media' (*JHS* 83, 1963)
Basirov, Oric: 'Zoroaster's Time and Place' (*Circle of Ancient Iranian Studies at the School of Oriental and African Studies*, 1998)
Beaulieu, Paul-Alain: *The Reign of Nabonidus, King of Babylon 556–539 BC* (New Haven, 1989)
Bichler, Reinhold: 'Some Observations on the Image of the Assyrian and
Babylonian Kingdoms within the Greek Tradition' in *Melammu Symposia V: Commerce and Monetary Systems in the Ancient World*, ed. R. Rollinger (Stuttgart, 2004)
Bickerman, E. J. and Tadmor, H.: 'Darius I, Pseudo-Smerdis and the Magi' (*Athenaeum* 56, 1978)
Bigwood, J. M.: 'Ctesias as Historian of the Persian Wars' (*Phoenix* 32, 1978)
——'Ctesias' Description of Babylon' (*American Journal of Ancient History* 3, 1978)
Boardman, John: 'Artemis Orthia and Chronology' (*ABSA* 58, 1963)
——*Persia and the West: An Archaeological Investigation of the Genesis of Achaemenid Art* (London, 2000)
Boedeker, Deborah: 'The Two Faces of Demaratus' (*Arethusa* 20, 1987)
——'Protesilaos and the End of Herodotus' *Histories*' (*Classical Association* 7, 1988)
Boegehold, Alan L. and Scafuro, Adele C.: *Athenian Identity and Civic Ideology* (Baltimore, 1994)
Borgeaud, Philippe: *The Cult of Pan in Ancient Greece*, tr. Kathleen Atlass and James

Redfield (Chicago, 1988)

Boyce, Mary: *A History of Zoroastrianism*, Vols 1 and 2 (Leiden, 1975)

——*Zoroastrians: Their Religious Beliefs and Practices* (London and New York, 1979)

Bradford, Ernle: *The Year of Thermopylae* (London, 1980)

Briant, Pierre: *Bulletin d'Histoire Achéménide I* (Paris, 1997)

——*Bulletin d'Histoire Achéménide II* (Paris, 2001)

——*From Cyrus to Alexander: A History of the Persian Empire*, tr. Peter T. Daniels (Winona Lake, 2002)

Broneer, Oscar: 'The Tent of Xerxes and the Greek Theater' (*University of California Publications in Classical Archaeology* 1, 1944)

Brosius, Maria: *Women in Ancient Persia (559–331 BC)* (Oxford, 1996)

Brown, S.: 'Media and Secondary State Formation in the Neo-Assyrian Zagros: An Anthropological Approach to an Assyriological Problem' (*JCS* 38, 1986)

Brunt, P. A.: 'The Hellenic League against Persia' (*Historia* 2, 1953)

Budge, E. A. Wallis and King, L. W.: *Annals of the Kings of Assyria* (London, 1902)

Burke, Jason: *Al-Qaeda: The True Story of Radical Islam* (London, 2004)

Burkert, Walter: 'Damaratos, Astrabakos und Herakles: Königsmythos und Politik' (*Muesum Helveticum* 22, 1965)

——*Homo Necans*, tr. Peter Bing (Berkeley and Los Angeles, 1983)

——*Greek Religion*, tr. John Raffan (Oxford, 1985)

——*Babylon, Memphis, Persepolis: Eastern Contexts of Greek Culture* (Cambridge, Mass., 2004)

Burn, A. R.: *Persia and the Greeks: The Defence of the West* (London, 1984)

Byron, Robert: *The Road to Oxiana* (London, 1992) *Cambridge Ancient History: The Expansion of the Greek World, Eighth to Sixth Centuries BC*, ed. John Boardman and N. G. L. Hammond (Cambridge, 1982) *Cambridge Ancient History: Persia, Greece and the*

Western Mediterranean, c. 525–479 BC, ed. John
Boardman, N. G. L. Hammond, D. M. Lewis and M. Ostwald (Cambridge, 1988)

Cambridge History of Iran: The Median and Achaemenian Periods, ed. Ilya Gershevitch (Cambridge, 1985)

Cameron, G. G.: *History of Early Iran* (New York, 1936)

Carter, Jane Burr: 'The Masks of Ortheia' (*AJA* 91, 1987)

Cartledge, Paul: *Sparta and Lakonia: A Regional History 1300 to 362 BC* (London, 1979)

——'Herodotus and "The Other": A Meditation on Empire' (*Echos du Monde Classique* 34, 1990)

——' "Deep Plays": Theatre as Process in Greek Civic Life', in *The Cambridge Companion to Greek Tragedy*, ed. P. E. Easterling (Cambridge, 1997)

——*Spartan Reflections* (London, 2001)

——*The Spartans* (London, 2002)

——'What Have the Spartans Done for Us?: Sparta's Contribution to Western Civilization' (*Greece and Rome* 52 (2), 2004)

Cawkwell, George: *The Greek Wars: The Failure of Persia* (Oxford, 2005)

Champdor, Albert: *Babylon*, tr. Elsa Coult (London, 1958)

Clemen, C. (ed.): *Fontes Historiae Religionis Persicae* (Bonn, 1920)

Cohen, Edward E.: *The Athenian Nation* (Princeton, 2000)

Coldstream, J. N.: *Geometric Greece* (London, 1977)

Coleman, John E. and Walz, Clark A.: *Greeks and Barbarians: Essays on the Interactions between Greeks and Non-Greeks in Antiquity and the Consequences for Eurocentrism* (Bethseda, 1997)

Connolly, Peter: *Greece and Rome at War* (London, 1998)

Connor, W. R.: 'Tribes, Festivals, and Processions: Civic Ceremonial and Political Manipulation in Archaic Greece' (*JHS* 107, 1987)

Cook, J. M.: *The Greeks in Ionia and the East* (London, 1962)

—— *The Persian Empire* (London, 1983)

Curtis, John (ed.): *Mesopotamia and Iran in the Persian Period: Conquest and Imperialism 539–331 BC* (London, 1997)

Curzon, George N.: *Persia and the Persian Question*, 2 vols (London, 1892)

Dabrowa, E. (ed.): *Ancient Iran and the Mediterranean World* (Krakow, 1998)

Dandamaev, M. A.: *A Political History of the Achaemenid Empire*, tr. W. J. Vogelsang (Leiden, 1989)

David, Saul: *Military Blunders: The How and Why of Military Failure* (London, 1997)

Davidson, James: *Courtesans and Fishcakes: The Consuming Passions of Classical Athens* (London, 1997)

—— 'Versailles with Panthers' (*London Review of Books* 13 (23), 2003)

De Jong, Albert: *Traditions of the Magi: Zoroastrianism in Greek and Latin Literature* (Leiden, 1997)

Derow, Peter and Parker, Robert: *Herodotus and his World: Essays from a Conference in Memory of George Forrest* (Oxford, 2003)

De Souza, Philip: *The Greek and Persian Wars 499–386 BC* (Oxford, 2003)

De Souza, Philip, Heckel, Waldemar and Llewellyn-Jones, Lloyd: *The Greeks at War: From Athens to Alexander* (Oxford, 2004)

De Ste Croix, G. E. M.: *The Origins of the Peloponnesian War* (London, 1972)

—— *Athenian Democratic Origins*, ed. David Harvey and Robert Parker (Oxford, 2004)

Dillery, J.: 'Reconfiguring the Past: Thyrea, Thermopylae and Narrative Patterns in Herodotus' (*American Journal of Philology* 117, 1996)

Dinsmoor, W. B.: 'The Hekatompedon on the Athenian Akropolis' (*AJA* 51, 1947)

Donlan, W. and Thompson, J. G.: 'The Charge at Marathon: Herodotus 6.112' (*CJ* 71, 1976)

—— 'The Charge at Marathon Again' (*Classical World* 72, 1979)

Dontas, G.: 'The True Aglaurion' (*Hesperia* 52, 1983)

Dougherty, Carol and Kurke, Leslie (eds.): *Cultural Poetics in Archaic Greece* (Cambridge, 1993)

Drews, Robert: 'The First Tyrants in Greece' (*Historia* 21, 1972)

—— *The Greek Accounts of Eastern History* (Washington, D.C., 1973)

Ducat, Jean: 'Le Mépris des Hilotes' (*Annales* 6, 1974)

Dusinberre, Elspeth R. M.: *Aspects of Empire in Achaemenid Sardis* (Cambridge, 2003)

Ehrenberg, Victor: *From Solon to Socrates: Greek History and Civilization during the Sixth and Fifth Centuries BC* (London, 1973)

Evans, J. A. S.: 'Notes on Thermopylae and Artemision' (*Historia* 18, 1969)

—— 'The Oracle of the "Wooden Wall"' (*CJ* 78, 1982)

—— 'Herodotus and Marathon' (*Florilegium* 6, 1984)

Fehling, Detlev: *Herodotus and his 'Sources': Citation, Invention and Narrative Art*, tr. J. G. Howie (Leeds, 1989)

Felton, D.: *Haunted Greece and Rome: Ghost Stories from Classical Antiquity* (Austin, 1999)

Fisher, N. R. E.: *Hybris: A Study in the Values of Honour and Shame in Ancient Greece* (Warminster, 1992)

Flower, M.: 'Simonides, Ephorus, and Herodotus on the Battle of Thermopylae' (*Classical Quarterly* 48, 1998)

Fornara, C. W.: 'The Hoplite Achievement at Psyttaleia' (*JHS* 86, 1966)

—— *Herodotus: An Interpretative Essay* (Oxford, 1971)

Forrest, W. G.: 'Herodotus and Athens' (*Phoenix* 38, 1984)

Francis, E. D.: 'Greeks and Persians: The Art of Hazard and Triumph' in *Ancient Persia: The Art of an Empire*, ed. D. Schmandt-Bessarat (Malibu, 1980)

Francis, E. D. and Vickers, M.: 'The Agora Revisited: Athenian Chronology c. 500–450 BC' (*ABSA* 83, 1988)

French, D. H.: 'The Persian Royal Road' (*Iran* 36, 1998)

Frost, Frank J.: 'A Note on Xerxes at Salamis' (*Historia* 22, 1973)

—— *Plutarch's Themistocles: A Historical Commentary* (Princeton, 1980)

—— 'The Athenian Military before Cleisthenes' (*Historia* 33, 1984)

—— 'Toward a History of Peisistratid Athens' in *The Craft of the Ancient Historian: Essays in Honor of Chester G. Starr*, ed. J. W. Eadie and J. Ober (Lanham, 1985)

Frye, Richard N.: 'The Charisma of Kingship in Ancient Iran' (*Iranica Antiquita* 4, 1964)

—— *The Heritage of Persia* (London, 1976)

Gentili, Bruno: *Poetry and its Public in Ancient Greece*, tr. Thomas Cole (Baltimore, 1988)

George, A.: *Babylonian Topographical Texts* (Leuven, 1992)

Georges, Pericles: *Barbarian Asia and the Greek Experience: From the Archaic Period to the Age of Xenophon* (Baltimore, 1994)

Gershevitch, I.: 'The False Smerdis' (*Acta Antiqua* 27, 1979)

Ghirshman, Roman: *Persia: From the Origins to Alexander*, tr. Stuart Gilbert and James Emmons (London, 1964)

Gibbon, Edward: *The History of the Decline and Fall of the Roman Empire*, 3 vols, ed. David Womersley (London, 1994)

Gnoli, Gherardo: *Zoroaster in History* (New York, 1997)

Golding, William: *The Hot Gates* (London, 1965)

Gould, John: *Herodotus* (New York, 1989)

Graf, David: 'Greek Tyrants and Achaemenid Politics' in *The Craft of the Ancient Historian: Essays in Honor of Chester G. Starr*, ed. J. W. Eadie and J. Ober (Lanham, 1985)

Grant, John R.: 'Leonidas' Last Stand' (*Phoenix* 15, 1961)

Grayson, A. K.: *Assyrian and Babylonian Chronicles* (New York, 1975)

Green, Peter: *The Greco-Persian Wars* (Berkeley and Los Angeles, 1996)

Hall, Edith: *Inventing the Barbarian: Greek Self-Definition through Tragedy* (Oxford, 1989)

Hallock, R. T.: *The Evidence of the Persepolis Tablets* (Cambridge, 1972)

Hamilton, Richard: *Choes and Anthestria: Athenian Iconography and Ritual* (Ann Arbor, 1992)

Hansen, M. H.: 'The Origins of the Term *Demokratia*' (*Liverpool Classical Monthly* 2, 1986)

——'The 2500th Anniversary of Cleisthenes' Reforms and the Tradition of Athenian Democracy' in *Ritual, Politics, Finance: Athenian Democractic Accounts Presented to David Lewis,* ed. R. Osborne and S. Hornblower (Oxford, 1994)

Hanson, Victor Davis: *The Western Way of War: Infantry Battle in Classical Greece* (Berkeley and Los Angeles, 1989)

——*Warfare and Agriculture in Classical Greece* (Berkeley and Los Angeles, 1998)

——*The Wars of the Ancient Greeks* (London, 1999)

——'No Glory That Was Greece: The Persians Win at Salamis, 480 BC' in *What If?: Military Historians Imagine What Might Have Been,* ed. Robert Cowley (New York, 1999)

Harrison, Thomas: *Divinity and History: The Religion of Herodotus* (Oxford, 2000)

——*The Emptiness of Asia: Aeschylus' 'Persians' and the History of the Fifth Century* (London, 2000)

——(ed.): *Greeks and Barbarians* (Edinburgh, 2002)

Hartog, François: *Le Miroir d'Hérodote: Essai sur la Représentation de l'Autre* (Paris, 1980)

Hegel, G. W. F.: *The Philosophy of History,* tr. J. Sibree (New York, 1956)

Herzfeld, Ernst: *The Persian Empire: Studies in Geography and Ethnograpy of the Ancient Near East* (Wiesbaden, 1968)

Hignett, C.: *Xerxes' Invasion of Greece* (Oxford, 1963)

Hodge, A. Trevor: 'Marathon: The Persians' Voyage' (*TAPA* 105, 1975)

——'Reflections on the Shield at Marathon' (*ABSA* 91, 2001)

Hodkinson, Stephen: *Property and Wealth in Classical Sparta* (Swansea, 2000)

Hodkinson, Stephen and Powell, Anton (eds.): *Sparta: New Perspectives* (Swansea, 1999)

Hope Simpson, R.: 'Leonidas' Decision' (*Phoenix* 26, 1972)

Huxley, G. L.: *Early Sparta* (London, 1962)

—— *The Early Ionians* (London, 1966)

—— 'The Medism of Caryae' (*Greek, Roman and Byzantine Studies* 8, 1967)

Immerwhar, H. R.: *Form and Thought in Herodotus* (Cleveland, 1966)

Jameson, M.: 'A Decree of Themistokles from Troizen' (*Hesperia* 29, 1960)

—— 'Provisions for Mobilization in the Decree of Themistokles' (*Historia* 12, 1963)

Jeffery, L. H.: *Archaic Greece: The City-States c. 700–500 BC* (London, 1976)

Kakavoyannis, Evangelos: 'The Silver Ore-Processing Workshops of the Lavrion Region' (*ABSA* 91, 2001)

Karavites, Peter: 'Realities and Appearances, 490–480 BC' (*Historia* 26, 1977)

Kellens, Jean: *Essays on Zarathustra and Zoroastrianism*, tr. and ed. Prods Oktor Skjvaerø (Costa Mesa, 2000)

—— (ed.): *La Religion Iranienne à l'Époque Achéménide* (Ghent, 1991)

Kennell, Nigel M.: *The Gymnasium of Virtue: Education and Culture in Ancient Sparta* (Chapel Hill, 1995)

Kent, Roland G.: *Old Persian: Grammar, Texts, Lexicon* (New Haven, 1953)

Kimball Armayor, O.: 'Herodotus' Catalogues of the Persian Empire in the Light of the Monuments and the Greek Literary Tradition' (*TAPA* 108, 1978)

Kingsley, Peter: 'Meetings with Magi: Iranian Themes among the Greeks, from Xanthus of Lydia to Plato's Academy' (*Journal of the Royal Asiatic Society* 3 (5), 1995)

Konstan, David: 'Persians, Greeks and Empire' (*Arethusa* 20, 1987)

Kraay, C. M.: *Archaic and Classical Greek Coins* (London, 1976)

Kuhrt, Amélie: 'The Cyrus Cylinder and Achaemenid Imperial Policy' (*Journal for the Study of the Old Testament* 25, 1983)

——'Usurpation, Conquest and Ceremonial: from Babylon to Persia' in *Rituals of Royalty: Power and Ceremonial in Traditional Societies*, ed. David Cannadine and Simon Price (Cambridge, 1987)

——*The Ancient Near East, c. 3000–330 BC*, Vols. 1 and 2 (London, 1995)

Kurke, Leslie: *Coins, Bodies, Games, and Gold: The Politics of Meaning in Archaic Greece* (Princeton, 1999)

Lane Fox, Robin: 'Cleisthenes and his Reforms' in *The Good Idea: Democracy in Ancient Greece*, ed. John A. Koumoulides (New Rochelle, 1995)

Langdon, M. K.: 'The Territorial Basis of the Attic Demes' (*Symbolae Osloenses* 60, 1985)

Lateiner, Donald: *The Historical Method of Herodotus* (Toronto, 1989)

Lavelle, B. M.: *The Sorrow and the Pity: A Prolegomenon to a History of Athens under the Peisistratids, c. 560–510 BC* (Stuttgart, 1993)

Lazenby, J. F.: 'The Strategy of the Greeks in the Opening Campaign of the Persian War' (*Hermes* 92, 1964)

——*The Spartan Army* (Warminster, 1985)

——'Aischylos and Salamis' (*Hermes* 116, 1988)

——*The Defence of Greece 490–479 BC* (Warminster, 1993)

Leick, Gwendolyn: *Mesopotamia:The Invention of the City* (London, 2001)

Lenardon, R. J.: *The Saga of Themistocles* (London, 1978)

Lévêque, P. and Vidal-Naquet, P.: *Clisthène l'Athénien: Essai sur la Représentation de l'Espace et du Temps dans la Pensée Politique Grecque de la Fin du VIe Siècle à la Mort de Platon* (Paris, 1964)

Levine, Louis D.: 'Geographical Studies in the Neo-Assyrian Zagros' (*Iran* 11 and 12, 1973–4)

Lewis, D. M.: 'Cleisthenes and Attica' (*Historia* 12, 1963)

——*Sparta and Persia* (Leiden, 1977)

——'Datis the Mede' (*JHS* 100, 1980)

Loraux, Nicole: *The Invention of Athens: The Funeral Oration in the Classical City*, tr. Alan Sheridan (Cambridge, Mass., 1986)

——*The Experience of Tiresias: The Feminine and the Greek Man*, tr. Paula Wissing (Princeton, 1995)

——*Born of the Earth: Myth & Politics in Athens*, tr. Selina Stewart (Ithaca, 2000)

MacGinnis, J. D. A.: 'Herodotus' Description of Babylon' (*Bulletin of the Institute of Classical Studies* 33, 1986)

Mallowan, Max: 'Cyrus the Great (558–529 BC)' (*Iran* 10, 1972)

Manville, P. B.: *The Origins of Citizenship in Ancient Athens* (Princeton, 1990)

Matheson, Sylvia A.: *Persia: An Archaeological Guide* (London, 1972)

Mee, Christopher and Spawforth, Antony: *Greece: An Oxford Archaeological Guide* (Oxford, 2001)

Meier, Christian: 'Historical Answers to Historical Questions: The Origins of History in Ancient Greece' (*Arethusa* 20, 1987)

——*The Greek Discovery of Politics*, tr. David McLintock (Cambridge, Mass., 1990)

——*Athens: A Portrait of the City in its Golden Age*, tr. Robert Kimber and Rita Kimber (New York, 1993)

Meiggs, R. and Lewis, D.: *A Selection of Greek Historical Inscriptions to the End of the Fifth Century BC* (Oxford, 1969)

Mill, John Stuart: *Discussions and Dissertations*, Vol. 2 (London, 1859)

Miller, Margaret C.: *Athens and Persia in the Fifth Century BC: A Study in Cultural Receptivity* (Cambridge, 1997)

Miroschedji, P. de: 'La Fin du Royaume d'Anshan et de Suse et la Naissance de l'Empire Perse' (*Zeitschrift für Assyriologie* 75, 1985)

Moles, J.: 'Herodotus Warns the Athenians' (*Papers of the Leeds International Latin Seminar* 9, 1996)

Momigliano, Arnaldo: 'The Place of Herodotus in the History of Historiography' (*History* 43, 1958)

Momigliano, Arnaldo: *Alien Wisdom: The Limits of Hellenization* (Cambridge, 1975)

Montaigne, Michel de: *The Complete Essays*, tr. M. A. Screech (London, 1991)

Morris, Ian: *Burial and Society: The Rise of the Greek City State* (Cambridge, 1987)

——'The Early Polis as City and State' in *City and Country in the Ancient World*, ed. J. Rich and A. Wallace-Hadrill (London, 1991)

Morris, Ian and Raaflaub, Kurt A. (eds.): *Democracy 2500?: Questions and Challenges* (Dubuque, 1998)

Morrison, J. S., Coates, J. F. and Rankov, N. B.: *The Athenian Trireme: The History and Reconstruction of an Ancient Greek Warship* (Cambridge, 2000)

Moscati, Sabatino: *The World of the Phoenicians*, tr. Alastair Hamilton (London, 1968)

——(ed.): *The Phoenicians* (London, 1997)

Munson, Rosaria Vignolo: *Telling Wonders: Ethnographic and Political Discourse in the Work of Herodotus* (Ann Arbor, 2002)

Murdoch, Iris: *The Nice and the Good* (London, 1968)

Nylander, Carl: 'The Standard of the Great King – A Problem in the Alexander Mosaic' (*Opuscula Romana* 14, 1983)

Oates, Joan: *Babylon* (London, 1986)

Ober, Josiah: *Mass and Elite in Democratic Athens: Rhetoric, Ideology, and the Power of the People* (Princeton, 1989)

——*The Athenian Revolution: Essays on Ancient Greek Democracy and Political Theory* (Princeton, 1996)

Ober, Josiah and Hedrick, Charles (eds.): *Demokratia: A Conversation on Democracies, Ancient and Modern* (Princeton, 1996)

Ollier, François: *Le Mirage Spartiate: Étude sur l'Idéalisation de Sparte dans l'Antiquité Grecque*, 2 vols (Paris, 1933 and 1945)

Olmstead, A. T.: 'Darius and his Behistun Inscription' (*American Journal of Semitic Languages and Literatures* 55, 1938)

——*History of the Persian Empire* (Chicago, 1948)

Osborne, Robin: *Greece in the Making: 1200–479 BC* (London, 1996)

Ostwald, Martin: *Nomos and the Beginnings of the Athenian Democracy* (Oxford, 1969)

Parke, H. W.: *A History of the Delphic Oracle* (Oxford, 1939)

——*Festivals of the Athenians* (London, 1977)

Patterson, O.: *Freedom in the Making of Western Culture* (New York, 1991)

Pedley, J.: *Sardis in the Age of Croesus* (Norman, 1968)

Pelling, Christopher: 'East is East and West is West – or Are They? National Stereotypes in Herodotus' (*Histos* 1, 1997)

—— (ed.): *Greek Tragedy and the Historian* (Oxford, 1997)

Petit, Thierry: *Satrapes et Satrapies dans l'Empire Achéménide de Cyrus le Grand à Xerxés Ier* (Paris, 1990)

Podlecki, A. J.: *The Life of Themistocles: A Critical Survey of the Literary and Archaeological Evidence* (Montreal, 1975)

Pomeroy, Sarah B.: *Spartan Women* (New York, 2002)

Powell, Anton (ed.): *Classical Sparta: Techniques behind her Success* (London, 1989)

Powell, Anton and Hodkinson, Stephen (eds.): *The Shadow of Sparta* (Swansea, 1994)

—— (eds.): *Sparta: Beyond the Mirage* (Swansea, 2002)

Pritchett, W. K.: 'New Light on Thermopylae' (*AJA* 62, 1958)

—— *The Greek State at War*, Vols. 1–5 (Berkeley and Los Angeles, 1971–91)

Rawson, Elizabeth: *The Spartan Tradition in European Thought* (Oxford, 1969)

Redfield, J.: 'Herodotus the Tourist' (*Classical Philology* 80, 1985)

Rhodes, P.: 'Peisistratid Chronology Again' (*Phoenix* 30, 1976)

—— *A Commentary on the Aristoteleian 'Athenaion Politeia'* (Oxford, 1981)

—— *Ancient Democracy and Modern Ideology* (London, 2003)

Robertson, Noel: 'Solon's Axones and Kyrbeis, and the Sixth-Century Background' (*Historia* 35, 1986)

Root, Margaret Cool: T*he King and Kingship in Achaemenid Art: Essays on the Creation of an Iconography of Empire* (Leiden, 1979)

Roux, Georges: *Ancient Iraq* (London, 1992)

Sancisi-Weerdenberg, Heleen: 'The Personality of Xerxes, King of Kings' in *Archeologia Iranica et Orientalis: Miscellanea in Honorem L.*

Vanden Berghe, Vol. 1, eds. L. de Meyer and E. Haerinck (Ghent, 1989)

——*Peisistratos and the Tyranny: A Reappraisal of the Evidence* (Amsterdam, 2000)

——(ed.): *Achaemenid History 1: Sources, Structures, Synthesis* (Leiden, 1987)

Sancisi-Weerdenberg, Heleen and Kuhrt, Amélie (eds.): *Achaemenid History 2: The Greek Sources* (Leiden, 1987)

——(eds.): *Achaemenid History 3: Method and Theory* (Leiden, 1988)

——(eds.): *Achaemenid History 4: Centre and Periphery* (Leiden, 1990)

——(eds.): *Achaemenid History 5: The Roots of the European Tradition* (Leiden, 1990)

——(eds.): *Achaemenid History 6: Asia Minor and Egypt: Old Cultures in a New Empire* (Leiden, 1991)

Sancisi-Weerdenberg, Heleen, Kuhrt, Amélie and Root, Margaret Cool (eds.): *Achaemenid History 8: Continuity and Change* (Leiden, 1991)

Schoff, Wilfred H. (tr. and ed.): *'Parthian Stations' by Isidore of Charax* (London, 1914)

Sealey, Raphael: 'Again the Siege of the Acropolis, 480 BC' (*California Studies in Classical Antiquity* 5, 1972)

——'The Pit and the Well: The Persian Heralds of 491 BC' (*CJ* 72, 1976)

Sekunda, N.: *The Spartan Army* (Oxford, 1998)

——'Greek Swords and Swordsmanship' (*The International Review of Military History* 3 (1), 2001)

Sekunda, N. and Chew, S.: *The Persian Army 560–330 BC* (Oxford, 1992)

Shapiro, Harvey A.: *Art and Cult under the Tyrants in Athens* (Mainz, 1989)

Shrimpton, Gordon: 'The Persian Cavalry at Marathon' (*Phoenix* 34, 1980)

Smith, J. A.: *Athens under the Tyrants* (Bristol, 1989)

Smith, Sidney: *Babylonian Historical Texts Relating to the Capture and Downfall of Babylon* (London, 1924)

Snodgrass, A. N.: *Arms and Armor of the Greeks* (Baltimore, 1967)

——*Archaic Greece: The Age of Experiment* (London, 1980)

Stadter, P. A.: *A Commentary on Plutarch's Pericles* (Chapel Hill, 1989)

Starr, Chester G.: *The Origins of Greek Civilization, 1100–650 BC* (New York, 1961)

——'The Credibility of Early Spartan History' (*Historia* 14, 1965)

——*The Economic and Social Growth of Early Greece, 800–500 BC* (Oxford, 1977)

——'Why Did the Greeks Defeat the Persians?' in *Essays on Ancient History,* eds. Arthur Ferrill and Thomas Kelly (Leiden, 1979)

Stoyanov, Yuri: *The Other God: Dualist Religions from Antiquity to the Cathar Heresy* (New Haven, 2000)

Strauss, Barry: *Salamis: The Greatest Naval Battle of the Ancient World, 480 BC* (New York, 2004)

Szemler, G. J., Cherf, W. J. and Kraft, J. C.: *Thermopylai: Myth and Reality in 480 BC* (Chicago, 1996)

Tadmor, H.: 'The Campaigns of Sargon II of Assur' (*JCS* 12, 1958)

Tuplin, Christopher: *Achaemenid Studies* (Stuttgart, 1996)

——'The Seasonal Migration of Achaemenid Kings: A Report on Old and New Evidence' in *Studies in Persian History: Essays in Memory of David M. Lewis,* ed. Maria Brosius and Amélie Kuhrt (Leiden, 1998)

——'The Persian Empire' in *The Long March: Xenophon and the Ten Thousand,* ed. Robin Lane Fox (New Haven, 2004)

Van der Veer, J. A. G.: 'The Battle of Marathon: A Topographical Survey' (*Mnemosyne* 35, 1982)

Vanderpool, E.: 'A Monument to the Battle of Marathon' (*Hesperia* 35, 1966)

Van Wees, Hans: *Greek Warfare: Myths and Realities* (London, 2004)

Vernant, Jean-Pierre: *Mortals and Immortals: Collected Essays,* ed. Froma I. Zeitlin (Princeton, 1991)

Wallace, Paul W.: 'Psyttaleia and the Trophies of the Battle of Salamis' (*AJA* 73, 1969)

——'The Anopaia Path at Thermopylae' (*AJA* 84, 1980)

——'Aphetai and the Battle of Artemision' (*Greek, Roman and Byzantine Monographs* 10, 1984)

Wallace, R.: 'The Date of Solon's Reforms' (*American Journal of Ancient History* 8, 1983)

Wallinga, H. T.: 'The Ionian Revolt' (*Mnemosyne* 37, 1984)

——'The Trireme and History' (*Mnemosyne* 43, 1990)

——*Ships and Sea-Power before the Great Persian War: The Ancestry of the Ancient Trireme* (Leiden, 1993)

West, S. R.: 'Herodotus' Portrait of Hecataeus' (*JHS* 111, 1991)

Whatley, N.: 'On the Possibility of Reconstructing Marathon and Other Ancient Battles' (*JHS* 84, 1964)

Whitby, Michael (ed.): *Sparta* (Edinburgh, 2002)

Wiesehöfer, Josef: *Ancient Persia*, tr. Azizeh Azodi (London, 2001)

Wycherley, R. E.: *The Stones of Athens* (Princeton, 1978)

Young, T. C. Jnr.: '480/79 BC – a Persian Perspective' (*Iranica Antiqua* 15, 1980)

Zadok, Ron: 'On the Connections between Iran and Babylonia in the Sixth Century BC' (*Iran* 14, 1976)

大事年表

以下年份全為西元前。

約1250　特洛伊戰爭。

約1200　邁錫尼和斯巴達的王宮被摧毀。

約1200 - 1000　多利安人遷入伯羅奔尼撒半島。

約1000 - 800　米底人和波斯人遷入伊朗西部。

814　迦太基建城。

約750 - 700　亞述國王征服札格洛斯山脈的米底人。

約750 - 650　斯巴達人入侵並佔領麥西尼亞。

約670　米底人擺脫亞述人的控制。

632　庫倫圖謀成為雅典僭主，但陰謀失敗。

612　米底人和巴比倫人血洗尼尼微。

608　亞述帝國完全崩潰。

600　阿爾克馬埃翁家族被逐出雅典。

594　梭倫成為雅典執政官。

586　尼布甲尼撒血洗耶路撒冷。

585　阿斯提阿格斯成為米底國王。入侵呂底亞未果，雙方締結和平協議。

566　第一屆泛雅典節揭幕。

560　庇西特拉圖的第一度僭主統治。阿爾克馬埃翁家族返回雅典。

559　居魯士成為波斯國王。

556　那波尼德成為巴比倫國王。

555　庇西特拉圖的第二度僭主統治，後來以被放逐告終。

550　居魯士征服米底。

546　居魯士征服呂底亞。斯巴達和阿爾戈斯之間的「冠軍戰爭」。帕勒涅村之戰：庇西特拉圖的第三度僭主統治，阿爾克馬埃翁家族再次流亡國外。

545 - 540　居魯士東征中亞。

539　居魯士征服巴比倫尼亞。

529　居魯士駕崩。岡比西斯繼位為波斯國王。

527　庇西特拉圖歿。喜庇亞斯和喜帕克斯兄弟繼位為雅典僭主。

525　岡比西斯入侵並征服埃及。

522　巴爾迪亞起兵反對岡比西斯。岡比西斯駕崩。大流士與六個同謀行刺巴爾迪亞。大流士當上波斯國王，敉平巴比倫的起義。

521　大流士撲滅波斯帝國各地的起義。

520　克里昂米尼成為斯巴達國王。

519　雅典為保護普拉提亞而和底比斯開戰。

514　喜帕克斯遇刺身亡。

513　大流士入侵西徐亞。

512 - 511　波斯征服色雷斯。

510　喜庇亞斯被逐出雅典。

508　伊薩哥拉斯成為雅典執政官。克里斯提尼提議進行民主改革。

507　克里斯提尼被逐出雅典。克里昂米尼和伊薩哥拉斯在衛城上被包圍。克里斯提尼返回雅典進行改革。雅典使者給阿爾塔費尼斯獻上土和水為禮物。

506　克里昂米尼入侵阿提卡但無功而返。雅典打敗底比斯和卡爾基斯。

499　波斯入侵納克索斯島失敗。阿里斯塔哥拉斯率領愛奧尼亞人起義並前往希臘尋求幫助。

498　愛奧尼亞人在雅典人和埃雷特里亞人的幫助下火燒薩第斯。

497　阿里斯塔哥拉斯身死。

494　愛奧尼亞人在拉德島之戰中敗北。阿爾戈斯在西皮厄之戰中被克里昂米尼打敗。米利都遭到洗劫。

493　地米斯托克利成為雅典執政官。米太亞德從克森尼索逃回雅典。

492　米太亞德受審，獲無罪開釋。馬鐸尼斯征服馬其頓。

491　大流士派遣使者前往希臘各地索取土和水為禮物。其中，前往雅典和斯巴達的使者被處死。

490　達提斯和阿爾塔費尼斯率領遠征軍渡過愛琴海。埃雷特里亞被攻陷。馬拉松之戰。

487　雅典舉行第一次陶片放逐投票。

486　埃及爆發起義。大流士駕崩。薛西斯繼位為波斯國王。

485　格隆成為敘拉古僭主。

484　克桑提普斯遭陶片放逐投票放逐。巴比倫爆發起義。

483　勞里烏姆礦場發現豐富的銀礦礦脈。

482　阿里斯提德遭陶片放逐投票放逐。雅典人投票通過，建造兩百艘三列槳座戰船。

481 薛西斯抵達薩第斯。希臘城邦在斯巴達舉行會議，決定抵抗波斯入侵。希臘人向格隆派出使者，並往薩第斯派出間諜。

480 使者自敘拉古空手而回。薛西斯渡過赫勒斯滂。雅典人投票決議棄城。溫泉關之戰和阿提米絲岬之戰。波斯人佔領雅典城並對之縱火。薩拉米斯之戰。薛西斯撤退到薩第斯。馬鐸尼斯留在色薩利。

479 雅典第二度被佔領。普拉提亞之戰和米卡勒之戰。巴比倫爆發起義。薛西斯離開薩第斯。

472 埃斯庫羅斯執筆的悲劇《波斯人》上演。

470 地米斯托克利遭到陶片放逐投票放逐。

469 保薩尼亞斯歿。地米斯托克利逃至蘇撒。

466 歐里梅敦之戰。

460 雅典對塞普勒斯和埃及派出遠征軍。

459 地米斯托克利歿。

457 埃伊納被迫加入「提洛同盟」。

454 入侵埃及的雅典遠征軍被消滅。「提洛同盟」的金庫自提洛島遷移至雅典衛城。

449 雅典和波斯簽署和平協議。伯羅奔尼撒人拒絕參加雅典人舉辦的泛希臘大會。雅典人投票通過，重建衛城上被燒燬的神廟。

447 帕德嫩神廟動工。

國家圖書館出版品預行編目(CIP)資料

波希戰爭 : 第一個世界帝國及其西征 / 湯姆.霍蘭(Tom Holland)作 ; 梁永安譯. -- 初版. -- 新北市 : 遠足文化, 2020.7
面； 公分. -- (歷史.跨越 ; 13)
譯自 : Persian fire : the first world empire and the battle for the West
ISBN 978-986-508-051-8(平裝)

1.伊朗史 2.戰爭 3.歷史

740.2133 108021268

特別聲明：
有關本書中的言論內容，
不代表本公司／出版集團的立場及意見，
由作者自行承擔文責

遠足文化 讀者回函

歷史・跨域 13

波希戰爭：499 - 449 BC 第一個世界帝國及其西征

Persian Fire: The First World Empire and the Battle for the West

作者・湯姆・霍蘭（Tom Holland）｜譯者・梁永安｜責任編輯・龍傑娣｜校對・施靜沂、楊俶儻｜封面設計・林宜賢｜出版・遠足文化事業股份有限公司・第二編輯部｜社長・郭重興｜總編輯・龍傑娣｜發行人兼出版總監・曾大福｜發行・遠足文化事業股份有限公司｜電話・02-22181417｜傳真・02-86672166｜客服專線・0800-221-029｜E-Mail・service@bookrep.com.tw｜官方網站・http://www.bookrep.com.tw｜法律顧問・華洋國際專利商標事務所・蘇文生律師｜印刷・崎威彩藝有限公司｜排版・菩薩蠻數位文化有限公司｜初版・2020 年 7 月｜初版二刷 ・2021 年 5 月
定價・520 元｜ISBN・978-986-508-051-8